本研究和出版获得上海市规划和自然资源局项目（00-21-07116）资助

上海大都市圈蓝皮书

2020—2021

- 主　编／熊　健
- 副主编／孙　娟　屠启宇

上海社会科学院出版社

上海大都市圈规划研究中心

以习近平新时代中国特色社会主义思想为指导，为深入贯彻落实长三角一体化发展国家战略，支撑上海大都市圈协同发展，由上海市城市规划设计研究院、中国城市规划设计研究院上海分院、上海社会科学院三家单位合作共建上海大都市圈规划研究中心。以"资源共享、优势互补、服务区域、共谋发展"为原则，以开展高水平规划研究、咨询服务、信息传播、人才培养为主线，上海大都市圈规划研究中心对标国际最高标准，打造国内领先、具有核心竞争力和广泛影响力的跨区域、跨领域新型智库，为上海大都市圈规划、建设和管理提供强有力的智力支撑。

欢迎关注公众微信号："上海大都市圈规划"

上海大都市圈规划研究联盟

上海大都市圈规划研究联盟的宗旨是促进大都市圈主要规划部门间的理念、成果、信息交流,探索大都市圈规划的前沿理论,着力形成都市圈发展的智力引领。

联盟单位:

上海市城市规划设计研究院

中国城市规划设计研究院上海分院

上海社会科学院

无锡市规划设计研究院

常州市规划设计院

苏州规划设计研究院股份有限公司

南通市规划设计院有限公司

宁波市规划设计研究院

湖州市城市规划设计研究院

嘉兴市国土空间规划研究院

舟山市城市规划设计研究院有限公司

上海同济城市规划设计研究院有限公司

目　录

Ⅰ 主报告

B.1 双循环中的上海大都市圈：功能体系与战略担当 …………… 3
B.2 上海大都市圈空间协同规划编制的理念与特点 ……………… 31

Ⅱ 上海大都市圈主要领域发展篇

B.3 上海大都市圈经济发展的现状、问题与展望 ………………… 47
B.4 上海大都市圈人口发展的现状、问题与展望 ………………… 78
B.5 上海大都市圈社会发展及协同治理的现状、问题与展望 …… 101
B.6 上海大都市圈文化发展的现状、问题与展望 ………………… 130
B.7 上海大都市圈生态环境发展的现状、问题与展望 …………… 157

Ⅲ 上海大都市圈分层次空间格局篇

B.8 上海大都市圈总体空间格局构建的主要特点与思路 ………… 191
B.9 长三角生态绿色一体化发展示范区的规划构想 ……………… 201
B.10 上海跨界城镇圈协同规划的探索 ……………………………… 214

Ⅳ 上海大都市圈专项协同规划篇

B.11 上海大都市圈上下结合的创新协同发展策略研究 ………… 227
B.12 上海大都市圈多层次高效交通网络协同规划研究 ………… 235
B.13 上海大都市圈重大市政基础设施协同规划研究 …………… 247
B.14 上海大都市圈区域绿道协同规划研究 ……………………… 262

Ⅴ 上海大都市圈跨界项目实践研究篇

B.15 生态绿色一体化理念下太浦河沿线区域发展路径探索 …… 279
B.16 苏锡通园区打造沪苏跨江融合发展示范区构想与策略研究 …… 288
B.17 杭州湾大湾区"一体化"网络特征与协同策略研究 ………… 300
B.18 上海大都市圈的跨城通勤与规划策略研究 ………………… 310

Ⅵ 都市圈国际比较篇

B.19 纽约都市圈规划实施特点及核心城市愿景协同的经验 …… 333
B.20 加拿大大金马蹄地区未来30年增长规划特点 ……………… 351
B.21 马尼拉都市圈规划"以人为中心"的创新和发展思路 ……… 359
B.22 孟买大都市区至2036年规划的问题导向思维 ……………… 366
B.23 芝加哥大都市区迈向2050综合规划的经验与借鉴 ………… 385

上 海 大 都 市 圈 蓝 皮 书 (2020—2021)

Ⅰ 主报告

B.1 双循环中的上海大都市圈：
功能体系与战略担当

屠启宇[1] 陶希东[1] 苏 宁[1] 纪慰华[2]

孙 娟[3] 马 璇[3] 张振广[3]

(1. 上海社会科学院；2. 浦东改革发展研究院；

3. 中国城市规划设计研究院上海分院)

摘　要：本报告主要研究上海大都市圈在双循环新格局下的功能体系与战略职能。进入21世纪第三个10年后，上海大都市圈在中国国土经济空间中的地位不断凸显。在中国逐步形成以国内大循环为主体、国内国际双循环相互促进的新发展格局的战略背景下，上海大都市圈作为中国重要的开放型大都市圈，将重点承担起对外开放竞争、内外体系链接、区域协同发展的重要战略职能。上海大都市圈已经形成经济体系高度连接、治理制度创新对接、江南文化共通融合、区域环境共保共治的区域发展特点，并将以"卓越的全球城市区域"为愿景目标，持续推进"共享共担，对流辐射，弹性嵌套"的发展策略。

关键词：上海大都市圈；双循环新格局；区域协同；全球城市区域

上海大都市圈，是主要由上海、苏州、无锡、常州、南通、嘉兴、宁波、舟山、湖州等9个城市构成的城市区域。这个城市区域，是具有长期经济社会互动历史，并在长三角以及中国东部经济区域的发展格局中发挥重要经济、社会、文化、创新、生态功能的城市化空间。2020年以来，在中国逐步形成以国内大循环为主体、国内国际双循环相互促进的新发展格局的战略定位背景下，上海大都市圈作为各城市间产业结构较为均衡、创新互动基础良好、生态治理相互协调、社会治理共同协作的开放型城市区域，将承担起对外开放竞争、内外体系连接、区域协同发展的重要战略职能。在助力"双循环"的发展过程中，上海大都市圈将逐渐建构起实现"卓越的全球城市区域"愿景目标的发展模式，形成"生态型""活力型""人文型"都市圈的发展基础。

一、上海大都市圈发展的历史沿革

（一）上海大都市圈发展的历史阶段

上海大都市圈的历史空间范围，主要为古代江南的"核心区"，即明清经济学史家所说的"太湖经济区"，包括"八府一州"（即：苏、松、常、镇、应天、杭、嘉、湖八府及太仓州）。若将自然环境、生产方式、生活方式、文化联系因素考虑在内，与"八府一州"联系的宁波、绍兴、扬州、徽州等地也在江南核心区的辐射范围之内。

从历史上看，这个区域在中国逐渐发挥重要经济地位的历程可分为以下几个阶段。

在南宋末期，江南核心区真正成为全国经济中心。在这个时期，以苏州（平江府）、湖州、嘉兴（秀州）、常州、宁波（庆元府）、通州（南通）为核心的江南核心区盛产罗、绢、绸、丝棉等产品，成为全国三大丝织品中心之一。时有"苏湖熟、天下足"之说，两浙粮食赋税、上贡钱物数为全国之最。其中苏州七县以全国1%的田，贡献了全国11%的赋税，25%以上的军粮俸禄。

在明清时期，苏、常、松、嘉、湖、太仓等"五府一州"的大城市形成了各具特色的分工体系，小城镇也逐渐繁荣。1851年，江南人口已达到2794万，苏州人口密度达到873人/平方千米，常州为537人/平方千米，太仓为764人/平方千米。核心城市之间形成分工，其中，苏州成为综合性商业中心。无锡是粮食集散地，成为全国四大米市之一。湖州、嘉兴、南通、松江则分别成为全国制笔中心、丝织业、棉粮生产基地。而上海和宁波在成为通商口岸之后发展为沿海对外贸易的重要门户。

近现代时期，上海周边区域工业逐渐得到发展，城市体系的中心不断更替。上海、南通、无锡、常州等4个大城市相继兴起，城市间依托产业形成的互动网络逐渐成型。其中,上海至南京的"沪宁"沿线集中了江苏省98%的工业投资。上海成为外国资本、民族工业集中地,并取代广州成为贸易、金融中心。南通则成为"近代工业第一城",是仅次于上海的第二大工业城市。无锡、常州则依托铁路带动沪宁沿线民族工业兴起。

中华人民共和国成立后至改革开放前,上海成为区域的主要引领型城市,形成了以国企、大工业企业主导的经济体系,周边城市则与上海构建起基于工业发展的合作体系。1965年,上海钢材、机床、棉纱产量各占全国25%,缝纫机产量占35%,手表产量占90%,上海GDP长期居全国第一,占全国比重一度最高达11%。

改革开放至20世纪90年代初,上海大都市圈的城市群体进行了发展的多元探索。20世纪八九十年代,江苏相关城市在内生型乡镇集体经济带动下形成了"苏南模式"。宁波等浙江城市则形成了外向型的"港口经济"。相对而言,20世纪80年代,上海处于经济结构调整的发展过渡期,但与周边城市间的经济互动仍以多种形式得以逐步推进。

20世纪90年代后,上海大都市圈普遍形成了以外向型经济为核心的经济体系。1992年浦东新区开发开放后,上海的对外开放进入快速发展阶段。周边城市在充分利用上海开放功能快速提升机遇的基础上,也进入开放经济与产业创新发展的新阶段。1994年,苏州市与新加坡有关方面合作开发建设苏州工业园区,形成了利用外资合作发展的新模式。2001年中国加入WTO后,上海大都市圈进一步成为中国开放型经济快速发展的重要区域,区域内各城市与全球价值链的对接程度不断加深,逐渐展现出"全球城市-区域"的特性。2013年以来,上海自贸区、舟山自贸区等新型开放平台的建设和发展,标志着上海大都市圈的对外开放与经济发展进入了新发展阶段。

(二) 21世纪第二个10年的上海大都市圈的阶段性战略定位

进入21世纪第二个10年,上海大都市圈在中国国土经济空间中的地位不断凸显,各层次规划中对其的功能定位与战略作用日益明确。

根据2010年发布的《全国主体功能区规划》,上海大都市圈位于全国

"两横三纵"城市化战略格局中沿海通道纵轴和沿长江通道横轴的交汇处,属于国家的优化开发区域,以城市化地区为主要支撑。其相关总体功能定位与要求包括:(1)担当长江流域对外开放的门户,优化提升上海核心城市的功能,增强辐射带动长江三角洲其他地区、长江流域和全国发展的能力。(2)优化提升沪宁(上海、南京)、沪杭(上海、杭州)发展带整体水平,建设沪宁高新技术产业带。(3)强化宁波、苏州、无锡综合服务和辐射带动能力。(4)增强常州、南通、扬州、镇江、泰州、湖州、嘉兴、绍兴、台州、舟山等节点城市的集聚能力,加强城市功能互补,提高整体竞争力。(5)发展高附加值的特色农业、都市农业和外向型农业,完善农业生产、经营、流通等服务体系,建设现代化的农产品物流基地。(6)加强沿江、太湖、杭州湾等地区污染治理。

根据2014年发布的《国家新型城镇化规划(2014—2020年)》的精神,上海大都市圈需要配合建设世界级城市群的目标,在制度创新、科技进步、产业升级、绿色发展等方面走在全国前列,加快形成国际竞争新优势,在更高层次参与国际合作和竞争,发挥其对全国经济社会发展的重要支撑和引领作用。其重点包括:(1)加快经济转型升级、空间结构优化、资源永续利用和环境质量提升。(2)科学定位各城市功能,增强城市群内中小城市和小城镇的人口经济集聚能力,引导人口和产业由特大城市主城区向周边和其他城镇疏散转移。(3)依托河流、湖泊、山峦等自然地理格局建设区域生态网络。(4)在优化结构、提高效益、降低消耗、保护环境的基础上,壮大先进装备制造业、战略性新兴产业和现代服务业,推进海洋经济发展。(5)充分发挥区位优势,全面提高开放水平,集聚创新要素,增强创新能力,提升国际竞争力。(6)统筹区域、城乡基础设施网络和信息网络建设,深化城市间分工协作和功能互补,加快一体化发展。(7)建立完善跨区域城市发展协调机制。

2018年发布的《中共中央、国务院关于建立更加有效的区域协调发展新机制的意见》,明确提出"以上海为中心引领长三角城市群发展,带动长江经济带发展"的要求,为上海大都市圈发挥城市群引领作用,带动长江经济带发展的核心功能目标提出了指引。该意见提出的相关方向包括:(1)促进城乡区域间市场、劳动力、土地、科技等要素自由流动。(2)进一步完善区域合作工作机制,加强城市群内部城市间产业分工、基础设施、公共服务、环境治理、对外开放、改革创新等协调联动,加快构建大中小城市和小城镇协调发展的城镇化格局。(3)积极探索建立城市群协调治理模式,鼓励成立多种形式的城市联盟。(4)完善区域交易平台和制度。(5)加强省际交界地区城市间交流合作,建立健全跨省城市政府间联席会议制度,完善省际会商机制。(6)健全生态等区际利益补偿机制。(7)推动城乡区域间基本公共服务衔接与均等化。[①]

2018年11月国务院发布《关于建立更加有效的区域协调发展新机制的意见》,在应对区域发展差距较大、无序开发与恶性竞争、区域发展不平衡不充分等问题方面,提出建议。2019年2月国家发改委发布《关于培育发展现代化都市圈的指导意见》,认为都市圈是城市群高质量发展、经济转型升级的重要支撑。两份权威文件对上海大都市圈空间发展导向具有重要启示。

二、大都市圈发展的理论创新

(一) 大都市圈的理论源流与学界标准

大都市圈理论是伴随经济全球化、市场化、地方化、网络化、城市区域化等发展趋势,学术界和规划界旨在更加准确地描述以国际大都市为核心、城镇高密度分布的一种高级化城市形态而出现的城市研究思想和理论体系。自20世纪50年代戈特曼提出都市带概念以来,围绕着都市区、都市圈、都市带、城市群等多种形态的学术探讨就从未停止过,至今尚未达成统一的国际标准。因篇幅有限和突出研究的针对性,在此我们重点研究"大都市圈",对其他相关概念不一一罗列和辨析。

就大都市圈而言,这一概念最早产生于日本。根据《地理学词典》,"都市圈"是指城市通过对其周边地域辐射中心职能而发展,以城市为中心形成

[①] 中华人民共和国中央人民政府. 中共中央 国务院关于建立更加有效的区域协调发展新机制的意见[EB/OL]. http://www.gov.cn/zhengce/2018-11/29/content_5344537.htm.

的职能地域、结节地域。都市圈并不仅仅是一种概念上的地域构造,而且是一种具有具体职能的社会实体。它的范围与都市影响圈相近,内容与日常生活圈、经济圈、商圈也类似,其界限是与相邻城市影响的强弱对比关系的产物。1950年,日本行政管理厅首次提出了"都市圈"的概念,就是以一日往返车程为限,可以接受中心城市某一方面功能服务的地域范围(该中心城市的人口规模需在10万以上)。1960年又提出了"大都市圈"的概念,即以中央制定市或1—3个人口规模在200万人口以上的特大城市为中心城市,并且纳入邻近的所有50万人以上城市,外围地区到中心城市的通勤率不小于本身人口的15%,大都市圈之间的物资运输量不得超过总运输量的25%。据此日本全国被划分为首都圈、近畿圈、中部圈、北海道圈、九州圈、东北圈、中国圈[①]和四国圈八大都市圈。如东京大都市圈的范围,不仅包括1958年设定的东京都中心100千米半径地区,1968年根据保持行政区划的完整的原则,将周边地区8个都、县整体划入,形成内圈(东京圈)和外圈(周边地域)的圈层式空间结构,主要包括内圈的东京都、神奈川县、千叶县、琦玉县和周边地域的茨城县、栃木县、群马县、山梨县,由8个都、县、150多个市镇组成。1995年,日本学者富田和晓提出,"大都市圈"是由中心城市及其周边地区构成的地区,即人口在10万以上的中心城市及其周边的日常生活区域。中心城市是大都市圈中的核心行政市,周边地区是与中心城市在社会、经济等联系密切的地区。日本对于周边地区范围的划定大致有以下两种:一种是由总务厅统计局根据国势调查报告设定的大都市圈的范围,包括在中心城市上班、上学的人数(常住人口)占本地区总人口的15%以上的市镇村。另一个范围是包括在中心城市上班的人口数(长期就业者)占本地区总人口的10%或5%以上的市镇村。根据日本经验,大都市圈一般具有以下特征:第一,环绕中心城市,大都市圈内的大中小城市基本呈圈层状结构布局;第二,中心城市的国内生产总值一般可占到圈内的1/3到1/2以上,是整个城市体系的中心与枢纽;第三,大都市圈之间的经济发展具有相对独立性,但大都市圈内各城市间的分工与合作非常密切,并且大都市圈内

[①] 位于日本本州岛西部。

的产业结构是综合的、多元的和开放的,具有较强的创新能力和结构转换能力以及国际市场竞争能力;第四,大都市圈内具有密集的基础设施网络,且以中心城市为核心,向外延伸,形成最大的通勤圈。

实际上,21世纪以来,都市圈、城市群的范围及相关关系仍然是国内外学术界讨论的主要议题之一。例如,有研究①指出,在空间尺度上,从城市到都市圈、再到城市群,主要有四个发展阶段。经济全球化、信息化、新工业化、快速交通、政策支撑和知识经济作为当今六大主要的区域发展驱动力,使得城市的聚集演变理论上遵循一条时空路径:城市—城市组合—都市圈—大都市圈—城市群。这样一条路径比较清晰地代表了现今全球范围内都市圈和城市群的梯度进化和多层结构模式。所经历的每一次扩展让城市聚集能够不断地增强辐射效应,即从一城与一城连接,到成为辐射区域、国家乃至世界的增长中心。

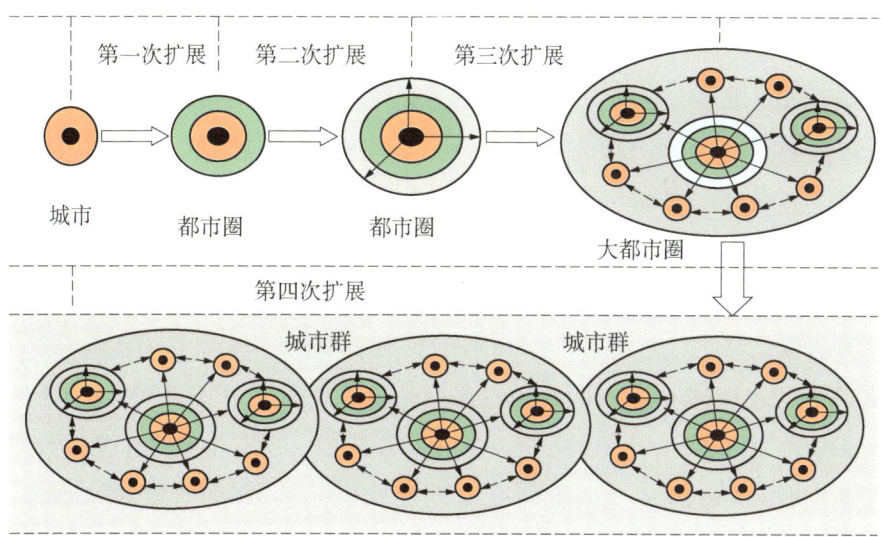

图1-1 从城市到都市圈到城市群四阶段的发展演变

资料来源:C. Fang & D. Yu, Urban Agglomeration: An Evolving Concept Of an Emerging Phenomenon, *Landscape and Urban Planning*, 2017, 162, 126-136.

---

① Fang C, Yu D. Urban Agglomeration: An Evolving Concept of an Emerging Phenomenon [J]. Landscape and Urban Planning, 2017, 162: 126-136.

为有效推动中国城市化高质量发展,中国中央政府充分借鉴日本等发达国家都市圈的发展经验,2019年颁布了《关于培育发展现代化都市圈的指导意见》,首次明确提出"都市圈是城市群内部以超大城市、特大城市或辐射带动功能强的大城市为中心、以1小时通勤圈为基本范围的城镇化空间形态。"这是未来中国制定大都市圈发展战略的根本遵循,也为学术界探索形成具有中国特色的大都市圈理论体系指明了方向。

(二)上海大都市圈的理论创新

2019年12月,中共中央、国务院印发《长江三角洲区域一体化发展规划纲要》,提出推动上海与近沪区域及苏锡常都市圈联动发展,构建上海大都市圈。2020年1月10日,上海市政府公布了《上海市贯彻〈长江三角洲区域一体化发展规划纲要〉实施方案》,明确了上海大都市圈"1+8"的区域范围,陆域面积约5.4万平方千米,2019年常住人口约7 125.39万人,包括了上海市、江苏省的4个市(苏州、无锡、常州、南通)、浙江省的4个市(嘉兴、宁波、舟山、湖州市),总共9个城市,是长三角城市发展最成熟的区域之一。正在编制中的《上海大都市圈空间协同规划》这份全国首个跨行政区大都市圈规划方案,将为大都市圈理论发展和实践创新带来十分重大的创新引领价值。具体而言,主要表现在三点:

一是,对大都市圈边界范围的科学划分提供了参照和实践样板。上海大都市圈是参照纽约大都市地区(通勤距离60千米左右)、巴黎大区(60—80千米)、东京都市圈(100—150千米)、伦敦都市圈(120千米)等制定区域范围3万—5万平方千米的国际经验组织形成的。这不仅充分体现了大都市圈发展的一般规律,也对标国家关于"都市圈是城市群内部以超大城市、特大城市或辐射带动功能强的大城市为中心、以1小时通勤圈为基本范围"的基本要求,为探索形成符合中国国情的大都市圈空间范围,提供了参照标准和实践样板,为全国其他大都市圈的发展提供了可复制的有益经验。

二是,明确了大都市圈协同发展的重点领域及关键内容。按照"战略愿景—行动策略—项目库"的路线图,上海大都市圈形成了"1+8+5"行动体系。"1"是上海大都市圈发展的战略愿景;"8"是交通一体化、生态环境共保共治、市政基础设施、绿道、蓝网、文化、产业及合作机制等8大系统行动；"5"是环太湖、淀山湖、杭州湾、长江口、海洋港口等5大空间板块。在此基础上，上海大都市圈形成共同的战略项目库。这份明晰的协同规划行动路线图，指明了未来大都市圈发展，就要重点围绕交通、基础设施、公共服务、文化生态等重点领域和关键内容，以体制机制创新为抓手，改变过去城市间各自为政的竞争状态，转变为区域间的协同发展，努力实现共建基础、共商策略、共享利益，推动高质量一体化发展，提升整个大都市圈的同城化效应。

三是，上海大都市圈为演化视角下的城市区域发展提供新的理论阐释。上海大都市圈作为中国首个跨省级都市圈协同规划案例，除了遵循国内外大都市圈理论强调的"功能性、互动性"特点外，更是一个"混合型"的全球城市-区域，以地理邻近性和功能关联性兼备的各城市为主体，兼而覆盖部分功能关联性尚强的城市和有助于保证地域完整性的城市。围绕不同功能需求及差异性，上海大都市圈各市协同的尺度、维度、强度和进度都可以有所不同。从空间演化的视角出发，进一步强调开放性、流动性、多样性、复杂性，形成包括文化、制度、环境等内生性激励创新动力体系，既是实施规划的主要干预所在，更是引领整个大都市圈长期可持续繁荣发展的关键变量。

（三）全球城市-区域理论的新变化

在大都市圈探讨的基础上，日渐形成的"城市区域"概念及相关理论是国际城市和区域研究领域中的又一个热点议题。西方学者艾伦·斯哥特（Allan Scott）最早提出了全球城市-区域（Global City-Region，GCR）这个概念。根据他的研究，所谓的"全球城市-区域"就是"大城市区域或大城市区域与其周围的卫星城连接而成的区域。该区域内政治事务和经济事务繁荣，并呈现出经济与政治活动集聚的特征；同时，该区域具有紧密的跨国关系。他认为，全球城市-区域能够概括散布诸多全球城市的巨大、复杂、混合的城市区域范围，并指出"全球城市-区域是全球化高度发展的前提下，以经济联系为基础，由全球城市及其腹地内经济实力较为雄厚的二级大中城市扩展联合而成的一种独特的空间现象"。① 这个空间呈现新的特点：(1)全球城市-区域强调"大都市区-腹地"系统，是全球城市-区域的节点，单纯的城市概念已经不再适合作为社会-经济组织单元；(2)城市-区域的表述关注于生产体系本身的完整性，即涵盖了管理控制、研发、生产三个维度劳动过程的空间内涵，而不仅仅强调生产服务业的控制功能；(3)由于着眼于完整的生产链，从发达国家到欠发达国家的大都市区都因为分享不同价值区段而从中获益。②

在2019年，艾伦·斯哥特发表题为"城市区域的重新思考"的文章，对与"城市区域"相关的概念和问题进行了历史性回顾和展望性研究③，认为相关的概念表达有"全球城市-区域"④,1"后现代大都市"⑤"巨型城市区域"⑥"区域化城市化"⑦"多中心大都市"⑧等。其中，功能空间(功能性城市区域)新思想对大都市圈超越城市辖区发展具有十分重要的指导意义，也就是说，建立功能链接的全球城市区域是大都市圈协同发展的最终目标所在，即大都市圈内部城市之间地理位置虽然分散，但是围绕着一个或多个大的中心城市，有密集的人流和信息流通过高速公路、高速铁路和电信网络在城市之间形成"流动空间"，从而形成功能性城市区域⑨。

可见，对超越城市边界而出现的各类城市区域新空间，学术界有不同的

---

① Scott A. Global City-regions: Trends Theory, Prospects [M]. Oxford and New York: Oxford University Press, 2001.
② 石崧. 全球城市区域：缘起、内涵及对中国的启示[C]//全球化与大都市发展论坛国际会议论文集. 华东师范大学, 2007.
③ Scott A. City-regions Reconsidered [J]. Economy and Space, 2019(1): 1-27.
④ Davoudi S. Conceptions of the City-Region: A Critical Review. Proceedings of The Ice [J]. Urban Design and Planning, 2008, 161, 51-60.
⑤ Dear M. The Post-modern Urban Condition [M]. Oxford: Blackwell, 2000.
⑥ Laquian A. The Planning and Governance of Asia's Mega-Urban Regions [M]. Washington, DC: Woodrow Wilson Center Press; Baltimore, MD: Johns Hopkins University Press, 2005.
⑦ Soja E. Regional Urbanization and the End of the Metropolis Era [M]. John Wiley & Sons, Ltd, 2012.
⑧ Hall P, Pain K. The Polycentric Metropolis: Learning from Mega-City Regions in Europe [M]. Earthscan Ltd, 2009.
⑨ Pain K. The Strategic Planning Protagonist: Unveiling the Global Mega-City Region [M]// Knowles R, Rozenblatt C, eds. Sir Peter Hall: Pioneers in Regional Planning, Transport and Urban Geography. Springer, 2016: 59-80.

称谓,研究视角和内涵界定也各不相同,但通过梳理有关城市发展的研究,即超越城市形态内涵关系演变,发现有基本相同的规律和特点:一是,大都市普遍出现超越各自的行政区范围,开始走向"城市区域化"的新趋势,因此,各类新的大都市空间形态,不是一个行政空间的概念,更多的是一个功能性空间概念。二是,从不同的视角出发,产生不同的区域界定类型,如"超大城市区域"侧重从国家发展、区域发展和城市发展而言,"全球城市-区域"侧重处于全球视野下连接状况的观察和研究。三是,城市规模大、区域经济体量大、经济地位重要、权力增加,以及城市之间、城市与腹地之间乃至与全球之间,存在紧密的生产要素大联通、大流动,进而城市功能上具有紧密的联系,成为这些新兴空间单元的基本特点。从这个方面来看,上海大都市圈是一个重塑功能性边界为导向、注重功能要素多向对流的开放、复杂且具有鲜明地方特色的"全球城市区域",利益驱动、创新驱动、数据驱动将成为大都市圈协同发展的新型动力机制。

三、双循环格局下上海大都市圈发展的意义与特点

(一)中国开放型大都市圈发展的重大战略意义

城市群是中国新型城镇化的主体形态,以中心城市为引领的都市圈则是从城镇化区域到城市群的中间阶段,兼具国土空间与社会经济发展领域驱动宏观、带动微观的重要功能。作为资本集聚地、人才创新高地、交通枢纽、文化中心的都市圈,在全球经贸格局持续调整、科技产业创新日新月异、国内开放战略和发展新格局持续塑造的背景下,将成为拉动中国经济持续稳定增长、促进区域协同发展、代表国家参与高水平参与国际经贸合作和国际竞争的重要主体。

1. 都市圈将发挥"领头羊"作用率先参与国际竞争

面对全球化的深度调整期和后疫情时代,全球中心城市发展的外部环境更加复杂:一是全球经济增长将长期低位徘徊,经济增长动力将发生显著变化,加之中美战略博弈加剧、贸易保护主义不断升级、全球多边机制不振,全球经贸投资格局大变革,全球经济风险加大。二是全球供应链受疫情影响演变为2.0版,跨国公司供应链布局的"全球化"与"区域化"并存,以同

时满足利益最大化和尽可能规避突发性事件的风险,甚至提出产能的"去中国化",即将产能的一部分从中国移到其他有可替代品或生产能力的国家和地区①。三是全球科技产业正加速酝酿突破,全球产业链和供应链变革正在重构全球创新版图,重塑全球经济结构,但技术封锁倒逼各国加强自主创新。中国提出了建设"科技强国",大力推进自主创新能力,全面塑造发展新优势。新阶段的全球城市要在全球产业链发展和维护全球产业链安全中发挥积极作用,通过产业链、科技链建立起紧密、高效的交流与合作,形成互补效应和协同创新发展效能,共同扩大规模经济效益、提升人居环境品质、优化人口结构、强化创新能力,全面提升核心城市的国际竞争力和各城市的共同成长。

2. 都市圈将发挥"新载体"作用高效链接内外体系

适应后疫情时代的全球化格局变革,中国对外开放战略也适时进行了调整,未来一段时期将进入"以内循环为主、外循环赋能、双循环畅通""两种循环更高水平、更加协调、更可持续"②的新阶段。"双循环"强调发挥中国超大规模市场优势和内需潜力,尽快建立一个较开放、稳定、安全的大循环经济体制,以及推动产业链、供应链和销售链形成闭环,实现产业基础高级化和产业链现代化。以中心城市为引领的都市圈普遍具有雄厚的经济基础、科技创新实力、完备的城市功能,有能力、也有需要充分利用国内国际两个市场、两类资源、两种循环,成为构建中国双循环体系的核心载体,通过畅通的国内"小循环"参与国际"大循环",再通过"大循环"的网络体系带动"小循环"的城市网络升级。

3. 都市圈将发挥"测试场"作用促进区域协同发展

在新发展阶段,都市圈内的城市模式已逐渐由高速增长阶段转向高质量,即从"重视数量"转向"提升质量",从"规模扩张"转向"结构升级",从"要素驱动"转向"创新驱动",都市圈发展也从圈层扩张转向网络化的新阶段。

---

① 樊纲.中国经济双循环——布局全球与扩大内需[EB/OL]. https://www.thepaper.cn/newsDetail_forward_12523516,2021-05-04

② 江小涓,孟丽君.内循环为主、外循环赋能与更高水平双循环——国际经验与中国实践[J].管理世界,2021(1).

与纽约、东京、伦敦等国际知名的都市圈相比,中国大都市圈的发展还不够成熟,经济密度、全要素生产率、网络体系能力都存在很大差距。因此,都市圈内各城市间要建立起体系化、高度开放的城市网络,并发挥出不同于企业(指令型)、市场(交易型)之外的第三种关键治理结构①,依托核心城市实现与全球经济运行体系的链接,通过网络共振效应,碰撞出新的火花,反之又极大促进各城市对内开放的动力与活力,合力打造创新驱动、效率驱动、开放驱动的新发展模式、新路径、新机制,使都市圈真正成为中国经济转型发展的重要试验场景。

(二) 双循环新格局下上海大都市圈建设的主要功能

上海大都市圈是介于上海中心城市、周边城市新型城镇化区域和长三角城市群之间的层次,既是上海建设全球中心城市的首圈腹地,也是推进长三角一体化的发动机。"双循环"时期,上海将是"国内大循环的中心节点、国内国际双循环的战略链接"。作为中国经济最发达、改革开放最前沿、最具发展潜力的区域之一,上海大都市圈的功能体系,将围绕上海"五个中心""四大功能"建设的发展方向,持续提升"竞争力"与"可持续发展能力";同时,通过多主体的深度同城化发展,共同承担起深化和拓展上海全球城市战略内涵的使命担当。

1. 助力上海成为全球网络重要节点的核心支撑功能

上海是全国经济最发达、人口最密集、科技创新实力最强的区域,将深度参与全球经济和技术格局的调整,主动应用新技术推动经济结构转型,升级在全球产业链、价值链中的链接和纽带地位,提升配置全球高端资源的能力,率先掌握竞争和发展的主动权。上海大都市圈需要置身于全球的新形势新变化,积极寻求自身的战略空间和发展机遇,通过更大力度的改革开放和创新思路谋求突破,更好地支持上海参与全球竞争,融入全球创新网络和产业链分工。

---

① 滕堂伟.更高质量发展——构建区域协同创新网络[EB/OL].[2019-06-13]. https://www.thepaper.cn/newsDetail_forward_3659777.

一是助力上海成为全球网络的中枢和纽带。发挥主导作用,构建高端产业网络、协同创新网络、金融贸易网络、信息网络等,使上海成为全球网络的中心。

二是促进上海"五大中心""四大功能"建设,实现国际高端要素的"全球所有,上海所用",进而实现"以城带圈、以圈带群",全面参与国际竞争的格局。要不断寻求和创造新机遇和新空间,主动应用新技术推动经济结构和贸易结构转型,提高对国际资本、高端人才、技术、信息资源等要素的配置功能,成为全球产业高地和技术"策源地"。

2. 继续承担新一轮高水平开放的引领示范功能

在中国改革开放的新阶段,上海大都市圈将在更大舞台上、在更宽领域上打造全方位开放、高质量发展、推动长三角一体化发展和服务国家"一带一路"建设的新高地和新连接,在新的改革开放内涵中更好地发挥示范带动作用,使上海大都市圈真正成为一个充分融合发展的有机体,共建共享以基础设施为重点的硬件环境、以产业集群和链式发展为重点的产业环境、以公共服务为重点的社会环境、以行政效能为重点的治理环境、以青山绿水为标志的生态环境等综合环境,并成为全国"同城化""高质量"发展的前沿和样本示范。

一是以自贸区建设为引领,对标国际最高水平的开放,建立与国际对标的规则标准环境。以打造现代化国际大都市和产业结构能级提升为核心,积极探索贸易、投资、金融、信息等各方面的制度创新。

二是以具体项目为载体,探索跨越三省的联动发展体制机制创新。围绕都市圈范围内的空间规划、基建设施、公共服务和产业发展一体化探索协调高效的体制机制创新,包括政策协同、产业利益分配与补偿、成本风险共担、横向生态补偿多元化、基本公共服务均等化的财政补偿、社会广泛参与等机制。

3. 率先代表中国参与全球竞争的主体功能

为了持续增强全球竞争能力,上海大都市圈的首要职责是提升自身实力,无论在经济规模、产业结构、人口素质方面,还是在资源利用效率、生态环境建设等方面,都率先达到全球一流都市圈的水准。

表1-1　　　　　　　　　中国新一轮开放战略的调整

调整内容	第一轮开放	新一轮开放
开放模式	以市场换要素,"大进大出"	响应"双循环",发挥国内大市场潜力和作用,以制度型开放引导国际要素促进竞争力升级
开放路径	利用外资促制造能力提升、以生产端对接国际	注重国内市场的对外影响力,以需求升级、消费升级形成巨大需求侧牵引内部经济增长以及外部经贸合作
开放区域	面向发达国家和地区,与新兴经济体形成合作	中美之间更具竞争性;中欧之间既有合作,也有竞争;中国与一带一路沿线国家以及东北亚、东盟区域国家的新一轮开放合作将持续深化
开放效益评估	引进外资的能力	从"扩大规模"向"提高水平"转变,通过引进高质量外资提升本国创新能力和产业水平

一是共同打造具有全球竞争力和区域带动力的现代产业体系。推动传统产业的升级转型,成为集成电路、人工智能、生物医药等战略性产业和"五型经济"的全球高地。通过跨区域的产业园区和集群建设,推动跨区域、跨城市的产业链、要素链、供应链、价值链和创新链的融合发展。依托自贸区,积极培育跨境金融、跨境电商、在线新经济平台及文体康养等现代服务业。

二是营造与全球一流都市圈相匹配的发展环境,包括有利于产业体系升级和壮大科技实力的生态环境和体制机制环境、舒适宜人的生态居住环境。中国的开放正逐渐从政策性开放走向制度性开放,要加快要素市场改革,完善涉外经济法律法规体系,参与制定零关税、服务业开放、服务贸易、电子商务及市场准入、知识产权保护、环境保护等高水平贸易规则,并努力提高实施力度和水平。

三是努力提升国际影响力和话语权。在新的开放格局下,将代表中国承担更多的国际义务,从国际事务的"运动员"向"裁判员"转变,从跟随者、参与者向引领者、主导者转变。上海大都市圈要率先在国际协作、跨区域协作的"新体系、新标准"方面有所作为,在更多的国际事务中助力"上海声音"。

四、双循环新格局下上海大都市圈发展的主要特点

(一) 经济：经济体系高度连接

依托雄厚的经济实力、强大而较为完整的产业体系基础与产业链的巨大竞争优势，上海大都市圈成为中国经济一体化起步最早、程度最高的区域，也是其在"双循环"新时期继续担当经济增长发动机、对外竞争主体的核心优势。

一是保持经济稳中求进，经济能级不断提升。保持相当的规模体量是上海大都市圈发挥引领作用和参与全球竞争的实力基础。上海大都市圈经济强市林立，基本保持稳定增长态势，2019 年的经济总量位列全球经济体第 13 位。2020 年虽然经历了新冠肺炎疫情的影响，上海大都市圈的 9 城仍保持了稳定的正增长，其中有 8 城进入全国百强市，GDP 总量超过 11 万亿元，占全国 1/10 以上。核心城市上海 2020 年的 GDP 达到 3.87 万亿元，增速为 1.7%，总量规模全国第一，全球第六；全球金融中心指数（GFCI）[①]、新华·波罗的海国际航运发展指数都排名全球第三；口岸贸易总额达到 8.75 万亿元，位居全球城市首位。上海大都市圈内另外还有 4 城 GDP 超万亿元。"最强地级市"苏州以 20 171 万亿元位居全国第 6 位，宁波以 12 409 万亿元位居第 12 位，无锡和南通分别实现 12 370 万亿元、10 036 万亿元。舟山虽然总量最低，但增速却超过 10%，位列浙江省第一，极具发展潜力。此外，上海大都市圈内除南通外，各城市的人均 GDP 都超过 10 万元/人，最高的无锡市甚至超过上海，达到 18 万元/人，已迈入发达经济体门槛[②]。

二是产业转型升级加速，产业空间布局逐渐优化。上海都市圈内 9 大城市都步入了工业化中后期阶段，先进制造业和现代服务业共同推进经济发展，战略性新兴产业发展迅猛，产业分工体系逐步错位互补。2020 年核心城市上海第三产业增加值达到 28 307.54 亿元，占 GDP 比重达到 73.1%；战略性新兴产业制造业部分产值占工业总产值的比重提高到

---

① 上海进入全球金融中心三强[EB/OL].[2020-10-07]. http://sh.people.com.cn/n2/2020/1008/c134768-34335928.html.
② 王帆.2019 年人均 GDP 超 2 万美元城市[J].21 世纪经济报道，2020-4-24.

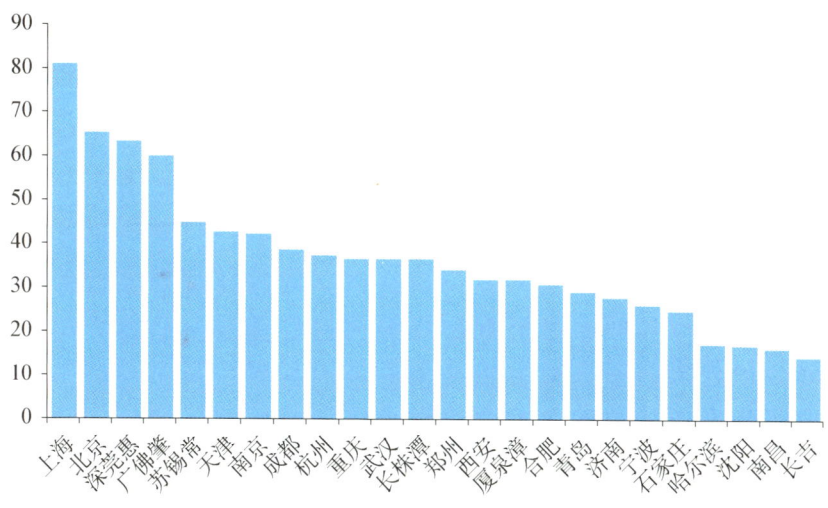

图 1-2　2019 年中国城市发展潜力指数
资料来源：任泽平等：《中国 24 个千万级大都市圈，谁最有潜力？》，https://www.sohu.com/a/426584976_100246377，2020 年 10 月 22 日。

30%。苏州的工业总产值已登顶全国，超越上海成为长三角地区制造业"龙头"。2021 年一季度，苏州 8 大新兴产业产值同比增长 39.5%，其中高端装备制造、节能环保产业产值分别增长 60.6%、51.5%，新兴产业产值占规模以上工业产值比重达 54.9%[①]。2019 年的《中国城市数字经济指数白皮书》[②]对 113 座城市数字经济综合评比，上海大都市圈共有四座城市入围，其中上海位列全国第 1，宁波位列第 8，无锡位列第 9，苏州位列第 13。

为了进一步强化"双循环"时期中心节点的战略链接作用，上海已明确了强化"四大功能"、发展"五型经济"[③]的目标。苏浙处于服务业与工业并重的发展阶段，继续加大工业的经济拉动作用，着力借助互联网、大数据和云计算等新一代信息技术，推动制造业高端化、智能化、个性化、服务化，积极发展数字产业、物联网、人工智能、集成电路、大飞机等国际前沿产业技术，与上海合力打造具有全球竞争力的产业创新高地。例如，上海发挥金融金

---

① 陈雨康，宋薇萍. 一季度沪苏浙皖经济强势增长　长三角一体化活力尽显[EB/OL].[2021-05-1]. http://www.cs.com.cn/xwzx/hg/202105/t20210518_6167626.html.
② 数字经济研究院. 中国城市数字经济指数白皮书(2019)[R]. 2019：11.
③ 五型经济，即创新型经济、服务型经济、开放型经济、总部型经济、流量型经济。

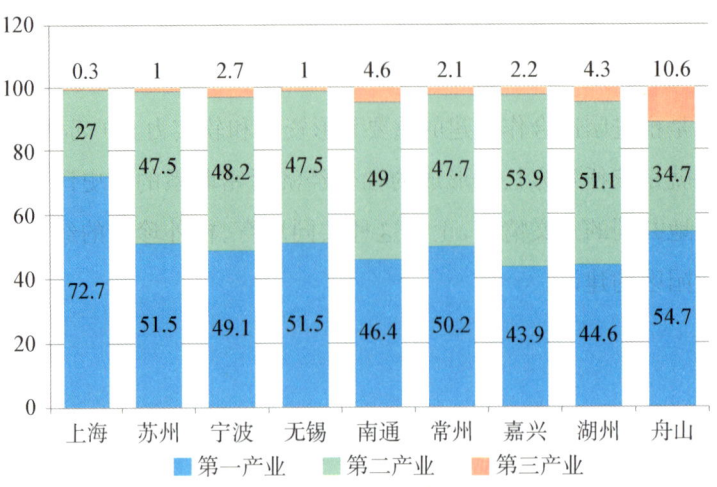

图1-3 2019年上海大都市圈各城市产业结构情况

融优势成立的"上海长三角协同优势产业基金""长三角(上海)产业创新股权投资基金"等,已在推动企业深度融合、加速优势企业和优势产业集群发展方面得到各类市场主体的高度认可。

三是共同推进产业集群式发展,"飞地式"产业园区成为重要载体。打造世界级产业集群和标志性产业链是上海大都市圈的重要发展目标。一方面是着眼于强链、补链、接链的产业、科技资源跨区域配置和建链进程加快,尤其是近年来战略性新兴产业在更大空间内整合资源、科学布局,由此引发了更多城市间联动合作的内在需求和深广机遇。目前,上海大都市圈在电子信息、生物医药、高端装备、新能源、新材料等领域已形成了一批国际竞争力较强的创新共同体和产业集群。例如,上海的汽车产业已在杭州湾地区布局;无锡生物医药集群正与周边城市一起打造国际竞争力较强的创新共同体。另一方面是"飞地"形式的园区合作模式走向成熟。自2008年上海加快产业腾笼换鸟步伐,传统产业逐渐向海宁、南通等城市转移,跨区域产业园区合作模式开始起步。2016年的《长江三角洲城市群发展规划》、2017年的《关于支持"飞地经济"发展的指导意见》、2019年的《长江三角洲区域一体化发展规划纲要》,将共建产业合作园推向新高度,并在协作体制、协商方式、财税转移、指标流转、生态补偿等方面进行了积极探索。上海杨浦(海安)产业园、上海外高桥(启东)产业园、市北高新(南通)科技城等一大批园区涌现,嘉善建立了首个上海自贸区协作区,平湖开创了跨省市建设科技城的先河。

四是以自贸区为"引擎",深化外向型经济发展模式。自贸区为上海大都市圈的经济发展注入了新动力。为了加强自贸区的错位互补、联动发展,创新合作发展模式,沪苏浙三地已成立了长三角自由贸易试验区联盟,并签署了《上海江苏浙江自由贸易试验区联动发展战略合作框架协议》,重点聚焦能源、高端装备制造、金融贸易、软件服务等产业领域,主动探索金融、贸易、跨境数据等方面的新机制、新模式、新场景。

(二) 社会:治理制度创新对接

社会协同治理是区域一体化发展中的"硬骨头",上海大都市圈所在区域是中国经济社会发展的最前沿,面临着更加复杂、典型的社会治理环境。由于客观存在的价值取向差异、职责边界不同等,各城市之间难免存在治理目标和治理方式的差异,尤其是青浦、昆山、吴江、嘉善这样处于交界区域的市县。但在市场和政府的双重推动下,上海大都市圈内的治理格局已发生显著变化,治理水平明显提升。

目前,上海大都市圈内加快完善社会治理体系、构建全域参与的开放治理体系的现状重点大致可概况为:

一是加快推进公共服务设施和服务水平均等化、优质化。上海大都市圈内的教育、医疗、就业和养老等保障水平都普遍高于全国平均水平,但主要是上海、宁波、苏州、南通等城市的优势突出,排名落后的嘉兴、舟山等城市与头部城市差距较大。因此,大都市圈内率先开展了基本优质公共服务的便利共享。教育方面主要是以高等级院校为主体开展高层次科技人员的联合培养,共同推进中小学教育资源共享和评价改革试点以及优质职教资源的跨区域、跨行业流动。养老方面的合作包括统一培训养老护理队伍、统一养老服务统计标准和制度、统筹养老服务资源等。医疗方面主要是推进医疗保险异地结算,提高直接结算量。

二是加快推进公共安全领域的合作,进一步完善跨界治理和风险联防联控机制。一方面是依托全国一体化政务服务平台率先开展政务服务协同。各城市都对接国家电子证照共享交换平台,实现电子证照跨省互认,实现数据标准化和共享。另一方面是推动跨界的市场监管、联合执法和应急联动响应等。在食品运输、市场监管、环境整治、企业信用管理等方面开展试点,建立起基层卫生监督联动执法工作机制、企业信用联合奖惩机制、医疗监管协作机制等。此外,2020年新冠疫情的爆发极大推动了上海大都市圈内公共安全领域的应急联动处置机制。上海青浦、苏州吴江、浙江嘉善已联合签署了"应急管理协同机制合作协议",初步建立起应急管理的全领域、常态化合作。

三是加快健全社会化中介组织。上海大都市圈是中国社会组织发展最快的区域之一,也是对政府和市场的支撑作用表现最明显的区域之一。上海大都市圈内的地级市的社会组织每年都增长超过千家,志愿者服务人群基础庞大,尤其在法律咨询援助、养老服务、慈善公益活动等领域的参与度极高。2021年2月国务院批复的《虹桥国际开放枢纽建设总体方案》提出,"要加强虹桥国际开放枢纽的功能平台建设,强化服务长三角经济社会发展的功能,支持在上海登记设立跨区域社会组织"[1],为发展社会服务组织再添政策依据。

四是应用现代信息技术推进数字化管理。数字服务一体化是近期上海大都市圈内的重要工作,"一张网""一个平台""一个码"已给区域内的民生服务和市场管理带来很多新变化,尤以医保一体化的推进成效最为显著。上海青浦、苏州吴江和浙江嘉善三地已建立起参保人员白名单库、统筹区白名单、定点医疗机构白名单,符合条件的参保人员可在区域内85家联网医院进行异地结算[2],患者还可以通过相关的App和微信公众号进行网上复诊、网上结算支付等。此外,在食品流通监管方面,上海、宁波、无锡等城市正加快推动追溯信息的覆盖率和上传率,推动区域内食品安全追溯一体化。在搭建跨区域的网格化管理体系、职业教育领域产教融合的"云平台"、公共

---

[1] 王川兰.在沪设立跨区域社会组织的思考与建议[EB/OL].[2021-04-13]. https://www.sohu.com/a/460445711_120415828.
[2] 陆健.浙江:数字化助力长三角一体化[N].光明日报,2021-5-24(04).

卫生数据共享联动试点等方面,也不断有新尝试。

(三) 文化: 江南文化共通融合

"山水相依、人文相亲",深厚的历史文化认同是上海大都市圈得以持续、繁衍的特殊优势,更是"双循环"发展新时期打造宜居、宜业、宜游的全球一流都市圈的重要内在力量。一是上海大都市圈的历史文化源远流长、多种文化同根同源,具有高度的文化认同和历史记忆,是打破同城化藩篱的先天优势。上海大都市圈的文化可追溯到近万年以前,经过不断紧密的人员交流、融合发展,淮扬文化、吴越文化、海派文化等各种文化兼容并蓄、交相辉映,又各具特色,成为中国的"文化高原"①。这种"刚柔并济的人文性格、求实进取的理性意识和合包容的共生情怀"②发挥了精神纽带作用,真正形成"内在联系紧密和对外协同一致"的共同体,推动了经济、生态、科技、制度的全面协调可持续发展。二是文化风向标与高度发达的经济有机结合,推动文旅、文创产业融合发展,激发了新动能、促进了新消费,将文化效益充分转化为经济效益,又进一步通过文化共融的内在需求搭建起更韧性和弹性的城市体系,进而实现区域的持续繁荣。

上海大都市圈内的城市文化地标辨识度高、文化要素丰富、文化基础设施水平先进、文化服务能级不断提升、文化交流活动频繁广泛,具有深度融合的优越基础,但也存在着文化资源和水平分布不均,以及文化协同规划、产业协同布局、市场流动性、文化和产业融合度有待进一步加强等问题。随着都市圈合作的不断深化,"人文都市圈"的区域共识更加深入人心,各城市政府已展开积极展开行动,齐心协力共建宜居、宜业、宜游的人文栖息环境。

一是提升文化交流的丰富度和多样性,推动文化共建。一方面,通过举办一流的文化演出活动和世界级会议等提升国际交流和人文影响力。例如,长三角国际文化产业博览会、江南文脉论坛、长三角文化高质量发展论坛等一系列文化活动既集中展示了江南文化的创新活力、国际影响力和整

---

① 田林. 我们不一样: 文化凝聚力下的长三角一体化[N]. 社会科学报,2019-2-28.
② 查建国,等. 长三角文化与区域一体化——2019 长三角文化论坛在上海举行[EB/OL]. [2019-11-30]. http://www.cssn.cn/zx/bwyc/201911/t20191130_5051371_1.shtml.

体实力,又进一步推进了文化企业、文化研究机构的深度合作。2019年上海市民文化节在江苏苏州、浙江温州设立了分会场。"上海电影节""上海五五购物节"等文化活动已具有广泛的影响力和品牌知名度。另一方面,发挥嘉兴、苏州等城市水乡古镇的特殊文化资源,进而推动国际文化交流活动。例如,长三角生态绿色一体化示范区的"三年行动计划"专门制定了特色文脉传承项目,共同传承和彰显江南文化和水乡古镇品牌效应,发展世界级水乡古镇文化休闲产业和生态旅游度假区。"大运河世界遗产经典游""江南古城古镇古村体验游"等文旅品牌已产生显著社会经济效益。

二是大力发展文旅和文创产业,最大化实现文化价值。2019年上海大都市圈范围内城市文化产业产值增加值占GDP比重均值为5.23%,高于全国4.5%的水平。上海、苏州、湖州等多个城市出台了具体行动计划,将文化产业作为重点新兴产业,大力推动体验型、消费型、创新型的文化新产业和新业态。上海2017年的"文创50条"提出"到2030年文创产业增加值占全市GDP比重达到18%左右,2035年全面建成具有国际影响力的文化创意产业中心"。[①] 苏州的《关于进一步加快文化创意产业发展的若干政策意见》、宁波的《关于推进文化产业加快发展的若干意见》、无锡的《无锡市文化产业高质量发展三年行动计划》《关于推动无锡市文化产业高质量发展的若干政策》都大力支持文化与旅游融合、文化与科技融合、文化创意载体建设等。

三是布局先进技术,推动文旅数字化协同发展。根据"长三角城市群数字文化指数",上海和苏州已成为长三角数字文化消费的"四大区域中心"之二,领先优势明显。为了进一步加快文旅数字化、信息化进程,上海、苏州、宁波等城市纷纷加强数字影视、数字新媒体、博物馆和文化馆数字化建设等,并通过"文化云平台"的全覆盖和联通逐步实现文旅资源的共建共享。

四是不断升级文旅合作新机制,推动功能性平台多样化,包括建立长三角研究型大学联盟,动漫、文创和文旅产业联盟,影视合作技术联盟,区域旅

---

① 许晓青,吴霞. 上海"文创50条":打造国际文创中心[EB/OL].[2017-12-17]http://www.xinhuanet.com/2017-12/17/c_1122123642.htm.

游合作联盟,文旅专业人才培养平台等。

(四) 生态：区域环境共保共治

"双循环"时期,上海大都市圈要比肩全球一流的国际化大都市区域,优美的生态环境是实现高质量发展的重要成果表现,高效的生态环境协同共治也是推进跨区域合作的重要抓手。虽然目前上海大都市圈内的生态环境协同略微滞后于经济产业协同,但对其的重视程度与日俱增,推进速度不断加快。

总体而言,上海大都市圈内生态基底较好,为实现生态功能价值化创造了条件:一是河湖水网密布、水系类型复杂多样,水面覆盖率超过10%,构建出独具特色的江南水乡风貌。二是森林覆盖水平逐渐提升,无锡、常州、南通、宁波等6城城市入选"国家森林城市",嘉兴、苏州等原本覆盖率较低的城市的指标也有所提升。三是生物资源丰富,拥有类型多样、功能齐全的各类自然保护区,包括野生动植物、森林、湿地和河湖、海洋岸线保护区等。

但是,目前要实现高效的协同治理,最大化实现"绿水青山就是金山银山"还存在着区域资源短缺、能源消耗过大、环境污染等问题:一是土地空间不断被压缩和破碎化,降低了生态服务价值。二是较强的经济开发增加了能源消耗,并对环境造成较大污染,大气环境质量和水环境跨界污染问题突出。三是各城市绿色发展的水平不高且参差不齐,大部分城市都处于绿色发展的中低水平。四是生态共治的行政成本较高、环境立法存在差异、信息技术和信息共享机制亟待完善。例如在污染物排放总量控制、机动车维修检测、流域水污染防治等方面都缺少统一的标准和跟踪协同管理。

为了加快都市圈内生态一体化建设,加快从政策刺激走向制度保障,一系列的污染防治、生态保护、体制机制方面的措施不断推出,联建联防联治机制不断完善。从长三角一体化战略层面看,《长三角一体化规划纲要》的行动体系中涵盖了生态环境共建共治,"战略愿景—行动策略—项目库"的路线图已较为清晰;已发布的《长三角生态绿色一体化发展示范区总体方案》和《长三角生态绿色一体化发展示范区重大建设项目三年行动计划(2021—2023年)》涵盖了上海青浦区、江苏苏州吴江区和浙江嘉兴嘉善县;

即将投入实施的太浦河"蓝带计划",结合示范区"蓝色创新珠链"建设,将保护周边的河湖生态系统和沿岸地区综合整治,全力打造"水乡客厅"和"最美太湖岸线"。从上海大都市圈内部看,上海与周边城市开始进一步加强滨江沿海的产业岸线及杭州湾沿岸的产业岸线[①]统筹控制,在严格限制沿江新增钢铁、重化等高耗能与污染型工业,确立污染企业退出机制的同时,协同完善长江口、东海海域、环太湖、环淀山湖、环杭州湾等生态区域的保护,共同加强区域廊道、绿道衔接,共同形成长江生态廊道和滨海生态保护带。例如,上海嘉定区、江苏太仓市、昆山市探索创建了"三地共治一方水"的一体化治理模式,通过采取"联合河长制"、重点生态功能片区对接等方式,已逐步实现从分段分界各自治理走向流域一体化治理。近期,三地还联合签订了《大气污染联防联控合作协议》。上海崇明与南通重点聚焦"规划协同、生态共治、设施互联、产业发展、三镇共建"五个方面,共同建设长江口生态保护战略协同区[②]。

五、上海大都市圈的愿景目标与发展策略

(一)以"卓越的全球城市区域"为愿景目标

1. 上海大都市圈的属性

上海大都市圈的主体性质是承载上海全球城市功能的功能性空间实体,其空间范围是由功能决定,并在事实上是动态变化的。对于上海大都市圈最为贴切的认识框架是全球城市区域理论(Scott,2001),当然,上海大都市圈的实践也必然推动全球城市区域理论的进化。

当前,上海大都市圈已经明确以9大城市作为正式范围。其划定是一个综合中央和地方在政治、经济、社会、文化、生态等诸方面部署协商确定的结果,超越了单纯学术讨论的范畴,是理论应然与实践使然的结合。当然,任何前瞻性考虑上海大都市圈的发展前景,都不应排斥其弹性动态变化的

---

① 王垚.协同、创新、做强极核……透视上海大都市圈,成都如何走好这步棋?[N].成都商报,2020-6-25.
② 王垚.协同、创新、做强极核……透视上海大都市圈,成都如何走好这步棋?[N].成都商报,2020-6-25.

可能。鉴于上海大都市圈所处的东亚地区人口资源环境特点(人口基数大密度高、宜居空间有限、环境承载力近饱和)和新型基础设施建设发展前景(高速铁路、5G网络),未来适当延展上海大都市圈的功能性尺度并非不可预见。为此,当前的上海大都市圈发展愿景谋划,还应高度重视同兄弟都市圈的互动。

2. 上海大都市圈的愿景内涵

"卓越的全球城市区域"作为上海大都市圈的愿景,涉及三个层次的内涵理解。第一是"卓越",指突出的创新演化能力,揭示本地域生生不息的动力机制。上海大都市圈是一个复杂系统,历史上地域发展重心经历了从河谷平地到三角洲上部再到三角洲下部的持续迁移;苏、常、甬、沪在不同历史条件下作为中心城市迭起;因港而兴、因商而兴、因农而兴、因政而兴、因人才而兴等各种崛起路径得到持续激发,在多样化自组织中持续保持了这个地域的整体活力。第二是"全球",指突出的全球性联结能力和世界级影响力。上海大都市圈是一个开放系统,历史上持续同外部开展流动交换(大移民、中原文化输入、对外贸易),近代以来同全球经济、文化运行保持功能性连接,到当代成为全球生产网络和创新网络的关键节点。第三是"城市区域",指上海国际大都市的流量枢纽和创新策源功能的核心依托空间已然从城市的行政性范围拓展到大都市圈的功能性范围。

3. 上海大都市圈的主要目标

上海大都市圈的目标设定需要依据两个基本指导思路。

思路一:基于上海、大于上海、优于上海。上海大都市圈是以上海为主核,上海的高度决定着上海大都市圈的高度。大都市圈应该首先响应上海城市规划关于卓越全球城市的主要目标功能,并考虑在全球城市区域尺度上去践行。此所谓"基于上海"。同时,从上海1个都市到上海大都市圈的9市一体,空间范围扩大近9倍,就必须跳出上海市,从整个大都市圈的尺度评估考虑生态环境、创新活力、人文资源条件、空间配置、主要挑战和符合卓越全球城市区域的更宏大的目标内涵。此所谓"大于上海"。还应该看到,鉴于上海市的规划在本质上是针对一个高度城市化行政市的规划,其在生态、人居等维度没有条件提出更为宏大的目标。上海大都市圈规划则有更从容的施展空间,优化生态、活力、人文这三个关键方向的权衡排序,以实现更可持续的发展。此所谓"优于上海"。

思路二:面向未来建立国际坐标系。规划、建设和管理上海大都市圈必然需要摆在国际坐标系中。自联合国确立"可持续发展议程"以来,世界上一大批优秀的都市区、都市圈或区域都对自身的长期发展进行了新的规划和修订。基于日本首都圈、纽约-新泽西-康州都市区、加州湾区、芝加哥大都市区、加拿大金马蹄地区(以多伦多都市区为核心)、东英格兰都市区、法兰西岛、荷兰兰斯塔德城市群、大悉尼区域、孟买大都市区、大马尼拉区域11份优秀规划文本的研究(参见本书第四部分)表明,面向21世纪中叶的发展愿景目标在国际上具有高度共识。比如在发展愿景上,可持续和包容性是高度一致的发展愿景表述,此外竞争力、充满机会、全球性、健康/有活力、繁荣、多元化、公平也是有相当共识的表达。围绕可持续目标,相关规划引导出了减少环境影响、抵御气候变化、增强环境适应力的策略目标;围绕包容性目标,相关规划引导出了保护发展、聚焦增长、包容性增长、增进平衡遏制一点集中的策略目标。

基于国家发展的需要和国际发展的潮流,上海大都市圈的目标设定需要形成三个维度的追求:

第一,上海大都市圈必须是一个生态型都市圈。在发展目标上,要实现经济发展与资源环境消耗脱钩;要达成韧性应对气候变化;要保护和恢复好具有丰富多样性的河口三角洲水乡生态环境;要在关注城市的同时以乡村振兴促进城乡共构。

第二,上海大都市圈必然是一个活力型都市圈。在发展目标上,要构建高度完备基础设施以支撑人财物信息高密度对流;要形成高度丰富的区域生产网络以支撑完备的战略性新兴产业集群;要塑造满足高度活跃创新创业活动需求的社会生态系统。

第三,上海大都市圈理应是一个人文型都市圈。在发展目标上,要纳入品质均衡的多样化生活要求;要引导协商合作的民主治理;应形成自信、多元、开放的文化基因。

(二)"共享共担,对流辐射,弹性嵌套"为发展策略

上海大都市圈目前涉及 9 个地级以上市、超过 40 个区县级行政单元。要成为一个具有强大演化能力的全球城市区域,实施策略非常关键。要在规划、建设和管理的全流程中,坚持引导开放性;承认多样性与复杂性;鼓励流动性;培育创新环境。为此,我们提出 3 大策略,即共享共担、对流辐射、弹性嵌套。

1. 以"共享共担"策略,解决功能分解、协同配合问题

作为大都市圈的超大型核心都市单单采取非核心功能疏解的策略是不恰当的,应考虑同步实施核心功能共享和非核心功能疏解。具体而言就是共享功能、共享红利。同时,9 大城市融入一个大都市圈,应强化作为一个整体性的功能空间单元对于自然风险、地缘风险、人口挑战等重大负面情景的应对能力。具体而言就要求共担生态环境挑战、共担人口发展挑战、共担气候变化挑战、共担可持续发展责任。

2. 以"对流辐射"策略,解决运行逻辑、要素争夺问题

为了解决"虹吸效应"的担忧,上海大都市圈需要同步推进"对流"和"辐射"。对流强调从高低势能间"单向流动"转向"双向流动",主要枢纽向各节点的"一对多"转向所有节点之间的"多对多"的面形对流。对流有助于在要素存量稳定情景下,加强上海大都市圈要素的"周转率",提升沟通"浓度",无形中增加都市圈要素可用总量,特别是有助于中小城市、郊区、乡村等相对弱势空间在都市圈协同中获利。具体而言是要求硬件基础设施增进对流、软件体系融合保障对流、要素对流激发创新可能。辐射强调能量高地"跨越式"对外释放影响力,上海大都市圈有必要将势能的识别思维从经济维拓展到生态维、文化维、社会治理维,由此势能高地将更为多元化,每一个城市、每一个单元都有可能找到自己的高势能维度,进而推动优质资源实现辐射。

3. 以"弹性嵌套"策略,解决空间部署、动力传导问题

上海大都市圈在酝酿过程中有持续的范围调整,其客观上既内嵌多个都市圈,又与周边多个都市圈形成交叠,与上海大都市圈圈内城市之间的联系强度相比,杭州、南京等圈外城市与圈内城市的联系强度不见得有显著的

级差。为此上海大都市圈特别需要主张边界动态弹性,适应灵活嵌套。具体而言,第一是多重嵌套灵活施策。在上海大都市圈对外关系上,正视每个参与方都处于多重都市圈、城市群、省域、城乡多重关系中,分清嵌套组合的侧重点,开放式弹性考虑未正式进入大都市圈的邻近城市的协同;在上海大都市圈内部关系上,应针对"混合型"全球城市区域的特点,灵活施策。复合考虑适用于都市圈、城市群和区域关系的干预策略。比如:沪苏嘉、苏锡常在性质上更接近于都市圈关系,应兼顾功能关联与服务衔接;沪锡甬舟通在性质上更接近于城市群关系,应侧重加强功能关联;沪常湖在性质上更接近于属于区域关系,应侧重加强服务衔接。第二是分层嵌套释放多元势能。根据生态、经济、文化、创新等资源分层识别上海大都市圈势能高地,每一参与方都有某方面优势。比如:环太湖、长江口、杭州湾,淀山湖属于大都市圈的自然生态高地;虹桥国际开放枢纽、洋山-舟山港口群属于大都市圈的网络流量高地;上海、苏州、嘉兴、湖州是大都市圈的人居人文高地。各城市可以个性化设计势能辐射策略。第三是有机嵌套实现战略协同。要主动识别上海大都市圈的关键性战略连接空间,多样化创新和部署大都市圈功能传导节点,构成城市间、城乡间相互嵌套的动力传递介质。比如:东部沿海航运据点群、杭州湾重化工据点群、长江口生态保育群、环太湖和环淀山湖水乡生态人文群等可以充当经济、创新、文化、生态、社会等不同维度的战略协同动力介质。再比如:一体化示范区、创新走廊、飞地、环湾环湖、运河文化带、综合枢纽、自贸区联盟、跨界区域、水系蓝网等点、轴、环、网可以充当大都市圈战略连接空间的基本形态。

B.2 上海大都市圈空间协同规划编制的理念与特点

孙 娟[1] 马 璇[1] 张振广[1] 杜凤姣[2]
(1. 中国城市规划设计研究院上海分院;
2. 上海市城市规划设计研究院)

摘 要: 上海大都市圈空间协同规划是上海与周边八市共同签订的发展契约,是上海"1+8"朋友圈共同编制的第一版区域规划,具有划时代性价值与意义,本文重点研讨此项规划为何编制、如何编制、编制重点及编制影响等内容。文中提出,上海大都市圈空间协同规划是落实国家要求、主动承担国家责任的重要举措。在工作组织上,坚持共同编制、共同认定、共同实施,并探索形成了"战略愿景-行动策略-项目库"的路线图;在编制重点方面,坚持有限求解的原则,聚焦都市圈面临的四大核心挑战,提出建设卓越的全球城市区域的目标愿景,构建具有共识的指标体系,形成八大系统行动与五大空间板块行动。上海大都市圈空间协同规划编制探索表明,上海大都市圈的规划过程甚至比规划结果更为重要,上海大都市圈规划促进跨省市的交流、跨界地区协同发展等规划影响也初步显现。

关键词: 共同编制;战略愿景;系统行动;板块行动

2018年4月13日,上海市规划和自然资源局组织召开了"上海大都市圈空间协同规划工作座谈会";2019年8月,上海市政府会同江浙两省政府联合印发了《关于成立上海大都市圈空间规划协同工作领导小组的通知》和《上海大都市圈空间协同规划编制工作方案》,为规划工作全面启动奠定基础;2019年10月17日,召开了第一次上海大都市圈空间规划协同工作领导小组会议,标志着上海大都市圈空间协同规划编制的正式启动。

一、《上海大都市圈空间协同规划》的编制缘起

《上海大都市圈空间协同规划》是上海联动周边八个城市首次编制的都市圈协同规划,是一次具有历史性、时代性意义的尝试。响应长三角一体化国家战略的要求,上海立足长三角开展区域协同的工作可划分为三个层次。在宏观层次上,长三角城市群层面主要有国家编制《长江三角洲城市群发展规划》(2016—2020年)、《长江三角洲区域一体化发展规划纲要》等区域性协同规划。在微观层次上,"上海2035"提出打造东平-海永-启隆、安亭-花桥-白鹤、枫泾-新浜-嘉善-新埭三大跨省界城镇圈,并于2017年起陆续开展并完成了跨界城镇圈的规划编制工作。在此背景下,从中观层次开展上海大都市圈空间协同规划,推动上海与近沪城市在目标、功能、空间、产业等方面的协同,成为呼之欲出的话题。

《上海大都市圈空间协同规划》是落实国家要求与责任的重要举措。2017年《国务院关于上海市城市总体规划的批复》首次提到"充分发挥上海中心城市作用,加强与周边城市的分工协作,构建上海大都市圈"。2019年《长江三角洲区域一体化发展规划纲要》明确提出"推动上海与近沪区域及苏锡常都市圈联动发展,构建上海大都市圈"。《关于培育发展现代化都市圈的指导意见》明确提出,"到2035年,现代化都市圈格局更加成熟,形成若干具有全球影响力的都市圈"。《中共中央关于制定国民经济和社会发展第十四个五年规划和2035年远景目标的建议》明确提出"发挥中心城市和城市群带动作用,建设现代化都市圈"。可以说,编制上海大都市圈空间协同规划是落实国家战略的重要举措。

《上海大都市圈空间协同规划》是推动上海大都市圈高质量发展的首要任务。推动上海大都市圈高质量发展,首先应做好规划协同对接的工作。上海大都市圈规划将作为各城市发展协同的共同契约,并成为落实国家责任、呼应地方诉求、响应人民诉求,实现都市圈协同发展与国土空间资源战略安排的纲领性文件。通过规划的编制,有利于践行新发展理念、实现高质

量发展的方式创新,有利于促进地方形成发展共识、明确共同的价值导向与行动方向,有利于消除城乡区域间行政壁垒、促进人口有序流动和服务共享。

二、《上海大都市圈空间协同规划》编制的理念与原则

(一)坚持体现全球视野、落实国家责任、立足区域特征的理念

在全球视角下,上海大都市圈已成为比肩发达国家的高收入经济体。若视为单一经济体,上海大都市圈的人口在全球排名第20位,与德国、英国基本相当,人口密度高达1309人/平方千米,远高于众多发达国家,甚至高于东京首都圈等高密度城市群区域;经济总量可排到全球第13位,接近与韩国与俄罗斯,但面积仅为它们的54%与0.3%,人口与经济的空间集聚程度显著。然而,上海大都市圈人均GDP仍与国际大都市圈有不少差距,仅为纽约都市圈、旧金山湾、东京首都圈的22.6%、17.5%及47.9%。因此,规划既注重全球对标找差距,也立足全球视野明确上海大都市圈面向2050年的目标愿景、指标体系、空间格局与核心策略等。

表2-1　　2020年上海大都市圈与国际主要经济体现状基本情况

	面积(万平方千米)	人口(万)/排名	GDP(万亿美元)/排名
上海大都市圈	5.6	7742/20	1.62/11
韩国	10.02	5130/27	1.63/10
英国	24.29	6657/21	2.71/5
德国	35.71	8229/17	3.80/4
俄罗斯	1709.82	14396/9	1.47/11

资料来源:世界银行。

在国家视角下,上海大都市圈是落实长三角一体化发展国家战略的重要先行区域。上海大都市圈以长三角三省一市约1/6的陆域面积,承载了约1/3的人口和1/2的经济总量;在2020年长三角各城市GDP、2020年长三角各市城镇人均可支配收入排名中,上海大都市圈在TOP10城市中均占据6席,是长三角城市群功能最集聚引领区。面向未来,中央提出充分发挥

中国超大规模市场优势和内需潜力,"逐步形成以国内大循环为主体、国内国际双循环相互促进的新发展格局",并明确将扩大内需和产业链供应链优化作为当前重要方向。在此背景下,上海大都市圈作为产业链与供应链的基本组织单元及参与国家内外循环的最基本单元,有责任率先垂范,探索卓越的全球城市区域建设路径。

在区域视角下,上海大都市圈是由九个历史上关联密切的城市组成。历经千年而逐渐发展成为一个密不可分的区域共同体及竞合发展的多中心组合体,且九个城市有着各自的特色、各自的发展路径及发展亮点。上海作为上海大都市圈的引领城市,承载着周边城市协同发展的共同期待,也肩负着推动上海大都市圈高质量、一体化发展的使命;苏州经济体量仅次于上海,且园区经济与企业创新十分活跃,整体处于创新突破期;无锡是创新基础深厚的滨湖城市,且特色文旅资源密集分布;常州既有"小尖强"的民营制造氛围,也有"接地气"的创新模式,近年来快速发展;南通与上海一江之隔,近年来在县域经济带动下GDP跨入万亿元俱乐部;嘉兴毗邻沪杭,既是沪杭联动的重要节点,也是G60科创走廊从上海进入浙江的"第一站";湖州作为两山理论的发源地,在"绿水青山就是金山银山"的指导下探索特色发展的道路;宁波港通天下、书藏古今,既是以港文明的城市,也是民营经济的典范;舟山虽然在上海大都市圈中陆域面积最小,却拥有最大的蓝色国土,同时是国家重大战略的投放要地。面向未来,应立足都市圈整体层面与各地特色,探索推动区域高质量、高标准、高水平发展的路径。

(二)采取了共同编制、共同认定、共同实施的组织模式

在组织方式上,强调上下结合。上海都市圈发展是落实国家区域协调发展重大战略的重要举措,规划的编制必须得到上级政府的指导和支持;因涉及不同的行政单元,发展思路的差异容易引起争议,且难以在平行层面协商解决,需要得到上级政府的协调与指导。一些共同的发展诉求、政策瓶颈等,也需要借助上海大都市圈规划的编制,由相关主体共同向上级政府反馈,以达成上下一致的发展共识。此外,上海大都市圈规划不仅是"1+8"城市政府之间的共同谋划,还关乎下辖区县、甚至乡镇层面的发展设想。因

此，上海大都市圈空间协同规划采取上下结合的组织方式，由上海市规划资源局会同市发展改革委总牵头，上海市8个委办局及其他地市政府共同牵头各项行动。同时，规划过程中注重上下各级政府意见，多次征求江浙两省、相关城市及相关区（县市）意见，并本着"全面倾听、合理吸收、科学采纳"的原则认真进行研究与完善。

在规划编制上，突出平等协商。都市圈规划一般涉及多个相对平行的行政主体，彼此之间客观上存在一定的差异、矛盾甚至冲突，在编制过程中需要通过不断地讨论、协商、博弈来平衡各方利益诉求，从而达成共同目标。国际上众多都市圈规划编制日益强调平等协商的作用，以此谋求在区域发展核心问题上的共识。如东京都市圈规划，从前五版的中央政府编制转变为地方共同参与的协作式编制。通过平等协商的编制方法，共同认定、共同实施，有利于在都市圈层面形成共识，实现合作共赢。因此，为更好编制上海大都市圈规划，两省一市联合组建了上海大都市圈空间规划协同工作领导小组，负责对上海大都市圈空间协同规划的编制、审查、实施、监督、评估工作进行指导和决策；成立了上海大都市圈空间规划协同指导委员会，对上海大都市圈空间规划协同工作予以指导和支持，对重点统筹建设项目及机制探索提供建议和意见；成立了上海大都市圈专家咨询委员会，负责指导上海大都市圈空间规划协同的重大事项、编制成果的咨询和研讨。同时，整个规划编制过程中始终坚持共同协商的原则，推动"1+8"城市政府、部门、企业、市民等充分沟通与交流。

在规划定位上，重在建立开放平台。上海都市圈空间协同规划是跨地域、跨领域、跨学科的综合性规划，涉及多元复杂系统，具有较大的技术难度，需要构建开放性技术平台，强化多领域多学科协作，汇聚多方智慧，形成科学而完整的规划内容。为平衡多个主体利益诉求，也需要借助规划编制搭建多方利益磋商平台。通过开放充分的公众参与，让各层级主体、更多居民、企业、社会组织均有发声的机会与渠道，共同参与发展目标与规划内容的制定，形成相互约束力。同时，上海大都市圈规划的内容也充分体现开放性，以相对稳定的技术框架为基础，对于具体的协同内容本着求同存异的开放态度，对经平等协商达成一致的内容以及上级协调后明确的内容抓紧落实,对尚未达成共识的内容暂且搁置争议,留待后续逐步完善。

在规划认定上,坚持共同认定。上海大都市圈是跨省型的都市圈,在长三角一体化发展的背景下,有着较好的协同基础;在上海的带领下,能够通过平等协商形成清晰的规划思路,并得到"1+8"城市的共同认可。同时,上海大都市圈规划的落实也需要"1+8"城市精诚合作、砥砺前行,需要不断完善协同保障机制,有效发挥上海大都市圈协同规划的引领作用。因此,提出联合认定的方式,规划成果将提交空间规划协同工作领导小组审议,最终成果由两省一市政府联合发文发布。

在规划实施上,坚持共同实施。在上海大都市圈空间协同规划的引领下,进一步构建城市长效对话机制。上海大都市圈空间协同规划由各城市政府分头组织实施,各自开展下层次法定规划和行动项目,各类行动项目由所在地政府相关部门按法定程序进行审批。既鼓励多层级主体编制各类临界地区规划,自下而上主动协同;也鼓励多层级主体共同探索跨界协同的操作细则、技术导则、合作协议等;还鼓励多元主体参与,不断激发专家智库、市场主体、公共组织、市民群众等的参与热情。

(三)形成"战略愿景-行动策略-项目库"的路线图,兼顾战略性与实施性

一是通过重大专题研究厘清区域协同发展的核心思路与路径。结合规划重点问题研判,设置目标愿景专题研究、交通与重大基础设施专题研究、产业与旅游发展专题研究、生态环境专题研究、乡村振兴专题研究等研究专题,加强对影响区域未来发展的关键性问题研究。结合专题研究,由中规院上海分院作为技术总统筹,同步开展区域现状与发展评估,分析上海大都市圈在全球城市体系中的定位,研究上海大都市圈发展的目标内涵和战略导向,明确大都市圈空间格局,统筹形成上海大都市圈的战略愿景,打响上海大都市圈规划的共同宣言,让《大都市圈空间协同规划》成为城市共同签署认定的都市圈发展纲领、各城市未来协作发展的约束性文件。

二是围绕战略愿景,探索推动区域协同发展的最佳路径与行动计划,结

合专题研究成果从重大系统行动与重大跨界地区板块行动两大方面协调各方利益。解决突出矛盾,达成区域共识,突出顶层设计和行动策略相结合,形成"战略愿景-行动策略-项目库"的路线图,基于重点行动形成项目库。

三、《上海大都市圈空间协同规划》的编制重点

上海大都市圈空间协同规划不求面面俱到,而是彰显地域特色、聚焦核心问题、达成目标共识并形成核心行动举措,是"有限求解"的规划。

(一) 基于地域特色,重新认识上海大都市圈的独特性

从历史来看,上海大都市圈是一个地缘相近、人文相亲、水脉相连的生命共同体。历史上,太湖流域"两溪入湖、八江通海"奠定了上海大都市圈的基本水系格局;如今,上海大都市圈河湖水面率高达10.8%,内河网密度达到2.5%,是名副其实的江南水乡。同时,这里的水形态丰富、多姿多彩,既有以太湖、淀山湖、阳澄湖等为代表的湖荡水网,也有以运河、塘浦为骨架的平原圩田式水系,还有源于天目山、四明山等高地的山川水系。此外,上海大都市圈文化同源,基本为吴越故地,拥有共同的文明起源和相似的文化风俗,成就了这个人文相亲、血脉一体的大都市圈。"沪苏一家亲""300多万上海人祖籍宁波""上海方言70%为苏湖语系,15%为宁波语系"等民间说法,是这里血脉相连的最好诠释。

从发展历程来看,上海大都市圈一直是一个发展重心不断转移的多中心组合体。农业文明时期在太湖北岸形成了无锡、苏州为代表的农业中心城市,商贸文明时期兴起了苏州、常州、无锡、嘉兴、湖州等运河商业中心城市,工业化初期上海、南通、常州等沿长江的工业中心城市不断壮大,工业化中后期进一步奠定上海为中心、江浙为两翼的多中心格局。时至今日,上海大都市圈在GDP分布上呈现三个1/3特征,上海市、八个城市市区、八市其他地区GDP占上海大都市圈比重分别为32%、36%、32%,而东京都占东京首都圈的比重高达48%。同时,各城市分别形成了自己的优势行业和特色产业,紧密的分工协作铸就了国际一流的先进制造基地;周边城市在一些领域已不亚于上海,如苏州工业园区生物医药产业园区2020年综合竞争力超越张江

高科而位居全国第二,无锡"神威太湖之光"超级计算机多年排名世界第一。

从空间关联而言,上海大都市圈是一个紧密流动、横向联动的功能圈,而非纯粹的通勤圈。从人群关联而言,纽约都市圈、伦敦都市圈等国际地区对于都市圈的界定,通常是周边城市到都市圈中心城市就业人口占中心城市总就业人口的比5%以上;而上海都市圈周边城市到上海市区的通勤人口占上海市区就业人口的比例仅为1%左右,真正意义上的通勤范围约为50千米,基本集中在上海市域内。换句话说,上海大都市圈并不是"以一个城市为中心的紧密通勤圈",而是形成了上海、无锡-常州、无锡-苏州、南通、嘉兴、宁波-舟山等大大小小的通勤圈。从商务关联而言,上海周边城市至上海的商务出行量占该市总商务出行量基本在10%以上,苏州、无锡更是高达20%以上;以2018年国庆黄金周为例,上海大都市圈内各城市间的跨市流动人口规模平均每天约有130万人,相当于上海大都市圈日常工作期间的每天跨市通勤规模。因此,上海大都市圈呈现了多中心、网络化的功能圈联系特征。

在功能分工上,上海大都市圈呈现了横向协作的特征,而非纯粹的竖向分工。以都市圈总部-分支联系来看,上海大都市圈的关联总量(104万条)高于粤9市(65万条),但上海大都市圈内跨市联系仅有4.8万条,远低于粤9市的6.9万条。以城市跨企业联合申请的专利来衡量,就总量而言上海

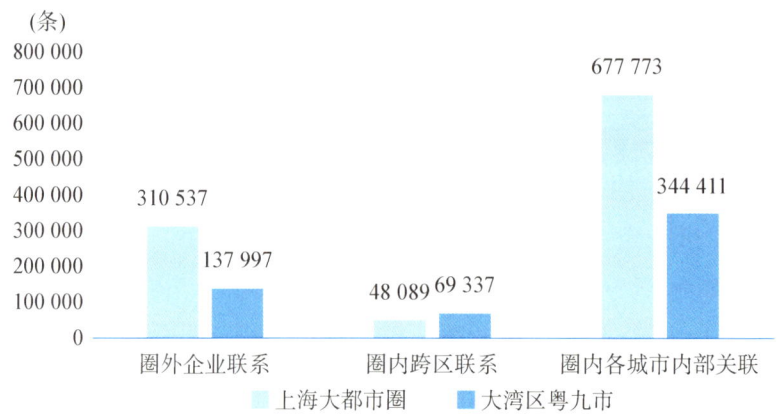

图2-1 2019年上海大都市圈和大湾区9市各层级产业关联比较
资料来源:龙信工商企业注册数据平台。

大都市圈9市(207万条)高于粤9市(178万条)。就结构而言,上海大都市圈呈现了典型的横向协作特征,九个城市在联合申请专利的分类上相对均衡,如上海制造-制造、制造-服务、服务-服务的专利联合申请量各占1/3;而粤9市表现为明显的纵向协作,深圳制造-制造的企业专利合作占比51%、广州服务-服务占比47%、佛山的服务-制造占比71%。

(二)坚持问题导向,识别并聚焦都市圈面临的四大核心挑战

一是更高品质人居环境的挑战。上海大都市圈水体污染仍相对较为严重,水环境质量优良率仅为58%,长江、太湖、太浦河三大主要水源地均存在安全风险。跨界地区环境治理标准不一致,如苏浙沪三地对于污水排放标准有差异,上海市执行的标准少数指标还低于江浙。此外,上海大都市圈近20年来生态空间减少比例达到10%,8条主要区域性生态廊道均有不同程度的不贯通现象。

二是更高效的交通流动的挑战。目前,上海大都市圈轨道规模不足、覆盖率低。上海大都市圈内服务跨区城际出行的轨道线网总里程为2070千米,相比东京首都圈4260千米的规模水平,差距仍然较大。11号线为唯一跨省运行的城市地铁,且运行效率不高。同时,轨道枢纽与城市空间的耦合是网络直连直通的重要基础,也是提升轨道出行直达性的必要条件。但上海大都市圈诸多枢纽远离中心,轨道枢纽与城市空间衔接不够紧密,无锡、嘉兴等既有高铁站点距城市中心较远,影响交通出行效率。上海大都市圈内沪宁、沪昆等既有普速铁路达1400千米,但整体资源利用不足,其普铁站点未能发挥与城市紧密结合的区位优势。

三是更有活力的人口结构的挑战。上海大都市圈人口集聚增速减缓,2000—2010年、2011—2015年、2016—2018年三个阶段,上海大都市圈常住人口年均增长分别为151、39、30万人,而粤港澳大湾区(粤9市,不含港澳)为137、59、149万人。上海大都市圈人才培养和吸引力有所减弱。如在校大学生数量比较中,2010—2017年间上海大都市圈在校大学生的增长量(9万)仅为粤港澳大湾区(58万)的1/6。上海大都市圈老龄化程度较高且不断加剧。2015年上海大都市圈的常住人口老龄化率(以常住人口中65

岁及以上人口占全部常住人口的比例为标准)为12.6%,明显高于粤港澳大湾区(7.5%)和京津冀城市群(10.3%)。

四是更强大的创新能力的挑战。上海大都市圈拥有双一流学科61个、国家重点实验室45个、各类科研机构7 600余家,较粤港澳大湾区优势明显,但在促进企业成为创新主体方面仍存在差距。截至2019年,上海大都市圈内高新技术企业数(1.9万家)低于粤港澳大湾区(3.0万家),授权专利数(24.5万件)低于粤港澳大湾区(31.8万件),城市之间有效合作专利总数(6.5万件)也远低于粤港澳大湾区(10.8万件)。

总之,应对发展趋势下的各项挑战,上海大都市圈作为紧密相关的生命共同体与利益共同体,需要抱团发展与携手共进,共同提升人居环境品质、促进高校流通、优化人口结构及强化创新能力,最终全面提升上海大都市圈竞争力并实现发展共赢。

(三) 坚持目标导向,形成共识的目标愿景

一是对标国际先进都市圈,提出上海大都市圈的目标愿景。国际经验表明,成熟型都市圈都重视多元目标的构建。如纽约都市圈提出公平、健康、繁荣、可持续的目标愿景;旧金山湾区提出环境(Environment)、公平(Equality)、经济(Economy)三大理念;东京广域首都圈直接提出成为人口与文化聚集的创意区域,建设高品质、高效率、精细化的"精品都市圈",打造共生包容、多元对流的区域三大目标。调研中各城市也普遍反映上海大都市圈应以卓越的全球城市区域为总体目标,以此统领各市未来发展方向。基于此,提出上海大都市圈的目标愿景,即建设卓越的全球城市区域,成为更具竞争力、更可持续、更加融合的都市圈。

二是围绕目标愿景,构建具有共识的指标体系。聚焦建设全球城市区域的总目标,提出合作型与底线型两类指标。合作型指标指对都市圈整体水平进行考核,坚持九市合作共达的原则,明确国家重点实验室数量、航空旅客吞吐量、区域骨干绿道总长度等都市圈整体发展的方向。底线型指标对都市圈九市分别进行考核,采取就高不就低的原则,明确各市均应满足的指标要求,包括碳排放总量、原生垃圾填埋率、地表水水质优良(Ⅰ—Ⅲ类)

水体比例等各项约束。

三是围绕四大分目标,开展以"协同"为导向的有限规划。其一,共保和谐共生的生态绿洲,主要聚焦"水环境"与"碳达峰",提出2050年地表水不低于Ⅲ类水质,共建10条区域型清水走廊,2025年左右总体碳排放达峰、2050年左右总体达到碳中和等相关设想。其二,共塑全球领先的创新共同体,主要关注"知识集群"与"生产力布局",提出培育十余个以自主创新为核心的重要知识集群,形成多个领域完备的产业链、世界高端制造集群等相关设想。其三,共建畅达流动的高效区域,主要聚焦"都市圈城际一张网",提出打造七千余千米的轨道网络,并利用普铁开通城际班列,推动新建城际站点进入城市中心区等相关设想。其四,共享诗意栖居的人文家园,重点关注设施共享、文旅联盟共建,提出推广示范性"中国大运河文化之路"、认定多个示范型小镇联盟、乡村联盟,形成陆上及海洋魅力旅游圈等相关设想。

(四)坚持行动导向,形成八大系统行动与五大空间板块行动

以八大重点领域系统行动构筑上海大都市圈空间协同的骨架,指导各市各领域专项规划的编制。交通一体化行动重点明确上海大都市圈交通一体化的发展目标、发展模式、建设重点及方式;生态环境共保共治行动重点推动区域、流域环境联防联治,建立区域生态环境保护协同机制;市政基础设施统筹行动重点促进区域市政基础设施的共建共享;绿道网络行动重点明确区域生态空间的战略发展目标、重要指标和规划实施阶段;蓝网纵横行动重点确定区域河道等级和布局,协同推进吴淞江等重大水利工程建设;文化魅力与旅游提升行动重点促进区域文化的共融共通,推进环太湖和环淀山湖古镇群联动开发;产业协调发展行动重点加强产业分工合作,明确产业发展目标和策略;合作机制保障与创新行动重点创新区域合作机制。基于八大系统行动,统筹谋划重大项目,对下指导各市专项规划及行动计划的编制与实施,从而推动大都市圈空间协同的深化落实。

以五大空间板块行动作为上海大都市圈空间协同的重要载体,指引各市跨界地区协同发展与协同规划编制。基于江河湖海湾等跨界生态资源,重点推动环太湖区域绿色发展行动、淀山湖战略协同区一体化行动、杭州湾

区域协调发展行动、长江口地区协调发展行动、沿海地区一体化发展行动。既要将上海大都市圈空间协同的创新、交通、生态、人文等关键性协同要素落实到五大空间板块,也要突出各空间板块的特殊性与差异性,开展针对性的空间协同指引,凝聚发展共识,建立共建、共治的协同机制,并成为各市开展跨界协同的重要指引。

在此基础上,《上海大都市圈空间协同规划》构建形成了"1+8+5"完整的成果体系。一个上海大都市圈空间协同规划的战略愿景,是九个城市共同签署认定的都市圈发展纲领;八大重点领域系统行动的研究成果,是城市相关专项工作开展的重要支撑;五大空间板块行动的研究成果,是对上海大都市圈重要跨界地区协同方向的深入探讨。

四、《上海大都市圈空间协同规划》的编制意义

(一)启动编制即是重大进步

上海大都市圈空间协同规划是上海联动周边地市共同编制规划的首次尝试,并无现成的、成熟的经验可以借鉴。虽然纽约、东京等全球城市开展了都市圈规划编制,但因国情与地域特色不同而无法直接参照;国内方面出现了南京都市圈、杭州都市区、武汉城市圈等规划探索,但实施成效并不显著。因此,上海大都市圈空间协同规划需要从全新的视角开展研究,并摸着石头过河一步步明确规划重点与思路。

规划呈现出编制时间久、主体多等特征。自2019年年初开始撰写《上海大都市圈空间协同规划编制工作方案》(简称"工作方案")至2019年11月正式启动编制,历时近1年之久;"工作方案"经历了多轮的省市意见征询,规划范围也从最初的"1+6"个城市演变为"1+8"个城市。同时,规划涉及主体多元,不仅包括上海市、江浙两省及其八个城市,还包括其相关的县级行政单元及跨界地区镇级单元,以及各市的规划资源局、发改委、交通委、生态环境局、住建局、绿容局、水务局、文旅局、经信委、政研中心等相关部门。可以说,规划编制过程即是多元主体相互博弈、竞合发展的过程,需要打破行政区界限,理顺跨界地区关系,并把握与协调好不同利益主体的多方诉求,才能使上海大都市圈空间协同规划真正成为未来发展的指导性空间

框架和共同行动纲领。

(二) 规划过程重于规划结果

上海大都市圈规划不是传统的规划类型,其规划过程甚至比规划结果更为重要。上海大都市圈空间协同规划搭建了一个共同交流、平等协商的平台,通过开放充分的公众参与,让各层级主体、更多居民、企业、社会组织均有发声的机会与渠道,共同参与发展目标与规划内容的制定,形成相互约束力。目前,上海大都市圈的九个城市已共同召开了工作座谈会、领导小组会议等七次会议,开展了战略愿景中期讨论会、五大板块意见征询会及"1+8+5"意见征询会等三轮意见征询,围绕五大空间板块开展了40余次对接会。

(三) 规划影响初步显现

其一,促进跨省市的多维度交流。以往上海大都市圈内各市交流主要聚焦于省内城市、邻近地区,现如今各市更为注重"朋友圈"的横向比较。上海通过跨出去认识到圈内城市的优势与自身提升空间。众多城市也开始了圈内的发展对标,如苏州"太湖生态岛"对标崇明世界级生态岛,宁波对标江苏找到科技创新等不足,嘉兴对标苏通认识到环湖城市优势与不足等。有些城市进一步提出了周边更紧密协同的设想,如苏州提出沪苏同城化、常州提出积极融入上海大都市圈并打造江苏中轴等。

其二,建立上海大都市圈规划研究联盟与中心。2020年9月28日,上海市城市规划设计研究院、中国城市规划设计研究院上海分院、上海社会科学院三家单位合作成立"上海大都市圈规划研究中心",并邀请八个城市地方规划研究院共同参与组建了"上海大都市圈规划研究联盟"。既可通过发布系列公众号、"上海大都市圈城市指数"等为上海大都市圈协同发展提供有效的智力支持,也可通过共享资源、合作项目研究、轮流承办年度论坛等推动跨院交流合作。

其三,推动了跨界地区的实践探索与协同发展。在上海大都市圈协同发展的引领下,越来越多的地区开始了跨界地区协同发展的探索与实践。长三角一体化协同发展正如火如荼地展开,苏锡、锡常也纷纷开始谋划协同规划的共同编制;《虹桥国际开放枢纽建设总体方案》也跳出上海,提出打造包括虹桥-长宁-嘉定-昆山-太仓-相城-苏州工业园区的北向拓展带,及包括虹桥-闵行-松江-金山-平湖-南湖-海盐-海宁南向拓展带,并分别编制了相关规划研究。

参考文献

[1] 都市圈规划[M].中国建筑工业出版社,顾朝林等,2007.

[2] 方如金,赵瑶丹.试论宋代两浙路社会经济的发展及其在全国的领先地位[J].温州大学学报,2002(03):10-17.

[3] 国家战略实施背景下跨界都市圈空间协同规划创新——以南京都市圈城乡规划协同工作为例[J].官卫华,叶斌,周一鸣,王耀南.城市规划学刊.2015(05).

[4] 上海市规划和自然资源局,上海大都市圈空间协同规划编制工作方案[R].2019.

[5] 熊健,孙娟,王世营,马璇,张振广,刘晟.长三角区域规划协同的上海实践与思考[J].城市规划学刊,2019(1):50-59.

Ⅱ 上海大都市圈主要领域发展篇

B.3 上海大都市圈经济发展的现状、问题与展望

李 娜 张 岩 夏 文

(上海社会科学院)

摘 要：上海大都市圈人口稠密，基础设施建设完备，科技创新活跃，经济发展水平较高，是长三角经济发展重要增长极。本研究在上海大都市圈经济发展、产业发展和科技创新现状分析基础上，提出上海大都市圈面临着产业转型升级压力较大、创新资源优势尚未转化为产业优势、制度一体化推进缓慢和跨省都市圈协调难度较大4个主要问题，最后结合新发展理念、新发展阶段、新发展格局等提出了经济发展展望及策略。

关键词：上海大都市圈；经济；一体化

上海大都市圈是长三角城市群发展最成熟的区域之一，其范围包括上海以及近沪地区，即"1+8"，分别是上海、无锡、常州、苏州、南通、宁波、湖州、嘉兴和舟山9座城市。上海大都市圈人口稠密，基础设施建设完备，科技创新活跃，经济发展水平较高，是长三角经济发展重要增长极。

一、上海大都市圈经济发展现状及特征

(一) 上海大都市圈经济发展现状

1. 上海大都市圈经济基础优越

其一，经济实力较强，引领作用显著。上海大都市圈是支撑和引领长三角地区转型升级发展的重要引擎，是长三角城市群的核心功能区，是全国重

要大都圈之一。2019年末,上海大都市圈土地总面积约5.33万平方千米,常住人口约7125.39万人,地区生产总值约10.79万亿元,是长三角城市群的经济核心区,构成长三角乃至全国的重要经济增长极。其中,2019年上海地区生产总值为3.82万亿元,经济增速在全球主要城市中处于领先地位,总量规模跻身全球城市前列;苏州地区生产总值1.92万亿元,居全国重点城市第六位,对江苏省经济增长贡献接近20%;宁波经济发展提质进位,2019年地区生产总值超过1.2万亿元。

其二,城镇化水平较高,居民生活富裕。2019年上海大都市圈"1+8"城市平均城镇化率超过73%,最低城镇化率也超过60%,最高城镇化接近90%,长三角区域总体步入城镇化中后期发展阶段;区域内常住人口人均GDP超过14万元,城镇居民人均可支配收入达到6.25万元以上,农村居民人均可支配收入达到3.37万元以上,均高于长三角城市群平均水平。

其三,人口较为集中,集聚效应明显。上海大都市圈人口高度集聚,其中上海市、苏州市、宁波市等人口规模在长三角城市群27个中心城市中居于前五位。2019年上海大都市圈"1+8"城市中有7个城市的人均密度和一般公共预算收入居于长三角城市群的前10位;有6个城市的GDP和人均GDP居于长三角城市群的前10位;有5个城市的城镇化率和常住人口居于长三角城市群的前10位。总体来看,上海大都市圈的总体发展阶段及发展水平位居长三角地区前列,协同发展的经济社会基础较好。

表3-1 2019年上海大都市圈各城市主要经济指标在长三角27个中心城市的排序

排名	常住人口	人均密度	GDP	人均GDP	一般公共预算收入
上海市	1	1	1	4	1
无锡市	9	3	6	1	6
常州市	15	7	9	5	9
苏州市	2	5	2	2	2
南通市	7	12	8	9	8
宁波市	4	8	5	6	5
湖州市	21	20	19	15	18
嘉兴市	14	6	13	13	10
舟山市	26	10	24	11	23

资料来源:各城市2020年统计年鉴。

2. 上海大都市圈内城市呈梯度化发展

上海大都市圈整体经济社会发展水平较高,但其内部发展阶段和发展水平还存在明显梯度差异,这为区域经济合作提供了良好的基础。

一是上海大都市圈内常住人口遵循城市首位度分布法则。若以500万人为一个梯度,上海大都市圈内的9个城市可以形成4个梯度。其中,上海市常住人口超过2400万人;苏州市常住人口超过1000万人,宁波、南通、无锡三市常住人口介于500万—1000万人之间;嘉兴、常州、湖州、舟山等四市常住人口低于500万人。都市圈内的上海城市首位度达2.26,上海市常住人口密度超过3800人/平方千米,是第二位城市无锡的2.5倍多。

二是上海大都市圈内经济总量呈现梯度分布。若以5000亿元为一个单位,上海大都市圈"1+8"市经济总量形成5个梯度。其中,上海市GDP处于绝对领先地位,接近4万亿元;苏州市位于第二梯队,GDP在其余城市中的优势亦较为显著,为1.92万亿元,介于1.5万亿—2.0万亿元之间,约为上海市的1/2略多;第三梯队是宁波市、无锡市,两个城市的GDP均已超过1.1万亿元;南通市、常州市和嘉兴市的GDP介于0.5万亿—1.0万亿元之间,其中南通市已接近1万亿元;湖州市和舟山市GDP低于0.5万亿元。就地方一般公共预算收入指标而言,上海市居于上海大都市圈城市中的首位,是第二位苏州市的3.2倍。宁波市和无锡市的一般公共预算收入也在1000亿元以上,南通市、常州市、嘉兴市、湖州市和舟山市的一般公共预算收入在100亿—1000亿元梯度内。

三是城镇化率呈现"一超多强"的特征。上海大都市圈内各城市的城镇化率介于60%—90%之间,上海市的城镇化率在上海大都市圈中遥遥领先,城镇化率接近90%,可与发达国际城市媲美;无锡市、苏州市、宁波市和常州市紧随其后,城镇化率已超过70%,逐步迈向国际水平。舟山市、南通市、嘉兴市和湖州市虽然排在末位,但城镇化率均大于64%,明显高于全国平均水平(60.60%)。

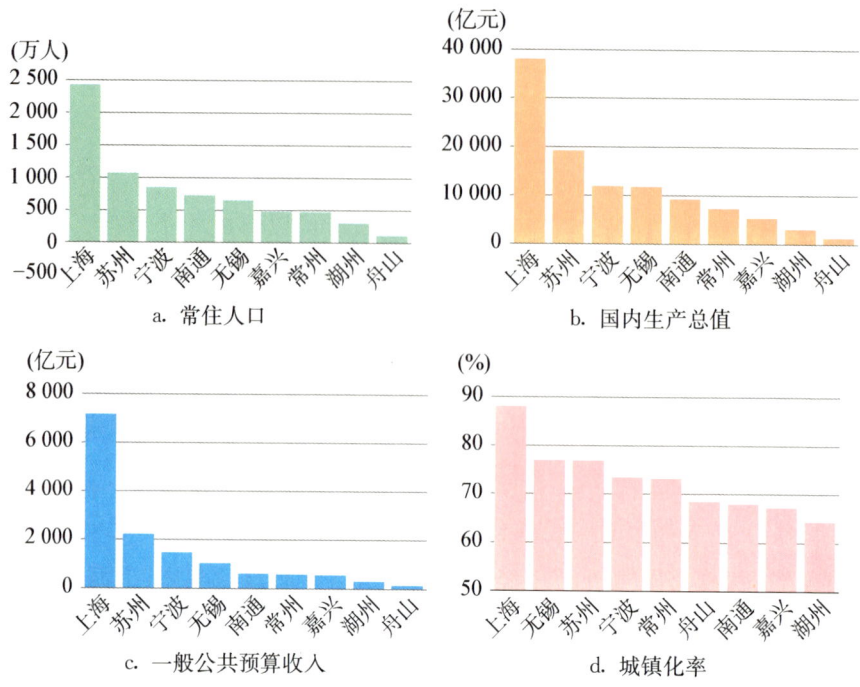

图3-1 上海大都市圈各城市2019年主要总量指标比较

资料来源：各城市2020年统计年鉴。

3. 上海大都市圈内城市之间差距呈缩小态势

一是上海大都市圈内各城市经济差距呈缩小态势。上海大都市圈各城市经济快速发展的同时，城市间的经济差距逐渐减小。2010年至2019年，上海大都市圈有5个城市与上海的GDP差距缩小，其中湖州与上海的相差倍数缩小1.54，南通与上海的相差倍数缩小1.04，相差倍数缩小幅度超过1，嘉兴、常州与上海的相差倍数也分别缩小了0.68、0.64，各城市与上海的相差倍数平均缩小约0.5。上海大都市圈内城市经济实力总体提升较快，与首位城市经济差距逐渐减小。

表3-2　2010年、2019年各城市GDP与上海GDP差距变化情况

	2010年与上海GDP相差倍数	2019年与上海GDP相差倍数	倍数变化
无锡	3.10	3.22	−0.12
常州	5.80	5.16	0.64

续表

	2010年与上海GDP相差倍数	2019年与上海GDP相差倍数	倍数变化
苏州	1.95	1.98	−0.03
南通	5.10	4.07	1.04
宁波	3.47	3.18	0.29
湖州	13.76	12.22	1.54
嘉兴	7.79	7.10	0.68
舟山	27.81	27.82	−0.01

资料来源：各城市2020年统计年鉴。

二是上海大都市圈内人均水平呈收敛发展态势。上海大都市圈内部各城市人均水平指标差距不大，部分城市的人均指标已超过了上海。2019年，上海大都市圈内人均GDP最高的城市是无锡，高出第二位苏州市0.48个百分点；上海市和常州市的人均GDP与无锡市、苏州市差距不大，均位于第一梯队内；剩余的城市均位于100000—150000元之间。城镇居民人均可支配收入最高的城市是上海市，已超过7.5万元，苏州市、宁波市、嘉兴市、无锡市和舟山市的城镇居民人均可支配收入主要分布在6万—7万元之间，湖州市、常州市和南通市城镇居民人均可支配收入均高于5万元。上海大都市圈内农村居民可支配收入差距也逐渐缩小。嘉兴市、舟山市的农村居民可支配收入在上海大都市圈内保持领先地位；除南通市农村居民可支配收入在3万元以下，其他8个城市的农村居民可支配收入均高于3万元。

a. 人均GDP

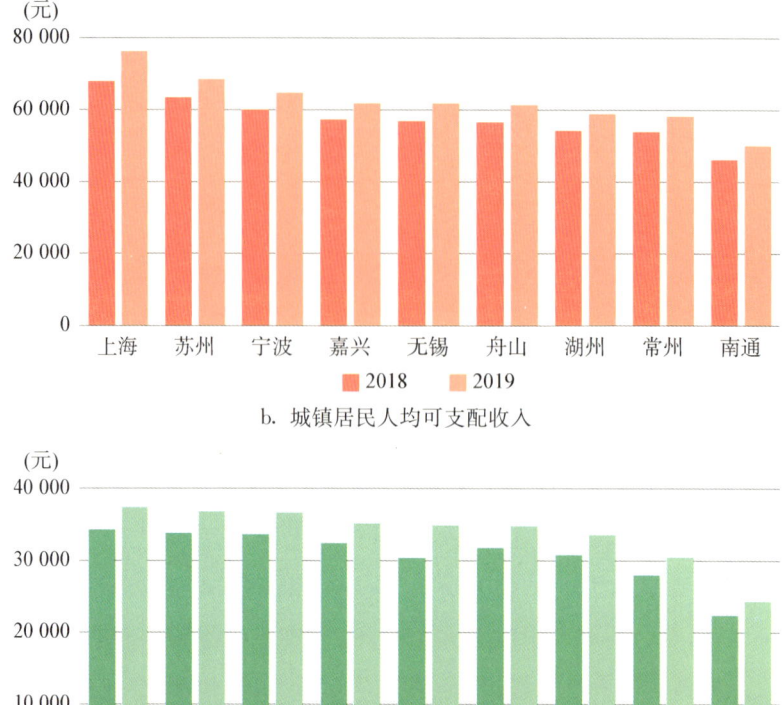

b. 城镇居民人均可支配收入

c. 农村居民人均可支配收入

图 3-2 上海大都市圈各城市 2019 年主要均量指标

资料来源：各城市 2020 年统计年鉴。

（二）上海大都市圈产业发展特征

1. 产业结构不断优化，处于工业化中后期

上海大都市圈产业基础较好，各城市所处产业发展阶段有所不同。基于美国经济学家西蒙·库兹涅茨的产业结构规律和城镇化水平，对上海大都市圈内各城市产业发展阶段进行判断[①]。可发现：

第一，上海第三产业发达，产业结构处于后工业化阶段。从产业结构来

---

① 黄群慧，李芳芳. 中国工业化进程（1995—2015）[M]. 北京：社会科学文献出版社，2017.

看,上海地区生产总值构成中第一产业增加值比重仅为0.27%,工业增加值比重降至26.99%,第三产业增加值比重增长至72.74%,第三产业比重明显高于第一和第二产业,步入后工业化发展阶段。

第二,苏州、无锡、常州、宁波等城市多处于工业化后期,处于服务经济和工业经济双轮驱动的发展阶段。

这四个城市的产业结构中第一产业比重均小于10%,且服务业的比重过半,第二产业比第三产业比重分别小4.00个百分点、2.50个百分点、4.05个百分点和5.50个百分点。

第三,南通、嘉兴和湖州产业结构稳步提升,由工业化中期向后期过渡。自2008年以来,这三个城市的工业经济比重不断下降,服务经济比重稳步提升,农业经济比重降至5%以下,大致处于工业化中期向后期过渡阶段。南通市和湖州市的农业经济占比在4%—5%之间,且第二产业比重高于第三产业2.60个百分点和6.70个百分点;嘉兴市的第一产业比重仅有2.2%,第二产业比重也明显高于第三产业,二者相差9.40个百分点。以上三个城市均表现出较好的工业经济发展,属于工业引领经济发展地区。

第四,舟山市属于工业经济不发达,服务经济主导的地区。其人均GDP高于11万元,城镇化率超过65%,但农业经济比重达10%以上,工业经济比重为27.3%,服务经济比重过半。

表3-3　　　　　2019年上海大都市圈各市发展阶段比较

城市	人均GDP(元)	产业结构	工业比重(%)	城镇化率(%)
上海	157 138	0.27∶26.99∶72.74	25.35	88.1
无锡	180 044	2.10∶47.70∶50.20	42.64	77.1
常州	156 390	1.02∶47.46∶51.51	43.23	73.3
苏州	179 174	1.00∶47.50∶51.50	42.48	77.0
南通	128 294	4.60∶49.00∶46.40	41.03	68.1
宁波	143 157	2.70∶45.90∶51.40	43.09	73.6
湖州	102 593	4.30∶51.20∶44.50	45.54	64.5
嘉兴	112 751	2.20∶53.60∶44.20	47.97	67.4
舟山	116 781	10.67∶34.67∶54.66	27.30	68.6

资料来源:各城市2019年国民经济和社会发展统计公报。

2. 产业趋于高端化,高新技术产业发展强劲

近年来,上海大都市圈高科技产业呈现较好的发展态势,高新技术产业和战略性新兴产业份额逐步提高,各城市产业迈向高端化,成为支撑和引领地区产业经济发展的重要力量。2019年,上海大都市圈"1+8"市共有高新技术企业近3.4万家;高新技术产业占规模以上工业比重均超过40%。其中,高新技术产业企业数量最多的城市是上海市,达到12 848家;苏州市的高新技术企业数量在7 000家以上;无锡市、宁波市、嘉兴市中每座城市的高新技术企业数量在2 000—5 000家;常州市和南通市的高新技术产业企业数量介于1 000—2 000家;仅有湖州市和舟山市的企业数量小于1 000家。从结构来看,高新技术产业总产值占规模以上工业的比重较高的城市有嘉兴市、湖州市,占比超过50%,苏州市、无锡市、常州市、南通市均介于40%—50%,舟山市的份额为37.9%,仅有上海市和宁波市的份额在20%—30%之间。"1+8"市的战略性新兴产业占规模以上工业平均比重在36%左右。其中,苏州市战略性新兴产业产值占规模以上工业总产值的比重最高,为53.70%;常州市和嘉兴市的份额超过40%;其他城市的比重均在30%以上。

表3-4　　　　　　　　2019年上海大都市圈科技产业发展概况

城市	高新技术产业		战略性新兴产业
	企业数量(家)	总产值占规模以上工业比重(%)	总产值占规模以上工业比重(%)
上海	12 848	20.80	32.43
无锡	4 602	45.59	29.90
常州	1 760	43.40	43.20
苏州	7 052	49.40	53.70
南通	1 706	40.30	30.80
宁波	3 102	21.93	28.00
湖州	485	55.60	30.20
嘉兴	2 414	58.00	41.50
舟山	140	37.90	34.20
合计	34 109	41.44	35.99

说明:常州市统计的是高新技术产业总产值占总工业值的比重,舟山市战略性新兴产业总产值占规模以上工业比重采用的是2018年数据。

资料来源:各城市2019年统计年鉴。

3. 立足绿色发展，产业效率进一步提升

立足绿色发展理念，上海大都市圈各城市的产业效率较高。相比于传统的以资源促增长的模式，如今的集约化发展更有利于社会经济的可持续性。2019年，上海大都市圈平均每万元GDP用水量为13.51吨，平均单位工业增加值用电量为0.12千瓦时。各城市的单位工业增加值用电量差距不大。最高的是湖州市，其单位工业增加值用电量是0.15千瓦时；最低的是舟山市，为0.07千瓦时。舟山市、上海市、南通市、无锡市和宁波市均位于平均值之下。分区域看，上海市的产业效率在大都市圈中最高；江苏省的4个城市次之，其平均每万元GDP用水量为4.53吨，平均单位工业增加值用电量为0.11千瓦时；浙江省的4个城市产业效率有待提高，其平均每万元GDP用水量为23.90吨，平均单位工业增加值用电量为0.12千瓦时。

表3-5 2019年上海大都市圈用水、用电量情况

城市	万元GDP用水量 （立方米/万元）	单位工业增加值用电量 （千瓦时/亿元）
上海	7.81	0.08
无锡	4.01	0.11
常州	4.40	0.12
苏州	6.31	0.14
南通	3.41	0.08
宁波	17.17	0.11
湖州	40.60	0.15
嘉兴	33.24	0.16
舟山	4.60	0.07
平均	13.51	0.12

说明：舟山市万元GDP用水量采用2018年的城区数值，常州市万元GDP用水量采用2019年城区数值。

资料来源：各城市2020年统计年鉴。

（三）上海大都市圈科技创新特征

1. 科创资源集聚，发展势头强劲

上海大都市圈拥有数量众多、类型多样的科技创新资源和平台，科技创

新载体集聚,基础支撑能力较强,创新活动活跃。上海市普通高等学校数量、在校学生、每万人拥有大学生数等均居于上海大都市圈首位。2019年上海大都市圈"1+8"市平均每万人拥有大学生188人。其中,常州市、苏州市和上海市的每万人拥有大学生数量超过210人。常州市的每万人大学生数量最高,为274人;其次是苏州市,每万人大学生数量是232人。上海市常住人口虽多,但因其拥有强大的科研系统,2017年拥有普通高等学校已达64所,在大都市圈中遥遥领先,因此上海市在该指标上亦有优势。每万人拥有大学生数最低的是湖州市,2019年该指标接近95人。

上海大都市圈科技成果数量持续增长,科技创新质量逐渐提升。2019年,上海大都市圈专利授权量合计约为35.6万件,占长三角27个中心城市的41.03%。其中,发明专利约为8.39万件,占长三角27个中心城市的52.67%;平均万人发明专利拥有量约为11.77件,高于长三角平均水平(6.78件)4.99件。苏州市发明专利达到4万件以上,上海市发明专利达到2万件以上。

各级政府部门积极搭建各类科创平台,为大都市圈的创新发展保驾护航。上海大都市圈拥有国家自主创新示范区、高新园区、经济技术开发区、科技企业孵化器、特色产业基地、重点实验室、工程技术研究中心、双创示范基地、科技创新服务平台等类型多样的科技创新载体,隶属于不同等级的政府部门、企业、高校和科研院所。上海大都市圈拥有1个科创走廊、1个示范区、2个国家级新区、3个国家自主创新示范区、13个国家级高新区、29个国家级经济技术开发区以及众多不同级别、种类各异的科创平台,这些为上海建设具有全球影响力的科创中心提供了重要支撑。

表3-6　　　　　　　　　　上海大都市圈科创平台情况

国家级平台	平台名称
走廊(1)	G60科创走廊
示范区(1)	长三角一体化示范区
新区(2)	浦东新区、舟山群岛
自主创新示范区(3)	上海张江国家自主创新示范区 苏南国家自主创新示范区 宁波温州国家自主创新示范区

续表

国家级平台	平台名称
高新区(13)	上海市张江高新区、上海紫竹高新区、苏州高新区、昆山高新区、苏州工业园、常熟高新区、无锡高新区、江阴高新区、南通高新区、常州国家高新区、武进国家高新区、宁波高新区、嘉兴高新区
经济技术开发区(29)	闵行经济技术开发区、上海漕河泾新兴技术开发区、松江经济技术开发区、上海化学工业经济技术开发区、虹桥经济技术开发区、上海金桥经济技术开发区、苏州工业园区、昆山经济技术开发区、吴江经济技术开发区、常熟经济技术开发区、太仓港经济技术开发区、张家港经济技术开发区、吴中经济技术开发区、浒墅关经济技术开发区、相城经济技术开发区、锡山经济技术开发区、宜兴经济技术开发区、南通经济技术开发区、海安经济技术开发区、海门经济技术开发区、如皋经济技术开发区、宁波经济技术开发区、宁波大榭经济技术开发区、宁波石化经济技术开发区、宁波杭州湾经济技术开发区、嘉兴经济技术开发区、嘉善经济技术开发区、平湖经济技术开发区、湖州经济开发区

资料来源：各城市政府官网。

2. 研发投入较大，资金持续保障

上海大都市圈研究与试验发展（R&D）经费投入增长趋势明显。2019年，上海大都市圈"1+8"城市的R&D经费内部支出约3532.18亿元，约占区域生产总值的3.27%。其中，上海市2019年的R&D经费内部支出最高，超过1500亿元，是2015年的1.65倍，占当年GDP的4.00%，在大都市圈中远远超过其他城市，处于绝对领先地位。其次是苏州市，R&D经费规模居第二位。无锡市居第三位，经费总支出均超过300亿元。宁波市的R&D经费总规模稍微落后于无锡市。常州市、南通市的总量相近。其他三个城市特别是舟山市的R&D经费总支出还有很大的提升空间。从R&D占GDP比重看，上海市的占比遥遥领先；嘉兴市虽在规模总量上不及其他城市，但R&D占GDP的比重位居都市圈内第二位；常州市、苏州市、无锡市、南通市、宁波市和湖州市的比重相近。

3. 创新成果颇丰，成效较为明显

上海大都市圈的创新成果不断涌现，科技产业发展活跃，在"量"与"质"

表 3-7　　　　2019 年上海大都市圈研究与试验发展经费情况

城市	R&D 经费支出（亿元）	R&D 经费占 GDP 比重（%）
上海	1524.55	4.00
无锡	343.72	2.79
常州	209.44	2.83
苏州	629.78	2.79
南通	234.58	2.79
宁波	323.95	2.70
湖州	87.01	2.79
嘉兴	164.66	3.07
舟山	14.48	1.06
合计	3532.18	3.27

资料来源：各城市 2020 年统计年鉴。

方面均有较大提升。2019 年末，上海大都市圈的专利授权量总计 35.60 万件，其中发明专利超过 8.39 万件，平均万人发明专利拥有量约 36.40 件。分城市看，上海市不仅在总量和相对量上显著超越其他城市，而且在数量与质量方面亦拥有显著优势；苏州市在总量方面超前，特别是发明专利授权量在大都市圈中位居第一，万人发明专利拥有量排在第三位；宁波市的专利授权量和发明专利授权量上居于上海市和苏州市之后，但相较以上两市仍存在一些距离；湖州市在专利授权总量上不占优势，2019 年仅有 1.64 万件专利授权量、1256 件发明专利授权量，但万人发明专利拥有量的排名超过苏州市；南通市在创新成果总量、质量方面仍有较大提升空间。

表 3-8　　　　2019 年上海大都市圈专利授权及拥有量情况

城市	专利授权量（万件）	其中：发明专利授权量（件）	万人发明专利拥有量（件）
上海	10.06	22700	53.54
无锡	3.83	4298	43.00
常州	2.49	2581	36.60
苏州	8.11	43371	40.35
南通	1.96	2278	29.80

续表

城市	专利授权量（万件）	其中：发明专利授权量（件）	万人发明专利拥有量（件）
宁波	4.72	5 075	29.87
湖州	1.64	1 256	40.38
嘉兴	2.78	2 313	33.00
舟山	—	—	21.07

资料来源：各城市2020年统计年鉴。

二、上海大都市圈经济发展评价及问题

（一）上海大都市圈经济发展总体评价

1. 经济基础雄厚，处于长三角城市群领先地位

第一，经济发展实力雄厚，引领城市群高质量发展。上海大都市圈位于长三角城市群核心区域，仅用长三角城市群约五分之一土地面积，集聚了近五分之二的常住人口，创造了超过长三角二分之一的经济总量和全国十分之一以上的GDP，构成长三角乃至全国的经济增长极。与城市群内其他都市圈相比，上海大都市圈经济地位突出。2019年上海大都市圈地区生产总值约10.79万亿元，占长三角三省一市的52.51%。2019年南京都市圈地区生产总值约4万亿元、杭州都市圈地区生产总值约3.2万亿元。可见，上海大都市圈经济总量遥遥领先，引领长三角城市群高质量发展。

第二，人口高度集聚，人均GDP水平保持领先优势。长三角地区是中国人口较为密集地区，2019年底常住人口达2.35亿人，人口密度达到1 010人/平方千米。上海大都市圈作为长三角城市群核心区，人口集聚更为明显。2019年上海大都市圈常住人口7 125.4万人，占长三角地区的30.36%，在全国人口总数中的比重达到5.09%。目前，上海大都市圈人口密度达到1 336人/平方千米，较长三角高出32.28%，人口密度高于长三角总体人口密度的近三分之一。作为衡量地区宏观经济运行状况的重要指标，在人均国内生产总值方面，上海大都市圈同样保持领先优势。上海大都市圈人均GDP为15.14万元，远高于长三角的8.75万元和全国的7.09万

元,其中无锡、苏州、上海人均 GDP 均超过 15 万元。

第三,二、三产业产值占比较高,产业结构较为合理。上海大都市圈各城市三次产业结构不尽相同,但总体上第三产业相对发达,第二产业实力雄厚,第一产业占比较低。2019 年上海大都市圈三次产业增加值比重为 1.61∶40.73∶57.67,长三角三省一市三次产业增加值比重为 3.97∶40.66∶55.37,第三产业占比前者比后者高 2.3 个百分比,第一产业占比前者比后者低 2.36 个百分比。相较全国三次产业增加值比重 7.1∶39∶53.9,上海大都市圈第二产业占比高 1.73 个百分比,第三产业占比高 3.77 个百分比,第一产业占比低 5.49 个百分比。在三次产业增加值方面,上海大都市圈第二产业、第三产业增加产值分别为 43 934.81 亿元、62 209.95 亿元,占长三角地区第二、第三产业增加值的 45.54%、47.36%,占全国的比重超过十分之一,分别达到 11.37%、11.64%,反映出上海大都市圈较强的第二、第三产业实力。

表 3-9　2019 年上海大都市圈与全国、长三角地区经济比较

	地区生产总值(万亿元)	人口密度(人/平方千米)	人均 GDP(万元)	一产产值(亿元)	二产产值(亿元)	三产产值(亿元)
全国	99.09	145	7.07	70 466.7	386 165.3	534 233.1
长三角地区	20.54	1010	8.75	9 413.24	96 474.17	131 365.15
上海大都市圈	10.79	1 336	15.14	1 732.29	43 934.81	62 209.95

资料来源:2020 年中国统计年鉴及长三角三省一市统计年鉴。

2. 创新辐射作用显著,区域协同创新频繁

第一,科创资源集聚,辐射带动效应显著。上海大都市圈科技创新资源载体丰富,拥有数量众多、类型多样的科技创新资源和平台载体,成为长三角地区重要科创中心,在长三角地区发挥着引领作用。上海大都市圈通过技术创新的输出能力、科技成果的转移转化能力、利用外资企业创新资源的能力以及科技相关资源的辐射能力辐射带动长三角科技创新与产业发展,形成了以大科学装置优势促进基础领域创新研究、以金融平台引领区域科

技创新发展,以双向科技飞地形式带动周边发展的区域科技创新协同发展模式。

第二,区域性创新战略较多,科创活动协同发展。上海大都市圈区域性创新战略活跃,G60科创走廊、嘉昆太协同创新核心圈等区域创新协调机制作用不断显现。G60科创走廊沿线包括上海、嘉兴、苏州、湖州等上海大都市圈城市,2016年上海市松江区提出,沿G60高速公路构建产城融合的科创走廊。2017年,上海松江区与浙江杭州市、嘉兴市合作建设沪嘉杭G60科创走廊,签订《沪嘉杭G60科创走廊建设战略合作协议》,提出依托G60科创走廊,深化科创合作和产业对接,促进科创要素的自由流动,打造具有全球影响力的科技创新高地。2021年加快建设长三角G60科创走廊被写入《中华人民共和国国民经济和社会发展第十四个五年规划和2035年远景目标纲要》,成为促进提升长三角一体化发展水平,提高长三角地区配置全球资源能力和辐射带动全国发展能力的重要战略。嘉昆太协同创新核心圈包括上海市松江区和苏州市的昆山、太仓。2018年嘉定区、苏州市共同签订《嘉昆太协同创新核心圈战略框架协议》,确定以科技创新领域的合作为重点,围绕科技、产业、资源、市场、人才等7个大类领域展开合作,合力打造协同创新核心圈。

第三,高新技术产业发达,战略性新兴产业发展迅速。上海大都市圈各城市借助创新要素集聚优势,大力打造高新技术产业,高新技术产业占规模以上工业平均比重均超过40%,具有自身发展优势的特色战略性新兴产业发展势头良好。上海借助具有全球影响力的科技创新中心建设,加大5G、物联网、工业互联网等新型基础设施投资,扩大战略性新兴产业投资。苏州科技创新综合实力连续11年居江苏省首位,高新技术产业产值占规模以上工业总产值比重达51%,生物医药入选首批国家战略性新兴产业集群。宁波以科技创新促进传统制造业改造提升,重视数字化车间、智能工厂、未来工厂建设,磁性材料入围国家先进制造业集群培育名单。

3. 服务业与制造业齐头并进,合作空间较大

第一,首位城市现代服务业发达,为周边提供高水平服务。作为上海大都市圈的首位城市,上海借助其发达的现代服务业,在金融、贸易、航运等方

面提供高水平服务。借助国际金融中心建设,2020年上海金融市场交易总额超过2200万亿元,全球性人民币产品创新、交易、定价和清算中心功能不断完善,多层次金融市场体系和金融机构体系为都市圈发展提供稳定、丰富的金融服务;借助国际贸易中心建设,上海口岸货物进出口总额占全球的3.2%以上,商品销售总额达到14万亿元左右,贸易型总部和功能性平台加快集聚。借助国际航运中心建设,上海港集装箱吞吐量连续11年保持世界第一,机场货邮吞吐量、旅客吞吐量分别位居全球第3位和第4位,现代航运服务体系基本形成。

第二,制造业实力雄厚,为经济发展提供强大动力。上海大都市圈工业基础较好,经过多年转型升级,保持领先优势。苏州工业经济保持稳定增长,规模以上工业总产值、规模以上工业增加值稳居全国城市前3位。宁波工业总产值居浙江省首位,国家级制造业单项冠军数居全国城市第一位。宁波重视产业集群培育,致力打造绿色石化、汽车2个世界级的万亿元级产业集群,高端装备、新材料、电子信息、软件与新兴服务4个具有国际影响力的五千亿元级产业集群,关键基础件(元器件)、智能家电、时尚纺织服装、生物医药、文体用品、节能环保6个国内领先的千亿元级产业集群。

第三,优势产业各具特色,存在一定合作空间。虽然上海大都市圈各市产业发展方向与目标存在一定趋同现象,但部分优势产业存在一定差异,为区域合作提供可能。上海金融、航运等现代服务业发达,可为区域对外开放与产业发展提供支撑。苏州在生物医药、微纳制造、新一代电子信息领域具备优势。宁波注重特定细分产品市场,生产技术或工艺国际领先,单项冠军企业发展,制造业较为发达。

4. 对外开放活跃,链接国内国际窗口

第一,港口资源丰富,为开放提供便利航运基础。长江三角洲地区强大的经济腹地为港口群产业集群发展提供了良好的经济基础和支撑,也促进了港口经济的发展。上海大都市圈中的上海、南通、宁波、舟山等城市都处于上海国际航运中心范围内,构成了便利的港口群。上海港在集装箱年吞吐量保持领先的基础上,完善集装箱国际中转市场功能,提高国际中转水平和水水中转比例,提升口岸自由化程度,提供船舶租赁、航运融资与保险、航运咨询、航运指数等高端航运服务。宁波、舟山充分发挥深水岸线的优势，聚焦大宗商品转运、交易和服务功能，积极推进舟山江海联运服务中心建设。

第二，自贸试验区集聚，成为对外开放的前沿阵地。作为中国改革开放前沿阵地，上海大都市圈9个城市中有三个自贸试验区。中国（上海）自由贸易试验区作为中国第一个自贸试验区，面积不断扩展，先行先试政策不断向全国推广，结合浦东新区改革开放再出发实现新时代高质量发展要求，一批突破性的政策措施和标志性的重大项目加快落地。苏州对外开放持续扩大，中国（江苏）自由贸易试验区苏州片区获批建设并实现良好开局，中国（苏州）跨境电子商务综合试验区、中日（苏州）地方发展合作示范区、昆山深化两岸产业合作试验区、昆山国家进口贸易促进创新示范区、江苏（苏州）国际铁路物流中心口岸等稳步推进建设。宁波对外开放步伐加快。浙江自由贸易试验区宁波片区获批后，积极推进开放型经济发展，在全球供应链、产业链方面开展积极探索。浙江自由贸易试验区舟山片区围绕国家能源保障安全，推进以油品全产业链为核心的大宗商品投资便利化、贸易自由化，提升大宗商品全球配置能力，成为中国东部地区重要海上开放门户示范区、国际大宗商品贸易自由化先导区和具有国际影响力的资源配置基地，建成自由贸易港区先行区。

第三，重大对外开放战略集聚，开放制度创新优势明显。除上海国际航运中心、自贸试验区等重大战略支持对外开放，上海大都市圈还承担着浦东高水平改革开放、虹桥国际开放枢纽、舟山群岛新区建设等重大开放战略任务。浦东新区进一步推进高水平改革开放，打造社会主义现代化建设引领区，为上海大都市圈开放提供制度创新优势和辐射带动作用。虹桥国际开放枢纽涉及上海、苏州、嘉兴等地，以高水平规划建设提升中国对外开放水平，促进长三角更高水平协同开放，形成开放型经济新体制，深度参与国际分工合作，提升资源配置效率和竞争能力，加快形成以国内大循环为主体、国内国际双循环相互促进的新发展格局。浙江舟山群岛新区构筑中国扩大对外开放的新平台，打造东部地区重要的海上开放门户，为上海大都市圈参与国际国内双循环提供重要平台与支持作用。

(二)上海大都市圈经济发展存在的主要问题

1. 产业转型升级压力较大,各市竞争激烈

第一,产业结构趋同,区域间存在过度竞争。上海大都市圈各城市发展条件相似,产业结构趋同明显,产业同构化竞争激烈,缺乏分工明确的产业布局规划。如各城市主导产业中,汽车、石化、电子信息等产业高度重合,苏锡常三地在经济总量中排名前五位的产业几乎相同。产业发展规划存在同样问题,在各城市"十四五"规划提出的重点培育产业集群和产业链中,8个城市都提出重点培养高端装备、智能装备制造产业集群发展,7个城市提到重点发展生命健康及生物医药产业,6个城市提及发展汽车产业,5个城市提及发展电子信息相关产业、集成电路产业等,城市重点产业发展方向高度重合。

第二,各市发展阶段不尽相同,产业转型升级压力较大。上海大都市圈各城市经济发展水平普遍较高,但在经济发展水平上仍存在一定差距。一方面,各城市面对不同的产业转型升级压力。上海、苏州、宁波、无锡、常州的三次产业比重中,第三产业已经超过第二产业,产业结构处于高级阶段,面临如何进一步推动产业结构的优化升级,突出发展现代服务业,优化发展现代制造业问题。南通、湖州、嘉兴的第二产业仍保持领先,第三产业占比略低,产业结构处于中级阶段,面临优化产业结构,促进新兴产业发展和传统产业升级需求。舟山产业结构中,第三产业比重最高,第一产业次之,第二产业比重最低,产业转型面临传统行业衰退,新兴产业支撑力不足,资源环境、发展空间约束趋紧,科技创新能力不强,人才人力比较紧缺等问题。另一方面,区域各城市之间以及城乡之间发展不平衡问题依然存在,基础设施建设投入、公共服务供给能力和供给标准等方面各有不同,基本公共服务特别是在医疗卫生、社保、教育等领域的区域性供需矛盾突出。

2. 创新资源优势尚未转化为产业优势,创新链与产业链有待衔接

第一,城市之间科技合作有待加强。在行政推动方面,上海大都市圈缺乏一个"政策贯通、管理协调、专业分工、利益兼顾"的区域统筹行为主体;在合作机制方面,缺乏一个"多方参与、开放共享、联合攻关、互动创新"的协同网络。部分城市创新资源丰富,但大多自成体系,相互之间缺乏联系和互

动,在规则制定、体系建设、制度完善、平台构建、监管措施等方面开放性不够,知识、技术和人才等创新要素跨地区的自由流动仍存在不少障碍。

第二,缺乏合理的分工与专业化协作体系。上海大都市圈各城市产业结构趋同,产业链分工和专业化协作脆弱,合作项目多局限于单一技术和产品的研发,缺乏整体协同创新,使地区各自的比较优势没有得到充分发挥,客观上影响了区域产业整体竞争力的提升[1]。

第三,创新资源转化产业优势作用不明显。在科技成果转化机制方面,上海大都市圈还存在科技研发机构的研发和产业体系相对独立、市场主体研发实力和动力不足问题,还未形成需求导向型的科技创新模式。此外,在高校、科研机构以及金融、投资等机构参与成果转化和技术创新过程中,沟通协调仍不足,科技成果从研发到市场的有效通道还需打通。

3. 以项目推动为主,制度一体化推进缓慢

第一,区域合作交流不充分,合作平台与专题缺乏。在现行行政体制下,上海大都市圈各市为追求本地经济增长,在具体推进过程中还存在竞争大于合作的现象,合作与冲突并存。同时,平台建设和专题合作缺乏统筹,缺乏制度性的协调机制,致使力量分散,浪费资源,难以形成合力。

第二,区域治理标准和规范不一致。区域治理标准、管理规范协同一致是区域合作的基础和保障。长期以来,基于区域发展竞争所产生的差异化招商政策、营商环境、治理标准等,使得上海大都市圈一体化合作存在诸多阻隔。在管理制度方面,各城市部门设置不同、部门权限划分不清晰,阻碍协作机制的发挥。在产业创新方面,高新企业、人才资质认证标准不统一,跨区域互认存在障碍。在城市建管方面,区域内生态廊道、城际线网均不连续,综合交通枢纽衔接水平不高,城市间环境联合执法、联合共治的长效机制尚未形成。在社会民生方面,医疗卫生政策和养老服务标准尚不统一、社会保险异地支取和信息平台打通等制度仍待优化。此外,在部分跨区域项目的建设时序、不同事件的执法自由裁量尺度等方面还存在不一致情况[2]。

---

[1] 致公党中央调研组.探索上海促进长三角一体化的有效途径[J].中国发展,2009(5):10—13.
[2] 王丹,彭颖,柴慧,等.构建上海大都市圈区域合作机制思路及重大举措[J].科学发展,2020(9):64—70,25.

第三,区域合作仍以项目为主,制度性合作缓慢。上海大都市圈区域间共同推进的项目较多,如上海国际航运中心建设中的小洋山开发、G60科创走廊建设、上海虹桥国际开放枢纽等。合作项目多为两地或多地为解决区域发展中的重大问题,以共同发展目标为基础,共同推进的具体项目。在制度性合作中,除少量共同参与长三角一体化的事项与领域外,缺少上海大都市圈协同发展的制度性合作体制机制。

4. 上海大都市圈为跨省际都市圈,协调难度较大

第一,跨省合作难度较大,行政区经济仍明显。上海大都市圈是一个复合型行政区域,与杭州都市圈、合肥都市圈相比,上海都市圈跨两省一市,经济运行的行政区域利益特征更为明显,区域合作与摩擦并存,经济协调和沟通渠道不畅,生产要素不能完全自由流动,各城市之间的发展规划缺乏统筹衔接,没有从全局出发实现各城市之间的通力合作。在现行行政体制下,各市政府还存在片面追求本地经济增长的现象,合作与冲突并存。区域经济发展的战略目标和战略缺乏特色,经济运行带有显著的行政区域利益特征,在一些敏感问题上往往竞争多于合作,经济协调和沟通渠道不畅,缺乏紧密的区域内经济联系。

第二,圈内城市间合作与交流整体推进不平衡。一方面,各市发展阶段相同,都面临着产业转型升级压力。另一方面,各城市在产业协同方面只局限于承接上海的辐射效应,而对发展与大都市圈内其他城市之间的合作关系的认识相对滞后;在合作办法、模式、机制上,原有的习惯思维未能有大的突破;在合作着力点上,各市总是过多地寄望于生产要素只有利于本地发展的单边流动[1]。

第三,圈内缺乏常态化合作机制,阻碍大都市圈整体发展。经过多年发展,长三角城市群基本形成常态化合作机制与路径,并取得一定成效。相对而言,上海大都市圈作为一个整体的沟通协调机制缺乏,不仅外界缺乏对上海大都市圈的整体认识,圈内各城市也未形成协作发展的主动意识。

---

[1] 课题组.后世博效应对长三角一体化发展区域联动研究[J].科学发展,2011(5):25—49.

三、"十四五"时期上海大都市圈经济展望及策略

(一)"十四五"上海大都市圈经济发展展望

1. 以高质量发展为目标,推动经济赋能升级

党的十九大报告指出:"我国经济已由高速增长阶段转向高质量发展阶段,正处在转变发展方式、优化经济结构、转换增长动力的攻关期,建设现代化经济体系是跨越关口的迫切要求和我国发展的战略目标。"在新的时代背景下,中国经济发展需以高质量发展为核心目标,以创新为战略支撑,以深化供给侧结构性改革为主线,以完善市场经济体制和构建开放型经济为动力,建设现代化经济体系。为此,上海大都市圈发展要以高质量发展为目标,切实践行"创新、协调、绿色、开放、共享"的五大发展理念。

第一,高质量发展与区域一体化相互促进。未来发展中,上海大都市圈要以更高质量一体化为目标,区域一体化和高质量发展两者相互促进,相互依托。具体而言,在区域一体化背景下,上海大都市圈高质量发展内涵不断丰富,紧紧抓住更高质量依托。一是动能+。由资源或劳动力密集型的产业转为技术或知识密集型产业,由低附加值产品转为高附加值产品,模式或工艺不断创新赋予经济更强动能;二是联系+。形成互联互通的交通网络体系,为大都市圈的高水平发展提供更强劲的基础支撑;三是文化+。基于相似的文化背景,构筑特色民族文化。四是生态+。因为拥有众多的湖泊,上海大都市圈地貌呈现破碎化,统一开发和共同治理成为重要措施。五是制度+。搭建一体化的平台,以体制机制创新提供高质量发展的保障。

第二,高质量发展已成为各城市发展目标。从上海大都市圈内各城市"十四五"发展目标和2035年远景目标中,能发现各市的发展目标均未停留在强调经济的增速上,以更大的篇幅侧重追求高水平的经济、社会、生态发展,以期形成循环可持续的发展(见表3-10)。在上海大都市圈的"1+8"市中,上海在都市圈内继续发挥龙头带动、开放先行、全面服务区域作用,在更大范围内协调空间资源承载国家战略,引领长三角城市群成为全球中有更大影响力的区域;周边城市依据自身特有优势,与核心城市相互配合,协同发展,形成相和谐、共进步的局面。

表 3-10　上海大都市圈各城市"十四五"规划和 2035 年远景目标汇总

城市	"十四五"发展目标	2035 年远景目标
上海市	城市核心功能更加强大；人民群众生活更有品质；城市精神品格更加彰显；生态环境质量更为优良；超大城市治理更加高效	上海城市核心功能更加凸显，现代化经济体系率先建成，城乡实现高质量融合发展，公共服务水平趋于均衡，生态环境质量显著改善，基本建成具有世界影响力的社会主义现代化国际大都市，具有国际竞争力的世界级城市群的核心城市，基本建成令人向往的创新之城、人文之城、生态之城，引领长三角成为全国最具影响力和带动力的强劲活跃增长极
无锡市	经济高质量发展迈上新台阶；美丽无锡建设展现新面貌；深化改革开放取得新进展；社会文明程度实现新提升；市域治理现代化形成新格局；人民生活品质得到新改善	率先基本实现高水平社会主义现代化，基本建成具有国际竞争力的产业创新名城、具有国际美誉度的生态宜居名城、具有全国辐射力的交通枢纽名城、具有全国影响力的山水文旅名城，全市经济实力、科技实力、综合竞争力大幅提升，在 2020 年基础上人均地区生产总值实现翻番、居民人均收入实现翻一番以上，成为长三角世界级城市群的重要中心城市，成为新时代社会主义现代化建设先行示范区，"强富美高"新无锡展现出现代化新图景
常州市	经济高质量发展迈上新台阶；人民生活品质得到新改善；美丽常州建设展现新面貌；社会文明程度达到新水平；深化改革开放取得新进展；市域社会治理现代化水平实现新提升	率先基本实现现代化，高水平建成工业智造、科教创新、文旅休闲、宜居美丽、和谐幸福明星城
苏州市	高质量经济迈出更大步伐；高品质生活实现更优提升；高颜值城市展现更美形态；高效能治理取得更新突破	"争当表率、争做示范、走在前列"的目标要求如期实现，基本建成创新之城、开放之城、人文之城、生态之城、宜居之城、善治之城，高水平建成充分展现"强富美高"新图景的社会主义现代化强市、国家历史文化名城、著名风景旅游城市、长三角重要中心城市，为建设世界级城市群作出积极贡献
南通市	经济发展质量更高；人民生活品质更高；美丽南通颜值更高；社会文明程度更高；市域治理效能更高	成为具有显著影响力的长三角活跃增长极和强劲动力源，经济高质量发展迈上新的更大台阶，人均生产总值达到发达经济体水平，居民收入增长高于经济增长，共同富裕取得更为明显的实质性进展，人民群众过上现代化的高品质生活，高质量和现代化发展走在全省前列

续表

城市	"十四五"发展目标	2035年远景目标
宁波市	建设高水平创新型城市;建设制造业高质量发展先行城市;建设国内国际双循环枢纽城市;建设全国文明城市典范城市;建设全域美丽宜居品质城市;建设市域治理现代化示范城市;建设民生幸福标杆城市	基本实现高水平社会主义现代化,成为浙江建设新时代全面展示中国特色社会主义制度优越性重要窗口的模范生,实现地区生产总值、人均生产总值、居民人均可支配收入在2020年基础上翻一番
湖州市	高水平建设绿色智造城市,经济发展迈上新台阶;高水平建设生态样板城市,全域美丽迈上新台阶;高水平建设滨湖旅游城市,新人群集聚迈上新台阶;高水平建设现代智慧城市,整体智治迈上新台阶;高水平建设枢纽门户城市,开放融入迈上新台阶;高水平建设美丽宜居城市,民生福祉迈上新台阶	高质量赶超发展取得突破性进展,高品质建成现代化滨湖花园城市,基本实现高水平现代化,成为新时代全面展示中国特色社会主义制度优越性重要窗口的示范样本
嘉兴市	经济发展质效实现新跨越;科技创新水平实现新跨越;改革开放水平实现新跨越;社会文明程度实现新跨越;绿色发展水平实现新跨越;市域治理现代化实现新跨越;民生福祉实现新跨越	基本实现高水平社会主义现代化,成为新时代全面展示中国特色社会主义制度优越性的重要窗口中最精彩板块,地区生产总值在2025年的基础上力争再翻一番,人均地区生产总值达到发达经济体水平,省区域创新体系副中心地位更加巩固,建成高水平创新型城市;基本实现新型工业化、达经济体水平,省区域创新体系副中心信息化、城镇化、农业现代化,建成现代化经济体系;基本实现市域治理体系和治理能力现代化,人民平等参与、平等发展权利得到充分保障,高水平建成现代政府,建成法治政府、法治社会,成为中国最平安城市;高水平建成文化强市、教育强市、体育强市和健康嘉兴,国民素质和社会文明达到新高度,文化软实力显著增强;广泛形成绿色生产生活方式,碳排放达峰后稳中有降,生态环境根本好转,高水平建成全域秀美的美丽嘉兴,基本实现人与自然和谐共生;人民生活更加美好,人的全面发展、全体人民共同富裕率先取得实质性重大进展;党的全面领导落实到各领域方面的高效执行体系全面形成,清廉嘉兴全面建成,中国

续表

城市	"十四五"发展目标	2035年远景目标
舟山市	建设海洋经济高质量发展示范区;建设长三角海洋科技创新中心;建设长三角对外开放新高地;建设以油气为核心的大宗商品资源配置基地;建设美丽中国海岛样板;建设品质高端独具韵味的海上花园城市;建设市域治理现代化先行区	特色社会主义制度优势充分彰显 基本实现高水平现代化,全面建成创新舟山、开放舟山、品质舟山、幸福舟山和现代化海上花园城市,全面展示浙江省建设"重要窗口"的海岛风景线

资料来源:各城市国民经济和社会发展第十四个五年规划和2035年远景目标纲要。

2. 上海大都市圈协同发展成为各市经济发展新动力

第一,从省级层面上看,各市均将联动协调发展作为重要任务,发挥自身比较优势,深入实施《长江三角洲区域一体化发展规划纲要》,以推进上海大都市圈和长三角一体化向纵深发展。至"十四五"期末,上海市将进一步发挥核心城市功能和龙头带动作用,深化跨区域多领域的相互合作,努力形成长三角共性与个性相得益彰、合作与竞争相互促进、集聚与辐射相辅相成的高质量一体化发展格局;江苏省将主动服务、积极支持上海发挥龙头作用,加强与浙皖战略协同,明确区域联动发展、促进城乡融合发展、推进跨界区域共建共享三方面的重点任务;浙江省将基本形成全方位融入长三角一体化发展格局,科创产业、城乡区域、基础设施、生态环境、公共服务等领域基本实现一体化发展。

第二,从城市层面上看,推动上海大都市圈建设成为各城市的主要任务。在城市发展的过程中,协同发展逐渐显现出其巨大的优势,地理位置相互临近的城市在各领域上相互合作,发挥比较优势,弥补因资源不均产生的短板,从而实现区域内资源的高效利用,提升生产效率,使得各城市在相互合作中得到不同程度的发展动力。协同发展不仅可以促进产业结构的升级、优化产业的空间布局,亦能加快更具竞争力的现代经济体系的建立,转变以资源促发展的模式,实现经济的高质量发展。梳理各城市的国民经济和社会发展第十四个五年规划和2035年远景目标纲要,不难发现各城市从基础设施建设、生态治理、产业协同发展、经济联动发展等多方面着手,不仅包括基础设施硬件的互联互通,也包括搭建打破行政边界的多领域的合作平台和通道,更包括跨区域政府的合作(见表3-11)。

表3-11 上海大都市圈各城市协同发展途径汇总

城市	协同发展途径
上海市	统筹推进跨区域基础设施建设;加强科技和产业协同创新;共同建设绿色美丽长三角;推进公共服务便利共享;建设统一开放区域大市场体系
无锡市	统筹推进区域协同、产业创新、绿色发展、基础设施、区域市场、公共服务一体化,积极参与共建长三角世界级城市群。深度融入上海大都市圈建设,主动接轨融入服务上海,成为全球资源集聚之地、科技创新应用之地、高端产业承载之地、开放枢纽拓展之地、金融贸易活跃之地,成为上海发挥核心辐射功能和龙头带动作用的重要支点
常州市	打造上海和南京都市圈联动发展门户;推动沪宁合产业创新带建设;积极推动常泰跨江融合发展;深入推进苏皖合作示范区建设;促进宁杭生态经济绿色崛起;建设长三角民营经济联盟
苏州市	推进市域跨界重点领域统筹协同;强化长三角重要中心城市地位;打造融入上海先行区;推动沪苏跨界合作取得更大实效;推进长三角生态绿色一体化发展示范区建设;加快共建环太湖世界级湖区;推动长三角协同创新产业和开放体系建设;高位融入一体化要素市场与制度体系建设;创建长江经济带绿色发展示范区;加强长江沿线港口航运服务合作;强化产业创新与环境保护协同联动
南通市	深度融入苏南发展板块;深度对接上海协同发展;创新一体化发展体制机制;打造绿色产业集聚带;打造滨海特色城镇带;打造美丽生态风光带;创新发展海洋经济;统筹大通州湾生产力布局;加快推进沿海港区建设;加速沿江港区绿色转型;强化内河港口支撑;加快临港物流发展;深化长江沿线港口合作
宁波市	深度参与长三角一体化;引领建设浙江大湾区;协同唱好杭甬"双城记";做实做强宁波都市区;全力建设海洋中心城市;深化重点地区协作发展
湖州市	聚焦畅通内循环,协同培育长三角一体化大市场;全面加强与长三角城市的联动合作,力争在产业发展、科技创新、生态环境、基础设施、普惠金融、公共服务等领域基本实现一体化发展;对接融入上海大都市圈、杭州都市圈、宁杭生态经济带和全省"四大"建设;努力打造长三角跨区域产业集群建设和省际毗邻区域一体化样板;共建环太湖生态文化旅游圈;加强产业链供应链协同,引进和培育一批服务长三角的总部型贸易平台,打造长三角新型贸易中心;推动长三角要素市场一体化改革,实现要素跨区域流动共享;落实太湖流域生态环境保护联防联控机制,推动长三角生态环境协同立法

续表

城市	协同发展途径
嘉兴市	协同共建长三角生态绿色一体化发展示范区;打造长三角核心区综合交通枢纽;打造长三角核心区联通国内国际双循环的黄金节点
舟山市	推进舟山与长三角城市在港口发展、基础设施、产业联动、资源配置、旅游健康、教育文化、公共服务、生态保护、粮食安全等方面的协作,发挥舟山在长三角世界级城市群中的作用。全面融入上海都市圈,加强浙沪自贸试验区合作,谋划推进洋山区域整体开发,建设小洋山北侧集装箱支线码头等项目,加强浙沪海事服务、航运交易等方面合作,打造浙沪海上合作示范区。加快推进甬舟一体化,合力共建全球海洋中心城市,积极参与升级建设宁波舟山港一体化2.0,加强两地在开放平台、港口、交通、产业、市场、公共服务等方面协作

资料来源:各城市国民经济和社会发展第十四个五年规划和2035年远景目标纲要。

3. 上海大都市圈区域协同深化双向互动推进

第一,上海大都市圈协同发展由单向联系转为双向互动。上海大都市圈内各城市规划尝试探索跨区域合作模式和方法,以期实现跨区域的协同发展。其中,上海市走在前列。2016年8月22日,《上海市城市总体规划(2016—2040年)(草案)》公示,提出上海与苏州、无锡、南通、宁波、嘉兴、舟山等地区协同发展,形成90分钟交通出行圈,突出同城效应。把在交通通勤、产业分工、文化认同等方面与上海关系更加紧密的地区作为上海大都市圈的范围,积极推动上海大都市圈同城化发展。2017年,《上海市城市总体规划(2017—2035年)》明确了上海至2035年以及远景展望至2050年的总体目标、发展模式、空间格局、发展任务和主要举措,不仅为上海未来发展描绘了美好蓝图,更是服务于"一带一路"建设和长江经济带发展等重大战略。

第二,各城市关注跨区域的双地以及多地合作。推进与沪合作以及周边城市合作,成为各城市"十四五"开启现代化征程的主要抓手。如,苏州市将打造融入上海先行区,推动沪苏跨界合作取得更大实效;无锡市将主动接轨融入服务上海,成为上海发挥核心辐射功能和龙头带动作用的重要支点;常州市将努力打造上海和南京都市圈联动发展门户,推动沪宁合产业创新带建设;南通市将在深度融入苏南发展板块的同时,深度对接上海协同发展;宁波市努力引领建设浙江大湾区,做实做强宁波都市区;嘉兴市继续推进快速交通网络的建设,与沪、苏共建长三角生态绿色一体化发展示范区;湖州市对接上海和宁波,融入上海大都市圈和宁杭生态经济带的建设;舟山市与沪合力打造海上合作示范区,与宁波共同升级港口一体化建设。

(二)上海大都市圈经济协同发展的思路与策略

1. 推动上海大都市圈创新和产业协同发展

第一,合理规划区域产业布局。根据上海大都市圈发展的优势条件和产业定位,加快产业的区域合理分工与布局,形成基于价值链的产业垂直分工与技术水平分工的经济格局。充分发挥上海作为区域创新中心的作用,加强基于创新的产业联动,带动区域产业能级的提升,增强地区产业的国际竞争力。

第二,加快创新链和产业链有效衔接。从科技成果孵化、转化、产业化等多个角度设置政策,促进科技带动经济转型升级。健全创新产品和服务优先采购政策,实施创新产品和服务的政府首购、订购政策,促进创新产品规模化。制定上海大都市圈创新产品推荐目录编制办法,对目录内首次投放市场的创新产品和科技,政府采购合同授予首购产品的供应商;对政府需要研究开发的重大创新产品和技术等,可以采取战略合作形式,通过竞争性谈判、竞争性磋商或者单一来源采购等方式确定研究开发和生产机构;对于研制和使用首台高端智能装备,实施政府激励和示范应用政策[①]。

第三,打造协同创新产业发展走廊。积极参与G60科技创新走廊,上海、嘉兴等城市借助科创资源集聚、科创人才汇聚、科创平台多元化优势,促进科技产业集群发展。打造G50绿色发展走廊,从上海浦东发端,经青浦向皖南地区延伸,发展绿色休闲旅游,建设特色小镇,成为"两山"理论的实践示范区。打造G40高端智能制造走廊,从嘉定、苏州、无锡、常州、镇江、南京,一直延伸到安徽,与皖江经济带相衔接,着力发展高端制造和智能制造。

---

① 李娜.长三角一体化新趋势[J].上海经济,2018(3):138—141.

2. 提升上海大都市圈对外开放水平

第一,借助"一带一路"倡议联动发展。充分发挥上海大都市圈开放优势,抓住"一带一路"倡议机遇,促进上海大都市圈进一步开放。借助上海自贸试验区、浙江自贸试验区制度优势,参与"一带一路"建设。联手打造服务"一带一路"企业走出的合作平台。充分发挥苏州工业园区的苏州和新加坡共建园区模式,总结提炼海外园区在投资、建设、招商、运营、管理等方面的经验,对接上海在法律、金融、人才等方面的服务优势,联合建立苏沪"一带一路"海外园区服务平台,并以海外园区合作为切入点,打造上海大都市圈新一轮对外开放合作抓手。

第二,借助自贸区建设联动发展。一是借助上海、浙江、江苏建设自贸区的契机,推动跨省自贸区联动发展,进一步提高上海大都市圈对外开放水平。加强上海自贸试验区与浙江自贸试验区、江苏自贸区的沟通协作,提升自贸区开放程度、便利化水平,共同探索自由贸易港建设,发挥其"境内关外"特点对国际中转、产业升级的作用,构建面向全球的高标准自由贸易区网络。发挥上海大都市圈自贸区网络优势,将可复制、可推广经验率先推向上海大都市圈,打造统筹沿海、沿边、沿江和沿陆开放,促进形成对内对外开放联动的协调发展示范区。二是启动上海自贸区新片区建设与沪浙自贸区联动。可以把大小洋山开发纳入上海自由贸易试验区新片区建设,与临港新城及产业区形成海陆互动,为扩大上海自贸区和未来上海自贸港的空间规模,更好发挥上海自贸区和未来上海自贸港的经济作用提供重要示范;未来还将更有利于实现自贸港"境内关外",货物、资金、人员进出自由,绝大多数商品免征关税的管理要求。

第三,发挥虹桥国际商务枢纽主体功能。虹桥商务区是上海"十四五"国际贸易中心建设重要承载区之一,通过建设国际化中央商务区、国际贸易中心新平台,打造国际开放枢纽。通过虹桥国际开放枢纽建设,加强上海、苏州、嘉兴等城市的互动,以开放合作促进建设国际贸易中心新平台。

3. 深化上海大都市圈经济协同制度创新

第一,建立区域创新协同机制。以利益共享为动力,着力政策创新,推动上海大都市圈协同创新。加快创新链和产业链有效衔接,在策源地外建设科技成果转化基地、产业化基地,打通研发到产业化的最后一千米。率先在上海大都市圈建立高科技创新产业领域税收分享机制。通过税收共享推动都市圈科技成果等创新要素城市间自由流动,打破政府间行政壁垒限制。推进考核机制改革。建立监督和约束机制。建议都市圈各城市承诺提供区域内所有成员以"市民"待遇,合作方有权对合作项目全过程中任何有地方利益倾向的行为进行监督、质疑。将跨区域考核纳入各市区行政考核。规范和完善区域合作法律、法规,禁止企业在区域内的恶意垄断行为。

第二,以创新引领经济转型升级。上海大都市圈地区经济发达、创新资源集聚,区域一体化程度较高,有条件率先创新驱动转型升级发展,建立现代化经济体系。以上海建设具有全球影响力的科技创新中心为抓手,打造多个创新联动示范区。依据地理区位不同、发展阶段和资源优势和特征不同,在上海大都市圈其他城市建立接轨上海的示范区。如嘉兴和南通已经明确要着力打造成为接轨上海的示范区。加快创新链和产业链有效衔接,从科技成果孵化、转化、产业化等多个角度设置政策,促进科技带动经济转型升级。

第三,建立财税共享机制。产业分工合作成为区域合作的难点,主要源于行政区的税收制度。为此建议基于利益共享、双方共赢的理念,建立跨区域的税收共享机制。确立保障存量、拓展增量、属地化激励的税收共享机制基本原则,确定利益共享的年限与分配比例,破除创新成果转移的保护机制,在上海大都市圈内率先建立创新地(科研技术成果研发地)与产业地(科研成果产业化投产地)的税收共享机制,实现创新链与产业链的深度融合。

4. 建立上海大都市圈合作机制

第一,研究制定上海大都市圈协同发展战略规划。协调推进区域合作中的重要事项和重大项目,开展协同创新路径,推动改革试点经验复制共享等研究,以上海大都市圈区域合作基金为抓手,调动各方积极性,推动跨区域重大工程项目推进。

第二,完善上海大都市圈区域合作体制机制。结合长三角城市群"三级运作,统分结合"决策层、协调层、执行层的区域协同治理经验,在上海大都市圈进一步突破,建立以政府为主体社会、行业、企业参与的区域协同机制。

建议建立上海大都市圈信息通报机制和备案机制,以有效整合资源,使上海大都市圈合作落实到具体工作部门。

第三,统筹制度设计和安排。按照"政府导向、市场运作"的体制创新要求,突破按行政区划管理经济社会的各种制度障碍,用新的制度设计和安排推进并支撑上海大都市圈区域一体化发展。一是从具体领域出发建立制度一体化,如淀山湖生态环境保护和补偿机制、创新地与产业地深度融合机制等,成熟一套推广一套制度体系。二是加快各市区制度性开放,推进标准、规则、资质的相互认定。在长三角区域内沪苏浙三省市已开始进行了省际职称标准的互认、专业技术人才和高技能人才的资格互认的基础上,加快对都市圈各城市高新技术企业认定标准、创新人才标准、行业标准等的互认,促进区域资金、技术、人才以及数据要素的有序流动。

第四,以国家战略促进都市圈合作。上海大都市圈内肩负着落实长江经济带、建设世界城市群等多个国家战略,要以共建国家重大战略项目为抓手,促进大都市圈跨区域合作。基于国家战略要求和上海大都市圈自身发展需求,通过大小洋山港联动开发、东方大通道规划建设、自贸区联动发展、舟山江海联运服务中心、上海虹桥国际开放枢纽等国家战略相关项目建设,促进上海大都市圈的合作发展。

参考文献

[1] 程程. 新型城镇化背景下开发区产城融合研究[D]. 浙江:浙江工商大学,2018.

[2] 迟福林. 以高质量发展为核心目标建设现代化经济体系[J]行政管理改革,2017(02).

[3] 郭朝先. 当前中国工业发展问题与未来高质量发展对策[J]. 北京工业大学学报(社会科学版),2019,19(2):50-59.

[4] 黄群慧,李芳芳. 中国工业化进程(1995—2015)[M]. 北京:社会科学文献出版社,2017.

[5] 课题组. 后世博效应对长三角一体化发展区域联动研究[J]. 科学发展,2011(5):25-49.

[6] 李娜. 长三角一体化新趋势[J]. 上海经济,2018(3):138-141.

［7］李娜,张岩.长三角生态绿色一体化发展示范区 建立财税分享机制的问题及对策建议[J].上海城市管理,2020(4):38-43.

［8］李湛,张彦.长三角一体化的演进及其高质量发展逻辑[J].华东师范大学学报(哲学社会科学版),2020,52(5):146-156.

［9］王丹,彭颖,柴慧,等.构建上海大都市圈区域合作机制思路及重大举措[J].科学发展,2020(9):64-70,25.

［10］郁鸿胜.长三角城市群一体化发展的总体思路研究[C].//2010昆山·中浦长三角高层论坛.2010:165-170.

B.4 上海大都市圈人口发展的现状、问题与展望[①]

熊 健 邹 伟 杜凤姣 史钟一

(上海市城市规划设计研究院)

摘 要: 本文运用最新的第七次全国人口普查(以下简称"七人普")的各地公报数据,以官方数据统计标准及方法,汇总统计上海大都市圈七人普数据情况,对上海大都市圈全域的人口发展状况予以解读,进行趋势研判,以及全国层面的区域和主要城市对比、都市圈多维度分析研究。以期准确把握人口发展新特点新趋势、推动上海大都市圈人口与经济社会协调发展。

关键词: 第七次全国人口普查;上海大都市圈;人口发展

一、上海大都市圈人口总体概况

(一)普查主要数据情况

表 4-1 上海大都市圈第七次全国人口普查数据统计

指标	2010年	2020年	2020年比 2010年增长
上海大都市圈人口(万人)	6785.77	7741.66	14.09(百分点)
家庭户规模(人/户)	2.63	2.41	−0.22(人/户)

[①] 本文所涉"人口总量""家庭户人口""人口性别比""城镇人口""常住人口城镇化率"等名词术语的定义及统计口径,与第七次全国人口普查所涉的名词术语一致。本文分析资料均来自第七次全国人口普查统计公报数据。部分汇总数据因四舍五入的原因,存在总计与分项合计不等的情况。

续表

指标	2010年	2020年	2020年比2010年增长
人口性别构成			
总人口性别比(女=100)	103.40	106.77	3.37(绝对值)
出生人口性别比(女=100)	—	—	
人口年龄构成			
0—14岁人口占比(%)	10.00	11.62	1.62(百分点)
15—59岁人口占比(%)	74.56	66.97	−7.59(百分点)
60岁及以上人口占比(%)	15.44	21.41	5.97(百分点)
其中:65岁及以上人口占比(%)	10.34	15.41	5.07(百分点)
平均年龄(岁)	—	—	
人口受教育情况			
每10万人中拥有高中文化程度的人口(人/每10万人)	16522	17520	998(人/每10万人)
每10万人中拥有大学文化程度的人口(人/每10万人)	14525	23691	9166(人/每10万人)
15岁以上人口平均受教育年限(年)	—	—	
文盲人口(万人)	209.46	134.10	−75.36(万人)
文盲率(%)	3.09	1.73	−1.36(百分点)
人口城乡分布			
城镇人口(万人)	4917.61	6254.82	1337.21(万人)
常住人口城镇化率(%)	72.47	80.79	8.32(百分点)

注:① 上海大都市圈包括上海、苏州、无锡、常州、南通、湖州、嘉兴、宁波、舟山等9个城市;
② 资料来源于2010年第六次全国人口普查公报和2020年第七次全国人口普查公报,截至2021年6月26日;
③ 各项指标名称及含义与国家统计局经济社会发展统计标准相一致;
④ 因已发布公报数据情况,"出生人口性别比""平均年龄""15岁以上人口平均受教育年限"等指标及"人口流动情况""民族人口情况"等指标维度未能统计。

人口总量:上海大都市圈人口为7741.66万人,占全国人口的5.48%;与2010年相比,增加955.89万人,增长14.09%,高于全国增长率(5.38%)。上海大都市圈人口10年来保持较高速增长态势。

户别人口:上海大都市圈共有家庭户2909.54万户,家庭户人口为7019.97万人,平均每个家庭户的人口为2.41人,比2010年的2.63人减少

0.22人,低于全国平均水平(2.62)。上海大都市圈家庭户规模继续缩小。

性别构成:男性人口为3 997.63万人,占51.64%;女性人口为3 744.03万人,占48.36%。总人口性别比(以女性为100,男性对女性的比例)为106.77,高于全国平均水平(105.07);同时,比2010年高3.37。上海大都市圈人口性别结构进一步失衡。

年龄构成:0—14岁人口为899.34万人,占11.62%,低于全国平均水平(17.95%)。15—59岁人口为5 184.45万人,占66.97%,高于全国平均水平(63.35%)。60岁及以上人口为1 657.82万人,占21.41%,高于全国平均水平(18.70%);其中,65岁及以上人口为1 192.82万人,占15.41%,高于全国平均水平13.50%的比重。与2010年相比,0—14岁、15—59岁、60岁及以上人口的比重分别上升1.62个百分点、下降7.59个百分点、上升5.97个百分点。上海大都市圈少儿人口比重回升,但仍低于全国平均水平;劳动力人口比重下降显著,人口老龄化程度则进一步加深。

受教育程度人口:具有大学文化程度的人口为1 834.09万人,与2010年相比,每10万人中具有大学文化程度的由14 525人上升为23 691人,高于全国平均水平(15 467人)。上海大都市圈受教育状况持续优化提升,人口素质不断提高。

城乡人口:居住在城镇的人口为6 254.82万人,占80.79%,远高于全国平均水平(63.89%);居住在乡村的人口为1 486.84万人,占19.21%。与2010年相比,城镇人口增加1 337.21万人,比重上升8.32个百分点。上海大都市圈持续推进农业转移人口市民化等政策,常住人口城镇化率进一步提升。

(二) 国内重点区域对比

表4-2　　　　　　　　国内主要区域人口数据统计

指标	上海大都市圈	京津冀	粤港澳大湾区	东部地区
面积(万平方千米)	5.6	21.6	5.6	—
常住人口(万人)	7 741.66	11 036.93	8 620.13	56 372
常住人口密度(人/平方千米)	1 382	511	1 539	—

续表

指标	上海大都市圈	京津冀	粤港澳大湾区	东部地区
常住人口城镇化率(%)	80.79	68.61	87.28	70.76
家庭户规模(人)	2.41	2.61	2.36	2.59
人口性别比(女=100)	106.77	103.07	113.98	106.50
每10万人中拥有大学文化程度的人口(人/每10万人)	23691	20106	20104	17574
年龄构成				
0—14岁人口占比(%)	11.62	17.71	15.12	17.10
15—59岁人口占比(%)	66.97	62.25	73.90	64.55
60岁以上人口占比(%)	21.41	20.04	10.98	18.34

注：① 资料来源于2020年第七次全国人口普查公报、《香港统计年刊2020》及《澳门统计年鉴2019》，截至2021年6月26日；
② 粤港澳大湾区"家庭户规模(人)"统计数值中不含澳门；
③ 粤港澳大湾区"每10万人中拥有大学文化程度的人口(人/每10万人)"统计数值中不含香港和澳门；
④ 东部地区包括北京、天津、河北、上海、江苏、浙江、福建、山东、广东和海南10省(市)，资料来源于国家统计局发布的"第七次全国人口普查东中西部和东北地区人口情况"。

与京津冀、粤港澳大湾区相比，上海大都市圈多项人口指标存在一定的差距。上海大都市圈常住人口总量及人口密度分别为7741.66万人、1382人/平方千米，比粤港澳大湾区的(8620.13万人、1539人/平方千米)稍低；上海大都市圈家庭户规模接近2.4，低于京津冀、东部地区的2.6，家庭小型化速度更快。此外，上海大都市圈的青少年及老龄化问题较为显著，0—14岁人口占比远低于京津冀和粤港澳大湾区，劳动力储备资源弱于粤港澳大湾区；60岁以上人口占比已超过20%，老龄化压力远超粤港澳大湾区。

《中华人民共和国国民经济和社会发展第十四个五年规划和2035年远景目标纲要》(以下简称"国家'十四五'规划纲要")中提出"开拓高质量发展的重要动力源……以京津冀、长三角、粤港澳大湾区为重点，提升创新策源能力和全球资源配置能力，加快打造引领高质量发展的第一梯队"。上海大都市圈需进一步深化推进人口集聚、提升人口素质、优化人口结构，特别是人口密度、劳动年龄人口、老龄人口占比等关键指标。

(三) 国内主要城市对比

上海大都市圈各城市常住人口总量在全国主要城市(表中所列城市)中占据靠前位置。该区域拥有人口总量2000万人以上的城市1座(上海)、1000万至2000万的城市1座(苏州)、500万至1000万人的城市5座(宁波、南通、无锡、嘉兴、常州)、300万至500万人的城市1座(湖州)、100万至300万人的城市1座(舟山)。9个城市的城市规模类型进一步提升赋能,具备更强的竞争力,如苏州排名全国主要城市前十,宁波排在多个东部省会城市(合肥、南京等)前面,南通、无锡、嘉兴、常州等均超过多个中西部省会城市。

常住人口总量作为城市规模划分、国家战略政策实施等重要依据之一,将进一步助力上海大都市圈各城市获取高能级资源。国家"十四五"规划纲要中明确提出"全面取消城区常住人口300万以下的城市落户限制,全面放宽城区常住人口300万至500万的Ⅰ型大城市落户条件,完善城区常住人口500万以上的超大特大城市积分落户政策",将进一步推进上海大都市圈各城市人口总量集聚及人口结构优化提升;国家发改委等发布的《关于进一步做好铁路规划建设工作的意见》中提出"合理确定标准"等政策,也将把更优质的交通资源投放至上海大都市圈等人口更密集的区域。

与全国主要城市相比较,上海大都市圈各城市老龄化问题较凸显、劳动力人口略显不足、受教育程度人口分布不平衡,但人口城镇化尚有较大余量。上海、南通、常州、湖州、舟山等城市的老龄化人口(60岁及以上人口)占比均已超过20%,远高于广州、深圳、郑州等城市,南通甚至已超过30%,老龄化问题刻不容缓;与老龄化人口相对,上海大都市圈各城市劳动力人口(15—59岁人口)占比均低于70%,无法与广州、深圳、东莞、珠海等相比,城市活力略显不足;受教育程度方面,除上海、苏州、无锡外,其他城市的"每10万人中拥有大学文化程度的人口"均较低,尚不能与直辖市、省会城市等相比,其自身所具有的教育资源及人才流动特点等因素制约了人才集聚。此外,除上海、苏州、无锡外,其他城市的城镇化率均低于80%,与全国主要城市还存在一定差距,这说明上海大都市圈人口城镇化还有一定发展余量。

当前,国家"十四五"规划纲要提出"以城市群、都市圈为依托促进大中

B.4 上海大都市圈人口发展的现状、问题与展望 / 83

表4-3 上海大都市圈各城市与全国主要城市七人普数据对比（按常住人口排序）

序号	城市	类型	常住人口（万人）	年龄结构			受教育程度		常住人口城镇化率（%）
				0—14岁人口占比（%）	15—59岁人口占比（%）	60岁及以上人口占比（%）	具有大学文化程度的人口（万人）	每10万人中拥有大学文化程度的人口（万人）	
1	重庆市	直辖市	3205.42	15.91	62.22	21.87	494.02	1.54	69.46
2	上海市	直辖市	2487.09	9.80	66.82	23.38	842.42	3.39	89.30
3	北京市	直辖市	2189.31	11.84	68.53	19.63	919.08	4.20	87.55
4	成都市	省会城市	2093.78	13.28	68.74	17.98	535.63	2.56	78.77
5	广州市	省会城市	1867.66	13.87	74.72	11.41	509.45	2.73	86.19
6	深圳市	计划单列市	1756.01	15.11	79.53	5.36	506.59	2.88	—
7	天津市	直辖市	1386.60	13.47	64.87	21.66	373.55	2.69	84.70
8	西安市	省会城市	1295.29	15.65	68.33	16.02	401.53	3.10	79.20
9	苏州市	—	1274.83	13.55	69.49	16.96	287.02	2.25	81.72
10	郑州市	省会城市	1260.06	19.05	68.11	12.84	365.32	2.90	78.40
11	武汉市	省会城市	1232.65	13.05	69.72	17.23	417.46	3.39	84.31
12	杭州市	省会城市	1193.60	13.02	70.12	16.87	349.92	2.93	83.29
13	石家庄市	省会城市	1123.51	19.30	62.23	18.47	226.03	2.01	70.18
14	东莞市	—	1046.66	13.12	81.41	5.47	138.59	1.32	92.15
15	青岛市	计划单列市	1007.17	15.41	64.31	20.28	227.12	2.26	76.34
16	长沙市	省会城市	1004.79	16.64	68.03	15.33	275.85	2.75	—
17	哈尔滨市	省会城市	1000.99	10.46	67.56	21.98	204.75	2.05	70.61

续表

序号	城市	类型	常住人口（万人）	年龄结构			受教育程度		常住人口城镇化率（%）
				0—14岁人口占比（%）	15—59岁人口占比（%）	60岁及以上人口占比（%）	具有大学文化程度的人口（万人）	每10万人中拥有大学文化程度的人口（万人）	
18	温州市	—	957.29	15.28	68.22	16.50	120.97	1.26	72.16
19	佛山市	—	949.89	15.10	74.37	10.52	153.34	1.61	95.20
20	宁波市	计划单列市	940.43	12.26	69.63	18.10	167.75	1.78	78.00
21	合肥市	省会城市	936.99	16.52	68.22	15.26	247.27	2.64	82.28
22	南京市	省会城市	931.47	12.75	68.27	18.98	328.15	3.52	86.80
23	济南市	省会城市	920.24	16.44	63.60	19.96	238.63	2.59	73.46
24	沈阳市	省会城市	907.01	11.40	65.36	23.24	249.17	2.75	84.52
25	长春市	省会城市	906.69	12.14	67.01	20.85	201.44	2.22	65.94
26	泉州市	—	878.23	20.62	66.17	13.21	92.17	1.05	68.46
27	南宁市	省会城市	874.16	20.38	64.84	14.78	164.74	1.88	68.91
28	昆明市	省会城市	846.01	14.98	70.62	14.40	205.03	2.42	79.67
29	福州市	省会城市	829.13	17.08	66.16	16.76	154.13	1.86	72.49
30	南通市	—	772.66	10.90	59.09	30.01	115.16	1.49	70.44
31	无锡市	—	746.21	12.96	67.29	19.75	163.17	2.19	82.79
32	大连市	计划单列市	745.08	11.65	63.64	24.71	175.78	2.36	82.35
33	南昌市	省会城市	625.50	17.44	67.59	14.97	156.52	2.50	78.08
34	贵阳市	省会城市	598.70	18.56	68.14	13.30	140.33	2.34	80.07

续表

序号	城市	类型	常住人口（万人）	年龄结构			受教育程度		常住人口城镇化率（%）
				0—14岁人口占比（%）	15—59岁人口占比（%）	60岁及以上人口占比（%）	具有大学文化程度的人口（万人）	每10万人中拥有大学文化程度的人口（万人）	
35	汕头市	—	550.20	22.28	62.20	15.51	45.42	0.83	70.70
36	嘉兴市	—	540.09	12.08	68.62	19.30	82.36	1.53	71.34
37	太原市	省会城市	530.41	15.55	68.34	16.11	163.69	3.09	89.06
38	常州市	—	527.81	13.26	66.73	20.01	109.20	2.07	77.07
39	厦门市	计划单列市	516.40	17.16	73.28	9.56	139.12	2.69	89.41
40	兰州市	省会城市	435.94	14.19	69.24	16.56	124.61	2.86	83.10
41	乌鲁木齐市	省会城市	405.44	—	—	—	—	—	—
42	呼和浩特市	省会城市	344.61	13.91	68.06	18.03	104.81	3.04	79.15
43	湖州市	—	336.76	11.94	66.72	21.34	46.03	1.37	65.64
44	海口市	省会城市	287.34	18.39	69.19	12.42	71.39	2.48	81.76
45	银川市	省会城市	285.91	18.07	69.13	12.79	74.83	2.62	80.22
46	西宁市	省会城市	246.80	16.36	69.36	14.35	52.83	0.21	78.63
47	珠海市	—	243.96	15.88	74.12	10.00	62.82	2.58	90.47
48	舟山市	—	115.78	9.81	65.31	24.88	20.97	1.81	71.89
49	拉萨市	省会城市	86.79	16.48	75.03	8.49	14.78	1.70	69.77

注：① 数据来源于各城市2020年第七次全国人口普查公报，截至2021年6月26日；
② 全国主要城市根据国务院现行国审行政城市名单确定，包括直辖市、省会城市、计划单列市及部分国务院指定城市（温州、佛山、泉州、汕头、珠海等）；
③ "—"表示未查到相关公报数据。

小城市和小城镇协调联动、特色化发展,使更多人民群众享有更高品质的城市生活"的发展要求,上海大都市圈应通过"深化户籍制度改革""健全农业转移人口市民化机制""提升城市品质""提高城市治理水平""完善养老服务体系"等措施,在推进新型城镇化工作中,同步优化缓解老龄化突出、劳动力不足、受教育人口分布不平衡等问题。

二、上海大都市圈各城市人口解读及研判

(一) 人口增量显著,郊区和邻界地区等尚存在人口塌陷,新城发力、县城强化等战略已率先启动

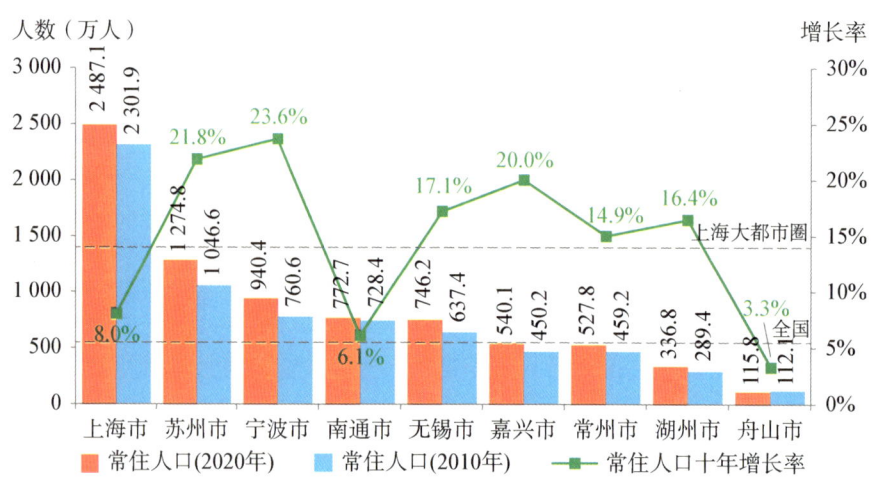

图4-1 上海大都市圈各城市常住人口情况
资料来源:各城市2010年第六次全国人口普查公报和2020年第七次全国人口普查公报。

上海大都市圈各城市人口增量显著,各市未来人口发展策略不一。十年来,上海大都市圈人口总量增加955.89万人,增长率达到14.09%,各城市(除舟山外)增长率均超过全国平均水平(5.38%)。其中,苏州为人口总量增长最多的城市(增长超过220万人),上海、宁波、无锡、嘉兴、常州等也增加了一个中等城市(50万—100万人)甚至Ⅱ型大城市(100万—300万人)量级的人口规模;增速方面,宁波、苏州人口增长超过20%,无锡、嘉兴、湖州等人口增长超过15%,上海、南通、舟山等人口增速则相对较缓。伴随

上海的产业升级转移，特别是劳动密集型的产业转移，上海大都市圈内其他城市的常住人口显著增长，而上海人口增长则相对放缓。

上海大都市圈各城市"十四五"规划纲要提出了不同的应对及发展策略：宁波、常州、嘉兴、南通等提出"积极"甚至"更加积极"的人口政策。预计甬常嘉三市将继续保持原有高速的人口增长，南通则突破原有低速增长转向高速发展；上海、无锡、湖州、舟山等侧重于"人口长期均衡发展""优化人口结构"，预计上海和舟山将维持低速增长，无锡和湖州将改变原有高速发展势头而倾向于低速增长；苏州未直接说明未来人口发展策略，但根据其文件相关表述，预计将继续保持较高的人口增长速度，同时推进人口均衡化发展。另外，基于全国七人普公报解读等宏观研判，上海大都市圈内未来多个城市也可能出现人口"0增长"甚至"负增长"的情况。

根据各区县常住人口分布，上海、苏州、无锡、常州、南通等已形成高量级（单个区县人口100万以上）人口集聚连绵区域；湖州、嘉兴、宁波、舟山等人口分布相对分散。从各区县互联网地图人口热力分布来看，各城市市辖区依然是主要的人口集聚区，上海、苏州承载体量各自单独一档，宁波、无锡、常州处在同档，南通、嘉兴、湖州、舟山等体量偏小。此外，大部分城市郊区县人口总量较小，省市邻界区域存在人口塌陷现象，高等级城市（上海、苏州等）人口增长未能同步带动城市郊区及邻界地区的人口量级提升。

当前，国家"十四五"规划纲要及《2021年新型城镇化和城乡融合发展重点任务》明确要求"推进以县城为重要载体的城镇化建设"，县城将成为未来一定时期内人口及资源集聚的重要载体。2021年初，国务院批复《虹桥国际开放枢纽建设总体方案》、上海市政府印发《关于本市"十四五"加快推进新城规划建设工作的实施意见》等文件，也将进一步推进虹桥南北向拓展带所涉市县、上海新城等地区的赋能升级及融合发展。在此背景下，上海大都市圈各市在市辖区增加人口总量、优化人口结构的基础上，将进一步引导人口向县城、新城等地区集聚。

（二）常住人口城镇化率持续提升，户籍人口城镇化发展滞后，未来应加速推进城市化向市民化转变

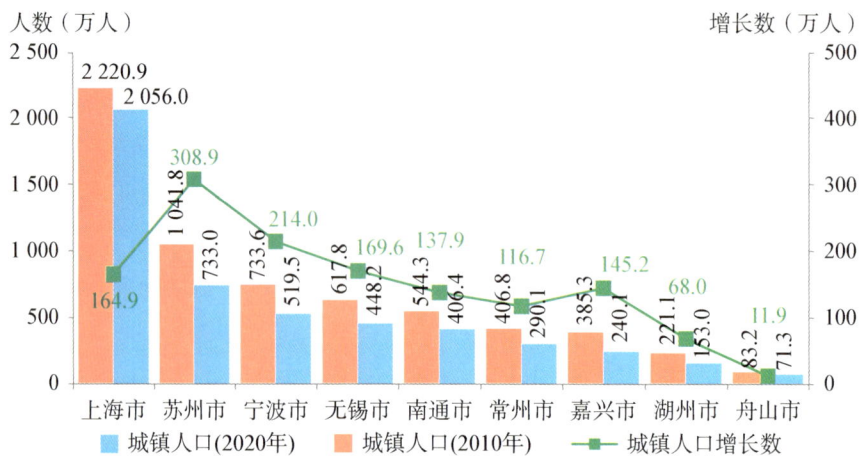

图 4-2　上海大都市圈各城市城镇人口情况

资料来源：各城市 2010 年第六次全国人口普查公报和 2020 年第七次全国人口普查公报，上海 2010 年城镇人口数据由国家统计局网站查询获取。

除上海外，上海大都市圈各城市常住人口城镇化率均实现显著增长，但增速缓于全国水平。十年来，上海大都市圈城镇人口共计增加 1 337.21 万

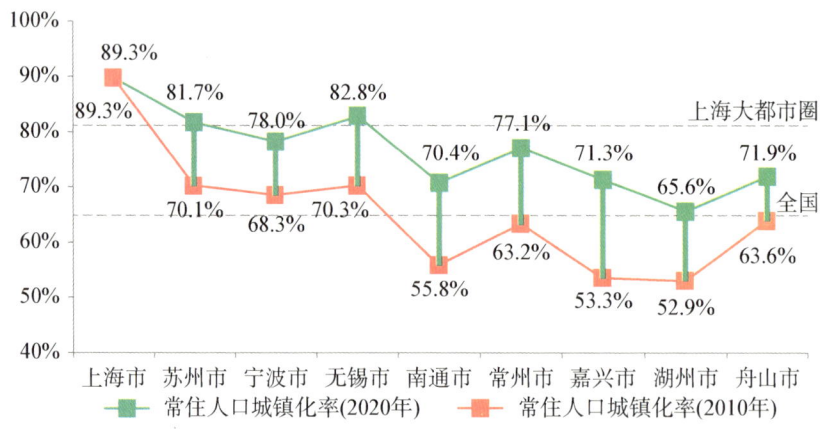

图 4-3　上海大都市圈各城市常住人口城镇化率情况

资料来源：各城市 2010 年第六次全国人口普查公报和 2020 年第七次全国人口普查公报，上海 2010 年城镇人口数据由国家统计局网站查询获取。

人,常住人口城镇化率从72.47%增长至80.79%(远高于全国平均城镇化率63.89%),增长8.32个百分点(低于全国平均增长百分点14.21)。其中,上海常住人口城镇化率接近90%,苏州、无锡已超过80%,仅湖州低于70%。上海大都市圈大部分城市均已接近或进入城镇化高质量发展阶段(城镇化率高于80%),下一阶段城镇化进程面临新的发展挑战。

根据各城市"十四五"规划纲要中"常住人口城镇化率"要求,湖州、舟山对应较低的城镇化率现状值,提出了超过5个百分点的增长要求;常州、南通、宁波、嘉兴鉴于现状城镇化率已较高,提出3个百分点的增长要求;上海、苏州、无锡作为城镇化率排名前三的城市,未提出明确的规划数值,但均提出了"深化户籍制度改革""强化公共服务保障"等要求,进一步表明进入城镇化高质量发展阶段,"常住人口城镇化率"指标不再是衡量城市发展质量的唯一要求,城市管理制度、公服设施配套等已成为高质量发展的核心方向。

表4-4 上海大都市圈各城市"十四五"规划纲要中"常住人口城镇化率"发展要求

城市	七人普现状常住人口城镇化率	2020年统计常住人口城镇化率	"十四五"规划常住人口城镇化率	增减程度("十四五"规划值减七人普现状值)
上海	89.30	—	(未提出具体要求)	—
苏州	81.72	78左右	(未提出具体要求)	—
无锡	82.79	77.4	(未提出具体要求)	—
常州	77.07	75左右	80左右	+3.0
南通	70.44	—	74	+3.6
宁波	78.00	—	80	+2.0
嘉兴	71.34	69	75左右	+3.7
湖州	65.64	66以上	72	+6.4
舟山	71.89	70	75	+5.0

资料来源:根据各城市国民经济和社会发展第十四个五年规划和2035年远景目标纲要文件整理。

上海大都市圈各城市户籍人口数与城镇人口数间存在较大差距,尚有千万级别的农业转移人口没有实现真正意义上的"市民化"。人口总量大市均存在较明显的户籍人口与城镇人口异步现象。国家"十四五"规划纲要中提出"取消或放松城市落户条件"要求,上海大都市圈内多个城市也陆续松绑户籍制度,并同步推进人口结构优化及人才引进,加速推进城市化向市民化转变:上海近年放低高校应届本科生落户门槛,并探索户籍政策的差别化管理,适度降低了新城的落户门槛;苏州自2020年起多次放宽户籍门槛,如全日制本科学历、不超过45周岁,硕士学历、不超过50周岁可申请落户等;无锡全面取消高校和职业院校毕业生、留学归国人员、技术工人等群体的落户限制。

表4-5　　上海大都市圈各城市城镇人口与户籍人口统计

地区	七人普总人口（万人）	七人普城镇人口（万人）	2019年统计户籍人口（万人）
上海大都市圈	7741.66	6254.82	5175.91
上海	2487.09	2220.94	1469.30
苏州	1274.83	1041.84	722.60
宁波	940.43	733.56	608.47
南通	722.66	544.29	759.82
无锡	746.21	617.82	502.83
嘉兴	540.09	385.29	363.70
常州	527.81	406.79	385.02
湖州	336.76	221.06	267.57
舟山	115.78	83.24	96.60

资料来源:根据各城市2020年第七次全国人口普查公报及2020年统计年鉴资料整理。

(三) 劳动力人口供给普遍下滑,总量保障及素质提升将成为着力点,劳动力资源开发、延迟退休、技能培训等深化推进实施

上海大都市圈各城市劳动力人口(15—59岁人口)占比普遍下降,下降速度快于全国。十年来,上海大都市圈劳动力人口增加124.87万人,占比为66.97%,高于全国平均水平(63.35%);下降7.59个百分点,高于全国平均水平(6.79)。其中,上海、南通、舟山劳动力人口呈现减少趋势,特别是上海减少近百万人;苏州、宁波及嘉兴等城市的劳动力人口增加较多,宁波增长超过80万人。近些年,上海大都市圈各城市实施产业转型升级、城市更

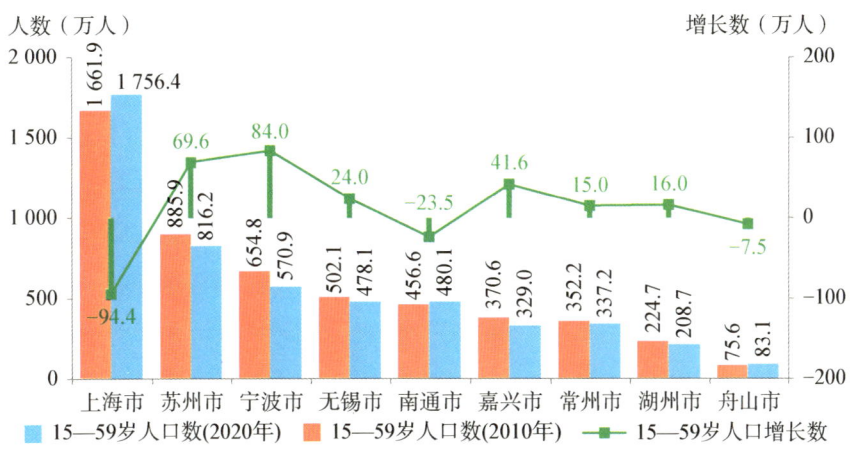

图 4-4　上海大都市圈各城市劳动力人口(15—59岁人口)情况
资料来源：各城市 2010 年第六次全国人口普查公报和 2020 年第七次全国人口普查公报。

新等，高能耗、低附加值产业向外转移，旧城改造、区域活力提升等不断提高"入城"就业成本，致使大量劳动力人口向上海大都市圈周边腹地乃至其他省市转移，各城市劳动力人口占比普遍下降。

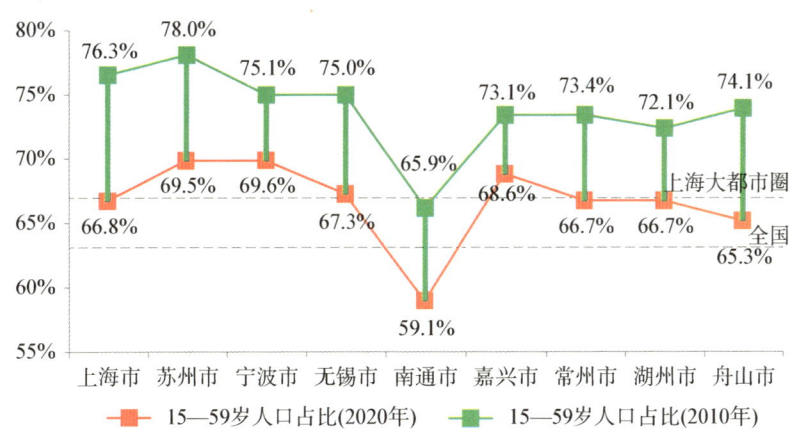

图 4-5　上海大都市圈各城市劳动人口(15—59岁人口)占比情况
资料来源：各城市 2010 年第六次全国人口普查公报和 2020 年第七次全国人口普查公报。

劳动力是国家长期经济增长的主要影响因素之一，劳动力人口总量保障及素质提升将是政策主要着力点。目前，国家和地方政策重点聚焦劳动力资源开发、延迟退休、技能培训等方面。在劳动力资源开发方面,国家"十四五"规划纲要中提出"健全统一规范的人力资源市场体系,破除劳动力和人才在城乡、区域和不同所有制单位间的流动障碍",明确了总体目标及方向;上海大都市圈各城市也提出"优化劳动力市场环境""拓宽就业创业渠道""引进专项人才"等政策,拓展劳动力资源广度及深度。在延迟退休方面,国家"十四五"规划纲要中明确提出"逐步延迟法定退休年龄",上海、无锡、宁波、南通等直接提出了"落实渐进式延迟法定退休年龄政策"要求,以及"积极开发老龄人力资源"的工作思路。在技能培训方面,国家"十四五"规划纲要中提出实施职业技能提升行动和重点群体专项培训计划以及新业态新模式从业人员技能培训,进一步加强劳动力人口素质。上海大都市圈部分城市还针对农民、残疾人等特殊群体提出了明确的培训要求。此外,产业结构调整、城市品质提升等政策也同步推进实施,进一步支撑劳动力人口总量保障及素质提升。

(四)老龄化问题凸显,应进一步发挥都市圈层面医养资源的协作共享优势

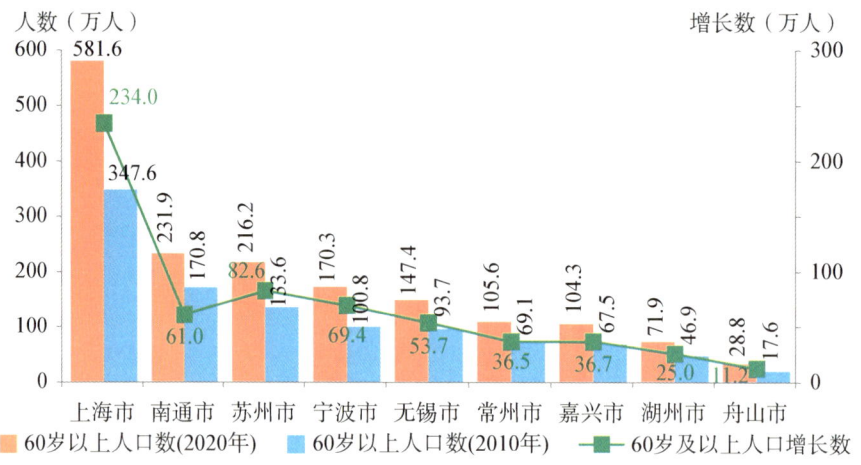

图 4-6 上海大都市圈各城市老龄化(60 岁及以上人口)情况

资料来源:各城市 2010 年第六次全国人口普查公报和 2020 年第七次全国人口普查公报。

上海大都市圈各城市老龄化人口(60岁及以上人口)占比普遍提升,增速高于全国平均水平,老龄化问题较为突出。十年来,上海大都市圈老龄化人口共计增加610.09万人(其中,深度老龄化人口增加491.41万),占比为21.41%,高于全国平均水平(18.70%);增加5.97个百分点,高于全国平均水平(5.44个百分点)。上海大都市圈深度老龄化人口(65岁及以上人口)占比为15.41%,按照国际通行划分标准,上海大都市圈大部分城市已进入深度老龄化社会甚至超老龄化社会[1]。其中,上海老龄化人口总量承压较大;南通占比超过30%,由于计划生育政策执行较为严格、较早(1982年)进入人口老龄化,以及产业结构不利于吸引人才等原因[2],南通老龄化程度最为显著;其他城市也超出国际通行标准警戒线。老龄化问题已成为上海大都市圈各城市当下及未来必须长期面对的现实问题,并将进一步影响各城市人口长期战略、医疗养老产业发展等。

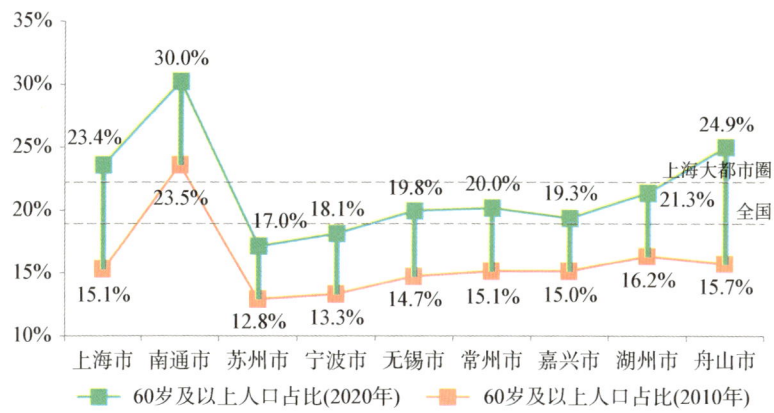

图4-7 上海大都市圈各城市老龄化(60岁及以上人口)占比情况

资料来源:各城市2010年第六次全国人口普查公报和2020年第七次全国人口普查公报。

---

[1] 按照国际通行划分标准:当一个国家或地区65岁及以上人口占比超过7%时,意味着进入老龄化社会;占比达到14%以上,为深度老龄化社会;占比超过20%,则进入超老龄化社会。

[2] 南通在中华人民共和国成立初人口基数十分庞大,1957年户籍人口达到550万,人口密度达到687人/平方千米(比江苏省平均水平高出近300人)。1982年全国执行计划生育,南通一度被评为全国计划生育模范市,连续多年出生率远低于全省平均水平;同年南通进入人口老龄化,比全国超前17年、比全省提早4年,是全国最早进入人口老龄化社会、人口老龄化程度最高的地区之一。此外,南通长期以船舶、纺织、装备、材料为主导产业,不利于吸引高技能人才,同时受周边上海、苏州等城市人口虹吸,因此常住人口增量长期处于上海大都市圈内倒数。

当前,国家"十四五"规划纲要应对人口老龄化的战略包括人口长期均衡发展及人口素质提升、开发老龄化人力资源、养老事业及养老产业协同发展等三方面。上海大都市圈各城市也提出"以居家为基础、社区为依托、机构充分发展、医养康养有机融合"等类似的多层次养老服务体系,特别是在医疗养老设施资源配置方面,进一步推进设施适老化改造及资源下沉社区和乡村,强化服务资源的有效覆盖,如无锡将形成"15分钟养老服务圈"、舟山将打造"20分钟居家养老服务圈"等。此外,上海、常州等也提出了区域内资源共享,进一步发挥部分城市养老资源优势。

(五)受教育程度大幅提高,人口红利转向人才红利,高端产业、高品质公服设施及城市空间需求加大

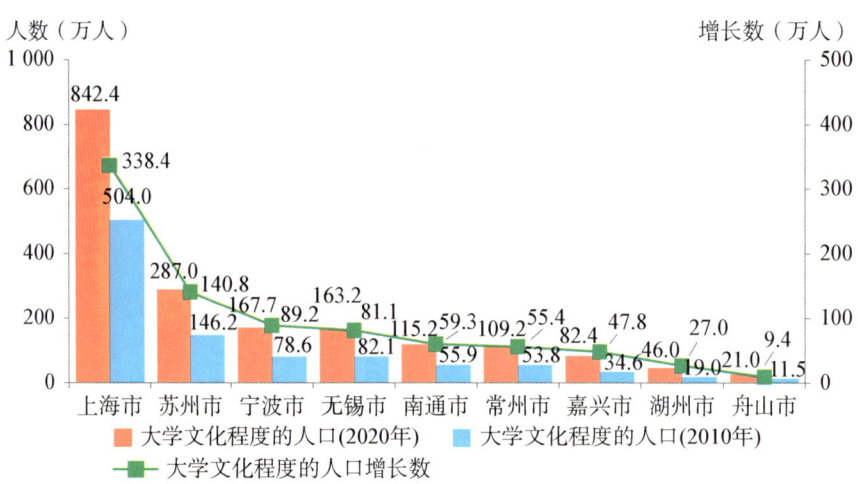

图4-8 上海大都市圈各城市受教育程度人口(大学文化程度)情况
资料来源:各城市2010年第六次全国人口普查公报和2020年第七次全国人口普查公报。

上海大都市圈各城市受高等教育程度普遍较高,但差距也较大。十年来,在大力发展高等教育政策支持下,上海大都市圈人口受教育程度大幅提升,各城市大学文化程度人口增幅均超过60%,增长最快的湖州增幅超过140%。从每10万人拥有的大学文化程度人口来看,上海继续保持首位,达到3.4万人,每3人中就有1人是大学文化程度;其次是苏州、无锡、常州、

均超过2万人;南通、嘉兴每10万人拥有的大学文化程度人口仅为1.5万人左右,尚未达到全国平均水平(1.55万人)。人口红利转向人才红利,高端产业升级势在必行。当前上海大都市圈面临人口红利转折点,未来的产业结构优化将更多依赖于高素质的劳动力。必须进一步调整上海大都市圈内产业劳动力受教育程度构成,以适应产业结构优化、高端产业升级的需要。

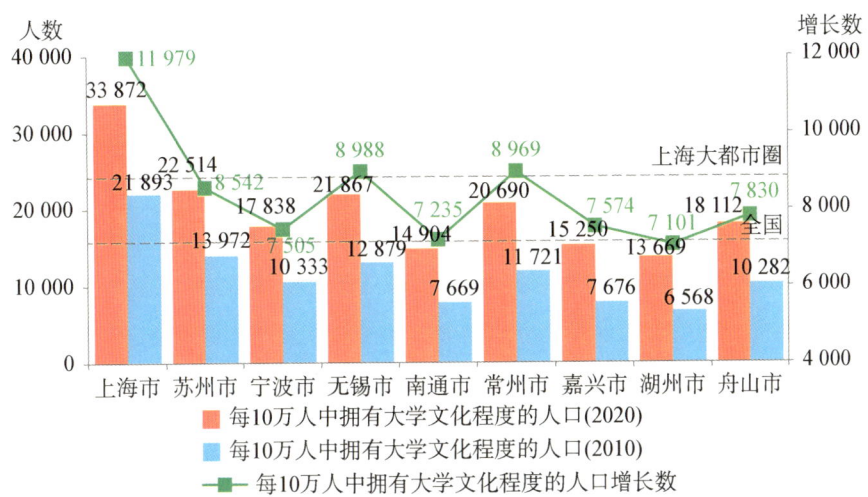

图4-9 上海大都市圈各城市每10万人中拥有大学文化程度的人口情况
资料来源:各城市2010年第六次全国人口普查公报和2020年第七次全国人口普查公报。

此外,还应提高高品质公共服务的供应,以满足加大的需求。一是高等教育设施水平需全面提升。根据《上海大都市圈城市指数》研究成果,上海大都市圈内布局了超过150所高校,大多集中在各市市区。根据各城市"十四五"规划纲要,上海将引入世界一流大学,其他城市也将加大合作办学力度,积极引入与主导功能向匹配的高等院校。二是公共服务设施和住房供给转向多元化、包容弹性。结合城市更新,各城市应进一步鼓励为高知群体提供人才公寓、高品质租赁住房等多类型住宅选择,配置便利可达的公园、开放空间、公共设施和商业中心,提升高等级的医疗、文化娱乐和体育休闲等公共服务设施水平。

（六）生育抚养比例持续增长，进一步提升养老和托育供给及服务水平

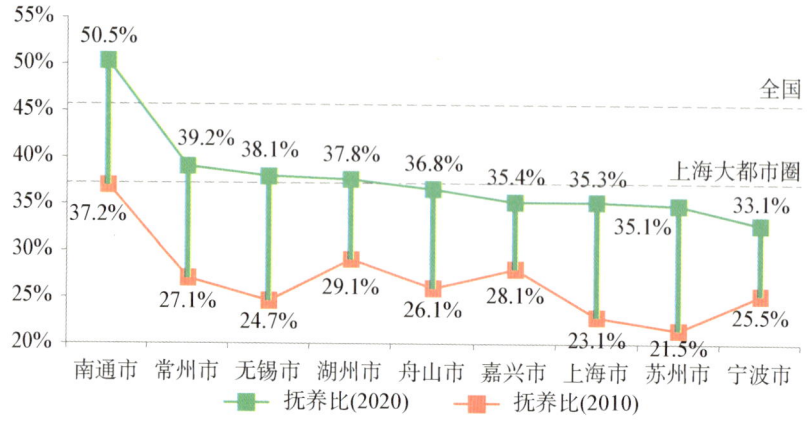

图 4-10　上海大都市圈各城市生育抚养比情况

资料来源：各城市 2010 年第六次全国人口普查公报和 2020 年第七次全国人口普查公报。

上海大都市圈各城市生育抚养比（非劳动年龄人口对劳动年龄人口数之比）呈现出增长态势，但仍低于全国水平。十年来，除南通外，上海大都市圈各城市抚养比位于 30% 至 40% 之间，处于生育抚养比[①]较低时期；南通生育抚养比超过 50%，劳动力抚养负担尤其重。老年人口抚养比方面，各城市普遍较高，其中南通接近 35%，舟山、上海、常州、湖州也高于全国平均水平（19.70%），苏州和宁波则相对较低。青少年抚养比方面，各城市均低于全国平均水平（26.18%），特别是上海和舟山，仅为 13% 且提升缓慢。

在城市规划建设管理上，应进一步提升养老和托育服务水平。当前，上海大都市圈各城市存在高龄失能老人和幼儿托育需求凸显、养老设施供给与需求空间错位等问题。在各城市"十四五"规划纲要中均提出了"扩大托育服务供给和设施建设"等要求，重点保障为老人、儿童等服务的文化、医疗、教育等公共设施，强化幼儿托管、养老福利设施落地；提升居家养老水平，重点为居家的空巢、高龄、失能老人解决生活困难。

---

① 生育抚养比反映了人口红利的状况。当人口抚养比较低时，劳动力供应充足，人口负担轻（即儿童和老人相对较少），使得社会保障支出少，社会财富累积较快，储蓄率高转化为投资率高，能为经济快速增长创造条件。一般把人口总抚养比低于 50% 的阶段称为人口红利期。

（七）家庭户规模持续萎缩，家庭规模小型化、结构简单化成必然趋势，住房供应小型化、代际支持等政策已先行实施

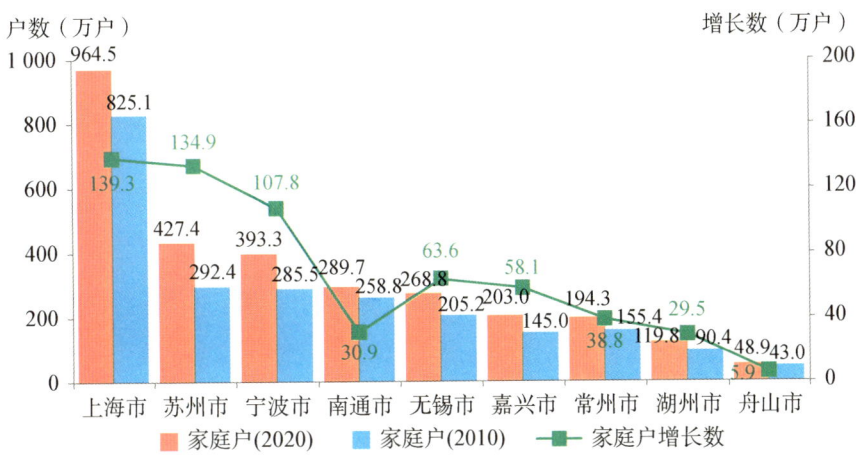

图4-11 上海大都市圈各城市家庭户情况

资料来源：各城市2010年第六次全国人口普查公报和2020年第七次全国人口普查公报。

上海大都市圈各城市家庭户人口规模持续下降，"421家庭结构"进一步凸显。十年来，上海大都市圈各城市家庭户规模在2010年跌破3的基础上继续下降，且均低于全国平均水平。其中，家庭户规模较小的是舟山和宁波，在2.2人/户左右；规模较大的则是苏州和无锡，约为2.6人/户。根据相关研究数据，上海大都市圈家庭户规模已低于美国（2.6人/户）和韩国（2.5人/户）、与日本（2.4人/户）和欧洲（2.4人/户）持平，部分城市已接近西欧（2.1人/户）和北欧（2.2人/户）。随着社会经济的转型，家庭规模小型化和家庭结构简单化是必然趋势。

面向传统家庭的住房供应等将面临重构，上海已经先行实施住房供应小型化。"上海2035"和上海"十四五"规划纲要均明确提出"坚持以中小套型普通商品房供应为主"的政策。上海大都市圈各城市需进一步优化住房供应结构、加强区域协调，以中小套型住房供应为主、分地区分类实施不同套型供应比例。此外，各城市应构建生育友好和代际支持为重点的支撑体系，如：多维度完善保障体系，鼓励社会力量支持家庭生育，扩大公共财政投入家庭福利支出的比例，降低家庭生育养育成本；以社区为核心，为家庭

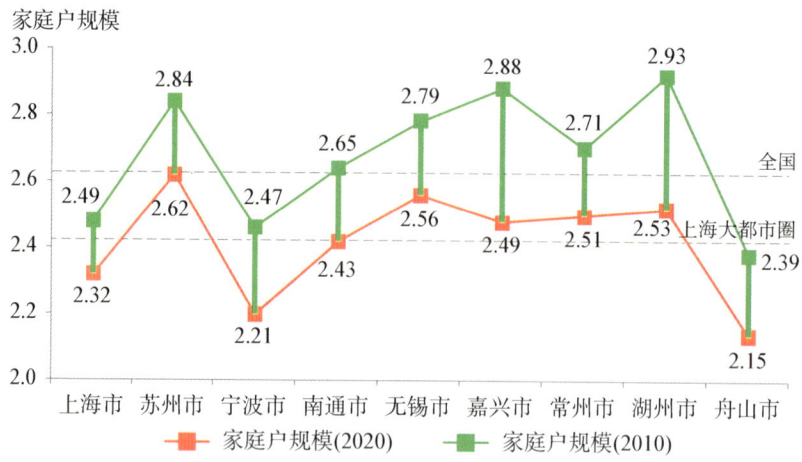

图4-12 上海大都市圈各城市家庭户规模情况

资料来源：各城市2010年第六次全国人口普查公报和2020年第七次全国人口普查公报，上海2010年城镇人口数据由国家统计局网站查询获取。

成员提供技能培训、心理疏导、就业扶持、照护托管等相关服务。

（八）人口性别比偏离合理区间，男女平等、妇女全面发展等要求持续深化

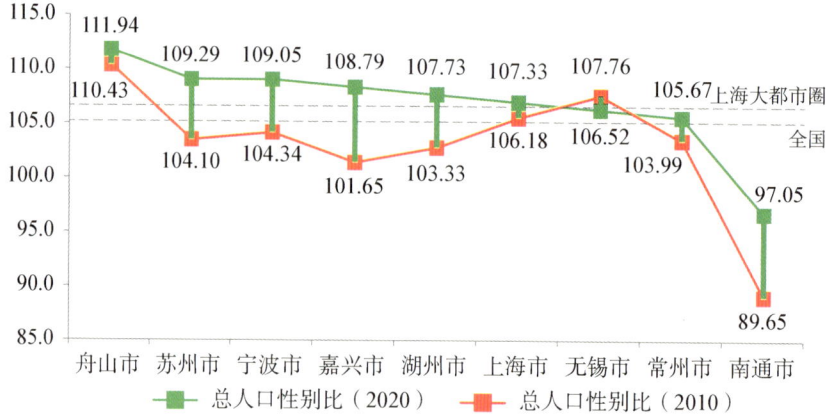

图4-13 上海大都市圈各城市人口性别比情况

资料来源：各城市2010年第六次全国人口普查公报和2020年第七次全国人口普查公报。

上海大都市圈各城市人口性别比持续扩大,"男多女少"问题更加突出。上海大都市圈总人口性别比为106.77,已高于官方合理区间(102),较2010年上升3.38。其中,仅有南通性别比低于100,呈现女多男少格局。除南通外,其他各城市产业发达、外来人口大量流入,性别比均高于105,超过全国平均水平(105.07),其中舟山市已达到111.9。从人口性别比增长数看,仅有无锡下降,其余各城市均呈扩大趋势,南通、嘉兴等城市增幅更是超过7,"男多女少"问题逐步显现及加剧。国家及上海大都市圈各城市的"十四五"规划纲要均提出"促进男女平等和妇女全面发展""女性平等就业""保障妇女儿童合法权益"等要求,进一步保障女性在就学就业、卫生健康、社会事务等方面的权益,贯彻落实男女平等基本国策。

三、上海大都市圈人口特征总结及建议

十年来,上海大都市圈人口增量显著、常住人口城镇化率持续提升、受教育程度人口大幅增加,也面临劳动力人口供给下滑、老龄化凸显、生育抚养比提高、家庭户规模萎缩、人口性别比不尽合理等问题,上海大都市圈人口发展进入了深度转型期。如何保障人口总量、优化人口结构、提升人口质量等问题,需要以系统思维和整体布局最大限度深入研究及实施,发挥人口要素对社会经济发展的重要作用,加快构建人口发展新格局。

当前,国家将"建设现代化都市圈"作为"完善新型城镇化战略,提升城镇化发展质量"的重要抓手,以都市圈统筹战略资源配置,消除城乡区域间行政壁垒,促进人口有序流动和服务共享。上海大都市圈作为现代化都市圈建设的典型区域,应依托都市圈层面的统一规划、实施及管理,逐步形成长期有效的人口发展政策及管理机制,实现人口高质量、高层次的集聚与优化目标,为全国各都市圈人口发展提供实践经验。此外,也建议建立都市圈层次的官方统计制度,进一步强化都市圈统一管理及协作。

参考文献

[1] 常州市政府.《常州市国民经济和社会发展第十四个五年规划和2035年远景目标纲要》[D].常州市政府网站.2021.

[2] 国家发展改革委等.《关于进一步做好铁路规划建设工作的意见》[D].国家发展改革委.2021.

[3] 国家发展改革委.《2021年新型城镇化和城乡融合发展重点任务》[D].国家发展改革委网站.2021.

[4] 国家统计局.《第七次全国人口普查主要数据情况(含1—8号公报)》[D].国家统计局网站.2021.

[5] 国务院.《关于调整城市规模划分标准的通知》[D].国务院网站.2014.

[6] 湖州市政府.《湖州市国民经济和社会发展第十四个五年规划和2035年远景目标纲要》[D].湖州市政府网站.2021.

[7] 嘉兴市政府.《嘉兴市国民经济和社会发展第十四个五年规划和2035年远景目标纲要》[D].嘉兴市政府网站.2021.

[8] 南通市政府.《南通市国民经济和社会发展第十四个五年规划和2035年远景目标纲要》[D].南通市政府网站.2021.

[9] 宁波市政府.《宁波市国民经济和社会发展第十四个五年规划和2035年远景目标纲要》[D].宁波市政府网站.2021.

[10] 上海市政府.《上海市国民经济和社会发展第十四个五年规划和2035年远景目标纲要》[D].上海市政府网站.2021.

[11] 苏州市政府.《苏州市国民经济和社会发展第十四个五年规划和2035年远景目标纲要》[D].苏州市政府网站.2021.

[12] 无锡市政府.《无锡市国民经济和社会发展第十四个五年规划和2035年远景目标纲要》[D].无锡市政府网站.2021.

[13] 新华社.《中华人民共和国国民经济和社会发展第十四个五年规划和2035年远景目标纲要》[D].新华社网站.2021.

[14] 舟山市政府.《舟山市国民经济和社会发展第十四个五年规划和2035年远景目标纲要》[D].舟山市政府网站.2021.

B.5 上海大都市圈社会发展及协同治理的现状、问题与展望[①]

薛泽林　陶希东

（上海社会科学院）

摘　要： 上海大都市圈常住人口超过7740万，GDP总额高达11万亿元。在这样一个高水平发展的区域，率先实现社会发展的协同，不仅是贯彻落实新发展理念的必选动作，也是开创新发展格局的重要举措。本文首先对上海大都市圈的社会发展和协同治理现状予以"画像"，在此基础上提出上海大都市圈具有社会发展水平城际差距显著、基本公共服务均等化体制障碍明显和社会协同治理存在实践障碍3大问题，进而构建大都市圈社会发展愿景、基本公共服务一体化的对策思路和社会治理协同的顶层设计方案。

关键词： 上海大都市圈；社会发展；协同治理

新时代以人民为中心的发展理念对全面深入推进以人为核心的新型城镇化提出了新要求。中共十九届五中全会关于《中共中央关于制定国民经济和社会发展第十四个五年规划和2035年远景目标的建议》强调：优化行政区划设置，发挥中心城市和城市群带动作用，建设现代化都市圈。近年来，随着全球新一轮政治经济竞争的加剧，通过强化城市合作形成具有全球竞争力的功能优势，并在此过程中不断优化升级区域整体竞争力成为新时代城市竞争的关键一步。作为中国经济最发达的地区之一，上海大都市圈

[①] 本文相关数据来自各地政府2020年统计年鉴和统计公报，反映的多是2019年数据情况。

区域总面积高达5.6万平方千米,超过了半个江苏省的面积;常住人口超过7740万;全年的GDP高达11万亿元,超过了韩国。在这样一个高水平发展的区域,率先实现社会发展的协同,不仅是贯彻落实新发展理念的必选动作,也是开创新发展格局的重要举措。

一、上海大都市圈社会发展与协同治理进展

区域协调发展是习近平总书记新时代中国特色社会主义经济思想的重要内容。习近平总书记多次指出:要强化大城市对中小城市的辐射和带动作用,弱化虹吸挤压效应,力戒把县区、小城市作为大中城市的"提款机""抽水机",避免出现"市卡县"现象。一方面,作为长三角一体化的先行区域,同时也是区域协同中改革的"硬骨头",上海大都市圈的先行先试,在很大程度上可以给长三角省域间的一体化发展探索出一条新路。另一方面,上海大都市圈内各个城市的经济社会发展程度都比较高,可以实践最高标准、最好水平的一体化,探索打造全国最先进都市圈的范本。近年来,上海大都市圈通过市场和行政两只手的双双用力,在社会发展和协同治理方面迈出了坚实一步。

(一)社会发展不断取得新进展

作为中国经济最发达的地区之一,上海大都市圈的基本公共服务资源丰富,通过查阅2020年"1+8"城市以及浙江、江苏两地统计年鉴可知,上海大都市圈在人口结构、教育、医疗、就业、保障等方面都具备相对竞争优势。且从物价指数来看,近年来上海大都市圈的物价控制相对稳定。

1. 人口老龄化突出

作为全国人口最稠密的地区之一,上海大都市圈各城市大多数是人口的导入区。更为重要的是,上海大都市圈的人口老龄化程度较为严重,即便是按照不同的统计标准和统计年份,上海大都市圈少年儿童人口比重都在20%以内。最高的是苏州2019年的数据,达到12.52%;最低的是上海2019年的数据,只有10.1。已有统计中劳动人口比重最高的是上海2019年的数据,达到73.8%;最低的是无锡2019年的数据,为53.72%。老龄人口比重最高的是舟山2019年的数据,达到28.95%;最低的是上海2019年

的数据,达到16.1%。

表5-1　　　　　　　　　　　上海大都市圈人口结构

	少年儿童比重(%)	劳动人口比重(%)	老龄人口比重(%)	数据年份	年龄划分
上海	10.10	73.80	16.10	2019	0—14岁;15—64岁;65岁以上
无锡	—	53.72	20.65	2019	0—14岁;15—64岁;65岁以上
常州	—	—	24.36	2019	60岁及以上
苏州	17.52	57.16	25.32	2019	0—17岁;18—59岁;60岁以上
南通	10.95	68.93	20.12	2017	0—14岁;15—64岁;65岁以上
宁波	14.10	—	16.20	2017	0—14岁;15—64岁;65岁以上
湖州	—	—	23.19	2015	65岁及以上
嘉兴	—	—	25.89	2017	60岁及以上
舟山	11.63	59.43	28.95	2019	0—17岁;18—59岁;60岁以上
全国	17.95	63.35	18.70	2020	0—14岁;15—59岁;60岁及以上

资料来源:各级政府人口公报。

2. 教育资源丰富

自唐朝中后期中国经济重心向南转移开始,江浙地区逐渐成为中国文化和教育的核心区域之一。从表5-2可见,上海大都市圈教育资源丰富,在学校总数方面拥有各类学校7293所。其中高等学校148所,上海以64所占了43.24%。各类学校专任教师62.84万人,在校学生总人数772.83万人,普通高校在校学生135.31万人。这些数据说明上海大都市圈不仅是教育资源的高地,庞大的在校生数量也是大都市圈发展的巨大潜力所在。

表5-2　　　　　　　　　　　上海大都市圈教育资源

	学校总数(所)	在校学生总数(万人)	普通高等学校数(所)	普通高等学校在校学生数(万人)	各类学校专任教师数(万人)
上海	1727	205.52	64	52.65	15.99
无锡	455	85.15	12	12.00	5.98
常州	423	69.45	10	13.00	4.91
苏州	815	154.52	26	24.90	9.91

续表

	学校总数（所）	在校学生总数（万人）	普通高等学校数（所）	普通高等学校在校学生数（万人）	各类学校专任教师数（万人）
南通	580	77.95	8	10.61	5.68
宁波	1974	103.72	14	13.78	11.65
湖州	498	43.72	3	2.88	3.03
嘉兴	720	21.68	6	2.69	4.71
舟山	101	11.12	5	2.80	0.98
总计	5637	567.31	85	85.22	41.97
中位数	539	73.70	9	11.31	5.30

资料来源：各级政府2020年统计年鉴。

3. 医疗卫生资源集聚

上海大都市圈经济发展水平高，医疗投入相对较多。上海大都市圈9个城市拥有卫生机构数量为19702个，占"两省一市"的28.59%；拥有医院1148个，占"两省一市"的31.01%；拥有卫生技术人员46.30万人，占"两省一市"的40.14%。除了上海以5610个卫生机构数位居第一之外，宁波和苏州的卫生机构数分别达到了4530个和3720个；在医院数量方面，南通、苏州、无锡都分别超过了200个；在每万人拥有卫生技术人员数方面，无锡最高，达到220.9人，南通仅有68.73人。

表5-3 上海大都市圈医疗资源

	卫生机构数（个）	医院数（个）	卫生技术人员（万人）	每万人拥有卫生技术人员数（人）
上海	5610	387	21.33	87.80
无锡	2770	205	5.93	220.90
常州	1458	86	3.71	78.80
苏州	3720	221	9.10	84.70
南通	3357	229	5.03	68.73
宁波	4530	180	8.81	144.79
湖州	1506	70	2.59	96.80
嘉兴	1643	87	10.14	278.80
舟山	718	70	0.99	84.18

续表

	卫生机构数（个）	医院数（个）	卫生技术人员（万人）	每万人拥有卫生技术人员数（人）
浙江	34126	1374	52.03	88.90
江苏	34796	1941	63.33	78.50

资料来源：各级政府2020年统计年鉴。

4. 养老保障能力较强

目前，随着中国城市化进程的深化，中国也加速进入了老龄社会，养老保障考验着城市的综合能力。从统计数据来看，截至2019年，上海大都市圈养老机构总数达到1229家，占"两省一市"总数的30%；养老床位数263798张，占"两省一市"总数的35.51%。这些数据说明9个城市的养老机构规模相对较大。2019年全国拥有养老床位数4388000张，每万人约有养老床位数31张，而上海大都市圈按常住人口计算每万人拥有养老床位数41.67张，养老保障高于全国平均水平。

表5-4　　　　　　　　　上海大都市圈养老资源

	老年福利机构数（个）	老年福利机构床位数（张）
上海	700	142198
无锡	163	38684
常州	111	26915
苏州	175	57124
南通	253	18312
宁波	282	75000
湖州	113	23311
嘉兴	92	19040
舟山	40	5412
浙江	1675	315484
江苏	2412	427268

资料来源：各级政府2020年统计年鉴。

5. 经济社会发展活力显著

上海大都市圈是全国人口集聚程度最高的地区之一。截至 2019 年年底,上海大都市圈常住人口达到 6331.52 万人,约占全国总人口的 5%。各行业从业人员总数达到 4400.10 万人,从业人员占常住人口的约 70%,这说明上海大都市圈仍然拥有相当的经济活力。2019 年全国拥有各类从业人员 81104 万人,上海大都市圈占了其中的 5.43%。在城镇新增就业岗位方面,2019 年"两省一市"的全面新增岗位为 332.91 万人,而上海大都市圈 9 个城市共新增岗位 175.32 万人,占总数的 52.66%,这说明上海大都市圈是长三角经济增长的发动机。

表 5-5　　上海大都市圈就业情况

	常住人口	各行业从业人员总数(万人)	城镇新增就业岗位(万个)
上海	2428.14	1376.20	58.91
无锡	268.45	387.00	15.42
常州	470.80	282.70	11.30
苏州	1074.99	692.60	17.32
南通	731.80	452.00	11.50
宁波	608.47	589.09	25.40
湖州	267.57	193.90	15.58
嘉兴	363.70	336.00	15.89
舟山	117.60	90.60	4.00
浙江	5850.00	3875.11	125.70
江苏	8070.00	4745.20	148.30

资料来源:各级政府 2020 年统计年鉴。

上海大都市圈社会发展程度高,社会组织活跃。从统计数据来看,上海大都市圈社会组织数量绝对数最高的是上海 2019 年的数据,达到 16880 个,最低的是湖州 2019 年的数据,为 635 个。按照当年城市常住人口计算,每万人拥有社会组织数量最多的是嘉兴 2011 年的数据,达到 14.09;最低的是湖州 2019 年的数据,为 2.37 个。

表 5-6　　　　　　　　上海大都市圈社会组织发展

	社会组织数(个)	社会团体(个)	民办非企业(个)	基金会(个)	每万人拥有社会组织数	年份
上海	16880	4305	12076	499	6.95	2019
无锡	5886	1466	1387	32	12.57	2011
常州	2458	—	1670	17	5.22	2019
苏州	8960	3274	5625	61	8.33	2019
南通	—	—	—	—	—	—
宁波	7358	—	—	—	12.09	2019
湖州	635	401	303	—	2.37	2019
嘉兴	1602	—	—	—	14.09	2011
舟山	4287	—	—	—	12.00	2019

资料来源：各级政府2020年统计年鉴和当年政府公报。

6. 居民消费物价平稳

物价指数是一个衡量市场上物价总水平变动情况的指数，不仅关系国家经济稳定，更关系人民群众生活水平。从统计数据来看，2019年上海大都市圈物价水平区域稳定，居民消费价格指数、居住价格指数、教育文化和娱乐价格指数、医疗保健价格指数的中位数分别为103、101.15、103.5、102。这些跟居民生活关系密切的价格指数都在106的范围之内，其中嘉兴和舟山两地的居住价格还略有回调。民生消费价格的稳定说明上海大都市圈的经济发展状态良好，也意味着上海大都市圈具有良好的宜居环境。

表 5-7　　　　上海大都市圈价格指数(以上年价格为100)

	居民消费价格指数	居住价格指数	教育文化和娱乐价格指数	医疗保健价格指数
上海	102.50	101.90	101.20	103.30
无锡	102.90	101.60	103.70	100.20
常州	103.00	101.20	103.30	101.30
苏州	103.00	102.90	100.70	100.70
南通	103.20	101.80	102.00	101.40
宁波	103.00	101.10	104.50	104.30

续表

	居民消费价格指数	居住价格指数	教育文化和娱乐价格指数	医疗保健价格指数
湖州	103.00	100.90	104.10	104.90
嘉兴	102.20	97.90	104.50	105.60
舟山	102.30	99.90	103.00	102.80
中位数	103.00	101.15	103.50	102.10

资料来源：各级政府2020年统计年鉴。

（二）基本优质公共服务共享新格局

近年来，上海大都市圈9个城市在长三角一体化国家战略推进下先试先行，在基本优质公共服务便利共享方面做了许多有益探索，有效推动了上海大都市圈基本公共服务共享的进程。

1. 教育协同多层次发展

近年来，上海大都市圈教育协同呈现出多层次发展的新格局。2020年11月，长三角一市三省共同制定、签署《新一轮长三角地区教育一体化发展三年行动计划》，明确将在提升高等教育协同创新服务发展能力、推进基础教育优质发展、加快职业教育协同平台建设、推进各类教育人才交流合作、加快长三角教育现代化建设、健全长三角教育协同发展体制机制等方面加强项目推进，为一体化加速奔跑注入"教育动能"。

一是探索高层次人才联合培养新途径。行动计划提出，深化上海大都市圈及长三角高校创新资源协同共享机制，以高水平大学为主体，聚焦政府、行业龙头企业和科研院所力量，在人工智能、集成电路、高端工业软件、新能源及储能用能、高端装备和智能制造、生物医学和创新药物研制、区块链技术等领域积极争取国家支持，探索开放共享、协同发展的运行管理模式，对"卡脖子"技术开展集成攻关。

二是携手创新中小学德育教育。行动计划提出，将协同推进上海大都市圈及长三角各学校五育融合、落实立德树人根本任务，包括协同开展中小学德育、体育、艺术、科技、劳动教育资源跨区域共享共建；推进上海大都市圈及长三角教育评价改革试点，探索评价学校、教师、学生等评价标准的"长三角实验"；共建共享基础教育优质资源等。

三是建设职业教育产教融合"云平台"。行动计划指出，协同优化职业院校和专业布局，结合区域传统产业结构调整和新兴产业发展需要，协同制定政策并引导教职资源向重点区域、产业园区集中。未来上海大都市圈及长三角优质职教资源将实现跨区域、跨行业流动，教师可以跨省市企业实践，学生可以跨地域实习实训，此外，鼓励有条件的职业院校参与标准建设，探索开发共建国际化职业资格证书机制等。

上海大都市圈职业教育一体化改革新进展

作为上海大都市圈教育一体化行动的重要组成部分，2021年4月28日，长三角生态绿色一体化发展示范区职业教育协同创新平台成立大会在苏州信息职业技术学院举行。长三角生态绿色一体化发展示范区执委会、江苏省教育厅、苏州市教育局，苏州大学马克思主义学院，吴江区人民政府相关领导，上海大都市圈内的上海青浦、苏州吴江和嘉兴嘉善三地教育主管部门有关负责人，以及三地9所中高职学校有关负责人及校企合作单位代表共聚一堂，共同谋划推进示范区职业教育改革发展工作。

2. 构建养老服务一体化平台

上海大都市圈养老服务需求量大，养老服务一体化是公共服务一体化的重要内容。2019年6月，上海、江苏、浙江、安徽的民政部门在上海签署"合作备忘录"，共同促进各方养老资源共享，激发养老服务市场活力。依据"合作备忘录"，沪、苏、浙、皖将加强养老机构的统一管理，在条件允许的区域范围，统筹协作养老服务资源，提高利用效率。一是推进养老护理队伍的培训协作，互认养老护理员评价标准及资格认定标准；二是建立统一的养老服务统计制度及统计标准；三是统筹上海大都市圈及长三角区域养老服务资源，加强区域范围内的养老服务资源进社区、进家庭，推出"线上+线下"

养老服务地图,推广"社区养老顾问";四是依托上海认知症社区的筛查标准、照护标准等,整体提升上海大都市圈及三省一市养老服务认知症照护专业能力。依据计划,江苏省苏州市、南通市,浙江省嘉兴市、湖州市,安徽省芜湖市、池州市,以及上海的11个区成为长三角养老一体化的首批试点城市。上海大都市圈中的上海的青浦区、江苏的苏州市吴江区、浙江的嘉兴市嘉善县等三地将率先试行涉及"养老服务设施规划、政策通关"等多领域的信息共享,落实"养老机构服务与管理"标准,以及"老年照护评估"标准的互认互通,待条件成熟逐步推广至长三角区域全境。

2020年12月,上海大都市圈中的上海长宁区分别与江苏省南通市、常州市签署备忘录,加强三地养老资源共享和项目共建。在养老机构合作方面,上海长宁连锁养老品牌机构人寿堂旗下的常州市金坛逸仙颐养院、句容市逸仙颐养院、镇江逸仙颐养院已入选长三角异地养老机构首批名单,入住老人可以实现医保结算"一卡通"。2021年,长宁区还将搭建长三角区域内养老产业资源对接、项目合作、人才交流服务平台,积极推动长宁养老服务企业在结对地区的运营管理、康养基地等重要项目落地,让长三角养老服务质量的提升跑出"加速度"。

3. 实施医疗保险异地结算

上海大都市圈医疗水平相当,经济发展水平相当,医疗保险的异地结算水平较高。上海是上海大都市圈乃至长三角地区的医疗资源的高地。近年来,上海市各级政府、医疗机构多层次、多渠道探索跨地区合作模式,打破地域局限,以不同形式将资源向上海大都市圈城市群辐射,以开设分院、"医联体"等合作模式逐渐打破僵局。比如,上海仁济医院开设宁波分院,上海瑞金医院在舟山、无锡开设分院,让更多上海大都市圈居民享受到上海的优质医疗服务。2019年5月,沪浙苏皖四地卫健委签署合作备忘录,推进长三角及上海大都市圈专科联盟建设,开展医疗、教育、科研合作,探索实践高层次医疗卫生人才柔性流动机制,实现疾病诊断标准、治疗方案、质量控制、数据归集和疗效分析"五个统一"。同时推进的还有健康信息的互通互联,即建立居民电子健康档案交换机制,开展公共卫生数据共享联动试点,实现数据实时共享、互通交换。

截至2019年年底,上海大都市圈异地就医门诊费用直接结算运行情况总体良好,直接结算量稳步上升。据统计,长三角门诊直接结算总量累计达26.4万人次,涉及医疗总费用5900余万元。其中,上海参保人员在三省结算10万人次,上海与三省参保人员异地结算比例约为1∶1.6。一方面,在异地居住、养老的参保人员可获得就医配药的便利;另一方面,三省一市的参保人员也可以共享区域优质医疗资源。通过转诊就医,还能为患者指明就医医院,让患者少跑冤枉路、治疗更及时。随着覆盖面不断扩大、知晓度不断上升,包括上海大都市圈各城市在内的长三角各城市结算量在稳步增长,为长三角老百姓带来了实实在在的获得感。

上海大都市圈异地就医住院医疗费直接结算

以往异地就医报销,患者经常受困于垫付高额医药费、报销"跑断腿"等,医院也经常遇到社保部门结算不能及时到账等问题。与旧的异地就医报销模式相比,联网后的结算平台采用全新模式:跨省异地就医直接结算实行预付金制度。全国平台直接与各省社保机构、医疗机构联网,由就医地医保经办机构统一与医疗机构结算,医疗费用由省经办机构按月统一清算。人社部社保中心根据往年跨省异地就医医保基金支付金额核定各省预付金额度,对无故拖延拨付资金的省份,可暂停该省份跨省异地就医直接结算服务。

(三) 社会治理协同破冰先行

1. 探索形成多层次毗邻党建新模式

进入新时代以来,党对中国特色社会主义事业的领导全面强化,以党的建设为抓手推动中心工作的落实成为中国特色政治制度的主要特征之一。在上海大都市圈建设中,形成"毗邻党建"共识,构建一系列党建联建新机制,携手绘就跨界治理新格局,是几年来上海大都市圈战略实践及深化的结晶。

一是"双委员制"急百姓所急。"双委员制",是沪浙毗邻地区干部交叉任职的探索突破,也是"毗邻党建"、干部共育的全新举措。实行双委员制,探索"双线工作法",即结对村党组织委员相互交叉任职,可以突破行政边界,提高处理毗邻地区事务的速度、质量和水平。如上海市金山区枫泾镇已有7个村与浙江省境内的7个毗邻村结对,金山枫泾镇与嘉善姚庄镇、经济技术开发区(惠民街道)、新埭镇形成了"四方联盟党建一体"的毗邻区域化大党建格局。随着互动合作,"双委员制"不断完善提升,在共过组织生活、协作服务群众的基础上,确立了研学一个好经验、提供一个好点子、完成一个好项目的"三个一"目标,实现毗邻边界全覆盖,确保管理不留白。

二是"联合党支部"精准施策解难题。在上海金山与浙江平湖交界,一座石桥连接廊下镇山塘村与广陈镇山塘村,两村分属沪浙两地,一个在南,一个在北,名字也相同,百姓往来密切、联姻颇多。当地群众喜欢称这两个村为南北山塘。2017年,南北山塘成立沪浙山塘联合党支部。党员"跨界"上班、相互取经、共同成长,合力推动两地融合发展。疫情防控中,在党建引领下,上海市金山区与浙江省平湖市、嘉善县三地共同推出了"两书一证"人员车辆互认通行机制,解决省界人员和车辆道口通行有关瓶颈的问题。"两书"即个人承诺书和企业承诺书,"一证"即通行证。

三是"毗邻党建"体现跨界治理力量。长三角地区是中国经济发展最活跃、开放程度最高、创新能力最强的区域之一,经济总量占全国的1/4左右。利用跨界治理打破区域界限,可进一步推动长三角地区一体化协同联动发展。"毗邻党建"在联动发展中的"黏合""搭扣"作用已逐渐显现。2019年金山、嘉兴"毗邻党建"引领区域联动发展的重点合作项目有20项,内容涵盖基层党建、产业发展、民生服务、平安建设、生态环保、文化科创、人才建设等方面,既有重大基础设施、合作发展平台建设,也有百姓群众"民生体验"强烈的公共服务项目。

上海大都市圈"毗邻党建"激发新活力

近年来,由"毗邻党建"所激发的组织动力成为推动项目高质量落实的"第一牵引力"。金山、嘉兴健全完善事务共商、工作共推、责任共担等工作机制,建立"轮值主席"制度,定期召开联席工作会议,研究确定一批年度重点合作事项。两地还将建立两地党委组织部门、相关职能部门(地区)、街镇、村居(社区)四级联动的运行体系。

2. 一网通办助力区域营商环境提升

上海大都市圈一网通办是长三角一网通办的重要组成部分。2019年，长三角地区依托全国一体化政务服务平台，率先开展了政务服务一体化工作。长三角"一网通办"平台由上海、江苏、浙江、安徽共同打造。在充分依托浙江"最多跑一次"、江苏"不见面审批"、上海"一网通办"、安徽"皖事通办"平台建设成果基础上，充分发挥国家政务服务平台统一身份认证、统一电子证照、统一数据共享等公共支撑作用，推动长三角地区政务服务"一网通办"，不断提升政务服务区域一体化水平。

一是电子证照互认。上海大都市圈各城市通过对接国家政务服务平台，实现了用户统一登录，做到"一地认证、全网通办"。依托国家电子证照共享交换平台的基础支撑能力，在业务互认的前提下，上海大都市圈和三省一市的政务服务移动端App端提供的亮证功能可以满足群众在线下办事场景中免带证件。使用者通过App端亮证出示二维码，验证者扫码后进行在线校验查看证照，实现了电子证照跨省互认。

二是建立了数据互通共享通道。上海大都市圈共同制定数据交换规范、数据质检规则等，依托长三角地区数据共享交换平台，实现办件等数据的共享交换，满足业务协同、数据共享交换等需求。根据具体业务场景需要，三省一市及上海大都市圈行业部门通过制定统一的服务接口规范和业务标准，开发各自的服务接口，再由一家统一开发、部署业务应用，最终实现该事项的统一办理。比如社会保险个人权益记录单查询打印、社会保障卡应用状态查询事项，三省一市人社部门统一业务规则，编制统一办事指南，打造统一申报界面、统一查询入口。

上海大都市圈一网通办便利企业群众

2020年4月，跨省供电业务"码上办"服务在上海青浦、江苏苏州、浙江嘉兴试点推广。用电客户凭借识别码即可在示范区内任意营业厅、政府"一网通办"网站等办理用电业务，实现"一码通办"。供电企业还能通过大数据分析对客户用电经济性、安全性进行在线"体检"，帮助其择优选取电费计价方式。借助于长三角"一网通办"平台,上海大都市圈各城市实现了线上"一地认证、全网通办",线下"收受分离、异地可办",便利了企业和群众。

3. 多领域协同执法体系不断健全

法治化是治理体系与治理能力现代化的重要特征,也是全面提升治理能力的基本要求。上海大都市圈通过共建信用体系、推动卫生监督联动执法、加强市场监管执法协作等,全面提升了上海大都市圈治理的法治化程度。

一是共建上海大都市圈信用体系。2018年,上海大都市圈一市三省联合制定了《长三角地区深化推进国家社会信用体系建设区域合作示范区建设行动方案(2018—2020年)》,明确了4大重点任务和8大专项行动,将"信用长三角"建成反映区域高质量一体化发展的重要品牌,将长三角地区建成国内信用制度健全、信息流动通畅、服务供给充分、联动奖惩有效、信用环境优化的地区。按照规划,包括上海大都市圈9个城市在内的长三角地区将共同推进信用体系建设,包括在农产品冷链物流、环境联防联治、生态补偿、基本公共服务、信用体系等领域,先行开展区域统一标准试点;推动建立统一的抵押质押制度,推进区域异地存储、信用担保等业务同城化;加强区内企业诚信管理,建立公共信用联合奖惩机制;加强信用分级管理,按照"守法便利"原则,把信用等级作为区内企业享受优惠政策和制度便利的重要依据。

二是加强上海大都市圈市场监管执法协作。近年来,上海大都市圈在长三角执法联动中先试先行,基层卫生监督联动执法工作日益密切。如青浦区、吴江区、嘉善县卫生健康部门成立了卫生监督综合执法联动办公室,开展了针对非法医疗美容、餐饮具集中消毒单位的联合执法行动;嘉定区、昆山市、太仓市卫生健康部门建立了医疗监管协作机制,共同防范和打击无证行医等行为;金山区、松江区、青浦区、嘉兴市、平湖市、嘉善县、吴江区卫生监督机构开展了集中整治无证行医等联合行动。

4. 跨区域应急联动格局初步形成

上海大都市圈应急管理联动是长三角一体化发展的重要组成部分。作为上海大都市圈的核心成员,以及长三角生态绿色一体化发展示范区,上海市青浦区、江苏省苏州市吴江区和浙江省嘉善县的"物理对接""化学融合"更加显现。三地应急管理局本着"优势互补、共建共享、协同发展"的原则,就开展应急管理全领域、常态化互动合作,联名签署《长三角生态绿色一体化发展示范区应急管理协同机制合作协议》。2020年9月,三地联合举办第三届进博会安全保障暨长三角一体化示范区综合应急演练,为区域应急协调联动起到很好的示范作用。

在国家战略的推动下,上海大都市圈的应急管理联动协同不断强化。2020年11月,上海市金山区应急管理局和浙江省平湖市应急管理局签订应急联动发展合作框架协议,建立工作协调联络机制、信息共享机制、联动执法机制、应急救援机制,进一步加强应急管理地市级区域合作。

2021年,上海市青浦区、江苏省苏州市、浙江省嘉兴市三地应急管理部门商定,共同建设长三角应急管理联盟。按照"信息共享、资源共用、优势互补、联动共治"的原则,围绕应急管理、防灾减灾、安全生产等方面开展10项一体化合作,包括应急响应、安全执法监管、防灾减灾、危化品道路运输管控、应急资源等。这是近年来长三角一体化应急管理协同发展的一个缩影。

二、上海大都市圈社会发展及协同治理的问题

上海大都市圈是目前国内仅有的明确规划范围跨三个省份的都市圈,上海大都市圈的行政区划、基础交通、公共服务、生态环境等复杂程度可以想象。但这也意味着,若上海大都市圈真正建成,它在基础设施资源、公共服务资源共享等体制机制方面探索出的经验,更有可能被推广复制。这也意味着,上海大都市圈的城市治理协同需要进一步明确趋势、分析问题,全力推进。

(一)社会发展水平城际差距显著

1. 人口存量差距显著

作为全国经济最发达的地区之一,上海大都市圈是年轻人趋之若鹜的

地区之一。但从统计数据来看,上海大都市圈各城市之间的人口存量差异仍然较大。一方面,从常住人口总量来看,2019年上海人口达到了2 428万,在上海大都市圈中占据了绝对优势,而人口最少的舟山2019年仅有117万人,城际之间差距甚大。另一方面,上海大都市圈少年儿童、劳动人口、老龄人口比重的城际差异也较大。根据已有统计数据,上海的少年儿童最少,仅有10.1%,低于全国平均值8个百分点;最高的是苏州,为17.52%,与全国值大致持平。无锡的劳动人口占比最低,为53.72%,低于全国平均值63.52%;上海最高,为73.8%,高于全国平均值。宁波老龄人口占最低,为16.2%(2017值),低于全国平均值18.70%;舟山最高,为28.95%,高于全国平均值近10个百分点。

2. 社会资源差距明显

上海大都市圈经济发达,各种社会资源相对丰富。但各种社会资源的分布不均衡也非常明显。在教育方面,上海以64所高校占据了上海大都市圈全部高校数量的43.24%,湖州仅有3所高校,不及上海高校数量的5%;常住人口和户籍人口数量最低的舟山也有3所高校。从学校总数来看,各地的普通高校在校大学生人数也差距显著,其中有7个城市未达到平均数水平。在医疗方面,2019年,全国每万人拥有卫生技术人员数为73人,其中城市每万人拥有卫生技术人员数为111人。从统计数据上看,上海大都市圈各城市超过全国城市平均水平的仅有无锡、宁波、嘉兴,这意味着上海大都市圈虽然在长三角占据优势,但从数量上看,医疗卫生与全国平均水平相比还有待加强。

3. 社会发展水平城际差距较大

上海大都市圈社会发展水平高,但各个城市之间的社会发展水平城际差异依然较大。从从业人员数量来看,上海最高,达到1376.2万人;而舟山最少,只有90.6万人。在城镇新增就业岗位方面,上海2019年新增58.91万人,而舟山只新增4万人。在社会组织方面,虽然上海大都市圈的社会组织发展水平一直居于全国领先水平,但城际的发展水平依然差距较大。从已有统计数据来看,嘉兴在2011年每万人拥有社会组织数量超过14个,而湖州在2019年每万人拥有社会组织数量仅有2.37个。此外,即便是在同一城市内,不同行政区的社会组织发展水平差异也非常大,南通的崇川区、宁波的海曙区、上海的长宁区等是社会组织发展的活跃区。在科学素养方面,上海大都市圈 9 个城市的每万人发明专利数全部超过全国平均值。其中苏州最高,达到 59 件;舟山最低,仅有 21 件;9 个城市中的 5 个水平都在 30 件上下。

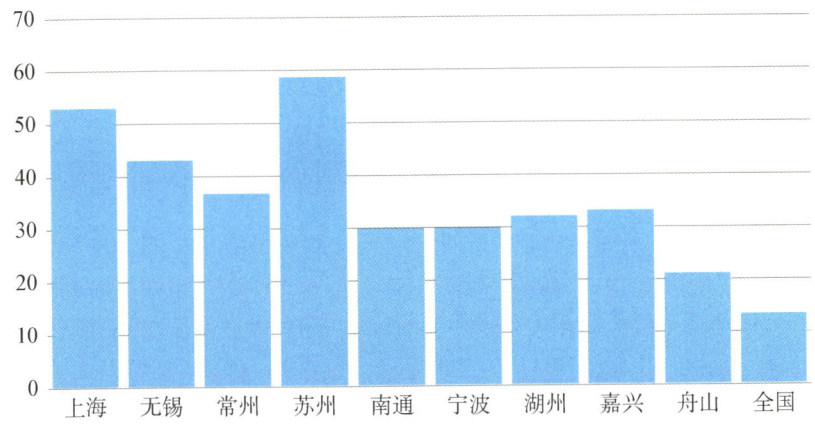

图 5-1　上海大都市圈各城市万人发明专利数
资料来源:各级政府 2020 年统计年鉴。

(二)基本公共服务均等化体制障碍明显

通过强化区域合作提升城市的总体竞争力和经济韧性是未来中国参与全球竞争的重要思路之一。但受财税制度影响,上海大都市圈在基本公共服务一体化方面还存在明显的体制障碍。

1. 缺乏跨省统筹协调机制

目前,上海大都市圈协同主要在经济领域实施,与经济协同带来的可见收益相比,基本公共服务一体化具有投入大、周期长、预期不明确等问题,以及投入产出难以衡量、责任认定和绩效考核面临实际困难等问题。在缺少强有力的统筹推进机构和有效的推进机制的背景下,地方政府的主动性和积极性不够,人为的体制机制障碍难以突破。尤其是在优质基本公共服务的统筹共享方面,各城市的输出意愿明显不足。

2. 财政分担共享机制不完善

上海大都市圈城市基本公共服务一体化涉及服务对象流出地和服务对象流入地两地的财政平衡和转移支付问题。目前,为了留住本地产业和机构,各地方政府大多实行属地化补贴机构的政策来提供基本公共服务,而这种属地化的供给模式在很大程度上限制了基本公共服务的一体化。在没有财政转移支付的制度支持下,基本公共服务的一体化只能够停留在医保结算等较低层次。

3. 基本公共服务存在进出壁垒

上海大都市圈城市基本公共服务一体化包含"进"和"出"两个关键环节。目前,各地方政府出于地方保护的行政壁垒约束了基本公共服务资源的流动,同时也在有意无意地限制自身的执法边界。[1]在"出"的方面,各地多有不成文的规定要求当地基本公共服务供给主体不得出本地行政边界经营;在"进"的方面,各地政府购买公共服务的地方规章也以属地化管理为导向,企业和社会组织跨行政区域承担政府购买公共服务项目存在行政许可的实际障碍。

4. 基本公共服务共享模式困境

目前,上海大都市圈建设基本上遵循了三种模式,即管理驱动型模式、技术驱动型模式和产业驱动型模式。[2]管理驱动型和技术驱动型模式的核心要义是以某地的先进管理经验先进技术为基础,通过管理模式复制的方式实现治理协同。产业驱动型模式的核心是将基本公共服务供给与当地产业发展结合起来,建立起基本公共服务的产业化运作模式,并逐渐突破行政区划,向外延伸。目前,上海大都市圈还未就相关模式达成一致意见,在实践中呈现出管理驱动和技术驱动的特征,总体上看还处在百花齐放的探索期。

(三)社会协同治理存在实践障碍

社会治理是城市治理的重要组成部分,城市治理的基本理论假设在于公权力的行使,而公权力具有地域性、不可分割性、授权合法性等一系列特征。这也意味着城市治理涉及的权力让渡、责任共担等在实践中面临着实际的困难,成为跨区域协同治理面临的主要障碍。具体到上海大都市圈的社会治理协同，总体来说可以归纳为"四个障碍"。

1. 动力机制缺失

进入新时代以来，虽然从中央到地方各级政府一再强调"不唯 GDP"论，但在新的治理绩效考核指标成熟之前，GDP 和财政作为政府绩效考核的重要参考仍然起着指挥棒的作用。从已有实践看，上海大都市圈建设的动力主要在于分享经济一体化带来的各种收益，协同偏重于经济建设服务，对于事关花钱的社会治理协同投入缺乏动力。2021 年，上海发布了政府绩效评价的高质量发展指标体系，但从内容来看，有关社会治理的考核仍没有实现突破。

2. 责任主体缺失

权责利相统一、权力和职能法治、有效的监督问责是现代高效行政体系的基石，也是法治政府建设的基本要求。正因为此，中国的社会治理制度设计遵从了属地管理和户籍管理两个原则，以方便明确职责。但在实践中，上海大都市圈城市治理协同缺乏有效的责任主体和执行保障机制，社会治理协同产生的各种协议、合同和宣言居多，且未得到各城市和各职能部门一以贯之的执行。

3. 基础条件悬殊

上海大都市圈社会治理的经费由当地财政支撑，服务供给的质量与当地的经济发展水平直接相关。虽然上海大都市圈是中国经济社会发展最为均衡的地区之一，但从细分来看上海大都市圈各城市经济社会发展水平仍然不一，社会治理投入能力有显著差异，特别是人口结构、教育、医疗、养老等社会资源禀赋的差异导致不同的城市在社会治理侧重上有所不同，实现协同治理存在基层条件悬殊问题。

4. 信息共享障碍

目前，上海大都市圈社会治理信息共享系统建设还处于探索阶段，虽然借助于国家平台推进的"一网通办"在一定程度上推进了各城市之间的信息共享，但共享的信息更多的仍然是企业服务等。各城市往往会根据自身需求设计各自的社会治理信息系统并收集数据，信息数据的省级统筹还没有完整建立起来，由此导致市与市之间、市与省之间、省级之间的基础数据和相关标准无法有效对接，形成了一个个信息孤岛，也造成了社会治理的资源难以统筹,[3]行动难以统一。

三、"十四五"时期上海大都市圈社会发展及协同治理展望

上海大都市圈的目标是建设世界级的城市群。对标东京都市圈、纽约都市圈等成熟都市圈,上海大都市圈还要再上三个台阶:第一个是人均GDP翻番,达到东京湾水平,推进先进制造业与现代服务业深度融合。第二个是人均GDP再翻一番,达到纽约水平,推进现代金融和多层次资本市场体系与国际领袖都市深度融合。第三个是人均GDP继续提升,达到旧金山湾水平,推进科学技术和创新与实体经济深度融合。其中,社会发展协同作为经济发展的保障,处于基础性地位。

(一)上海大都市圈社会发展愿景

1. 长三角一体化视角下上海大都市圈社会发展愿景

上海大都市圈建设是落实区域协调发展战略的重要举措。2017年12月15日,国务院对《上海市城市总体规划(2017—2035年)》作出批复。该规划提出上海主动融入长三角区域协同发展,构建上海大都市圈,打造具有全球影响力的世界级城市群,并明确了上海大都市圈包括上海、苏州、无锡、常州、南通、嘉兴、宁波、舟山、湖州。2019年12月,中共中央 国务院印发《长江三角洲区域一体化发展规划纲要》,在社会发展方面确立了"公共服务便利共享水平明显提高。基本公共服务标准体系基本建立,率先实现基本公共服务均等化。全面提升非基本公共服务供给能力和供给质量,人民群众美好生活需要基本满足"的总目标。此后,上海、江苏、浙江基于《长江三角洲区域一体化发展规划纲要》,在2020年分别制定了《上海市贯彻〈长江三角洲区域一体化发展规划纲要〉实施方案》《〈长江三角洲区域一体化发展规划纲要〉江苏实施方案》和《浙江省推进长江三角洲区域一体化发展行动方案》,并在社会发展方面实现了规划目标的交融共享,上海大都市圈建设的"1+8"城市进入相向发展的新阶段。

公共服务便利共享和社会治理高效协同是上海大都市圈社会发展的主要目标。如表5-8所示,在社会治理协同的目标上,"两省一市"分别都提

出了"公共服务共享"的总体目标;在社会治理协同的重点任务上,"两省一市"在公共服务标准化、医疗资源优化配置提升品质、社会治理共建共治共享、健康养老协同、共建长三角信用一体化等方面有交叉。正式文件和规划是上海大都市圈实现社会治理协同的导引,同时也为"1+8"城市提供了行动指南。

表5-8　　　　　　　　上海大都市圈社会发展协同目标

	上海	江苏	浙江
社会治理协同的中长期目标	公共服务便利共享水平不断提升。跨区域公共服务政策协同机制不断完善、便利化程度持续提升,基本公共服务标准体系和管理制度更加健全、保障水平逐步提升,率先实现基本公共服务均等化,全面提升公共服务供给能力和供给质量,率先实现区域教育现代化,医疗卫生、养老服务、文化旅游等社会事业均衡发展,城市管理社会化、法治化、智能化、专业化水平明显提升	城乡区域深度融合发展格局基本形成,公共服务水平优质化并趋于均衡	高普惠共享公共服务,共同提升长三角居民美好生活水平;高效能深化"最多跑一次"改革,共同建立长三角统一开放大市场
社会治理协同的重点任务	1. 全面实施基本公共服务标准化管理 2. 持续提升异地公共服务便捷度 3. 在互动合作中扩大优质教育资源供给 4. 推动医疗卫生资源优化配置 5. 加快推进区域养老服务合作 6. 合作提升社会治理共建共治共享水平 7. 推动政务服务"一网通办"	1. 推进公共服务标准化便利化 2. 共同打造现代化教育体系 3. 共享高品质医疗和健康资源 4. 协同打造共建共治共享社会治理结构 5. 协同推进诚信体系建设	1. 聚力提升长三角教育合作发展水平 2. 加快推进长三角医保一体化 3. 共同打造健康长三角 4. 建设包容共享的公共服务圈 5. 加强"放管服"改革联动 6. 加快推进长三角标准一体化 7. 加快推进长三角信用一体化

2. "十四五"时期上海大都市圈社会发展目标

提高保障和改善民生水平、加强和创新社会治理,是全面建成小康社会的必然要求,也是中国共产党践行初心和使命的必然要求。习近平总书记指出:"必须始终把人民利益摆在至高无上的地位,让改革发展成果更多更公平惠及全体人民,朝着实现全体人民共同富裕不断迈进。"在"十四五"的新发展阶段,上海大都市圈在社会发展和社会协同治理方面呈现出了目标一致乃至相向发展的新特征。

一是更加注重社会发展,注重对人民群众生活品质和共同富裕的强调。围绕"十四五"中国要实现高质量发展、高品质生活的总体定位,以及更加重视以人民为中心的发展理念贯彻落实,上海大都市圈各城市都将"人民""品质""生活"提到了更重要的位置。在9个城市"十四五"规划的社会发展块面,有4个城市在总体发展目标里强调"人民",有6个城市在总体发展目标里强调"品质",有5个城市在总体发展目标里强调"生活"。可以说,聚焦于人民群众的获得感、幸福感、安全感,大力发展和保障民生是"十四五"上海大都市圈建设的目标追求。

二是更加关注公共服务的高质量发展、一体化和均等化供给。推进上海大都市圈基本公共服务一体化,并在此过程中增量公共服务供给,提升群众的获得感、幸福感、安全感,让更多的公众感受到改革发展的成果是新时代凝聚人心,将改革事业继续向前推进的主要抓手。"十四五"期间,上海大都市圈各城市将公共服务供给提到了重要位置,并基于"基本公共服务"和"个性化公共服务"两个层次,提出了公共服务的分层供给思路。如上海提出"个性化公共服务供给更加丰富便利""教育事业发展和人力资源开发主要指标接近全球城市先进水平";苏州提出"多层次社会保障体系更加健全,卫生健康体系更加完善,'苏式生活'内涵丰富、品位提升和影响力彰显";湖州提出"人民全生命周期需求普遍得到更高水平满足,高质量教育体系、健康湖州基本建成,社会保障和养老服务体系更加完善,基本公共服务均等化率先实现"。这些目标的提出说明公共服务的高质量发展已经成为"十四五"时期上海大都市圈社会发展的共同目标。

表 5-9　　　　　　　　　　　上海大都市圈民生服务目标

城市	"十四五"目标
上海	**总体目标：人民群众生活更有品质** 居民收入增长与经济增长基本同步，社会保障体系更加完善，数字化、多样化、高品质、个性化公共服务供给更加丰富便利，完成全部中心城区二级旧里以下房屋改造任务，城市吸引力显著提升，教育事业发展和人力资源开发主要指标接近全球城市先进水平，平均期望寿命继续保持世界先进水平
无锡	**总体目标：人民生活品质得到新改善** 人口结构得到优化，实现更加充分更高质量就业，城乡居民收入增长和经济增长基本同步，中等收入群体占比明显提高，低收入群体增收长效机制基本建立，优质均衡、覆盖全体的公共服务体系、社会保障体系、现代教育体系、卫生健康体系、养老服务体系、住房保障体系的质量和水平进一步提升，乡村振兴全面推进，社会大局和谐稳定，人民群众生命安全、身体健康、安居乐业得到更好保障，成为群众认可的最具幸福感城市
常州	**总体目标：人民生活品质得到新改善** 公共服务产品共建能力和共享水平进一步增强，"八个更"取得更大进展。城乡居民收入增速高于经济增速，全体居民人均可支配收入突破 7 万元。实现更充分更高质量就业，城镇新增就业突破 50 万人，城镇调查失业率控制在 5% 以内。基本公共服务均等化水平不断提高，教育现代化整体水平全省领先，居民健康素养达到国内先进水平
苏州	**总体目标：高品质生活实现更优提升** 居民收入增幅和经济增长基本同步，收入差距逐步缩小，中等收入群体比重增加。公共服务体系优质均等化水平显著提升，高质量就业更加充分，教育现代化水平持续提升，多层次社会保障体系更加健全，卫生健康体系更加完善。"苏式生活"内涵丰富、品位提升和影响力彰显。社会大局持续稳定，人民群众生命安全、身体健康、安居乐业、精神文化切实得到更好保障
南通	**总体目标：人民生活品质更高** 实现更加充分更高质量就业，城乡居民收入较大幅度提高，中等收入群体比重明显增加。基本公共服务供给更加优质均衡，多层次社会保障体系更加完善。现代化教育高地、新时代教育之乡建设取得明显成效，高质量公共卫生健康体系基本建成，养老服务水平不断提升。人口结构更加优化，青年及高层次人才比重显著提高，人民群众获得感幸福感安全感进一步增强
宁波	**总体目标：建设民生幸福标杆城市** 实现更加充分更高质量就业，居民收入和经济增长基本同步，中等收入群体显著扩大，低收入群体可持续增收机制进一步完善。率先实现基本公共服务均等化，基本形成全覆盖多层次可持续的社会保障体系，基本实现幼有善育、学有优教、劳有厚得、病有良医、老有颐养、住有宜居、弱有众扶
湖州	**总体目标：高水平建设美丽宜居城市，民生福祉迈上新台阶** 文化自信充分彰显，文明程度持续提升，美丽风尚深入人心，城市软实力显著增强。居民收入增长和经济增长基本同步，人民全生命周期需求普遍得到更高水平满足，高质量教育体系、健康湖州基本建成，社会保障和养老服务体系更加完善，基本公共服务均等化率先实现，平安中国示范区的先行区基本建成，人民群众获得感、幸福感、安全感全面提升

续表

城市	"十四五"目标
嘉兴	**总体目标：民生福祉实现新跨越** 实现更加充分更高质量的就业、更高水平的收入，建成更加安全舒适的生活环境、更加健全的社会保障体系、更加优质均衡的公共服务体系，覆盖人的全生命周期的社会心理服务体系更加健全，人均预期寿命达到83岁，人民群众获得感幸福感安全感不断提升，宜居幸福嘉兴"秀外慧中"、实至名归
舟山	**总体目标：建设品质高端独具韵味的海上花园城市** 城市空间布局科学合理，岛群优势功能显著，基础设施配套完善，城市品质明显提升，山海呼应、城岛交织的海埠风华全面彰显。社会文明程度持续提升，城乡居民收入倍差继续缩小，公共服务基本实现均等化，社会民生发展主要指标位居全省前列，人民全生命周期需求普遍得到更高水平满足，人民生活更加美好

三是更加注重社会治理的实际成效，推动跨行政区的共建共治共享。上海大都市圈是中国综合实力最强、对外开放程度最高、经济最具活力、城市间差距最小的地区之一。推进上海大都市圈社会治理协同，不断提升城市活力，是新时代上海大都市圈提升区域竞争力，参与新一轮全球经济竞争的迫切需要。"十四五"时期，上海大都市圈各城市社会治理协同的目标多围绕治理体系与治理能力现代化和城市综合竞争力的提升，将系统思维、法治思维、源头思维运用到社会治理之中，全面提升社会治理的"系统治理、依法治理、综合治理、源头治理"能力。

表5-10　　　　　　　　上海大都市圈社会治理目标

城市	"十四五"目标
上海	**总体目标：超大城市治理更加高效** "一网通办""一网统管"高效运转，科学化、精细化、智能化长效机制更加完善，城市安全、韧性显著增强。以党建为引领的基层社会治理水平持续提升，基层和社区活力进一步激发。法治上海建设取得新进展，地方法规制度更加完善，执法司法公信力和社会法治意识不断增强，广泛多层制度化协商民主深入推进
无锡	**总体目标：市域治理现代化形成新格局** 现代社会治理制度体系进一步健全，市域治理各方面制度体系更加完善，系统治理、依法治理、综合治理、源头治理能力和水平不断提升，防范化解重大风险体制机制不断完善，突发公共事件应急能力显著增强，制度优势更好转化为治理效能，建成高水平的平安无锡、法治无锡

B.5 上海大都市圈社会发展及协同治理的现状、问题与展望

续表

城市	"十四五"目标
常州	**总体目标：市域社会治理现代化水平实现新提升** 社会主义民主法治不断加强，法治常州、法治政府、法治社会一体建设，社会公平正义进一步彰显。共建共治共享的城市治理格局基本形成，基层治理更加高效智能，防范化解重大风险体制机制不断健全，突发公共事件应急处置能力增强，发展安全保障更加有力，人民群众安全感持续提升，市域治理体系和治理能力现代化走在全国全省前列
苏州	**总体目标：高效能治理取得更新突破** 系统治理、依法治理、综合治理、源头治理能力和水平有效提升，制度优势更好地转化为治理效能。社会主义民主法治更加健全，社会公平正义进一步彰显，法治城市、法治政府、法治社会率先基本建成，政府行政效率、服务水平和公信力显著提升。社会主义核心价值观深入人心，社会文明程度得到新提高，文明城市建设全域化基础更加牢固，公共文化服务体系更加健全，"江南文化"品牌标识度充分彰显，全社会文化自信自觉达到新高度。社会治理特别是基层治理水平明显提高，防范和化解重大风险体制机制健全，突发公共事件应急能力显著增强
南通	**总体目标：市域治理效能更高** 党的全面领导落实到各领域各方面的高效执行体系基本形成，社会主义民主法治更加健全，政治生态更加优化，法治化水平全面提升，系统完备、运行高效、富有特色的市域治理制度体系基本形成，防范化解重大风险的体制机制更加健全，突发公共事件应急能力显著增强，自然灾害防御水平明显提升，发展安全保障更加有力，建成首批全国市域社会治理现代化试点合格城市
宁波	**总体目标：建设市域治理现代化示范城市** "最多跑一次"改革纵深推进，高标准市场体系基本形成，市场主体充满活力，市场化、法治化、国际化的营商环境进一步优化。防范化解重大风险体制机制不断完善，自然灾害防御和突发公共事件应急能力显著增强。整体智治格局初步形成，发展安全保障更加有力，民主法治不断健全，清廉宁波建设纵深推进，共建共治共享的社会治理制度更加完善
湖州	**总体目标：高水平建设现代智慧城市，整体智治迈上新台阶** 大数据、云计算、区块链、人工智能等信息技术和智慧手段得到广泛运用，政府数字化转型全面带动经济治理、社会治理、文化治理、生态治理数字化转型。系统观念和数字技术有机融合，党建统领的自治、法治、德治、智治融合基层治理体系基本形成，市县乡一体、多部门协作、政社企联动的高效治理机制加快构建，数字化改革引领市域治理现代化向纵深推进
嘉兴	**总体目标：市域治理现代化实现新跨越** 党的全面领导持续巩固，社会主义民主法治更加健全，清廉嘉兴向纵深推进，"整体智治、唯实惟先"的现代政府基本建成，党建统领的自治、法治、德治、智治融合基层治理体系更加完善，"县乡一体、条抓块统"高效协同治理格局基本建成，新时代"网格连心、组团服务"机制更加定型。基本建成现代应急体系，重大风险防范化解能力和防灾减灾救灾能力显著增强，形成有力有为有效的高水平市域治理新格局

续表

城市	"十四五"目标
舟山	**总体目标：建设市域治理现代化先行区** 党的全面领导高效执行体系基本形成,社会主义民主法治实践持续深化,整体智治和数字化改革全面推进,共建共治共享社会治理体系基本形成。重大风险防范化解能力显著增强,现代应急体系基本建成,平安建设体系更加完善,发展安全保障更加有力,在治理体系和治理能力现代化方面走在全省前列

(二)基本公共服务一体化的对策思路

上海大都市圈基本公共服务一体化需基于"幸福长三角"的定位,建立起整体型、联动型、标准化的工作体系。

1. 完善运作机制

上海大都市圈建设可以作为长三角一体化的重点任务先行一步。从发展条件看,2019年,上海大都市圈中上海、无锡、常州、苏州、南通、宁波、湖州、嘉兴、舟山的人均GDP分别达到了15.57万元、18.02万元、15.65万元、17.89万元、12.91万元、14.32万元、10.26万元、11.28万元、11.67万元,城市之间的发展程度相当,率先实现基本公共服务一体化的条件相对成熟。建议可由长三角一体化发展委员会牵头,每年定期召开上海大都市圈主要领导参加的联席会议,就上海大都市圈基本公共服务一体化发展规划、专项规划、服务标准、考核标准等专门协商,协商成果由各省级人民代表大会以立法形式予以确认和落实。

2. 明确总体方案

明确"总体方案＋部门方案＋年度计划"三级联动方案体系,以建立起清晰的责任分担机制和强有力的工作推进机制。通过深入贯彻落实《长三角一体化发展纲要》,制订《上海大都市圈基本公共服务一体化专项规划》《上海大都市圈基本公共服务一体化三年行动计划》等方式,尽快形成上海大都市圈基本公共服务一体化的任务单、时间表和路线图。

3. 建立清单制度

建立"一个清单＋一套标准＋一套评价指标"基本公共服务标准化体系，为基本公共服务一体化提供清晰、量化的发展模式。一个清单即基本公共服务清单和基本公共服务的优先一体化领域；一套标准即基本公共服务重点标准，并针对不同基本公共服务类型，研制不同的基本公共服务提供和运行标准；一套评价指标即基本公共服务一体化实现度评价指标体系，按照规划和标准每年对上海大都市圈各地基本公共服务一体化实现程度进行测评，并将测评结果纳入干部考核体系。

4. 明确推进模式

明确"政府＋市场＋社会"基本公共服务多元供给体系，以保障基本公共服务的长期可持续投入。一方面，政府要做好审批的减法，继续深化"放管服"改革，完善市场准入制度，鼓励有实力的企业和社会组织进入基本公共服务领域。另一方面，政府要做好服务的加法，通过政府数据开放、建设资金补助、运营补贴、规划保障等方式，吸引企业、社会组织、个人等社会力量参与基本公共服务供给。

（三）社会治理协同的顶层设计及策略

上海大都市圈治理协同的总体推进框架要抓住"构建互惠的利益格局、以法治化思维推动立法协同、引入多主体参与"这三个基本要点。抓住市场化这个关键，充分发挥市场在资源配置中的积极作用，用市场化的手段冲破一体化的体制机制壁垒，再以经济发展的需要倒逼城市社会治理行政部门的协同，最终探索一条上海大都市圈城市治理协同的可行路径。

1. 明确政治推力

上海大都市圈社会治理协同要放在长三角一体化的国家战略之下系统推进。目前，长三角一体化呈现出多项国家重大发展战略在长三角地区叠加的政治优势。作为长三角一体化的核心组成部分，上海大都市圈各城市应从各自定位出发，将国家战略实施转化为各地突破发展瓶颈的政策机遇。如上海可从缓解其人口、交通、环境等方面的压力，为经济社会发展扩充空间的角度推进社会治理协同；紧靠上海的南通、苏州、嘉兴可从更好地发挥区域优势,实现自身经济社会发展的角度推进社会治理协同;其他城市可从承接沪苏浙资金、项目和人才等资源角度,通过社会治理的协同满足域内公众日益增长的基本公共服务需求。

2. 挖掘技术潜力

在大数据和人工智能时代,技术已成为推动政府改革的重要推力。上海大都市圈社会治理协同可依托互联网等信息技术手段,精准识别各区域居民的个性化公共服务诉求,再通过信息化手段推进公共服务资源的整合,以进一步优化提升政府的社会治理的供给效率,缩小上海大都市圈各城市资源分配和供给机制上的区域差异;与此同时,相关技术公司可以运用智能终端、大数据、云服务等新型技术手段,通过打通社会治理的底层数据,发挥"互联网+"模式在便民服务上的优势,全力推动城市治理的便捷化和智慧化。

3. 建立信息共享机制

制定"上海大都市圈城市社会治理协同数字化转型专项规划",建立上海大都市圈城市治理信息库,并动态更新。内容包括服务对象信息、服务供给信息、服务标准信息等,以消除上海大都市圈社会治理协同的信息数据孤岛,推动实现相同信息"一次采集、一档管理",避免让企业和群众重复登记、重复提交材料。与此同时,在公共治理中,上海大都市圈要以应用需求为导向,在政务服务、市场监管、城市管理、社会治理等领域探索开展公共数据共享应用,为跨区域协同发展提供数据支撑。

4. 紧扣市场化切入口

以服务市场和人民需求为切入口,推动上海大都市圈各城市的社会治理共建共治共享,并以此为基础推动城市治理的协同。改革开放以来,中国的改革事项具有很强的市场驱动型特征,包括以营商环境改善为抓手的改革也是以市场为突破口倒逼各项制度的变迁。上海大都市圈城市治理协同要以市场化改革推进为切入口,通过着力解决在基本公共服务一体化和社会治理协同过程中出现的各种制度障碍,从而有力地推动上海大都市圈的治理协同。

参考文献

[1] 唐任伍、赵国钦.公共服务跨界合作:碎片化服务的整合[J].中国行政管理,2012年第8期.

[2] 唐亚林.长江三角洲区域治理的理论与实践[M].复旦大学出版社,2014年.

[3] 张学良、林永然、孟美侠.长三角区域一体化发展机制演进:经验总结与发展趋向[J].安徽大学学报(哲学社会科学版),2019年第1期.

B.6 上海大都市圈文化发展的现状、问题与展望

凌 燕

（上海社会科学院）

摘　要： 地缘相近、文化相通、意识相近,是上海大都市圈的基本特点。文化的共融协同发展,是上海大都市圈协同发展的重要思想和精神基础。本文在上海大都市圈文化事业、文化产业、文旅融合发展现状分析的基础上,提出上海大都市圈面临着文化协同共识性有待加强、"文化＋"的融合发展深度及广度不够等问题,最后结合达成文化战略共识、突出文化强市、促进文旅融合发展、重塑区域文化品牌的思路,提出上海大都市圈文化发展的整体保护与活化遗产群、共建江南韵味的镇村联盟、构建魅力彰显的文化旅游圈、联合策划具有世界影响力的文化活动和体育赛事、开展大都市圈文化人才互通等基本策略。

关键词： 上海大都市圈；文化；一体化

2019年12月,中央印发《长江三角洲区域一体化发展规划纲要》,明确提出"构建上海大都市圈",这标志着上海大都市圈建设步入了战略新阶段。《长三角一体化发展规划纲要》的重要任务是创新区域一体化发展体制机制,完善多层次多领域合作机制,因此,构建上海大都市圈的合作机制,不仅是贯彻落实这个战略任务的具体内容,更是探索区域一体化发展机制的创新实践。从文化建设和发展方面来看,近年来,上海大都市圈城市间已开始积极探索推进文化旅游、文创产业等领域的点上联动或协同。如嘉兴、苏州

吴江区、上海青浦协同共建长三角生态绿色一体化发展示范区,打造文化生态湖区,建设高标准建设水乡客厅,实现内河航运领域文化休闲旅游的无缝对接;南通贯彻落实"南通:上海下一站"扩大旅游品牌效应,加快提升南通大城市文化建设;舟山提出"接轨上海、打造独具风情的最美海岛",推动群岛的全域发展。政府部门之间也逐步形成工作对接机制,如上海、苏州、南通、嘉兴、湖州等地民政部门开展地市级合作等。因此,结合各城市"十四五"发展规划,全方位分析文化一体化发展的现状与问题,明确文化一体化发展的策略,是推动上海大都市圈协同发展的重要动力。

一、上海大都市圈文化发展现状

(一)文化事业繁荣发展

上海大都市圈围绕卓越全球城市区域建设的目标,结合新的生活方式和消费方式,持续繁荣发展文化事业产业,不断升级完善公共文化服务体系,深化建设更加开放包容、更富创新活力、更显人文关怀、更具时代魅力、更具世界影响力的大都市圈。

1. 公共文化服务能级不断提高

上海大都市圈范围内城市在公共文化服务建设方面,尽管数量与品质存在一定差距,但总的来说硬件设施建设与软件服务已取得"齐头并进"的成效。

一是重大文化设施建设取得新进展。上海大都市圈各城市在城市空间计划里逐渐将文化赋能提升到重要位置,注重文化优势,增强各城市文化地标的辨识度,彰显江南文化的多姿多彩。如上海基于长三角一体化示范区和临港新片区,拓展延伸从淀山湖到滴水湖的城市东西文化轴的文化设施布局;宁波的天一阁博物馆新馆、非物质文化遗产馆、河海博物馆、文化馆新馆、新音乐厅、档案中心等文化设施建设,打造新时代宁波文化地标。

二是公共文化服务网络广覆盖。目前,上海大都市圈范围内各城市已基本建成市、区、街镇、村(居委会)的四级公共文化服务网络。人均公共文化设施建筑面积平均约0.3平方米,"1+8"城市拥有博物馆362家、公共图书馆158家、群艺馆、文化馆(站)902个。苏州提出2025年人均接受公共文化场馆服务次数15次,城乡艺术表演团体2818个。上海、苏州、宁波几个城市的艺术表演团体国内年度演出场次均已上万,观众人次也均达到1000多万人次。

三是公共文化服务数字化取得新进展。近几年,上海大都市圈范围内各城市着力将数字影视、文化智造、数字传媒、数字音乐等数字赋能文化领域,打造公共文化领域的"云"建设,数字文化馆、智慧博物馆不断涌现,逐步实现了城市"文化云"平台的全覆盖,并结合城市区域产业优势,打造各具特色文化服务品牌。如宁波打造"云上文化"品牌;苏州通过"云旅游""云演艺""云展览"整合文旅资源,提升文旅服务品质等。

四是公共文化服务开启联动共享。由于上海大都市圈范围内各城市地缘相近,文化相亲,具有很多文化共通性,各城市间开始尝试通过公共文化的合作机制搭建文化发展合作机制,聚集各城市精英人物,会聚全国先进经验,开展城市间文化实际运作项目,通过区域内公共文化机构的联动共享,推动城市间文化旅游公共服务体系有效叠加。如2018年10月23日,由上海市长宁区文化局联合上海市徐汇区文化局、浦东新区文广局、嘉定区文广局、苏浙皖三省示范区文化(广)局、国家公共文化服务体系示范区创新研究中心、上海市群众艺术馆共同发起建立长三角地区国家公共文化服务体系示范区(项目)合作机制。39个城市(区)共同发布了《长三角地区国家公共文化服务体系示范区(项目)合作机制虹桥宣言》,在该合作机制框架下,定期举办"合作机制年会",搭建文化发展合作平台,商立具体实质性项目。

突破地域和部门 长三角"文采会"探索公共文化服务新模式

2019年3月,在上海世贸展览馆举办了首次上海及长三角地区公共文化和旅游产品采购大会,首次实现了跨区域举办、市区联手、长三角联动,首次实现文旅联合参展。除传统文艺演出、剧目创作、非遗产品、文创产品等文化内容生产板块外,此次文采会还推出了公共文化设施运营和管理、旅游公共服务、文化科技融合、咨询培训及绩效评价等4个全新板块,首次实现了全产业链集中展示,内容涵盖公共文化服务各个方面。

> 共计约 5200 人参与观展,现场成交意向金额为 5663.72 万元。此次旅游公共服务第一次和公共文化产品同场展示,引起了广泛关注。旅游目的地公共服务、旅游厕所革命、自驾游公共服务、旅游大数据信息、民族民俗文化旅游示范区等五个领域的 13 家单位参展,为城市、乡镇、乡村文化和旅游公共服务的整合与提升,提供技术、设施和解决方案。

2. 传统优秀文化传承有力

上海大都市圈范围内的历史文化要素品类众多、数量巨大,有远近闻名的世界级物质和非物质文化遗产,各城市的历史文化文物保护和活化工作成绩显著。

一是文化遗产保护利用工作稳步推进。上海大都市圈各城市文物管理部门均完成了"十三五"规划文物建筑保护工程,一些城市的地下、水下文物保护与考古工作取得重大发现。如上海的广富林遗址进行了两次大规模抢救性发掘工作,发掘面积达到 13000 多平方米,在环太湖地区文明进程研究、福泉山遗址考古发掘中取得重大突破。据统计,"上海都市圈范围内现有 11 项世界级文化遗产,其中世界文化遗产 2 项,全球重要农业文化遗产 1 项,世界灌溉工程遗产 2 项,世界文化遗产预备 3 项,以及非物质文化遗产 3 项;具备较高的遗产密度,1000 平方千米范围内包含的国家级、省级历史文化资源点不少于 10 处,且具有旅游热度"[1]。在文物利用方面,各城市引导传统文化资源融入生产生活实践,拓宽传统文化多元利用方式。如宁波推进大运河文化带、浙东唐诗之路沿线文物资源保护传承,加强革命文物保护利用,推进水下文物考古和文化遗产保护,深入开展海丝、海防、海港遗存研究。此外,各城市还鼓励社会力量和专业机构开发文化产品和服务,做精做强传统文化品牌。如上海通过长三角国际文化产业博览会,推进江南水乡古镇联合申报世界文化遗产,加强保护利用。

---

[1] 资料来源:《上海大都市圈规划总报告(2021)》未公布版。

二是博物馆能级提升明显。(1)博物馆陈列展览的质量显著提高。如上海博物馆"幽蓝神采——元代青花瓷器大展"、上海鲁迅纪念馆"人之子——鲁迅生平陈列"、宋庆龄生平事迹陈列馆"寓情于史,以情传神——宋庆龄陈列"三个项目第十届全国博物馆陈列展览精品奖。(2)宣传推广方式多元化。如苏州博物馆运用了大量新技术、新材料和现代设计手法,萃取传统园林的精髓,创造性地打造了一件传统与现代和谐相融的"双面绣"建筑艺术作品。上海博物馆利用"5·18国际博物馆日"、开展"博物馆之夜"等加大博物馆宣传,推出"文化上海"发布、导览、品鉴、典藏四大系列丛书及App手机应用软件等。

三是非遗文化活态传承成效凸显。上海大都市圈范围内各城市积极加强非物质文化遗产生产性保护和活态传承。各城市各显其能,一方面深入推进"非遗在社区""非遗进校园",另一方面鼓励社会力量和专业机构建立非遗传习所和传习点,支持一批文化特色鲜明的非遗品牌做精做强。如上海联合国内外高校建设完善非物质文化遗产研究机构,推进国家级非物质文化遗产记录工程;苏州结合文旅专项行动,通过创意设计,把非遗文化、手工艺转化为适应时代发展的产业和产品,发展乡村旅游、江南水文化、大闸蟹文化、民宿文化等。

3. 文化交流影响力不断提升

进入新的时代,长三角地区跨域文化合作交流更加频繁,包括公共文化供给、市民文化活动、文化合作交流等呈现多元化发展。

一是城市文化合作交流项目增多。上海大都市圈城市间文化活动、文艺精品不断涌现,且不断开启文化交流的协作机制。2019年9月19日,上海杨浦与浙江嘉兴、浙江温州、江苏扬州、安徽宣城等长三角五座城市的文联工作者和书画家相聚上海浦江之滨,联手举办"爱我中华 携手共庆——长三角五地书画交流活动"。

二是市民文化节城市间影响力不断提升。创新办节机制,以"政府主导、企业支持、社会参与、群众得益"的方式举办上海市民文化节,力求最大限度调动市民的活动参与热情。2021年3月29日,上海市民文化节首次在江苏苏州、浙江温州和安徽芜湖设立长三角分会场,实现四地联动。

> **全城"嗨"起来　上海市民文化节首次线上线下同步启动**
>
> 嘉定新城远香湖、松江新城富林湖、青浦新城夏阳湖、奉贤新城金海湖、南汇新城滴水湖……"五个新城",每个都有一个湖,且周边集结了一批图书馆、美术馆、剧场等公共文化设施,天然形成了"环湖公共文化服务圈"。2021年3月29日,上海市民文化节首次在"五个新城"同步推出了"新城五湖发现之旅",引导市民发现身边的精彩。
>
> 上海市民文化节首次线上线下同步启动。这是属于全城、全年龄段上海市民的精彩,充分体现了"人民城市人民建,人民城市为人民"的理念。文化服务日当天,近千场文化活动在申城各级文化场馆、商圈、园区、公园、广场遍地开花。上海市民文化节还首次在江苏苏州、浙江温州和安徽芜湖设立长三角分会场,实现四地联动。"云上"的活动同样精彩,八大频道12小时大联播,让市民获得了丰富的可看、可听、可赛、可游、可品、可互动、可消费的文化服务体验。

三是对外文化交流合作机制进一步完善。如上海通过整合全媒体渠道,以上海实践讲好中国故事,加强人民外宣建设,构建针对性强、富有成效的上海国际传播工作机制,通过上海国际电影节、上海电视节、中国上海国际艺术节、"上海之春"国际音乐节、中国国际数码互动娱乐展览会(ChinaJoy)等重大文化节庆活动,鼓励增设具有国际影响力的原创艺术赛事品牌,提升节庆内涵品质。苏州充分利用涉外媒体平台、海外社交网络平台和国际合作媒体,提升国际传播能力,完善与海外城市文化交流合作机制,参与国家级品牌项目和主题活动,提高本土文化全球影响力。舟山开展多元化海员文化交流活动,提升海员服务国际影响力。

《上海大都市圈城市指数排行榜2020》显示,在上海大都市圈内文化交流功能方面,上海市区处于全面领先的地位,尤其是在活动演出场次和世界会议数量上优势明显。苏州市区位列第2,凭借世界文化遗产苏州园林的优势,在外国游客点评指标上表现突出。宁波、无锡、常州、湖州、舟山、嘉兴、南通市区排名靠前。昆山市、桐乡市因分别拥有周庄、乌镇核心古镇资源,在外国游客点评指标上具有优势。

(二) 文化产业高质量发展

近年来,中国不断加大对文化事业的投入,推动中国文化产业的快速发展,以实现文化产业大繁荣、大发展的目标。从上海大都市圈"1+8"城市的文化产业发展趋势来看,文化与多产业融合的新业态不断涌现,信息化、数字化、体验型的文化产品和服务成为文化消费新趋势。

1. 文化产业实力稳步提升

文化实力就是经济潜力,近年来上海大都市圈各城市通过不断打造完整的文化产业链,强化城市协同合作共促文化产业的发展,文化产业平稳上升。

一是文化产业保持平稳增长。文化实力就是经济潜力。上海大都市圈"1+8"城市在文化产业发展方面比较均衡,2019年大都市圈范围内城市文化产业产值增加值占GDP比重均值为5.23%,高于全国4.5%的水平。上海近两年的文化产业及文化产业增加值略有所降低,但基本保持两位数增长,增加值占全市GDP比重基本维持在6%左右。苏州和湖州近两年借力文旅融合、产业互动,文化产业的发展潜力得到有效释放。2021年1月苏州召开文化产业高质量发展大会,提出苏州文化产业增加值占GDP比重5年要翻一番;2020年湖州市人民政府印发《湖州市推进文化和旅游消费试点城市建设三年行动计划(2020—2022年)的通知》,提到:"到2022年,文化产业增加值占全市GDP比重8%以上",结合文化和旅游消费的新趋势、新需求,大力培育发展文化和旅游消费新业态。

湖州德清县3家企业与上海老品牌签约合作 共促文化产业发展

再续35年钢琴缘。打响上海购物品牌重振老字号(金山专场)推进会,德清企业浙江乐韵钢琴有限公司与上海钢琴(施特劳斯)有限公司进行了战略合作签约。

强强联合。浙江德清久胜车业有限公司、浙江德悦食品科技有限公司分别与上海凤凰自行车有限公司、上海丁义兴食品股份有限公司进行战略合作签约。

友好城镇。德清县县洛舍镇还与上海金山区枫泾镇签订了友好城镇战略合作协议。双方发挥各自优势，在乡村振兴、钢琴产业合作、文化活动、旅游开发、现代农业、干部交流等领域进行深入合作。

二是文化产业发展环境不断完善。上海大都市圈各城市政府通过不断创新文化产业发展专项资金资助方式，加大政策扶持力度，为重大文化产业项目落地生根保驾护航。各城市正在积极促进数字化、智能化、网络化文化的发展，布局云计算、大数据、人工智能、5G等先进技术搭建服务平台与促进文化产业发展，打造数字文化产业，涌现出一批文化与科技深度融合的龙头代表。比如，苏州科技城文化科技产业园，利用专利审查协作江苏中心，集聚一批软件与游戏动漫企业；依托中国传媒大学苏州研究院建立的"Virtual Studio"文化创意在线虚拟工作室系统平台等，吸引文化科技企业集聚。

三是城市文化IP产品化、品牌化。上海大都市圈各城市已构建起以江南历史文化资源为基础、以城市共同体价值为引领、以国际化文化平台为载体的现代文化标志传播体系，并积极推进主打文旅融合、突出深度体验的城市文化形象营销推广策略，结合数字化、智能化时代下的城市文化形象营销新模式，通过各类线上平台赋能城市文化形象推广，推进城市IP的品牌化进程。

"五五购物节"文化演艺特色产品

2021年第二届五五购物节，"演艺大世界"节目活动精彩纷呈：

"2021首届长三角城市戏剧节"将于4—6月举办。活动由上海大光明文化(集团)有限公司发起，将邀请苏浙皖沪三省一市的主要演艺机构共同参与，联动演艺大世界内的多家剧场，紧密围绕建党百年，进行歌舞剧、话剧、音乐剧等多种形式的剧目展演。

"上汽·上海文化广场2021户外舞台演出季(春季)"将于4—5月

> 举办。活动将延续"音乐剧为主,时尚经典为辅"的定位,涵盖音乐剧演员音乐会、户外戏剧展演、音乐节和嘉年华等板块内容。
>
> "2021上海城市草坪音乐会·春之声"将于5月1—3日举办,以庆祝建党百年为主题,节目由上海之春国际音乐节组委会提供,每日演出1场,每场规模约1800人。
>
> 演艺大世界咖啡之旅将于5月展开,推出"咖啡地图+演艺地图",引领观众按图索骥,品咖啡、赏音乐、买周边。
>
> 除了丰富的活动产品外,演艺大世界还将通过线上线下的服务平台,继续推出补贴票和限时特惠票。

2. 市场发展多元化

上海大都市圈文化市场规模持续扩大,已形成兼收并蓄、开放平稳、繁荣多元的社会主义文化市场体系。

一是电影市场发展加速。上海大都市圈范围内各城市积极培育各类电影制作主体,电影制作机构数量显著增长。如无锡着力打造国家数字电影产业园,预计到2025集聚电影制作及相关企业达到2000家以上,实现电影及相关产业产值超300亿元。上海通过提升"一带一路"电影节联盟、上海国际电影节、丝绸之路国际艺术节联盟等合作机制影响力,加强教育、文化、旅游、卫生、科技、智库合作与交流。电影票房每年保持快速增长,影院和银幕数量、观影人次持续增加。农村流动电影放映队实现了放映设备数字化转换。

二是文化演绎市场发展加快。文化演绎市场的发展近年来在上海大都市圈呈现出历史新高。基于大麦网2019年12月的实时文化演出场次数据,上海市区集中了大都市圈内70%的文化演出,总共举办405场次,上海市区文化活动的丰富度和多样性优势明显。与上海相比,其他城市市区的文化活动场次数量明显较少,如苏州市区场次为60次,宁波市区为37次,无锡市区为23次,分列第二、第三、第四位。另外,苏州的张家港市、昆山市也进入十强,表明苏州市总体的文化活动丰富度较高。其他排名进入前十的还包括常州市区、嘉定区、舟山市区、南通市区。自杭州宋城后,2021年4

月上海宋城在黄埔江畔亮相,通过游艺环节,将大型互动体验项目规划成旅游空间,打造了城市演艺新形态。

> **上海宋城亮相黄浦江畔　打造城市演艺新形态**
>
> 2021年4月30日,位于上海黄浦江畔世博园区的上海宋城以"演艺公园"新形态为沪人的文化生活再添流光溢彩。
>
> 从大型互动体验项目《战火》《大地震》《幽灵船》《聊斋惊魂》《暴风眼》和巨型天幕,到森林剧院、鸟秀剧院、悬崖剧院、泡泡剧院等表演空间,同时嵌入穿越街、魔幻街、天上街市、彩色森林、精灵谷、天空之城等景点,上海宋城通过游艺环节上的设计,巧妙规划了数千米长的游历线路。除了多种多样的驻场剧目,上海宋城还打造了一个开放的艺术街区,拥有10个小剧院集群、2000平方米的可变空间以及容纳上万人的音乐广场。

三是艺术品市场规模不断扩大。随着艺术品市场规模的不断扩大、市场主体加速成长,文化艺术品保税交易作为一种"保税+"新业态,对促进文化艺术品市场主体加速集聚、推动市场高效快速发展意义重大。作为佳士得全球第11个拍卖中心的上海借势自由贸易试验区发展,在国家对外贸易基地内建成3000平方米的专业艺术保税仓库,开展的保税艺术品拍卖活动。上海艺术博览会、上海春季艺术沙龙、上海城市艺术博览会、亚洲画廊艺术博览会、ART21当代艺术博览会、西岸艺术与设计博览会、上海国际设计创意博览会等艺术博览会品牌影响力不断增强。

(三) 文旅融合取得突破

在文旅融合已上升为国家产业发展战略的背景下,上海大都市圈基于区域文化和旅游资源的丰富,在文旅产业融合发展的实践上,推进全域旅游、发展区域旅游一体化取得较大成绩。

1. 文旅融合发展快速推进

拥有自然和人文景观类别齐全、文化和旅游市场建设及相关设施配备相对完善的先天基础优势,上海大都市圈各城市在继长三角动漫产业合作联盟、长三角文创特展产业联盟、长三角红色、文化旅游区域联盟、长三角文旅产业联盟、长三角影视制作基地联盟、长三角文化装备产业协会联盟等联盟陆续成立的基础上,加快发展文旅联动、区域旅游合作模式。

一是文旅产业综合水平不断提高。上海大都市圈城市文旅产业近几年发展呈上升趋势。由于2020年新冠肺炎疫情对旅游产业冲击巨大,数据不具有代表性,因此以下均采用2019年的数据。根据各城市2020年鉴的统计数据,上海大都市圈"1+8"城市的旅游收入水平比较均衡,除南通外,其他均已达到千亿元,接待游客总数达120 466.8万人次,星级饭店总数510个以上。从全国层面上来看,2019年全国旅游总收入6.63万亿元,上海大都市圈城市旅游总收入1.89万亿元,占比28.51%,四分之一多。

表6-1　　　　　　2019年上海大都市圈"1+8"城市旅游产业情况

	国内游客数量 (万人次)	国际游客数量 (万人次)	旅游总 收入(亿元)	三星级以上 饭店数量(个)
上海	36 141	897.23	5 733.73	185
无锡	10 236.93	60.955 7	2 062.9	34
常州	7 947.05	19.85	1 197.57	23
苏州	13 374.1	235.12	2 751.02	70
南通	5 271.1	19.85	791.89	17
宁波	14 076	76.215 1	2 330.9	102
湖州	13 197.6	25.9	1 529.11	31
嘉兴	11 971	57.113 1	1 421.07	48
舟山	6 844.2	15.625 2	1 054.6	0

资料来源:上海大都市圈"1+8"城市《2020统计年鉴》。

二是文旅产品不断丰富。近年来,上海大都市圈各城市,实施"文化+"发展工程,创新开发新业态、新产品,重点加强红色旅游教育基地培育,推进红色旅游向文化、教育等融合发展。如上海红色旅游景区有34个;湖州正在打造南太湖文旅融合发展带,集聚一批具有国际影响力的文化旅游项目,探索建立"莫干山旅游经济特区",做大做强世界乡村旅游小镇、丝绸小镇、湖笔小镇、太湖演艺小镇等一批特色小镇集群；常州打造"绝色江南·闲逸山水"产品集群、"江南门户·溯源运河"品牌等。

三是数字文旅平台建设取得新进展。上海大都市圈各城市积极推进文旅数字化、信息化的建设，开展文旅数字化协同发展。如苏州在着力打造数字文旅中心，为率先建成全国"数字引领转型升级"标杆城市奠定基础；南通依托市智慧文旅平台，加快推进城市文旅智慧导览系统建设。

四是旅游人才培养得到重视。上海大都市圈各城市都将文旅人才培养写进了规划，部分城市建立了比较完善的文化旅游人才整体培养模式，通过各项政策引进和培养了一批旅游规划、创意策划、市场营销、智慧旅游等文旅专业人才。

2. 开启文旅品牌的融合共建模式

借助长三角一体化发展的国家战略，上海大都市圈各城市积极结合各城市间优质文化资源互补，扩大江南文化的影响力。

一是点对点协同建设旅游区。如宁波共建大运河文化带和浙东唐诗之路，打造浙江大花园精品旅游带。无锡积极与常州市武进区深化合作，协同发展竺山湖生态旅游区，推动共建太湖湾科技创新带，协同打造世界级生态湖区和创新湖区，加快建设锡宜协同发展区，推进大拈花湾、渎村水乡、周铁总部园区等项目规划建设，打造长三角著名文化旅游休闲度假区等。嘉兴协同共建长三角生态绿色一体化发展示范区，强化与上海青浦、苏州吴江片区的示范协同，努力打造生态优势转化新标杆、绿色创新发展新高地、一体化制度创新试验田、人与自然和谐宜居新典范。

二是积极探索协同打造文旅品牌。上海大都市圈各城市近年来在开展文旅活动时开始有意识地积极尝试城市间的合作与共同协办，组织承办各类重大赛事、文体活动、会展论坛等，同时联合开发文旅线路产品。如常州太湖湾与无锡拈花湾、苏州东太湖地区文旅资源的合作开发，联手打造"大运河世界遗产经典游""环太湖休闲度假精品游""江南古城古镇古村体验游"等文旅品牌，推出"旅游一卡通联名卡"。

二、上海大都市圈文化发展评价及问题

（一）发展评价

上海大都市圈文化资源丰富。提升文化国内外影响力，增强文化集聚力、扩大文化辐射力是推动文化事业繁荣和文化产业高质量发展的重要路径。区域文化协同是长三角一体化发展的重要内容，文化已成为带动经济可持续增长的主要动力之一，无论是在战略统筹规划上还是具体项目落实上都需把握"文化＋旅游＋其他行业领域"多方面的联动融合和协同推进。

1. 文化资源丰富，主流文化面向世界的多元表达

江南自古孕育了一种典型的"地域文化情愫"，江南的富裕、崇文重教、勤劳、雅致、文化繁盛、文人辈出、豪迈的家国情怀等在各种文学、历史、诗歌中不断深化和刻画，从而培育了一种中国本土文化体系中非常鲜明的"江南文化"。无论从空间还是从时间的维度来审视，"江南"的精神纽带与长三角一体化发展国家战略紧密相连。上海大都市圈范围内集聚了"江南"丰富的文化资源，包括运河文化资源、都市文化资源、工业文化资源、红色文化资源等。

(1) 文化资源类型多样，并逐步成为城市形象提升的内涵支撑

据上海2019年鉴报告数据，上海拥有红色旅游景区34个。2020年上海以中国共产党建党100周年为契机，深入实施"党的诞生地"发掘宣传工程、红色文化传承弘扬工程和革命文物保护利用工程，建成中国共产党第一次全国代表大会纪念馆；推动红色题材文艺作品和出版物创作生产，建设党性教育现场教学基地，形成红色文化宣教品牌，发展红色文化旅游；深化长三角红色旅游区域合作，提升上海红色文化的标识性和知名度。

2021复兴之路·薪火驿传百千米接力赛

从上海石库门到嘉兴南湖红船，"2021复兴之路·薪火驿传百千米接力赛"以"追寻中共一大足迹，喜迎建党一百周年"为主题，是2021年启动较早的建党百年庆祝活动，已被上海市和浙江省分别纳入迎接建党百年系列活动。上海市体育局局长徐彬、浙江省体育局副局长张

亚东、嘉兴市人民政府副秘书长郭保东、东浩兰生(集团)有限公司总裁曹炜、中国银行上海市分行党委书记张守川共同启动赛事。

"2021复兴之路·薪火驿传百千米接力赛"的宣传口号为"百年传承、启跑新程",从上海石库门到嘉兴南湖,用奔跑为建党100周年献礼,传承建党百年来的奋斗精神,站在历史交汇点上,迎接下一个百年的辉煌。

京杭大运河在江南地区分为江北运河与江南运河两部分,流经上海大都市圈的城市有常州、无锡、苏州和嘉兴。4城市结合各自文化特色,联手积极推进大运河文化带建设,并取得阶段性成果。常州,建成青果巷历史文化街区一期,打造"常走大运",形成全国品牌;无锡,创成国家公共文化服务体系示范区和中国旅游休闲示范城市,进一步彰显"太湖明珠·江南盛地"的城市形象;苏州,以建设"大运河文化带最精彩的一段"为目标,持续提升文化品牌影响力,建设全球"世界遗产典范城市""手工艺与民间艺术之都";嘉兴,突出长三角湿地生态、大运河丝路文化旅游、天鹅湖未来科学城优势,致力打造"长三角最优的高水准创新经济引领区、全国一流的高质量生态文明样板区、国际领先的高水平城乡融合示范区、践行新发展理念的承载地"。

(2)文化建设呈集群发展,空间布局均衡、特色鲜明

上海大都市圈文化资源丰富,据有关数据统计,上海大都市圈内共有文化资源点150处,其中国家级73处、省级77处;生态资源点128处,其中国家级46处、省级82处。从文化空间布局上看,已经形成了南北五大特色文化集群。一是以无锡、苏州、湖州、嘉兴为代表的环太湖山水、江南文化之"水乡雅韵"文化集群;二是以宁波为代表的南部书商文化之"书匠儒商"文化集群;三是以舟山为代表的融佛教文化和海洋文化之"佛教仙岛"的文化集群;四是以南通打造"中国近代第一城"的文化地标为代表发展"江海文化""养生文化"之"养生福地"集群;五是以上海国际化大都市为代表的融江南文化、海派文化、红色文化为一体的"国际都市"文化集群。这五大文化集群,通过相通相融又各具特色的文化输出,开展国内外的文化交流,展现了

上海大都市圈文化的包罗万象、包容和谐的特质。

(3) 文化资源兼顾传承与利用,跨地市联动保护机制成为未来必然

近几年上海大都市圈各城市在文化资源的保护上传承与利用的优势逐渐突出,除了运用新技术对物质文化资源进行保护,实施文物信息化、数字化、网络化建设,建立全市文物、博物馆、珍贵古籍信息数据库,还重视开发其相应的社会文化资源,结合主题旅游等项目形成文化品牌。如苏州,通过构建文物建筑保护传承利用体系,规划建设苏州世界文化遗产展示馆,创建国家文物保护利用示范区,策划组织"江南水乡古镇"申请世界遗产,参与海上丝绸之路申遗。

此外,城市间的非遗活化利用联动机制初步形成。比如大运河遗产保护,成立了大运河世界遗产保护管理城市联盟,下设大运河遗产保护管理办公室,主要职能是协调、组织、实施大运河全线遗产保护管理工作。跨区域、跨部门、跨专业的运河保护协调机制和管理体制,正在探索和形成之中。

2. 文化成为带动消费可持续增长的主要动力之一

文化消费进入了快速增长期,人民生活中对文化消费的需求旺盛,文化方面的消费已经成为拉动经济增长的重要力量,文化产业的增加值受文化方面的消费影响越来越大。

(1) 旅游产业基础优势明显,文旅大市场趋于成熟

从整体上来看,上海大都市圈各城市的旅游业趋于成熟,形成了较为成熟的文化旅游大市场,是长三角区域都市文旅消费的代表。从横向来看,除上海外,其他8个城市差距不明显,且苏州与宁波表现突出。在旅游外汇收入方面,无锡和舟山也表现不俗。选取上海大都市圈"1+8"城市国内旅游规模和入境旅游规模两项分析指标进行综合分析发现,与城市所属省份的全省相比,除个别城市,各项指标基本在均值以上。

表6-2 上海大都市圈城市旅游与江苏、浙江省的旅游规模比较(2019年)

城市	国内旅游规模		入境旅游规模	
	亿人次	占全省比重(%)	万人次	占全省比重(%)
上海	3.6141	—	897.23	—
无锡	1.0237	12	60.9557	15

续表

城市	国内旅游规模		入境旅游规模	
	亿人次	占全省比重(%)	万人次	占全省比重(%)
常州	0.7947	9	19.8484	5
苏州	1.3374	15	174.3447	44
南通	0.5251	6	19.8539	5
江苏省均值	0.67	8	30.73	8
宁波	1.4076	1	76.2151	52
湖州	1.3198	1	25.9	18
嘉兴	1.1971	1	57.1131	39
舟山	0.6844	0	15.6252	11
浙江省均值	0.66	0	13.36	9

(2) 文化消费潜力为城市一体化发展提供现实动力

2019年整个长三角的GDP总量高达23.73万亿元,GDP超过万亿元的6个城市中,上海大都市圈占了4个,分别为上海、苏州、无锡和宁波。其中,上海超过3.8万亿元,苏州近2万亿元。长三角三省一市总人口占全国总人口的16%,社会消费品零售总额却占全国的22%,人均消费能力强劲。选取上海大都市圈"1+8"城市旅游国内收入、旅游外汇收入两项分析指标进行综合分析发现,其对所属省份的收入有较大的贡献。

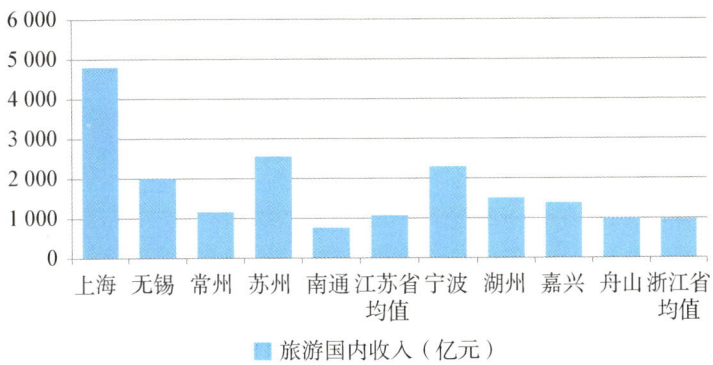

图6-1 2019年上海大都市圈城市旅游与江苏、浙江省旅游国内收入、旅游外汇收入综合分析

(3) 文创产业发展为城市一体化发展提供产业支撑

文创产业已经成为城市经济发展的新动能,也是城市聚集人才的聚力器。上海大都市圈各城市文创产业的蓬勃发展为建设都市文化圈提供了产业支撑。如上海确立了建设国际影响力的文化创意产业中心的目标,2018年上海文创产业实现增加值4227.72亿元,同比增长8.9%,跻身上海八大重点产业。苏州也成为重要的创意产业基地,聚集了一大批文化创意产业园区。宁波集中力量建设甬江科创大走廊,科学布局建设文创港、软件园等一批创新单元,推动科研设施、大院大所、科创企业加速集聚,打造以甬江为主轴的创新带。由文创、科创催生的长三角众多现代都市的时尚文化资源,如演艺、设计、赛事、游戏、购物等,以及由文化、旅游、商业、体育、会展融合形成的都市活力与风情,体现着上海大都市圈最新发展成果和当代魅力。

3. 文旅融合推动全域旅游往高品质方向发展

"区域合作、文旅先行"是区域一体化发展的重要经验,上海大都市圈城市在文化旅游发挥好大产业、大民生、大展示、大消费、大合作的特征和环境友好属性方面,为探索区域一体化新机制提供良好范例。

(1) 区域文旅融合的政策环境向好

文旅融合是国家战略设计,上海大都市圈在高质量发展方面扮演着先行发展的角色。近年来各城市之间签署加强文旅融合一体化发展的合作协议。2018年6月,上海、浙江、江苏、安徽三省一市旅游管理部门拟签署《长三角地区高品质世界著名旅游目的地战略合作协议》。依据这份合作协议,三省一市将深挖"中国文化、江南韵味"内涵,围绕长江、大运河等水系和历史文化名城、精品民宿等独特资源,打造区域旅游精品项目;建立统一的区域旅游品牌形象,共同制作统一的旅游宣传品,共同开发"一程多站"区域旅游精品线路,推出"高铁+景区门票""高铁+酒店"等系列快捷旅游产品;瞄准旅游新消费、新体验趋势,放大资源互补优势,联手打造跨区域特色旅游线路。

四地还将突出入境旅游市场开拓,并联手创新入境旅游便利政策,共同营造外国旅客购物离境退税的良好环境,引导境外游客用好144小时过境免签等有利政策;建立长三角外文旅游网站,加强信息联合发布、产品联合展示、活动联合宣传;建立中外来宾接待联动机制,开发若干条体现"美丽中国"及长三角地域特色的考察采风精品线路,为中外来宾提供更多更优选择,进一步提升长三角旅游的国际影响力和知名度,共同放大中国国际进口博览会溢出效应;建立健全重大节事展会旅游资源调节机制,联手做好进口博览会服务保障,扩大进口博览会在旅游住宿、景区游览、购物旅游等方面的带动效应。

推出"畅游长三角"惠民"一卡通"等产品,鼓励和支持建立租车异地还车一体化的便捷体系,完善提升区域旅游公共服务体系也是此次协议重点。三省一市将以智能化、便捷化为导向,加强旅游公共服务设施建设,在机场、码头、高铁重要站点和高速公路服务区设立旅游咨询中心,形成相互开放、标准统一的区域旅游服务网络;建立全覆盖的旅游信息服务体系,建设旅游大数据库,实现旅游信息互联互通,建立旅游安全提示、旅游景区(点)大客流预警等信息联合发布机制。

四地还将探索建立以信用为核心的新型监管机制,拟订了长三角旅游领域信用信息"数据清单""行为清单""应用清单",建立完善长三角旅游联合执法、综合监管机制,联合打击不正当竞争和侵害消费者权益的行为,共同整治和规范旅游市场秩序;建立健全长三角旅游诚信系统和失信登记制度,对列入失信的企业和个人名单,实现信息互通互联。畅通长三角区域旅游投诉通报和处理渠道,建立健全游客投诉即收即处的快速处理机制。构建旅游应急突发事件的联动协调机制,建立跨区域旅游重大事件和旅游安全事件的应急预案,完善旅游交通事故异地救援和保险理赔体系[①]。

(2) 区域文旅消费、文旅惠民成为文旅项目开发重点

目前上海大都市圈各城市的文旅融合发展,都比较注重提升文旅产业的内涵、品格和境界,着重对旅游产业人文化、民族化、特色化发展的有效促进,有效发掘,弘扬地域、区域和不同领域的特色文化。如苏州,深化国家文化和旅游消费示范区建设,推动文旅消费提质升级,建设"君到苏州"文旅总

---

① 何易. 沪苏浙皖三省一市旅游管理部门共同签约 共建高品质世界著名旅游目的地[N]. 文汇报,2018-6-3.

入口平台,与各大旅游电商合作,实现文旅场所线上预约全覆盖,与数字文化产业结合,实现苏州特色文旅资源"云旅游""云演艺""云展览"全方位展示,精心打造"江南小剧场",推进江南小书场"三进工程",策划开发一批体验感强的文旅消费项目。宁波,深化"流动的世界文化遗产"和"顺着运河来看海"等推广活动,打造"大运河-海丝之路""浙东唐诗之路""诗画浙江·百县千碗·甬菜百碗"等一批文旅金名片,推进文旅消费试点城市和文旅消费集聚区建设。

随着"黄金旅游线"杭黄高铁、上海青浦至吴江黎里、吴江黎里至嘉善西塘2条公交专线开通等一系列的交通建设,上海大都市圈内各城市不断放大"同城效应"。2019年"长三角PASS"旅游年卡推出"沪杭宁版""沪杭版"多款产品,成立"长三角文旅消费一体化联盟",推出"一票游玩长三角"的文旅消费解决方案。长三角7市1区文旅局与阿里文娱集团合作,推动各城市文化资源和消费者数据共享,政企合作开展文旅惠民,打造具有各地特色的"文旅消费季"。

(3)通过"文化+旅游+其他行业领域"多方面联动融合、协同推进形成新的文创载体

总体而言,上海大都市圈各城市集聚了三角区域内丰富多彩、特色鲜明的物质和非物质文化,包括海派文化、吴越文化、淮扬文化、运河文化等,通过发掘丰富多样的本体性文化资源,恰如其分地呈现其文化特色,并通过都市、乡村、非遗、文创、研学等领域的文化与旅游融合途径,初步形成了从文化传承、资源利用、创意设计、空间营造、内容组织安排、媒体营销、整体管理多方面打造的整体性、品牌化的"文旅圈"。如苏州文化标志性项目在体现本色、独具特色又恰如其分地表达方面具有典型性。

苏州独特文化影响力标志性项目

1. 苏州世界文化遗产展示馆。展示苏州古典园林、大运河世界文化遗产及江南水乡古镇、海上丝绸之路申遗预备项目,建成全市统一遗产监测中心。

2. 大运河苏州段国家文化公园。根据大运河文化资源遗存分布、禀赋差异及周边人居环境、自然条件、配套设施等,建设管控保护、主题展示、文旅融合、传统利用四类主体功能区。

3. 中日手作村。通过创意设计,将非遗文化、传统文化和手工艺转化为适应时代发展的产业和产品,发展乡村旅游、大闸蟹文化、民宿等。

4. 阳澄西湖世界生态艺术港。依托"六湾五嘴"自然形态,利用独特的资源禀赋,打造阳澄西湖世界生态艺术港,吸纳创新要素集聚、承载高附加值产业链、打造城市发展典范。

5. 苏州博物馆西馆。展示吴地悠久历史和"苏作"工艺,打造国内首家博物馆学校,探索苏博文旅融合新模式,建成城市历史文化解读中心和体验中心。

(二) 主要问题

上海大都市圈各城市在文化建设方面的主要问题主要集中在两方面:一是文化协同的共时性有待加强;二是"文化+"的融合发展深度和广度不够。

1. 上海大都市圈文化协同共识性有待加强

文化协同的共识性问题体现在整体规划、产业结构布局,以及市场流动不足等方面。

一是上海大都市圈范围内的整体文化建设规划相对较弱。从上海大都市圈各城市规划可以看出,相对来说,对文化建设以及文化协同方面的统筹规划相对缺乏,文化建设和文旅产业发展目前还处于城市与城市之间的点对点的阶段。各城市侧重发展高新技术产业和战略性新兴产业等的协同,而对文化产业、文旅产业、包括体育健康产业的协同推进缺乏整体的规划以及相应的政策支持。另外,一些政策领域因存在跨区界溢出效应与行政辖区的边界冲突,从而影响了资源的合理分配,在文化建设尤其公共文化建设的传播交流方面还未真正充分发挥市场、社会力量,文化市场开放、生产要素整合、文化遗产资源配置等方面还存在各种地方保护主义,一定程度上限制了文化建设和文化产业的做强做大。

二是文化创新要素市场流动性不足。由于文化产业成为各地经济转型的重要抓手,各城市地方政府纷纷出台补贴政策或者建立投资基金来推动文化产业发展。一方面,出于对政绩的追求,这些行为往往具有短期化的特征,影响了生产要素的正常流动,造成要素资源的浪费;另一方面,各城市之间虽然开启了区域协同创新,但在区域创新机制与创新制度、规则等领域忽视了文化上的同根同脉,存在文化断层,致使各自创新资源与特色优势难以实现优势互补、功能互动。尽管上海大都市圈各城市多年来有一些联动合作的举措,但是涉及城市间文化价值、区域文旅整体品牌层面的意识与实践还是不够。上海大都市圈各城市主导产业布局往往与主体发展期待相呼应,主要是为提高经济效益、品牌效益,装备制造、电子信息、汽车等项目集聚效应最为突出,而对于一体化进程中的文化产业协同的考虑不够。

三是文化产业结构同质化明显。上海大都市圈范围内文化产业发展程度从产值总量的角度分为了三个梯队。作为第一梯队的上海、苏州拥有相对成熟且特色鲜明的文化产业。上海创新能力强,高新技术人才高度集聚,以国际大都市为引领的都市产业成为城市发展的重要支柱。根据上海市文化创意产业推进领导小组办公室官网显示,2019年上海文化创意产业实现增加值4 980亿元,同比增长7%,占GDP比重达13%。苏州重点发展数字文化产业,聚焦动漫游戏、影视、网络文化等细分行业,拓展创意设计、演艺娱乐、文旅融合、工艺美术、数字文化装备制造等重点领域,预计到2025年,全市文化产业增加值占GDP比重达10.5%,其中核心领域占比超过50%。作为第二梯队的无锡、常州、南通、宁波、湖州的文化产业各有长短。无锡依托无锡国家数字电影产业园,构建电影产业生态圈,推进国家电影产业创新实验区建设,在数字内容产业方面提高数字传媒、数字娱乐、数字出版、数字装备、网络视听等领域的发展规模和质量;常州着力建设国家级视音频版权进出口平台及溯源数据管理平台、市级文化产权交易中心,建设国家级文化产业园(基地),同时注重文体融合;南通打造崇川区艺东方艺术品综合体、左岸动漫产业园、1895文创园区、家纺文化创意产业园、市开发区数字文化（视频）产业园、海安市523文化产业园、如皋市一下未来科技城、海门麒麟红木产业园等文化产业重点园区（基地），形成全市文化产业发展集群；宁波在国家动漫基地游戏产业方面有所成绩，目标是要打造具有全国影响力的数字文化产业新兴集聚区；湖州聚力发展数字文化、创意设计、影视传媒等符合现代文化产业体系的核心产业。作为第三梯队的嘉兴和舟山，从GDP占比到文化产业规模与第一梯队相距甚远，虽各自拥有深厚的文化底蕴、优越的生态优势，但产业发展方面缺乏生产资本与专业人才。可以看出，尤其第一和第二梯队在文化产业方面都集中在数字文化产业、动漫产业、游戏产业领域，同质化现象严重，没有形成优势互补。

2."文化+"的融合发展深度和广度不够

文旅融合一体化发展业态模式处于初级水平，相比国际都市圈的"文化+"的融合力度，上海大都市圈在通过文化与科技融合以提升城市创新高度，通过文化与金融的融合以拓展城市产业的深度，通过文商旅贸多元融合拓宽城市经济广度这"三度"方面还未发挥实效。

一是"文化+"的提升作用发挥不充分。上海大都市圈范围内的文化产业对传统产业的融合引领作用发挥不充分，科学技术从文化产业消费端向生产端渗透不足。互联网用户的爆发式增长为"文化+科技"迅猛发展奠定了基础，但因此而产生的许多新业态还处于野蛮生长阶段，缺乏行业规范，部分内容落入低俗。科学技术对于文化生产的作用不够深入，以上海为引领的科技创新城市在科技创新+文化方面的优势未能充分发挥。其他"文化+体育""文化+农业""文化+工业""文化+金融"等跨界融合，仍然处于概念创新的阶段，实践效果不明显。大多数的文化产业存在规模小、能级低、增长放缓的情况，且缺少打响都市文化产业的品牌，没有产生具有足够影响力和辨识度的上海大都市圈的特色文化品牌。知识产权保护意识和相关制度也有待进一步加强。文化创意与传统产业结合的路径在未来消费升级的趋势中需要继续探索。

二是特色文化资源缺乏有效整合。上海大都市圈各城市的文旅融合发展在资源、产品、市场等方面的发力后劲不足，基于文旅产业价值链耦合重构、文旅融合促进城市及都市圈功能提升的工作还远远不够,城市文旅融合一体化的精品供给欠缺。上海大都市圈的文化资源具有互补性,文化产业的发展战略也各有特色,但是整体对于特色资源的挖掘不够深入,缺乏有效整合;没有将散落于各城市的江南文化、海派文化、江海文化、佛教文化、海洋文化等资源串珠成链,推进融合互动及创新;基于上海大都市圈的文化品牌体系没有系统性地规划、管理和运营。

三是城市金融服务文化产业发展的效果不强。以上海为例。上海在"十三五"时期积极推进文化与金融融合,与市金融办签订《文化金融合作发展备忘录》,完成了文化金融融合发展的顶层设计,并成立上海品牌发展基金,扶持相关产业发展。但目前来看,由于部分城市财政支持政策不符合产业发展规律,范围失当,效率低下,无法达到预期的资本支持效果。

四是缺少上海大都市圈整体文化形象的"走出去"。上海大都市圈是多元文化共存及国内国际化程度最高的地区,中华文化的传播需要在对外开放的前沿与世界展开交流与合作。在对外交流与合作过程中,需形成上海大都市圈的整体文化形象,以文化产品和服务为载体,讲述好中国故事,从而能在文化碰撞中创新创造文化成果,应把握"一带一路"建设契机,坚定文化自信,积极推动上海大都市圈的对外文化贸易和传播中国文化。

三、上海大都市圈文化发展展望

上海大都市圈文化建设应该是鲜活的、具体的,是外在现象与内在精神的高度契合,文化软实力提升不是各个文化子系统文化特色的简单叠加,而是在各个系统协同作用基础上形成的新特质。面向未来,上海大都市圈在文化规划上应坚持因地制宜,既立足本地实际,又要与时俱进地丰富现代文化特色和优势,塑造国际品质、江南韵味的栖居典范,培育与活化遗产群,开发大都市圈的文化之路;应顺应新的消费趋势,着力建设国际品质服务设施群,提升新型消费基础设施和服务保障能力;应顺应新的生产、生活方式,把具有江南韵味的镇村建设成为新兴经济的载体空间、诗意栖居的立项家园;应共建旅游与精品游线路,串联、链接都市圈内的各类特色资源;应策划丰富多元的文化活动与体育赛事,吸引各类国际机构入驻,让文化软实力提升与精神培育相统一,让上海大都市圈成为历史与时代、中国与世界对话的区域。

(一)整体保护与活化遗产群,塑造传承地域文脉的文化之路

上海大都市圈范围内的历史文化要素品类众多、数量巨大,有着远近闻名的世界级物质和非物质文化遗产,遍及全域的国家历史文化名城、中国历史文化名镇名村、特色鲜明的历史文化街区与历史建筑。这些历史文化遗产蕴含着丰富的物质和精神财富,亟待系统性保护与深度价值挖掘。上海大都市圈的协同规划设想培育都市圈遗产群。一是"江南水乡古镇遗产群",将西滨太湖、东抵虹桥,总面积约2800平方千米的地域作为"江南水乡古镇遗产群"予以重点打造,挖掘山水江南与风物江南的文化底蕴;保护最具水乡特色的空间基层,恢复江南水乡河网阡陌的肌理,重现"水乡的韵清幽尽在河"的生态本底和"鱼米之乡"的历史古韵;通过"以塘行水、以泾均水、以塍御水、以埭储水"等方式,重现蓝绿水网络脉络与自然生态空间;建设最具优雅诗意的栖居典范,再现"家家枕水小桥多"的水乡生活场景,通过传统江南民居的保护与建设,营销精致、优雅、闲适的生活意境,打造文化传播与交流的人文精神家园。二是围绕世界级文化遗产"苏州古典园林",结合其周边历史文化街区与历史文化资源点,以及太湖北岸4A级及以上景区,打造"中国古典园林遗产群",将中国古典私家园林与现代魅力山水风景融会贯通。三是围绕世界文化遗产"中国古代瓷窑遗址"结合周边遗产资源打造世界级的露天青瓷博物馆,通过讲述与传承中国瓷器的制造工艺,将江南工艺之美与工业文化产业融合。在文化遗产群打造中,积极将文化与旅游相结合,开发旅游产品,打造遗产群特有的文化商品,实现文旅商贸的深度融合。

(二)共建江南韵味的镇村联盟,共推都市圈休闲文化发展

上海大都市圈的浓厚的江南韵味离不开特色小镇、水乡村落的发展。在镇村发展过程中,应重点培育小镇联盟和乡村联盟。将上海大都市圈镇村地区建设成既能链接历史的江南理想人居载体,又能链接未来的新兴经

济成长摇篮。根据上海大都市圈协同规划的设想：第一要以促进上海大都市圈特色小镇之间的链接联动为导向，将地理邻近、要素资源关联紧密的特色小镇串联打造"小镇联盟"，实现资源互补、线路互推、客源护送、信息共享的新型业态，通过共同打造旅游黄金线路、举办一系列文化艺术活动，强化江南文化品牌的知名度和影响力。第二，立足乡村特色，形成有主题的统一的、富有魅力的乡村联盟，通过统一旅游品牌、标识标志、统一旅游推广，合力提升文旅产品的知名度和影响力。第三推动跨界风景旅游公路建设与旅游线路组织，促进魅力乡村"串珠成链、连线成片"的文旅风景线。

(三) 构建魅力彰显的文化旅游圈，以演艺文化为契机丰富文旅产品供给

可借鉴国外都市圈广域观光游线的经验，上海大都市圈各城市共建魅力彰显的文化旅游圈和精品游线，将都市圈塑造成具有国际影响力的文化繁荣地、吸引各国游人的世界文旅目的地。根据协同规划设计，上海大都市圈文旅发展，第一是集中的文旅资源进行跨区域整合，培育多个旅游圈。通过旅游圈的建设，深化旅游合作，共同推广旅游品牌，强化客源导入，形成共建共享的旅游平台。每个旅游圈打造一个特色的主题。可通过对旅游圈内资源要素的识别，提炼旅游主题，形成统一的文化形象、宣传标识、整体风貌和纪念商品，共同培育面向世界的共同旅游品牌。同时通过品牌培育、要素建设，与其他旅游圈形成差异化竞争，吸引上海大都市圈内的高端游客群。第二，由于上海大都市圈具有山水相依、文脉相通、文化相近、城乡相融的特点，在上海大都市圈内可通过深化跨区域合作，统筹文化旅游资源，形成统一的旅游品牌，实现旅游资源的整合利用。在沿线的旅游景区实现"一票通游"、民宿联盟，推动沿线旅游景区品牌共建、客源互送，打造世界知名的精品旅游目的地。鼓励沿线旅游景区与各城市的演艺要素互联互通，实现各城市的演艺产品和服务在都市圈整体区域市场进行营销和供给。共同提升城市演艺场馆的可达性和信息透明度，极大地激发观众和游客的观演欲望。

（四）联合策划具有世界影响力的文化活动和体育赛事，将上海大都市圈城市塑造成为具有国际影响力的文化繁荣地区

通过举办具有国际影响力的文化展示、时尚发布、影视文化、体育赛事等多主题的世界品牌活动，提升上海大都市圈鼓励文化影响力；通过进一步加强国际化交流活动和实践的组织，承载更丰富多元的文化活动和事件，将都市圈塑造成为具有国际影响力的文化繁荣地区、具有特色活动的中国文化体验地区。根据规划设想：要积极发挥上海国际大都市的优势，带动都市圈地区的系统发展，促进国际文化交流与创新。结合各地资源本底，吸引各类国际文化组织在上海大都市圈范围内设立总部或机构；挖掘本土历史文化、近现代文化以及非物质文化，举办具有国际影响力的文化节庆和展会活动，形成国际文化艺术交流中心；鼓励社会力量自组织文化活动，培育各界艺术团体、文化名人、国际知名文化品牌等，形成包含时尚发布、影视文化、博览展示、会议交流等多元内容。通过进一步提升文化活动组织能力，提升上海大都市圈的文化地位，从而强化都市圈在国际上的文化竞争力。

其中，上海应采取更加综合多元的举措，成为国际赛事和文化交流的中心城市，积极利用进博会等国际大型会展的溢出效应，扩大集聚力；苏州、宁波、临港新片区作为综合性城市，应进一步缩小与上海在文化活动组织上的差距，培育成为国际文化交往副中心；无锡、常州、南通三市应结合自身智能制造发展长板，提升其在专业领域内组织世界级会议的能力；嘉兴、湖州应结合互联网、水乡人居文化体验的长板，组织文化类国际会议。舟山应结合海洋特色产业及佛教文化组织国际会议，联合打造具有多元文化品牌的国际文化活动品牌。通过打造健康、活力、美好的都市圈体育氛围，策划组织多类跨区域的重大赛事，共建都市圈赛事联盟，搭建一级国际赛事平台，促进都市圈内重大赛事的常态化发展。在此基础上，实现国际组织入驻都市圈，不仅提升国际知名度和美誉度，也助力中国树立良好的国家形象。

(五)实施文化人才聚焦战略,开展大都市圈文化人才互通政策,加快文化创新发展

上海大都市圈内开展"孵化器"模式联合培养文化创业创意人才,鼓励孵化器与优秀社会资源、部分高校资源合作,建立文化人才培养基地,开展产业链式培养。发挥龙头企业人才溢出效应,带动中小微文化企业及人才加快发展步伐,提升行业整体人才素质。加快基层公共文化人才培育,建立从业人员的准入制度和资质认证办法,加强岗位培训和业务技能培训,形成一支有良好素养、专兼结合、充满活力的公共文化服务队伍。灵活化文化人才培训模式,整合行业培训资源,变独立分散为分工协作、资源共享、互补互惠。充分发挥龙头企业、优势企业的专业优势,通过政府服务购买形式,鼓励企业向社会开放培训资源。搭建文化人才信息平台,充分利用信息化技术手段提高社会类文化人才管理效率,做好人才跟踪服务。积极宣传社会类文化人才先进典型,创新人才荣誉激励机制。

B.7 上海大都市圈生态环境发展的现状、问题与展望

辛晓睿

（浙江工商大学）

摘　要： 由山水林田湖草组成的生态系统，是上海大都市圈高质量一体化发展的底色。本研究在总结上海大都市圈全域生态资源多样丰富、环境整体发展趋势向好、绿色低碳发展已成主流、绿色生活建设初具规模、生态环境治理效果明显等生态发展现状的基础上，提出上海大都市圈生态发展面临着部分地区水质/空气污染严重、区域整体土地资源开发强度大、区域内生态环境治理协同程度低3大问题，最后根据习近平总书记"两山"理论、碳达峰、碳中和等新要求，提出上海大都市圈共立区域生态环境建设目标、共建区域生态环境基础设施、共创区域生态环境合作机制等发展策略。

关键词： 上海大都市圈；生态；一体化

　　上海大都市圈在国家社会主义现代化新征程和长三角一体化格局建设中举足轻重。在促进该区域经济与社会高质量发展的同时，加强生态空间保护，推进环境问题协同治理，建设绿色美丽的上海大都市圈是时代发展的必然要求。只有客观全面地分析上海大都市圈的生态系统特点，找准生态共保共治存在的弱点，建立健全生态系统跨区域共保共治机制，才会实现整个都市圈生态系统的动态平衡与弹性发展，为跨界协同高质量一体化发展提供最坚实的生态基础。

一、上海大都市圈生态环境发展现状与特征

(一) 全域生态资源多样丰富

1. 河湖水网分布密集

上海大都市圈呈现两山、一水、七平原的地理格局,在广阔的平原和山地丘陵间交错排布着江河湖海等丰富的水生态要素,形成"2江、6湖、1湾、16河"的水网格局,具体包括长江和钱塘江两条主脉,太湖、阳澄湖、淀山湖、澄湖、滆湖和洮湖等六座湖泊,杭州湾,以及京杭运河、入海运河、九圩港、通吕运河、锡澄运河、望虞河、盐铁河、浏河、吴淞江、黄浦江、大治河、胥港塘、甬江、苕溪、胥河-南溪河、丹金溧漕河等十六条规模相当的河流。区域水系类型多样,有错综交叉的平原低洼圩田,也有蜿蜒曲折的山川丘陵水系,还有全域广布的河湖水网。分布密集的水网格局在上海大都市圈发展中发挥了供水给水、休闲旅游、交通运输、自然景观、防洪泄洪和水产养殖等多重功能,高达10.85%的水面率构造出了典型的江南水乡风貌。

表 7-1　　　　　上海大都市圈各城市河湖水网分布情况

城市	主要河湖水网
上海	长江、黄浦江、吴淞江、淀山湖、大治河、盐铁河、浏河
无锡	长江、太湖、京杭运河、锡澄运河、望虞河、胥河-南溪河
常州	太湖、南溪、京杭运河、滆湖、洮湖、丹金溧漕河
苏州	长江、京杭运河、太湖、淀山湖、阳澄湖、澄湖、滆湖、洮湖、望虞河、吴淞江
南通	长江、九圩港、通吕运河、入海运河
宁波	甬江、钱塘江、杭州湾
湖州	太湖、苕溪
嘉兴	太湖、京杭运河、钱塘江、杭州湾、胥港塘
舟山	杭州湾

2. 森林资源差异显著

森林资源的丰富程度直接影响区域生态平衡状况。近年来在生态文明思想、"两山"理论的指导下,上海大都市圈各城市森林资源持续增长,森林

覆盖率均呈向好趋势,有助于提升和改善区域生态状况。从整体看,各城市间森林覆盖面积和比率差异显著,主要可以分为三类(见图7-1):第一类包括湖州、宁波和舟山3座城市,森林覆盖面积高达全市土地总面积的1/2左右,是全国森林覆盖率的2倍多;第二类是苏州和嘉兴,森林覆盖率较低,仅为12%左右;第三类属于中等水平,上海、无锡、常州和南通森林覆盖率基本保持在17%—21%间。为倡导和鼓励城市森林建设,2004年国家林业局制定和启动了"国家森林城市"评选,上海大都市圈9座城市中已有6座陆续入选,代表着这6座城市生态系统以森林植被为主体,森林覆盖率、森林生态网络、森林健康等指标均已达到较高水准。

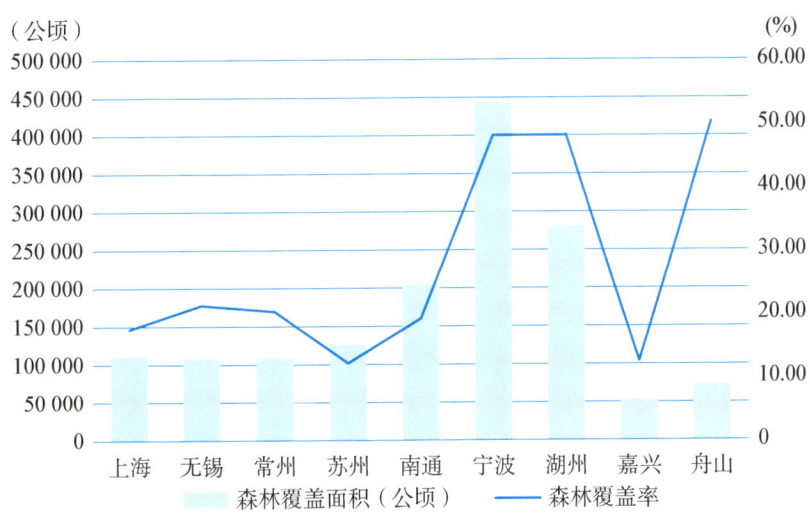

图7-1 2019年上海大都市圈森林资源情况

资料来源:《2019年浙江省生态环境状况公报》《湖州统计年鉴(2020)》《中国统计年鉴2020》;无锡、常州、苏州和南通森林覆盖率资料来源于江苏省林业局。嘉兴和舟山森林覆盖面积根据森林覆盖率计算获得。

表7-2　　　　　　上海大都市圈国家森林城市入选情况

城市	上海	无锡	常州	苏州	南通	宁波	湖州	嘉兴	舟山
森林城市	否	是	是	否	是	是	是	否	是
入选年份	—	2010	2016	—	2018	2010	2013	—	2018

3. 生物多样性突出

生物多样性是动物、植物和微生物与自然环境形成的复合生态系统,是区域生态安全的保障。上海大都市圈地处亚热带,位居长江三角洲,属于陆地生态系统、海洋生态系统和河流生态系统交汇地带,拥有江、河、湖、海、湿地、森林等多类型生境。温暖潮湿的气候、优越的地理条件和丰富的生境类型适宜多种动植物生产和栖息,为这个区域孕育了丰富的生物资源,特别是植物种类繁多。

表7-3 上海大都市圈部分城市生物多样性情况

城市	生物多样性情况	发布时间
上海	淡水鱼类300多种;鸟类438种;两栖动物14种、爬行动物36种、哺乳动物42种;野生维管束植物780种(蕨类植物35种、被子植物745种)	2013
无锡	鱼类72种;鸟类185种;两栖爬行类25种;维管束植物844种	2014
南通	两栖动物8种,哺乳动物16种;苔藓植物15种、蕨类植物16种、裸子植物32种、被子植物1002种;昆虫929种	2018
宁波	裸子植物59种、被子植物1407种;陆生野生动物438种	2020

注:基于生态环境保护工作的进展、侧重点等差异,各城市生物多样性建设和物种保护工程的启动时间有所不同,常州、苏州、嘉兴、湖州、舟山等城市尚处于生物多样性本地调查观测和评估中。

资料来源:《上海市生物多样性保护战略与行动计划(2012—2030年)》《南通市生物多样性保护规划(2017—2030年)》《无锡市生物多样性怎么样》(无锡市生态湿地保护建设研究会,http://www.wxshidi.com/zhishi/zhishi25.html);《宁波市生物多样性保护,你了解多少?》(宁波生态环境局,http://sthjj.ningbo.gov.cn/art/2020/5/12/art_1229051315_52549626.html)。

4. 自然保护区类型多样

自然保护区可以为重要的生态系统和珍稀物种建立保护屏障和措施。上海大都市圈已建立自然保护区23个,总面积共计245 114.14公顷,占区域总面积的4.539%。其中有国家级自然保护区6个,省级自然保护区7个,县级自然保护区10个,初步形成了类型较为齐全、功能相对齐全的自然保护区网络。从类型看,有野生动物、野生植物、森林生态、湿地和海洋海岸保护区,以及古生物和地质遗迹等。

表 7-4 上海大都市圈自然保护区情况

城市	保护区名称	面积（公顷）	主要保护对象	类型	级别
上海	九段沙湿地	42 020	河口型湿地生态系统、发育早期的河口沙洲	内陆湿地	国家级
	金山三岛	1 044	海岛生态系统、常绿阔叶林、常绿落叶阔叶	海洋海岸	省级
	崇明东滩鸟类	24 155	湿地生态系统及珍稀鸟类	野生动物	国家级
	长江口中华鲟	69 600	中华鲟等珍稀鱼类	野生动物	省级
无锡	龙池山	123	常绿落叶阔叶混交林及金钱松、天目玉兰等	森林生态	省级
常州	上黄水母山	40	中华曙猿及其伴生哺乳动物化石	古生物遗迹	省级
	天目湖湿地	643.3	湿地生态系统	内陆湿地	县级
苏州	光福	60.67	北亚热带常绿阔叶林	森林生态	县级
南通	海安沿海防护林和滩涂	9 113	条斑紫菜、文蛤等前海水产品及沿海防护林	海洋海岸	县级
	启动长江口北支	21 491	典型河口湿地生态系统及白鹳、中华鲟等珍稀动物	野生动物	省级
宁波	花岙岛	5 490	海蚀地貌、卵石滩及沙滩	地质遗迹	县级
	灵岩山	1 050	常绿阔叶林及千丈岩景观	森林生态	县级
	檀山头岛	8 030	海洋海岸生态系统及人文景观	海洋海岸	县级
	象山红岩	460	海蚀地貌、卵石滩及沙滩	地质遗迹	县级
	象山韭山列岛	48 478	大黄鱼、曼氏无针乌贼、江豚、鸟类及岛礁	海洋海岸	国家级
湖州	八都芥	250	银杏及其生境	野生植物	县级
	白岘洞山	2 801	洞山罗岕茶、溶洞	野生植物	县级
	顾渚山	2 600	紫笋贡茶、人文历史遗迹	野生植物	县级
	长兴地质遗迹	275	全球二叠—三叠系界线层型剖面、长兴阶层剖面	地质遗迹	国家级
	长兴扬子鳄	122.67	扬子鳄及其生境	野生动物	省级

续表

城市	保护区名称	面积（公顷）	主要保护对象	类型	级别
	安吉小鲵	1 242.5	安吉小鲵以及银缕梅等珍稀濒危动植物	野生动物	国家级
嘉兴	九龙山	5 525	黑麂、黄腹角雉、伯乐树、南方红豆杉等野生动植物	森林生态	国家级
舟山	五峙山列岛鸟类	500	黄嘴白鹭、黑嘴端凤头燕鸥等鸟类	野生动物	省级

资料来源：《全国自然保护区名录》（中华人民共和国生态环境部，http://www.mee.gov.cn/ywgz/zrstbh/zrbhdjg/201905/P020190514616282907461.pdf）。

除针对生态系统完整性和原真性的自然保护区模式外，中国还有以风景名胜区为代表的自然文化综合保护模式①，其以优美的生态环境为基础，强调自然与文化、人与环境的和谐融合，能有效保护动植物、山川水系等生态系统。上海大都市圈共有5个国家级和13个省级风景名胜区，总面积共计144 175.9公顷，占区域总面积的2.67%。上海和常州尚无国家级和省级风景名胜区。

表7-5　　　　　　　　上海大都市圈风景名胜区情况

城市	风景名胜区名称	面积（公顷）	级别
无锡	太湖风景名胜区	90 223	国家级
苏州	枫桥风景名胜区	10	省级
	虎丘山风景名胜区	475.9	省级
	虞山风景名胜区	4 200	省级
南通	狼山风景名胜区	1 127	省级
	濠河风景名胜区	1 040	省级
宁波	雪窦山风景名胜区	5 500	国家级
	天童-五龙潭	5 900	省级
	东钱湖	6 000	省级
	鸣鹤—上林湖	5 100	省级

① 刘秀晨.风景名胜区是中国自然保护地体系的独立类型[J].中国园林，2019，35(3)：1.

续表

城市	风景名胜区名称	面积(公顷)	级别
湖州	莫干山风景名胜区	3600	国家级
	下渚湖风景区	3700	省级
	天荒坪风景名胜区	3100	省级
嘉兴	海盐县南北湖	2700	省级
舟山	普陀山风景名胜区	4800	国家级
	嵊泗列岛风景名胜区	3700	国家级
	桃花岛	1200	省级
	岱山风景名胜区	1800	省级

(二) 环境整体发展趋势向好

1. 环境污染治理成效显著

上海大都市圈各城市深入贯彻生态文明思想，持续攻坚克难治理环境污染问题，相较上一年水、土、气等环境质量均有明显改善。

表7-6　2019年上海大都市圈环境污染治理成效

城市	环境治理成效
上海	大气环境治理：环境空气中PM2.5达到国家环境空气质量二级标准 水环境治理：主要河流水质较2018年有所改善，考核断面中劣Ⅴ类比例下降至1.1%；在用集中式饮用水水源地水质全面达标；地下水环境质量和海洋环境质量总体保持稳定 其他环境指标：农用地土壤环境质量总体较好；区域环境噪声有所改善；辐射环境质量保持正常水平
无锡	大气环境治理：春夏季臭氧污染防治专项行动和秋冬季大气污染防治聚焦行动成效显著；关停燃煤热电机组5台223MW，累计减煤199.7万吨； 水环境治理：全面完成市区41条黑臭水体整治任务，比省定目标提前一年，长广溪入选全省首批"生态样板河湖"；实施完成301项治太重点工程。启动太湖一二级保护区城镇污水处理厂和六大重点行业新一轮提标改造，高新水务新城水处理厂提标至地表水准Ⅲ排放标准，为全省首家
苏州	大气环境治理：年度共实施治气重点工程711项，完成率100% 水环境治理：实施太湖流域六大重点行业提标改造，全面完成14家企业淘汰或搬迁、21家重点行业企业和32家工业类污水处理厂提标改造任务；完成4.5万亩太湖围网清拆工作，整治太湖沿岸3千米范围内池塘面积7.78

续表

城市	环境治理成效
	万亩;入江直排口从16个削减至10个,每年减少直排长江污水约600万吨 其他环境指标:完成4个污染地块的土壤治理修复工作,持续开展危险废物"减存量、控风险"专项行动,年内库存降至4万吨,为历史最低
南通	大气环境治理:PM2.5浓度连续三年全省最低,优良天数比例连续两年全省最高;空气质量优良天数比例80.8%,是全省唯一超过80%的城市 水环境治理:省级考核以上断面水质优Ⅲ类比2018年上升19.4个百分点;水质改善幅度居全国重点城市第17位,创"水十条"实施以来最好成绩
宁波	大气环境治理:环境空气质量保持稳定态势,PM2.5浓度持续走低;全市二氧化硫和氮氧化物排放量分别为1.52万吨和2.91万吨,超额完成省政府下达的减排目标 水环境治理:2019年主要水源地水质保持优良,地表水水质优良率稳步提升;化学需氧量和氨氮排放量分别为3.05万吨和0.85万吨,超额完成省政府下达的减排目标
湖州	大气环境治理:2019年大气环境总体良好,其中市区PM2.5浓度较2018年下降8.6%,下降幅度位居全省第一,在浙北地区和环太湖城市中浓度最低,全市域首次达到国家二级标准要求 水污染治理:13个国控监测断面全部达到国家"十三五"目标考核要求;水质达到或优于地表水环境质量标准Ⅲ类标准的县控以上水质监测断面比例为100%;主要水系东苕溪、西苕溪、长兴水系、东部平原河网、城市内河水质状况均为优;主要入太湖口水质监测断面连续12年达到或优于Ⅲ类水标准
嘉兴	大气环境治理:市区环境空气细颗粒物(PM2.5)年均浓度同比下降5.4%,全年优良天数比例同比持平 水环境治理:全市73个市控以上地表水监测断面水质与2018年相比,Ⅲ类及以上水质断面比例上升了24.7个百分点,Ⅳ类水质断面比例下降24.7个百分点,Ⅴ类水质断面比例无变化,主要污染物高锰酸盐指数、氨氮和总磷年均浓度分别下降了10.0%、17.6%和1.7%;全市饮用水水源地中Ⅱ类水质1个,Ⅲ类水质7个,同比有1个水质类别出现改善,水质达标率为91.3%,同比增加14.0个百分点;全市跨行政区域交接断面水质年度考核结果为优秀

资料来源:各城市2019年环境公报。

2. 水环境质量呈等级化态势

上海大都市圈各城市地表水环境质量差异显著。依据国务院《水污染防治行动计划》("水十条")标准检测地表水断面,2019年上海不仅有1.1%的劣Ⅴ类水质断面,且Ⅳ—Ⅴ类水质断面占比超过50%。湖州全市地表水水质最好,Ⅰ—Ⅲ类水比例100%,定性评价为优。从城市隶属省份分析,浙江省的城市水质相对较好,宁波、湖州和舟山已有水质断面检测为Ⅰ类水,舟山与湖州无Ⅴ类水,嘉兴和宁波Ⅴ类水不足5%。江苏省水质相对较差,无锡、常州、苏州和南通地表水断面都无Ⅰ类,以Ⅲ类水为主,占比均高于60%。上海大都市圈中地表水环境中主要污染物为总磷、氨氮和高锰酸盐指数。对比全国平均水平,上海大都市圈城市地表水质状况可以分为三级:第一级是湖州,全域地表水质均在Ⅲ类水及以上;第二级包括舟山、苏州、宁波和无锡,这些城市Ⅲ类及以上水质的占比超过全国平均水平;第三级是南通、常州、嘉兴和上海,这4座城市Ⅲ类水占比低于全国平均水平。

表7-7　2019年上海大都市圈地表水环境质量情况

	城市/全国	Ⅰ类占比(%)	Ⅱ类占比(%)	Ⅲ类占比(%)	Ⅳ类占比(%)	Ⅴ类占比(%)	劣Ⅴ类占比(%)	Ⅲ类及以上占比(%)
	全国	3.90	46.10	24.90	17.50	4.20	3.40	74.9
第一级	湖州	5.20	51.90	42.90	0	0	0	100
第二级	舟山	4.80	52.40	33.30	9.50	0	0	90.5
	苏州	0	25	62.50	12.50	0	0	87.5
	宁波	2.50	38.80	42.50	12.50	3.80	0	83.8
	无锡	0	0	81.40	18.60		0	81.4
第三级	南通	0	12.90	61.30	25.80	0	0	74.2
	常州	0	8.50	63.80	12.80	12.80	0	72.3
	嘉兴	0	2.70	63.10	31.50	2.70	0	65.8
	上海	0		48.30	47.50	3.10	1.10	48.3

资料来源:各城市《2019年生态环境状况公报》。

上海大都市圈集中式饮用水源全部达标,均达到或优于Ⅲ类标准。

3. 大气环境质量参差不齐

上海大都市圈大气环境质量参差不齐。从空气质量指数(AQI)优良天数看,无锡、常州、苏州、南通、嘉兴和湖州均低于全国平均值,全年空气优良天数不足300天。其中,常州最差,尚未达到江苏省均值水平,浙江省所属城市中仅舟山市高于全省平均水平。从城市空气质量六项污染物指标看,上海大都市圈各城市仅有二氧化硫(SO_2)年均浓度全部优于全国平均水平;一氧化碳(CO)年均浓度除无锡与全国平均值相等外,其余城市也均优于全国均值水平。上海大都市圈二氧化氮(NO_2)和臭氧(O_3)年均排放浓度,除舟山外,其余城市均高于全国均值。上海与浙江省的4座城市细颗粒物(PM2.5)和可吸入颗粒物(PM10)排放浓度优于全国均值,江苏省只有苏州和南通的PM10排放浓度低于全国均值。

表7-8 2019年上海大都市圈大气环境质量

城市/全国	AQI优良天数比率	PM2.5（微克/立方米）	PM10（微克/立方米）	SO_2（微克/立方米）	NO_2（微克/立方米）	O_3（微克/立方米）	CO（毫克/立方米）
上海	84.70%	35	45	7	42	151	1.1
无锡	72.10%	39	69	8	40	180	1.4
常州	69.90%	44	69	10	37	—	1.2
苏州	78.80%	39	56	6	43	163	1.1
南通	80.80%	37	55	10	32	157	1.1
宁波	87.10%	29	48	8	36	150	1.1
湖州	76.70%	32	58	8	37	187	1.2
嘉兴	80%	35	56	7	33	169	1.1
舟山	96.70%	20	36	5	19	130	0.9
江苏	71.4%	43	70	9	34	173	1.2
浙江	88.6%	31	53	7	31	154	1
全国	82%	36	63	11	27	148	1.4

资料来源：各城市、各省《2019年生态环境状况公报》。

4. 其他环境指标相对较好

上海大都市圈土壤环境整体相对较好。无锡、苏州、南通、宁波、嘉兴、湖州和舟山7座城市土地安全利用率为100%,污染等级为"无污染",上海尚处于污染地块安全利用率核算工作中[①],常州截至2020年年底全市受污染耕地安全利用率争取达到90%以上,污染地块安全利用率达到90%以上。

---

① 上海市生态环境局.上海市生态环境局、市规划资源局联合组织本市污染地块安全利用率核算培训暨工作动员会[EB/OL]. https://sthj.sh.gov.cn/hbzhywpt1103/hbzhywpt5309/20200527/4ed6cf5199a54593b61c47fb616ae59d.html.

表 7-9　　　　　　　　　上海大都市圈土壤环境情况

城市	无锡	苏州	南通	宁波	湖州	嘉兴	舟山
达标率(%)	100	100	100	100	100	100	100
年份	2020	2019	2019	2019	2020	2019	2019

资料来源：各城市《2019年生态环境状况公报》。

上海大都市圈声环境相对均衡。基于城市昼间区域声环境平均等效声级指标，没有城市达到一级，即没有城市获得评价为好；也没有四级和五级城市，即没有较差和差，主要为较好和一般两类。其中，评价为较好，即等级为二级的城市有5个，占55.56%；评价为一般，即等级为三级的城市有4个，占44.44%。从具体分贝值来看，仅有常州和舟山低于全国平均水平。基于昼间道路交通声环境监测值，上海大都市圈城市均为好或较好。其中，等级为一级，即评价为好的城市6个，占区域的66.67%；等级为二级，即评价较好的城市则有3个，占比为33.33%。从具体分贝值来看，仅有苏州和舟山低于全国平均水平。总体，上海市大都市圈声环境质量评级高，但其分贝值尚待降低。从省级层面看，江苏仅有苏州的区域环境噪声和道路交通噪声均优于全省平均水平，浙江仅有舟山的这项指标优于全省平均水平。

表 7-10　　　上海大都市圈昼间区域环境噪声情况与道路交通声环境质量

城市/全国	昼间区域环境噪声平均等效声级(分贝)	强度等级	昼间道路交通噪声平均等效声级(分贝)	强度等级
上海	54.9	二级	68.3	二级
无锡	56.5	三级	68.6	二级
常州	53.7	二级	67.3	一级
苏州	54.6	二级	66.4	一级
南通	57.7	三级	67.7	一级
宁波	56.5	三级	68.9	二级
湖州	55.3	三级	67.2	一级
嘉兴	51.7—54.9	二级	62.0—67.7	一级
舟山	51.5	二级	64	一级

续表

城市/全国	昼间区域环境噪声平均等效声级(分贝)	强度等级	昼间道路交通噪声平均等效声级(分贝)	强度等级
江苏	55.2	二级	67	一级
浙江	54.4	二级	67.6	一级
全国	54.3	二级	66.8	一级

注：昼间区域声环境平均等效声级小于或等于50.0分贝为好(一级)，50.1—55.0分贝为较好(二级)，55.1—60.0分贝为一般(三级)，60.1—65.0分贝为较差(四级)，大于65.0分贝为差(五级)；昼间道路交通声环境平均等效声级小于或等于68.0分贝为好(一级)，68.1—70.0分贝为较好(二级)，70.1—72.0分贝为一般(三级)，72.1—74.0分贝为较差(四级)，大于74.0分贝为差(五级)。

资料来源：《中国2019年环境公报》《2019年度江苏省生态环境状况公报》《2019年度浙江省生态环境状况公报》及各城市《2019年生态环境状况公报》。

(三) 绿色低碳发展已成主流

中国经济进入高质量发展阶段，强调以生态与经济协调发展为核心，以技术和管理为手段，通过提升效率实现资源最大化利用与环境最小化干扰，以节能降耗、减排降污为目标的绿色生产方式成为区域发展的主流模式。以下从能源消耗与污染排放两方面测度上海大都市圈绿色生产状况。

1. 单位产值能耗优于全国平均水平

能源消耗选取能源消费总量与单位产值能耗刻画区域产业发展的节能水平。从省级层面看，上海是上海大都市圈能源消费的主力之一，约占总量的34.64%。隶属于江苏省的4座城市能源消费量为16231.62万吨标准煤，约占总量的48.07%，浙江4市能源消费量是5834.1182万吨标准煤，约占总量的17.28%。从城市层面看，无锡、常州、苏州和南通能源消费总量占江苏省的49.9%；宁波、湖州、嘉兴和舟山能源消费总量占浙江省的26.05%。上海大都市圈各城市间能源消费总量差异显著，能源消费量最高的是上海市，其次是苏州，最低的是舟山。消费量最高的上海约为消费量最低的舟山的25.78倍，不同城市产业结构和类型差异是原因之一。从单位产值能耗指标分析，上海大都市圈均值为0.3448，显著优于全国平均水平。其中，宁波、南通和常州属于第一梯队，单位产值能耗较低；上海和无锡属于第二梯队，单位产值能耗接近大都市圈均值；苏州、湖州、嘉兴和舟山属于第三梯度,单位产值能耗相对较高。从省级尺度看,江苏省4座城市单位产值能耗均值为0.3065吨标准煤/万元,浙江省4市均值为0.3851吨标准煤/万元,上海处于两者之间。

表7-11　　2019年上海大都市圈能源消耗情况

城市/全国	能源消费量(万吨标准煤)	单位产值能耗(吨标准煤/万元)
上海	11696.46	0.3370
无锡	4022.7857	0.3390
常州	1855.5484	0.2510
苏州	9002.7868	0.4680
南通	1350.5	0.1680
宁波	2954.8914	0.1669
湖州	882.64	0.4600
嘉兴	1542.8527	0.4350
舟山	453.7341	0.4783
总计	33762.1991	—
江苏	32525.97	—
浙江	22392.77	—
全国	487000	0.5454

注：全国2020年统计年鉴中仅有2018年单位产值能耗,依据2019年降低率测算2019年单位产值能耗值。无锡、常州、苏州与南通单位产值能耗依据统计年鉴中能源消费量测算。

资料来源：全国、江苏、浙江、上海、宁波、湖州、嘉兴和舟山数据直接源于各级统计年鉴。

2. 污染排放量大但废物综合利用率较高

区域污染排放主要选取工业"三废"排放量及工业固体废弃物利用率等指标测度。上海大都市圈工业"三废"排放总量均高于浙江省,工业固体废弃物产生总量约为浙江全省的1.72倍,工业废水排放量是浙江的1.24倍左右,工业废气排放量约为1.82倍。从省级层面看,隶属于江苏省的4座城市工业"三废"排放量明显高于浙江4座城市,其中江苏4市工业固体废物产生总量为5129.19万吨,是浙江4市的2.32倍,工业废水约为1.59倍,工业废气为2.11倍。从城市层面看,苏州工业"三废"排放量均为区域最高,其次为上海,舟山则是工业"三废"排放量最小的城市,其次是湖州。苏州工业固体废弃物产生量约是舟山的15.73倍,工业废水排放量约是

25.27倍,工业废气约是24.96倍。总体而言,江苏省下辖的4座城市工业"三废"排放量不仅高于浙江4市,而且工业固体废弃物和废气排放量分别占浙江全省的96.5%和92.52%。

就工业固体废弃物综合利用情况而言,上海大都市圈的综合利用率均高于90%。其中,上海、嘉兴与宁波相对较低;而舟山、湖州和常州相对较高,均在99.5%以上。

表7-12　　　上海大都市圈工业"三废"排放处理及综合利用情况

地区	工业固体废物产生量(万吨)	工业固体废物综合利用量(万吨)	工业固体废物综合利用率(%)	工业废水排放总量(万吨)	工业废气排放量(亿标立米)
上海	1 825.98	1 673.47	91.65	34 100	15 016
无锡	1 102.19	1 061.01	95.90	19 839.14	8 561.48
常州	675.92	673.37	99.60		
苏州	2 764	2 661	96.27	36 586	18 306
南通	587.08	578.96	96.31	13 653	3 509.64
宁波	1 183.95	1 174.31	94.60	15 622.62	7 529.20
湖州	249.59	248.91	99.69	7 786	2 163.86
嘉兴	596	557	93.46	19 104	3 959
舟山	175.68	175.52	99.9	1 448	733.54
总计	9 160.39	8 803.55		148 138.76	59 778.72
浙江	5 315	5 013	93.80	119 583	32 834

注:全国指标仅到2017年,江苏指标仅到2018年,因而未列入表中。苏州、嘉兴和舟山的工业固体废物综合利用率市依据产生量和综合利用量计算获得。

资料来源:浙江省统计年鉴、各城市统计年鉴。

(四)绿色生活建设初具规模

绿色生活是美丽中国建设的重要内容,是人民群众随着物质文化生活逐渐被满足后,对"呼吸上新鲜的空气、喝上干净的水、吃上放心的食物、生活在宜居的环境中、切实感受到经济发展带来的实实在在的环境效益[①]"的

---

① 习近平.在省部级主要领导干部学习贯彻党的十八届五中全会精神专题研讨班上的讲话[M].北京:人民出版社,2016:20

生态需求。以下主要从污染治理和城市绿化两方面刻画上海大都市圈绿色生活的建设水平。

1. 生活垃圾无害化处理率高于全国

区域污染治理状况以生活垃圾无害化处理与污水处理两项指标来测度。上海大都市圈生活垃圾清运量为1684.59万吨,处于浙江省和江苏省之间,约占全国总量的6.96%。上海大都市圈生活垃圾无害化处理比率达100%,高于全国平均水平。从省级层面看,上海生活垃圾清运量最高,约为江苏省4座城市的生活垃圾清运量(625.97万吨)的1.2倍,约为浙江4市总量(307.97万吨)的2.44倍。江苏4市生活垃圾清运量占全省总量的34.59%左右,浙江4市则仅占20.13%。从城市层面看,上海大都市圈生活垃圾清运量的平均值为187.18万吨。南通、湖州、嘉兴和舟山远低于均值;无锡、常州与宁波同样低于均值,但其差距相对较小;而上海和苏州则高于均值。生活垃圾清运量最高的上海是最低值舟山的21.7倍。

2. 污水处理率水平较高

上海大都市圈污水排放总量为472561万立方米,接近江苏省污水排放量,是浙江省污水排放量的1.39倍,约为全国总量的8.52%。不同于生活垃圾100%无害化处理的情况,上海大都市圈污水处理尚未实现100%,上海、苏州、南通、舟山等城市污水处理率甚至低于全国平均水平。从省级层面分析,上海污水排放量最高,约为江苏4市总量(165090万立方米)的1.35倍,约为浙江4市总量(83893万立方米)的2.66倍。江苏4市污水排放总量约占全省的34.92%,浙江4市总量约占全省的24.6%。从城市层面看,上海大都市圈污水排放量均值为52506.78万立方米,上海、苏州和宁波3座城市排放量高于均值,其余城市均低于区域均值。其中,无锡和常州排放量超过了区域均值的1/2,南通、湖州、嘉兴和舟山尚不足均值的一半。污水排放最多的上海约是最低值舟山的47.37倍。

表7-13　　上海大都市圈生活垃圾与污水处理情况

城市/全国	生活垃圾清运量(万吨)	生活垃圾无害化处理比率(%)	污水排放量(万立方米)	污水处理率(%)
上海	750.65	100	223 578	96.27
无锡	176.15	100	39 169	98.52
常州	110.40	100	29 591	97.40
苏州	296.12	100	71 985	96.00
南通	43.30	100	24 345	94.22
宁波	161.21	100	58 453	98.80
湖州	60.27	100	9 158	97.91
嘉兴	51.90	100	11 562	97.49
舟山	34.59	100	4 720	95.96
江苏	1 809.60	100	472 646	96.14
浙江	1 530.24	100	341 076	96.95
全国	24 206.19	99.20	5 546 474	96.81

资料来源:《2019年城市建设统计年鉴》。

3. 绝大部分城市总体绿化覆盖率高于全国

选取建成区绿化覆盖率、绿地面积和人均公园绿地等指标测度上海大都市圈城市绿化发展水平。上海大都市圈建成区绿化覆盖率除上海和嘉兴外,其余7座城市均高于全国平均水平。江苏省4座城市间建成区绿化覆盖率差别较小,相对平稳,但仅有南通高于全省平均水平。相对而言,浙江省4座城市间绿化覆盖率差别较大,既有上海大都市圈城市中建成区绿化覆盖率最高的湖州,又有较低的嘉兴;且除嘉兴外,其余城市均高于全省水平。

上海大都市圈绿地总面积为264 570公顷,是全国总量的8.39%,是江苏省的88.62%,是浙江省的1.54倍。从省级层面看,大都市圈内上海绿地面积最大,约为江苏省4座城市总量(64 690公顷)的2.44倍,约为浙江省4市(42 095公顷)的3.75倍。此外,江苏省4市绿地总面积占全省总面积的21.67%%,浙江4市约占总面积的24.43%。从城市层面分析,上海大都市圈绿地面积的均值为29 396.7公顷。除绿地总面积最大的上海外,其余城市均低于均值,绿地面积最小的湖州仅为上海的3.45%。

上海大都市圈各城市人均公园绿地面积差别显著,面积最大的南通与面积最小的上海之间相差11.36平方米。从省级层面看,江苏省的苏锡常三市人均公园绿地面积均低于全省平均水平;浙江省则相反,仅有宁波的面积小于全省均值。以全国均值为标准,上海、苏州、常州和宁波等城市的人均公园绿地状况均低于全国平均水平,无锡、南通、湖州、嘉兴和舟山等5座城市则优于全国水平。

表7-14　　上海大都市圈城市绿化情况

城市/全国	建成区绿化覆盖率(%)	绿地面积(公顷)	人均公园绿地(平方米)
上海	36.84	157 785	8.73
无锡	43.24	19 538	14.93
常州	43.25	11 934	13.39
苏州	42.09	22 347	12.20
南通	44.4	10 871	20.09
宁波	41.69	15 861	13.92
湖州	46.38	5 443	18.03
嘉兴	39.08	6 641	15.31
舟山	42.05	14 150	16.74
江苏	43.38	298 531	14.98
浙江	41.46	172 280	14.03
全国	41.51	3 152 893	14.36

资料来源:《2019年城市建设统计年鉴》。

(五) 生态环境治理效果明显

1. 生态示范区建设卓有成效

国家级生态示范区是国家环保部为了促进区域经济社会与生态环境保护协调发展,对生态示范区建设过程中有突出成绩的单位给予表彰的称号。其考核验收指标有农民年人均纯收入、单位GDP能耗、森林覆盖率、秸秆综合利用率、城镇大气环境质量等26项,全面涉及社会、经济、生态、环境等多领域,包括农村与城市。上海大都市圈生态示范区建设卓有成效,9座城市均有下辖区县入选国家级生态示范区,特别是舟山市全域都入选。同时,上海、无锡、常州、苏州、湖州、宁波、舟山都被评为生态城市(生态园林城市)。

表 7-15 上海大都市圈中的国家级生态示范区

城市	国家级生态示范区	各城市下辖区县
上海	崇明	16 区
无锡	江阴市、宜兴市	5 区 2 县市
常州	溧阳市、金坛市、武进区	5 区 1 县市
苏州	常熟市、张家港市、昆山市、吴中区、太仓市、吴江市	5 区 4 县市
南通	海门市、如东县、如皋市、启东市、海安市、通州区	3 区 5 县市
宁波	宁海县、象山县、镇海区、慈溪市	6 区 4 县市
湖州	安吉县、德清县	2 区 3 县
嘉兴	海宁市、桐乡市、平湖市、嘉善县、海盐县	2 区 5 县市
舟山	嵊泗县、定海区、普陀区、岱山县	2 区 2 县

2. 绿色生产生活建设方案齐全

上海大都市圈一直致力于发展绿色生产,主要包括以下几方面建设方案:第一,发展绿色农业,建设高标准现代农业园区、绿色食品基地、生态牧场等以生产绿色优质农产品、无公害农产品和有机农产品;第二,推进产业绿色化发展,创建城市生态工业示范园、循环化改造示范试点园区、绿色产业集群、绿色工厂和绿色工业项目等,实现行业节能减排提标目标;第三,引入和发展绿色产业,主要包括节能环保产业和新能源等采用清洁生产技术,高产出、低能耗低污染的产业。

在促进绿色生产的同时,上海大都市圈积极打造宜居生活环境。第一,解决现有环境问题,主要包括提升空气环境和改善水环境,提高垃圾分类集中处理率等;第二,系统化打造和推进沿江、沿海等的空间生态景观示范片区、生态廊道和生态景观带等建设,实现各地区绿地面积不断增多;第三,倡导和发展绿色社区、绿色家庭、绿色出行、绿色建筑。

3. 生态环境治理措施相对完备

面对区域环境污染和问题,上海大都市圈各城市采取了系列措施和行动,主要包括污染防治、生态保护、体制机制改革和其他四方面。

表 7-16 上海大都市圈环境治理措施与行动

城市	污染防治	生态保护	体制机制改革	其他
上海	大气、水、土壤及地下水污染防治、排污许可管理、总量减排、固体废物管理、辐射安全管理、海洋环境保护、重点区域环境综合整治	农业农村生态环境保护、自然保护地监督管理	环保督察、"三线一单"编制与管理、环评制度改革、生态环境损害赔偿制度改革、机构改革、环境立法和执法、环境监测	应对气候变化、污染源普查、长三角区域协作、环境科技、环境信息化建设、国际合作、公众参与和监督
无锡	蓝天保卫战、碧水保卫战、净土保卫战		加强生态环境执法监管	加快环境基础设施建设、提升生态环境服务水平、解决督察、检查和披露问题的整改
苏州	大气污染治理、水污染防治、土壤污染防治		严格执法监管、加强环境管理、深化制度改革、成立苏州生态环境保护委员会、完善工作机制	修订完善《苏州生态环境提升三年行动计划》、参加长三角一体化生态示范区建设、增强对企业的服务能力
南通	水污染、大气污染、土壤污染等防治、固体废物管理	自然生态修复	环境规划、环境许可、环境执法、环境监测与科技、环境应急	公众参与：建议提案办理、环境信访受理、环境宣传教育
宁波	加强空气污染治理、加强水环境保护、推进海洋水域整治和控制、推进土壤污染治理修复、强化噪声污染治理	推进生态文明建设示范、强化自然保护地	强化执法监管、强化水质考核断面、固废、农业农村面源污染等的监督管理、完善空气、海洋环境等监测、推进生态环境损害赔偿制度改革	
湖州	大气环境、水环境、土壤、固体废物、辐射环境治理与保护	生态文明建设	环境监督执法	建设项目管理、环境监测、环境宣传教育
嘉兴	碧水提升战、蓝天保卫战、净土持久战、清废攻坚战	启动国家生态文明建设示范创建	建立健全生态文明建设长效机制；生态环保督察执法；生态文明体制改革	推进长三角生态绿色一体化发展示范区建设、环境宣传教育、基础能力建设
舟山	水环境、海洋环境、空气环境、声环境、土壤环境等防治与保护	持续深化生态示范创建、强化生态系统保护	环境监管、环境执法	公众参与

资料来源：各城市《2019年生态环境状况公报》。

二、上海大都市圈生态环境发展评价及主要问题

（一）上海大都市圈生态环境发展的总体评价

1. 生态基底良好，优于全国均值

尽管上海大都市圈区域面积约有 5.4 万平方千米，占长三角的 15%，仅占国土总面积的 0.056%，但区域内部生态要素丰富，拥有江河湖海、湿地等水生态系统，丰富的动植物资源，并创建了数量及类型多样的自然保护区，有良好的生态基底。

生态环境状况指数（EI）是当前国际国内衡量生态环境优劣程度的有效指标，其计算方法中植被、生物、水网等生态指标占 60%，且主要依照植被覆盖、生物多样性等划分级别。根据生态环境状况指数，上海大都市圈生态基础优于全国平均水平。

表 7-17　　　　　　　　　生态环境状况指数的级别

级别	优	良	一般	较差	差
指数	EI≥75	55≤EI<75	35≤EI<55	20≤EI<35	EI<20
状态	植被覆盖率高、生物多样性丰富、生态系统稳定、最适合人类生存	植被覆盖率较高、生物多样性较丰富、基本适合人类生存	植被覆盖率中等、生物多样性一般水平、但有不适合人类生存的制约性因子出现	植被覆盖较少、严重干旱少雨、物种较少、存在着明显限制人类生存的因素	条件较恶劣、人类生存环境恶劣

表 7-18　　　　　　　　上海大都市圈生态环境状况指数（EI）

城市	上海	无锡	常州	苏州	南通	宁波	湖州	嘉兴	舟山	江苏	浙江	全国
EI	62.4	67.22	65.8	64.4	65.67	80	—	—	81.2	66.1	—	51.3
等级	良	良	良	良	良	优	良	良	优	良	优	一般
年份	2018	2019	2019	2019	2019	2019	2018	2019	2018	2019	2018	2019

资料来源：各城市生态环境状况公报。

2. 环境质量一般，区域差异显著

相较生态基础，上海大都市圈环境质量状况较为一般，特别是水环境与大气环境质量均存在显著问题。个别城市水质差，尚存劣五类及黑臭水，且水质低于全国平均水平。部分城市空气质量较差，AQI优良天数和空气质量六项污染物部分指标劣于所属省与全国均值。此外，部分城市噪声污染尚待优化。

从空间视角分析，上海大都市圈环境质量的区域差异显著。其中，上海水环境质量显著低于其他城市，不仅存在劣Ⅴ类水，且Ⅲ类及以上水质占比不足1/2；而水质最好的湖州实现了地表水100%均为Ⅲ类及以上。江苏省的4座城市空气质量相对较差。常州AQI优良天数仅255天，比江苏省均值少约5天，比全国均值少44天；而区域内最优的舟山有353天。常州PM2.5排放浓度为44微克/立方米，比江苏省均值高1微克/立方米，比全国排放均值高8微克/立方米，是舟山（20微克/立方米）的两倍多。无锡、常州PM10排放浓度高达69微克/立方米，比全国均值高6微克/立方米；而舟山仅有36微克/立方米。常州和南通的SO_2年均浓度高于江苏省均值。苏州的NO_2年均浓度、无锡的CO年均浓度均是上海大都市圈中最高，高于全国均值和江苏省平均水平。关于声环境，上海大都市圈整体较差，仅有舟山的区域环境噪声和道路交通噪声均低于全国水平。

3. 建设措施多样，尚需加强合作

上海大都市圈生态环境建设措施和行动类型多样，既涉及不同级别政府管理部门，又强调农业、工业和第三产业中相关企业行为，同时还提供了公众参与渠道和方式。行为主要包括宣传推广区域生态环境保护的相关理念，如"两山"理论、美丽中国、垃圾分类等主题；改革建设生态文明体制机制，如环境立法与执法、环境监测与环保督察、环评制度等内容；研发创新生态环境保护的相关技术，如环境标准制订、信息化服务平台等科技；治理区域内部现有水、土、气等污染，保护自然保护区和海洋等生态系统，以及生产过程中的节能减排；区域外部强调长三角一体化合作、国际合作等。但以上海大都市圈为一体化的生态环境治理和建设措施相对匮乏。

（二）上海大都市圈生态环境发展的主要问题

1. 部分地区水质、空气污染严重

上海大都市圈环境问题中最严重的是水质，特别是海洋水质以及空气污染。区域地表水环境问题主要是南通、常州、嘉兴和上海等城市Ⅳ类水、Ⅴ类水及劣Ⅴ类水占比较高。更严重和紧迫的是上海大都市圈海洋环境质量，近岸海域以劣Ⅳ类水为主，海水富营养化问题显著，无机氮、活性磷酸盐和化学需氧量等指标超标严重。太湖作为区域规模较大且重要的水域，其蓝藻水华爆发频率较高，季节性特征明显。太湖湖体总体处于轻度富营养状态。

表7-19　2019年上海大都市圈海洋环境问题

城市	海洋环境
上海	近岸海域劣于第四类标准的监测点位占69.2%，主要污染指标有无机氮和活性磷酸盐。长江口外海域劣于第四类标准的监测点位占62.5%；杭州湾海域所有监测点位均劣于第四类海水水质标准
南通	全市5个近岸海域水质目标考核点位中，3个点位水质保持稳定或改善，海水优良率为80%
宁波	近岸海域水质中劣Ⅳ类面积占全市海域面积的47%，海域富营养化程度总体较高，超标指标主要是无机氮和活性磷酸盐
嘉兴	近岸海域海水水质为劣Ⅳ类。水质处于严重富营养化状态。无机氮、活性磷酸盐和化学需氧量超标严重，其中首要超标指标为无机氮，超标倍数为6.3倍
舟山	近岸海域水质中劣Ⅳ类海水占52.8%；近岸海域环境功能区水质面积达标率为7.8%。按面积统计，全市近岸海域水体28.6%为重和严重富营养，28.6%为中度富营养，42.8%为贫营养

资料来源：各城市《2019年生态环境状况公报》。

表7-20　2019年太湖水质环境

城市	水质环境
无锡	太湖无锡水域水质处于Ⅳ类。湖体高锰酸盐指数和氨氮年均浓度分别处于Ⅲ类和Ⅰ类；总磷处于Ⅳ类；总氮处于Ⅳ类。湖体总体处于轻度富营养状态。2019年4—10月预警监测期间，共出现蓝藻水华聚集现象129次
苏州	太湖苏州水域总体水质处于Ⅳ类。湖体高锰酸盐指数和氨氮平均浓度分别处于Ⅱ类和Ⅰ；总磷和总氮均处于Ⅳ类。湖体总体处于轻度富营养状态。2019年4—10月预警监测期间，共出现蓝藻水华现象102次

资料来源：各城市《2019年生态环境状况公报》。

上海大都市圈空气质量不高。从空气污染物六项指标来看，常州、宁波、湖州和嘉兴的AQI优良天数比率，常州、湖州和嘉兴的PM2.5排放浓度，湖州和嘉兴的PM10排放浓度，常州、南通、宁波和湖州的SO_2排放浓度，无锡、常州、苏州、宁波、湖州和嘉兴的NO_2排放浓度，无锡、湖州和嘉兴的O_3排放浓度，无锡、宁波、湖州和嘉兴的CO排放浓度等，均劣于所属省平均水平。同时，区域酸雨现象严重。上海大都市圈各城市中，就降水pH平均值和酸雨频率而言，除南通外，其余8城都劣于全国平均水平，特别是湖州与舟山的酸雨频率是全国均值的8倍，上海与宁波的酸雨频率是全国均值的4倍。在大都市圈中浙江省的4座城市、上海市都是酸雨相对高发区。

表7-21   上海大都市圈酸雨问题

城市	降水pH平均值	酸雨频率(%)	城市	降水pH平均值	酸雨频率(%)
上海	5.34	44.50	湖州	5.00	80.90
无锡	5.52	27.80	嘉兴	5.25	—
常州	—	12.60	舟山	5.04	86.90
苏州	5.11	26.80	江苏	5.49	15.70
南通	6.25	2.90	浙江	5.13	57.10
宁波	5.24	47.60	全国	5.58	10.20

资料来源：各城市《2019年生态环境状况公报》。

2. 区域整体土地、资源开发强度大

上海大都市圈经济发展实力强劲，2019年9座城市GDP总量高达10.79万亿元，约占长三角三省一市总量的52.51%。遥遥领先的经济总量是基于区域高强度土地开发和资源利用的现实。从土地开发强度看，上海大都市圈整体建成区占比达13.35%，城市建设用地面积占比达16.15%，远高于江苏省、浙江省和全国平均水平。其中，江苏4市和浙江4市开发强度同样高于所属省均值。上海、无锡是上海大都市圈建成区和城市建设用地开发最高的2座城市。从资源应用强度看，2019年上海大都市圈9座城市的能源消费总量高达33762.1991万吨标准煤，约为江苏省的1.04倍，约为浙江省的1.51倍,占全国总量的6.93%。其中,上海市和苏州市作为能源消费总量排位前两位城市,占整个上海大都市圈能源消费的61.3%;上海市能源消费量高达全江苏省的35.96%,浙江省的52.23%;苏州市能源消费总量占江苏省的27.68%,是浙江省的40.2%。建设用地比例过高,土地开发过度会造成人地矛盾和土地承载接近极限,资源过度利用则直接干扰和破坏自然生态环境,因而在经济高质量发展时期,提升土地开发和资源利用效率而非强度成为上海大都市圈发展的重要课题。

3. 区域内生态环境治理协同程度低

上海大都市圈环境治理尚未形成区域生态环境协同发展目标,仅有部分城市基于长三角一体化提出生态环境发展方案,个别城市指出要加强国际合作或与邻近城市间合作。总体上,大都市圈整体、1+8城市间、各省相关城市间、地理邻近城市间的生态环境协同建设程度较低。

表7-22　　　　　　　　上海大都市圈生态环境协同治理方案

城市	区域生态环境协同治理内容
上海	上海发挥龙头作用,努力做好长三角区域污染防治协作小组办公室的服务协调工作,加强与长三角一体化发展合作机制的联动,推动区域生态环境共保联治:全面加强大气污染联防联控,持续推进水污染联防联控,推进生态环境制度协同创新,强化区域联防联控基础
无锡	积极参与长三角大气污染联防联控
苏州	积极参加长三角一体化生态示范区建设,与两省一市在长三角一体化生态环境保护专项规划、监测执法标准"三统一"建设、水体联保共治方案编制等方面开展密切合作
嘉兴	加快推进长江经济带生态保护和修复:紧扣长江经济带曝光问题,建立季度调度制度,明确整改时限,加大督查督办,压实整改责任。推进长三角生态绿色一体化发展示范区建设:制订出台《2019年长三角一体化发展推进生态环境共保共治实施方案》,开展水环境共保、大气污染联控、监测信息共享和建设项目联审。指导嘉善加快长三角生态绿色一体化发展示范区机制建设,嘉善、吴江、青浦三地签订了《一体化生态环境综合治理框架协议》
湖州	巩固提升生态交流合作:着眼生态示范、绿色引领,不断深化生态文明领域合作交流,召开"生态+电力"示范城市建设国际论坛,推动国际合作,分享生态文明建设和可持续发展经验;召开2019中国(湖州)绿色金融论坛和2019长三角一体化文旅峰会暨国际滨湖度假大会

续表

城市	区域生态环境协同治理内容
舟山	舟山、宁波两地生态环境部门完成了《甬舟区域环境应急联动工作机制合作协议》签订,两地生态环境部门还会同舟山绿色石化基地管委会和浙石化企业成功举办了2019年甬舟一体化石化产业突发环境事件指挥体系桌面推演,甬舟环境应急一体化机制初步构建,服务保障舟山绿色石化基地及发展油气全产业链环境风险防范能力得到明显提升

资料来源:各城市《2019年生态环境状况公报》。

三、"十四五"时期上海大都市圈生态发展趋势与展望

(一)生态环境发展趋势与要求

1. 以"两山"理论为区域生态环境发展的战略指导

浙江起源、全国践行的"两山"理论,作为习近平新时代中国特色社会主义思想的重要组成部分,为新时代推进生态文明建设,实现人与自然和谐共生提供了根本遵循。"绿水青山就是金山银山"是上海大都市圈现代化建设进程中,面对生态环境保护和经济发展中可能出现的冲突局面必须采取的战略方案,是区域积极构建以产业生态化和生态产业化为核心的生态经济体系的指导方针。上海大都市圈既有经济发展实力强劲的区域优势,又有良好的生态基底,在高质量发展的进程中明确保护生态就是发展生产力,将绿水青山的生态价值通过严格保护和高效开发转化为经济价值,既守住绿水青山,建设美丽中国,也确保区域经济持续健康发展。同时,上海大都市圈开发强度较高,未来发展中如何解决治理已有环境污染问题,提升资源利用效率,减少能源消耗总量,是区域生态文明建设和两山理论践行过程中的重要课题。

2. 以碳达峰、碳中和为区域生态环境发展的长期任务

在第七十五届联合国大会上,中国明确表示要采取更有力的政策和措施,二氧化碳排放量力争于2030年前达到峰值,努力争取2060年前实现碳中和。碳达峰是指2030年前二氧化碳的排放不再增长,达到峰值后逐步降低。碳中和的发展目标要求企业、社会团体或个人测算一定时间内直接或

间接产生的温室气体排放总量,通过植物造树造林、节能减排等形式,抵消自身产生的二氧化碳排放量,实现二氧化碳"零排放"。碳达峰和碳中和明确了上海大都市圈未来环境保护和资源利用的长期任务,要求区域发展既要开源,推进可再生能源快速发展,使新能源成为未来电力增量的主体和能源利用结构的主要组成,又要节流,加快重点产业领域节能减排工作进展,鼓励绿色生产,倡导绿色生活,同时加强区域森林、湿地等生态系统的联动效应。

3. 以各城市具体要求为区域生态环境发展的基本支撑

促使生态环境质量更为优良,建设美丽城市是上海大都市圈各城市"十四五"规划中目标体系的重要组成部分。从各城市生态环境发展的具体要求看,均涉及加强水、土、气、废等环境治理,保护生态系统与空间,发展绿色经济与低碳生活,促进资源集约利用,健全生态文明建设体制机制等5大领域。9座城市的共性要求为上海大都市圈生态环境发展提供了行动方向,提供了区域协同共治的基本思路和支撑。

表 7-23　　上海大都市圈各城市"十四五"规划之生态环境发展

城市	生态环境发展要求
上海	大力促进经济社会全面绿色转型:努力实现碳排放提前达峰(2025年前),加大产业、交通结构调整力度(推进低效产业园区转型升级,推行清洁生产和钢铁、化工、石化等重点行业绿色化改造),大力培育全社会绿色生活方式; 持续改善生态环境质量:大幅提升水环境治理能力,稳步提升大气环境质量,推进以循环经济为导向的城乡废弃物治理,切实加强土壤污染防治; 加快建设开放共享、多彩可及的生态空间:实施千座公园计划,拓展耕地、林地、绿地、湿地等生态空间; 深入推进现代环境治理体系建设:强化落实环境治理主体责任,完善多元化市场化生态环保投入机制,建立健全法规标准政策体系
无锡	推动生态空间保护与修复:加强生态空间管控,加强生态保护修复; 加强环境综合治理:全面提升水环境质量,深化大气污染防治,提升土壤污染治理水平,提升固废危废处置能力; 推进资源集约利用:提高国土资源节约集约和利用效率,严格水资源节约利用和保护,提高能源利用效率; 发展绿色经济:发展低碳经济,发展循环经济,倡导绿色低碳生活方式; 深化生态文明制度创新:健全生态环境治理监管体系,完善环境监测监控体系,探索生态价值转化机制

续表

城市	生态环境发展要求
常州	创新生态文明建设体制机制：加快构建现代化生态环境治理体系，开展生态空间自然资源确权登记，开展自然生态空间用途管制试点，建立健全生态产品价值实现机制，实行二氧化碳排放许可、地下水抽采许可、生态用地和耕地占用许可等制度，推进用水权、排污权、碳排放权等市场交易平台建设，探索设立生态银行； 实施生态系统保护修复行动：构筑生态安全屏障，推进山水林田湖草系统治理，持续加强生态绿城建设，加强生物多样性保育； 实施污染防治强化攻坚行动：强化攻坚大气污染防治，强化攻坚水污染防治，加强土壤和地下水污染控制与治理，强化攻坚固废危废治理，提升环境治理能力； 实施美丽城乡建设行动：不断优化、扩容和升级城乡绿地系统和公园体系布局，深化农村人居环境整治； 实施自然资源节约集约利用行动：加强土地资源节约集约和高效利用，严格水资源节约利用和保护，着力提高能源清洁低碳安全利用效率； 实施绿色低碳发展行动：提高绿色产业发展水平，大力发展循环经济，倡导绿色低碳生活方式
苏州	强化生态保护修复：构建生态网络体系，加大生态修复力度，保育提高生物多样性； 从严环境综合治理：加强污染源头控制和系统治理，提升空气环境质量，改善水环境质量，保障土壤环境安全，强化固体废物处理利用； 节约集约利用自然资源：促进土地节约集约利用，推进水资源集约高效利用，提高能源利用效率； 倡导绿色低碳发展方式：推动应对气候变化，打造低碳循环园区，普及绿色低碳生活方式，创新绿色发展体制机制
南通	优化大江大海生态格局：沿江打造高品质生态风光带，沿海打造绿色产业集聚带、滨海特色城镇带和美丽生态风光带，沿河打造产业兴旺、亲水宜居的高品质城镇生态廊道； 持续改善环境质量：强化水环境治理，强化大气治理，强化土壤治理，防控重大环境风险； 加强生态保护和修复：加强生态空间保护力度，严格环境准入门槛，保护和修复自然生态系统，深入推进生态文明示范建设； 推进绿色低碳循环发展：提高土地集约利用水平，提高节水型社会建设水平，提高能源节约利用水平，提高产业绿色发展水平； 健全生态环境治理体系：完善生态环境保护法规体系，创新环境治理模式，强化环保执法监管，推进区域联防联控，完善环境基础设施建设，提升生态环境监测监控水平，积极倡导绿色时尚生活方式，完善生态绩效评价和追责机制

续表

城市	生态环境发展要求
宁波	全面提升生态系统质量：夯实生态安全基底，打造全域美丽大花园，完善城市绿道系统，完善城市公园体系； 加快推动绿色低碳发展：大力发展循环经济，提高资源利用效率，推进绿色生产生活； 打好生态环境巩固提升持久战：全力打好"蓝天保卫战"，全力打好"碧水保卫战"，全力打好"净土保卫战"，全力打好"清废攻坚战"； 健全生态文明建设长效机制：探索生态价值实现机制，健全生态保护补偿机制，健全生态文明考评机制
湖州	打造天蓝地绿水清的生态环境：营造清新空气环境，全面提升水环境质量，开展土壤污染治理修复，全域创建"无废城市"，全域推进生态系统保护； 推动生产方式和生活方式绿色低碳转型：推进生产方式绿色化转型，强化资源能源集约节约利用，推行绿色生活方式； 打造绿水青山就是金山银山转化的创新策源地：拓宽生态资源价值转化通道，打造生态文明文化品牌价值高地，健全生态文明共同治理体系，深化生态文明制度创新
嘉兴	大力推进绿色发展：健全绿色低碳循环发展经济体系，着力优化能源结构，推进资源全面节约和循环利用； 强化生态系统保护：严格生态环境空间管控，加快平原绿化扩面提质； 解决突出环境问题：明显改善水环境，有效改善大气质量，强化土壤污染防治； 健全生态文明机制：健全环境治理体系，优化环境资源配置，深入开展生态文明系列创建
舟山	加快推动绿色低碳发展：推进生产生活方式绿色低碳转型，发展蓝色美丽新经济； 加强海洋海岛生态保护：严守海洋生态环境质量，全面提升森林城市建设质量，加强海岛环境综合整治； 完善生态环境治理机制：深化生态文明体制改革，探索建立"生态账户"，明确部门间、地区间的权责关系，落实政府、企业、公众等各类主体责任

资料来源：各城市《国民经济和社会发展第十四个五年规划和2035年远景目标纲要》。

4. 以多尺度协同共治为区域生态环境发展的新兴动力

各城市"十四五"规划中生态环境建设均指出要协同发展，发挥区域联动效应。基于推动长江经济带发展国家战略，上海大都市圈中沿江城市强调要保护和修复长江沿岸生态环境，打造沿江景观带，创建高级别示范区。基于长三角区域一体化发展战略，上海大都市圈城市强调要结合内部片区要素优势,打造世界级湖区、绿色交易平台、绿色认证联盟、生态屏障和绿色创新高地等,共建共享长三角生态绿色一体化发展示范区。基于上海大都市圈这个跨省融合城市群,仅有少数城市提出生态环境协同发展规划,且偏宏观的目标导向。此外,基于地理临近或生态资源共享,少数城市间建立了小范围的生态环境共建关系。不同空间尺度的生态环境协同共治既有合作又有竞争,既有宏观层面又有微观维度,为上海大都市圈生态环境发展提供了新兴动力。

表7-24　上海大都市圈各城市生态环境协同发展途径

城市	区域生态环境协同发展
上海	共同建设绿色美丽长三角:共护太浦河、长江口等重要饮用水水源生态安全,建立全流域水源保护预警机制。共抓长江大保护,夯实长江生态保护修复基础。推动重点跨界河湖联保。深入推进大气污染联防联控,建立固废危废污染联防联治机制,推动固废危废区域安全转移处置合作,探索建立跨区域环境基础设施共建共享机制。强化生态环境一体化管理制度创新。 以建设长三角生态绿色一体化发展示范区为先手棋和突破口,协同探索区域生态绿色一体化发展制度创新,深化毗邻地区合作,推动上海大都市圈协同发展。 高水平共商共建共享长三角生态绿色一体化发展示范区:率先探索将生态优势转化为经济社会发展优势的新路径,加强淀山湖区域生态环境综合治理和功能提升,打造具有影响力的世界级湖区。 探索建立长三角区域排污权交易市场,形成多元化投资运行机制
无锡	促进长江经济带高质量发展:保护修复长江生态环境,持续推动沿江产业结构调整,推动长江经济带协同联动发展。 建设长三角地区"两山理论"现实转化实践区。 持续推动接轨融入上海大都市圈,打造长三角绿色生态标杆区。 推动宁杭生态经济带建设:共同打造长三角重要的生态屏障、绿色发展前沿阵地、产业发展高地。开展生态环境跨界合作,强化太湖流域上下游水质和苏浙皖交界地区大气质量监管联防联控,合力构建宁杭绿色生态发展廊道。 推动太湖湾科技创新带建设碳中和先行示范区。 实施太湖流域跨地区生态保护补偿试点,参与建设长三角生态产品交易中心,创建国家绿色发展示范区
常州	深入推进苏皖合作示范区建设:协同建设区域生态安全格局,推进以水污染防治为主的环境污染协同治理,开展跨地区横向生态补偿和环境损害赔偿试点。 促进宁杭生态经济绿色崛起:推进以绿色低碳为导向的产业转型升级,强化生态创新能力,探索与沿线城市共同设立宁杭生态经济带发展投资基金,推进区域性生态资源交易平台建设。

续表

城市	区域生态环境协同发展
苏州	建设长江经济带绿色发展示范城市：严格执行长江保护法，把修复长江生态环境摆在压倒性位置，持续深入开展长江生态修复和环境保护，实施长江生态廊道建设工程，加快形成水清、岸绿、景美的滨江景观风貌，打造沿江特色示范段，着力恢复和保持长江生态原真性和完整性，积极创建国家长江经济带绿色发展示范区。 推动共建长三角一体化生态创新试验区，支持溧阳开展生态资源交易试点，建设生态资源交易平台 推进长三角生态绿色一体化发展示范区建设：打造"高品质生态绿心""高水平创新绿核""最江南水乡客厅"，力争在共立生态绿色新标杆、共创人居环境新典范等方面取得重要突破。 加快共建环太湖世界级湖区：协同推进环太湖地区城乡有机废弃物处理利用。 创建长江经济带绿色发展示范区：严格执行《长江保护法》，制定落实长江经济带发展负面清单实施细则。深入实施沿江生态绿化和生态廊道建设工程，落实长江禁捕退捕任务。发展节能环保、循环再生、清洁能源等绿色产业，加快在污染场地修复、滨江生态廊道与森林公园（湿地）、植树造林、退渔还江等领域创建一批特色示范段，打造高水平生态屏障带。 强化产业创新与环境保护协同联动：重构绿色生态安全的现代化工产业体系，坚决淘汰落后和污染产能。强化沿江地区生态环境共保联治，创新流域生态环境共保机制，探索建立完善沿长江、大运河、太浦河、环太湖、阳澄湖等跨区域、跨流域的横向生态补偿和环境污染赔偿联动机制
南通	深度对接上海协同发展：以上海"1+8"大都市圈空间协同规划编制实施为契机，深化生态领域合作
宁波	引领建设浙江大湾区：共同制定杭州湾、三门湾区域环境保护政策，共建生态型美丽湾区
湖州	全方位、深层次参与上海"1+8"大都市圈建设，共建沪湖绿色智造创新廊道，推进长三角绿色智造联动发展南浔合作园建设。 共建共享长三角一体化生态大花园，加强与长三角生态绿色一体化发展示范区的紧密联动发展，协同推进绿色科技和绿色产业创新，打造绿色发展价值高地；共建长三角绿色认证联盟，推进试点先行区建设，促进成果应用。 落实太湖流域生态环境保护联防联控机制，推动长三角生态环境协同立法。 高水平建设沪苏湖、宁湖杭两大发展廊道：沪苏湖绿色产业廊道，集聚战略性新兴产业、环境友好型产业，集聚形成一批标志性绿色智造产业集群。宁湖杭生态创新廊道，做活山水资源，谋划打造一批生态创谷，打造生态环境优美、科创活力迸发的特色发展带
嘉兴	协同共建长三角生态绿色一体化发展示范区：强化与上海青浦、苏州吴江片区的示范协同，努力打造生态优势转化新标杆、绿色创新发展新高地；加强汾湖湿地、祥符荡湿地保护和修复，建设著名文化生态湖区，高标准建设水乡客厅。嘉善县整体纳入长三角生态绿色一体化发展示范区
舟山	推进舟山与长三角城市在生态保护方面的协作

资料来源：各城市《国民经济和社会发展第十四个五年规划和2035年远景目标纲要》。

(二)促进区域生态环境协同发展的展望与对策

1. 共立区域生态环境建设目标

第一,共同保护自然生态系统。依据上海大都市圈各城市生态要素和资源禀赋特征,共同打造生态安全格局,形成以长江、钱塘江、太湖和京杭大运河等为主的跨市跨省水道和生态廊道,以林地、绿地、湿地为体系的生态屏障等;共同推进生态空间构筑,保护区域内重要的生态功能区、自然保护地,严格生态保护红线管控;加强区域内物种多样性保护,主要涉及各城市生物多样性调查、保护,编制、更新区域内部濒危物种红色名录,以及严格实施江河湖海禁渔制度;重视区域内生态系统修复,主要以当前污染严重的湖泊、入海入湖河流、近岸海域等重点地区为主。

第二,共同推进绿色低碳发展。优化上海大都市圈绿色发展格局,以"三线一单"为框架确定区域内国土空间环境管控的布局,推进沿江、沿海、环湖生态经济带建设;促进绿色产业体系构建,一方面发布绿色经济产业目录,引导区域内产业转型升级,推动绿色农业、绿色工业和绿色服务业发展,另一方面以区域为整体建设绿色循环产业系统,鼓励节能环保产业的发展,并限制高能耗产业发展规模,共同促进产业绿色化和绿色产业化;优化能源利用结构,推进清洁能源、新能源使用,降低煤炭在能源结构中的比例;倡导绿色低碳生活,鼓励低碳出行、低碳消费、绿色智慧建筑、资源循环利用等。

第三,解决跨区域生态环境问题。上海大都市圈城市协同治理已有生态破坏与环境污染问题。开展流域水质协同净化工程,加强长江、钱塘江、太湖、京杭大运河等重要水域水质的保护与问题治理;开展区域大气污染联防联控,严格执行大气污染物排放限值,巩固现有空气质量达标成果,对超标排放物和区域酸雨现象制订联合解决方案;提升区域土壤安全利用水平,加强土壤污染源监管、污染源分类管控,推进土壤污染修复。

2. 共建区域生态环境基础设施

第一,加强污水收集处理设施建设程度。城镇地区,以绿色智能、安全可靠的污水收集处理设施建设为主;农村地区,增建生活污水治理设施,推动农村污水治理工程覆盖率。

第二,提升固体废弃物联防联控联治水平。持续推行生活垃圾分类强度和广度,提升工业固体废弃物的综合利用水平,严格监管危险废弃物,强化相关收集处理设施建设。

第三,深化生态环境监测系统应用强度。建立健全生态环境监测体系,促进上海大都市圈内部城市生态环境平台共建与数据共享,提升生态环境监测系统、预警技术。

3. 共创区域生态环境合作机制

一是建立健全区域生态环境法律体系。在上海大都市圈内各城市间建立生态环境系统保护的统一标准,以此共同立法、联合执法、合作司法。

二是推行高效的生态环境市场交易手段。设立区域生态要素、环境资源的交易规则和定价规则,推行鼓励多类主体多元途径多样化投融资的机制建设,完善区域内生态环境市场交易基础和条件。

三是完善区域内生态环境相关补偿制度。建立跨省、跨流域生态补偿、生态受益和环境污染赔偿等多元化制度。

Ⅲ 上海大都市圈分层次空间格局篇

B.8 上海大都市圈总体空间格局构建的主要特点与思路

陈 阳　林辰辉　李 丹

（中国城市规划设计研究院上海分院）

摘　要：以卓越的全球城市区域为目标，上海大都市圈将有更多的城市嵌入全球网络，形成"多层次、多中心、多节点"的功能体系。以全球城市上海为引领，上海大都市圈内各全球城市与节点各扬所长，将各自长板变成共同优势。上海大都市圈主要落实"紧凑型""开放式""网络型"的战略导向，匹配全球城市区域多中心格局，构建"紧凑开放的网络型"空间结构；倡导"廊道引领""网络流动""板块协作"三大核心理念，树立高质量一体化空间新范式。在此基础上，建立"大都市圈（全域）—战略协同区（次分区）—协作示范区（县级）—跨界城镇圈（镇级）"的空间协同框架，实现协同举措的层级传导与深化落实。

关键词：多层次；多中心；多节点；功能体系；空间格局

一、上海大都市圈空间格局构建的使命、趋势与重点

（一）时代使命：优势分工、抱团发展是双循环下的共同选择

伴随经济全球化进入调整期，在"加快构建以国内大循环为主体、国内国际双循环相互促进的新发展格局"[①]目标下，上海大都市圈作为推动两个

---

① 引自《中华人民共和国国民经济和社会发展第十四个五年规划和2035年远景目标纲要》。

循环的基本单元,需要圈内各城市高水平分工协作,形成完备的产业链与供应链。

2020年8月20日,在"扎实推进长三角一体化发展座谈会"上,习近平总书记强调,在推进一体化、解决发展不平衡问题时,要"符合经济规律、自然规律,因地制宜、分类指导,承认客观差异,不能搞一刀切"。以此为遵循,上海大都市圈各城市优势分工、抱团发展。一方面,有利于破解城市自身发展局限,在全球功能网络中找准坐标、发扬长板;另一方面,有利于上海大都市圈整体竞争力提升,形成紧密一体的"强大联盟",提升国际话语权,携手迈向卓越的全球城市区域。

(二)世界趋势:功能体系日臻完善是走向全球城市区域的重要标志

纵观成熟的全球城市区域,如英伦城市群[①]、东海道城市群[②]等,其功能体系经过不断演进,均呈现"多层次、多中心、多节点"的特征。在"顶级全球城市"的带动下,区域内越来越多的城市进入全球网络。其中,既有多维均衡的"综合性全球城市",又有长板突出的"专业性全球城市";既有承载国际特色功能的"全球功能性节点",又有面向本土服务的"全球功能支撑性节点"。

以英伦城市群为例,从体系看,英伦城市群呈现"1-3-5-12-26"的"金字塔型"结构,具体包括:1个顶级全球城市,伦敦;3个综合性全球城市,曼彻斯特、伯明翰、布里斯托;5个专业性全球城市,利兹、利物浦、卡迪夫、诺丁汉、莱斯特,具有1至2项国际功能长板;12个全球功能节点,特色国际功能突出,如牛津、剑桥、雷丁等均是具有世界影响力的科创节点;以及26个地域化节点。从发展路径看,1998年到2018年间,英伦城市群五个层次的城市数量从"1-0-3-12-31"逐步优化为"1-3-5-12-26";不断有

[①] 英伦城市群即英国以伦敦为中心的城市群,包含伦敦、曼彻斯特、伯明翰、布里斯托等大城市,以及众多小城镇,面积约为4.5万平方千米。
[②] 日本东海道城市群以东京、名古屋、大阪三个大都市圈为核心,覆盖从东京到北九州的太平洋沿岸带状地域,面积约为10万平方千米。

新的城市发展为全球城市,进入全球功能网络的城市数量从 16 个增长至 21 个。

(三) 空间格局优化重点:功能体系与空间结构

上海大都市圈作为中国多中心基础深厚、国际开放度较高的地区之一,具备培育成为全球城市区域的潜力。但与成熟的全球城市区域相比,存在"有多个全球城市、缺多元节点支撑"的阶段性问题。

为实现共同愿景,形成支撑全球城市区域的空间格局,应重点关注功能体系与空间结构两大方面。一方面,聚焦全球核心功能,共同完善"多层次、多中心、多节点"的功能体系,形成对内紧密一体、对外链接全球的卓越地区。另一方面,落实"紧凑型""开放式""网络型"的战略导向,构建"紧凑开放的网络型"空间结构,树立高质量一体化空间新范式。

二、完善多层次、多中心、多节点的功能体系

(一) 构建多层次功能体系

多层次体系是全球城市区域实现稳定高效的基础。国际经验表明,成熟全球城市区域的城市一般分为 5 个层级,且各级城市数量呈"金字塔"型结构。[①] 为引导功能体系的"多层次",我们以各市城区及县(市、区)为基本单元,构建都市圈城市功能评价与遴选标准。参照国际权威的全球城市排行榜评价方法,聚焦生产性服务业、航运贸易、科技创新、智能制造、文化交流等 5 大全球功能维度,从近百项指标中,遴选出 18 项关键指标,建立城市功能评价体系。在现状评价基础上,结合趋势导向,考虑国家战略投放、重要廊道支撑及重大设施建设,综合确定各级城市与节点名录。

研究发现,为形成多层次体系,上海大都市圈需要重点培育专业性全球城市及全球功能性节点,逐步形成"金字塔型"结构。包括 1 个顶级全球城市,即上海市区[②],在全球各领域达到一流水平;3 个左右的综合性全球城

[①] 郑德高.经济地理空间重塑的三种力量[M].中国建筑工业出版社,2021.
[②] 上海市区范围包括黄浦、徐汇、长宁、静安、普陀、虹口、杨浦、闵行、宝山、浦东新区等 10 个区行政单元。

市,即苏州市区、宁波市区、临港新片区,与上海共同组织全球核心功能,携手迈向全球城市"第二方阵";6个左右的专业性全球城市,即无锡市区、常州市区、南通市区、嘉兴市区、湖州市区、舟山市区,在专业领域发挥国际影响力;12个左右的全球功能性节点,包括上海的嘉定区、松江区、青浦区、奉贤区,江苏的江阴市、昆山市、常熟市、张家港市,浙江的余姚市、慈溪市、嘉善县、桐乡市,承担全球特色功能;其余为全球功能支撑性节点,面向区域扇面、服务本土。

(二) 推动多中心演进

全球城市区域的多中心格局具有动态演进的普遍规律。[①][②] 总体而言,区域中进入全球网络的城市与节点数量由少到多,体系也日趋完备;就城市个体而言,其在全球城市网络中的地位提升与下降并存,具有发展的动态性。

当前,上海大都市圈尚处功能体系的培育期,共有4个全球城市,呈现"1-1-2-1-36"的"菱型"结构。遵循"多中心"动态演进的国际规律,未来上海大都市圈将有更多的城市进入全球网络,逐步实现从参与到引领的发展跨越。上海大都市圈内各城市应各扬所长,强化全球功能的培育与提升,从多维度加速融入全球分工网络。

上海大都市圈应以"多中心"为导向,加快培育专业性全球城市与全球功能性节点。至2035年,上海大都市圈内全球城市与节点数量将增加至15个左右;力争提升1个综合性全球城市,递补2个专业性全球城市,新培育8个左右全球功能性节点,形成"1-2-3-9-26"的结构。至2050年,上海大都市圈内全球城市与节点数量将增加至22个左右;力争再提升3个专业性全球城市,再培育7个左右全球功能性节点,形成"1-3-6-12-19"的结构。

---

① 赵渺希,钟烨,徐高峰.中国三大城市群多中心网络的时空演化[J].经济地理,2015,35(03):52—59.
② 李涛,李云鹏,王新军.全球城市区域多中心结构的演化特征、影响因素和政策启示[J].城市发展研究,2020,27(09):49—57.

(三) 加强多节点分工

在全球城市区域的升级过程中,"多节点"是分工演化的高级形态。[①] 围绕"生产性服务业、贸易航运、科技创新、智能制造、文化交流"五大全球核心功能,呈现顶级全球城市全面引领、综合性全球城市多维均衡、专业性全球城市长板显著、全球功能性节点特色突出、全球功能支撑性节点服务本土的分工格局。

与世界领先的全球城市区域相比,上海大都市圈在高端生产性服务业领域进入第一梯队,枢纽链接能力全球领先;但在智能制造、科技创新、文化交流领域仍与一流水平存在差距。因此,需要各级城市共同发力,迈向"多节点"分工体系,全面提升都市圈在"五维度"全球功能中的整体竞争力。

第一,顶级全球城市需要更加卓越。对标纽约、伦敦、东京等顶级全球城市,上海需要进一步集聚全球城市核心功能,在各领域均达到世界一流水平;对内充分发挥对区域内各级城市的辐射带动作用;对外全面提升对全球高端资源的配置能力。推进国际经济、金融、贸易、航运和科技创新等"五个中心"建设。在继续提升在生产性服务业、贸易航运等领域的全球领先优势基础上,重点补齐科技创新与文化交流的短板。

第二,综合性全球城市需要多维均衡。综合性全球城市需要与顶级全球城市密切配合,在各全球功能维度均衡发力,携手进入全球城市的"第二方阵";同时,带动周边城市发展、成为次区域的综合引领者。在发挥现有功能长板基础上,苏州市区需重点补齐在国际航运贸易与科技创新维度的短板,宁波市区需重点补齐在科技创新维度、文化交流等维度的短板。临港新片区需更多出于目标导向,对标新加坡,全面提升综合功能,建成世界一流滨海城市,乃至国际上公认竞争力最强的产城融合型自由贸易港城。

第三,专业性全球城市重在拉长长板。上海大都市圈的专业性全球城市需要进一步拉长 1 至 3 个维度的全球功能长板,进一步强化在专业领域的国际影响力;同时,强化特定功能的核心带动与区域协作。无锡市区需重点拉长科技创新、智能制造、文化交流功能长板;常州市区需重点拉长智能

---

① 罗震东,朱查松. 解读多中心:形态、功能与治理[J]. 国际城市规划,2008(01):85—88.

制造、科技创新功能的长板;南通市区需重点拉长智能制造、科技创新功能的长板;嘉兴市区需重点拉长科技创新功能的长板;湖州市区需重点拉长文化交流功能的长板;舟山市区需重点拉长航运贸易、文化交流功能的长板。

第四,全球功能性节点重在强化特色。上海大都市圈的全球功能性节点需要拉长某一特定全球功能领域的长板,作为对全球城市的重要补充与支撑。一方面,强化上海郊区新城嘉定、松江、青浦、奉贤的功能承载作用,植入全球功能,培育成为智能制造、科技创新等领域的全球功能性节点。另一方面,依托江苏、浙江两省城镇高度成熟的产业分工,培育若干全球功能性节点,共同构筑全球功能网络;主要包括江苏省的江阴市、昆山市、常熟市、张家港市,以及浙江省的余姚市、慈溪市、桐乡市。

第五,全球功能支撑性节点则需提升面向本土的服务能力。全球功能支撑性节点以本土服务为主,需要突出本地特色产业功能、激发内生动力,同时提升地方性服务功能,加强对地区的辐射带动作用,建设成为功能完善、产城融合、用地集约、生态良好的节点城市,承接全球城市的非核心功能外溢。

三、构建紧凑开放的网络型空间结构

以空间模式转型,推动更高质量发展,是上海大都市圈各市面临的共同命题。国家提出了"紧凑型""开放式""网络化"的战略导向,这也是上海大都市圈合作共赢、形成国际竞争新优势的共同选择。为此,上海大都市圈空间结构优化将突出"廊道引领""网络流动""板块协作"三大核心理念。通过"廊道引领",实现紧凑发展;通过"网络流动",实现高效合作;通过"板块协作",实现开放互动;最终,形成紧凑开放的网络型空间结构,树立高质量一体化的空间新范式。

(一)廊道引领:强化区域发展廊道,引领紧凑发展

区域发展廊道是促进区域要素集聚与紧凑发展的空间骨架[①],是串联都

---

① 赵亮.欧洲空间规划中的"走廊"概念及相关研究[J].国外城市规划,2006(01):59—64.

市圈内关键节点的核心载体。成熟的全球城市区域都高度重视区域发展廊道的构建，且强调"4C"原则——协作性（Collaboration）、集中度（Concentration）、竞争力（Competitiveness）和联通性（Connectivity）[①]。《长江三角洲区域一体化发展规划纲要》提出打造沪宁产业创新带、G60科创走廊、宁杭生态经济带等区域发展廊道。上海大都市圈在落实上述廊道基础上，应培育形成七条区域发展廊道，利用通道优势驱动赋能，发挥引领作用。

第一，培育沪宁、G60、沪湖、杭甬四条区域创新廊道。引导创新要素向区域创新廊道集聚，促进沿线城市节点间形成要素自由流动、链条紧密互动的创新共同体。其中，沪宁产业创新走廊是当前创新要素分布最密集、一体化发育程度最高的廊道地区，应进一步加强基础创新要素集聚，共建具有全球影响力的科技产业创新中心和具有国际竞争力的先进制造业基地；G60科创走廊应强化模式创新的引领作用，进一步集聚新兴研发机构与创新人才，打造科技创新和制度创新双轮驱动、产业培育和城镇建设融合发展的先行先试廊道；沪湖发展走廊生态人文资源富集、区域要素加速集聚，应重点完善区域交通网络支撑，培育创新策源与新兴经济功能；杭甬发展走廊强化智能制造与创新服务功能集聚，搭接杭州数字创新与宁波应用转化的互补优势，促进沿线城市与园区平台协同联动。

第二，培育宁杭、沿江沿海、通苏嘉甬三条区域特色功能廊道。聚焦生态经济、航运贸易、智能制造等领域，引导特色功能要素沿上述廊道集聚与流动。其中，宁杭生态经济走廊发挥绿色发展示范作用，重点培育新兴经济与生态旅游功能；沿江沿海发展走廊重点集聚国际航运、自贸服务、海洋产业功能，引领海陆全方位开放；通苏嘉甬发展走廊强化综合服务、新兴产业功能集聚，培育高端智能制造产业集群。

（二）网络流动：完善次级走廊与交通网络，支撑高效合作

将节点纳入整体结构，实现多向互动，是都市圈从初级的"点-轴"结构

[①] 郑德高，马璇，李鹏飞，张亢.长三角创新走廊比较研究——基于4C评估框架的认知[J].城市规划学刊，2020(03)：88—95.

转变为成熟的"网络化"结构的关键。应匹配多节点格局,织密多层次网络,促进各级全球城市与功能节点间多向流动。希望未来上海大都市圈中的城市,像一个个"齿轮",彼此咬合传动,实现高度一体化。

为此,在七条主要发展廊道基础上,应着力培育南沿江、北沿江、环杭州湾、沪通—沪甬、西太湖、常泰等多条次级发展走廊。次级发展走廊是串联功能节点城市的重要纽带。以往因不在区域发展主轴上,这些节点地区以独善其身为主,彼此间联系不强,限制了资源要素的有效配置。随着次级发展走廊的共识共建,多元潜力将被激发。

在此基础上,进一步完善多层次的区域交通网络,支撑资源要素的多向流动。应破解当前次区域、次级城镇及节点地区交通链接不足问题,以都市圈轨道为重点,覆盖次区域及下位空间层次。应依托多层次交通网络,提升空间组织效能,形成枢纽集聚、节点链接的一体化空间模式。

(三) 板块协作:深化五大次区域跨界协作,促进开放互动

跨界地区既是战略集聚的重点地区,也是统筹协调的薄弱地区。[①] 因此,需要以江、河、湖、海、湾等重要生态资源为纽带,建立空间协作平台;有针对性地聚焦跨界协同重点问题,建立多主体领衔、多方互动的协作模式。应聚焦跨界地区和战略资源,以环太湖、淀山湖、杭州湾、长江口、沿海地区等五大战略协同区为重点,深化一体化策略机制。

其中,环太湖区域以共建世界级魅力湖区为目标,重点聚焦文化与旅游资源保护,共同治理太湖水质污染,共建文化旅游线路和环湖风景绿道;淀山湖战略协同区以共塑独具江南韵味与水乡特色的世界湖区为目标,突出生态绿色发展模式,树立水乡人居典范;杭州湾区域以共建世界级生态智慧湾区为目标,培育自主创新的智能制造集群,强化近海生态环境修复,塑造蓝绿交融的魅力海湾;长江口地区以共建世界级绿色江滩为目标,注重保护长江流域生态环境,强化沿江港口协同与产业管控;沿海地区以建设世界级

---

① 郭磊贤,吴唯佳.基于空间治理过程的特大城市外围跨界地区空间规划机制研究[J].城市规划学刊,2019(06):8—14.

的蓝色海湾为目标,共保蓝色生态屏障,建设高效快速的沿海交通网络,培育具有内生动力的海洋产业,塑造富有人文魅力的海洋家园。

(四) 层级传导:建立"大都市圈(全域)—战略协同区(次分区)—协作示范区(区县级)—跨界城镇圈(镇级)"四层级协同框架

上海大都市圈协同的实现,需要多层级主体共同行动,需要从愿景、格局、策略到行动的逐层落实。跨界地区既是各方协同的焦点,也是重大项目统筹实施的关键。为此,规划探索建立"大都市圈(全域)—战略协同区(次分区)—协作示范区(区县级)—跨界城镇圈(镇级)"四个层级的空间协同框架,聚焦不同空间尺度的协同重点,围绕创新、交通、生态、人文四类关键协同要素,指引协同规划编制与系统行动实施。

在大都市圈层级,重在确立总体战略愿景,搭建整体发展框架,确定创新、交通、生态、人文要素协同的目标与策略,指引下位规划编制工作。

在战略协同区层级,重点聚焦都市圈重大战略空间资源,围绕环太湖、淀山湖、杭州湾、长江口、沿海等五大次分区,通过共同研究编制规划,凝聚发展共识;深化创新、交通、生态、人文一体化行动,建立共建、共治的协同机制。

在协作示范区(区县级)层级,通过共同研究编制规划,落实战略协同区的重点任务与行动,深化一体化项目布局,强化创新、交通、生态、人文跨界建设衔接。应在临沪地区培育6个协作示范区,作为提振郊区发展的重要抓手。包括崇启海、嘉昆太、青吴嘉、松金嘉平、金慈平、沪舟甬。在此基础上,推广协作区跨界合作模式,以各市间合作意愿为基础,在非临沪地区培育4个协作示范区,包括苏锡、锡宜常、吴南、江张等。

在跨界城镇圈(镇级)层级,通过共同研究编制规划,促进城镇圈级服务设施共享、产业功能布局优化,以及基础设施统筹融合。从类型上分为综合发展型、特色提升型、生态主导型三类,分别予以建设引导。综合发展型跨界城镇圈:包括安亭—白鹤—花桥、朱家角—金泽—黎里—西塘—姚庄、枫泾—新浜—嘉善—新埭,徐行—外冈—浏河—陆渡等4个城镇圈。特色提升型城镇圈：包括城东-金港、望亭—黄埭—硕放—鸿山、马山—胡埭—周铁—芳桥—万石—雪堰、金山卫—石化—庵东—崇寿—独山港、洋山—岱西—高亭—小沙、金塘—大榭—梅山—六横等6个城镇圈。生态主导型城镇圈：包括东平—海永—启隆、吕巷—张堰—廊下—广陈—新仓、七都—震泽—桃源—南浔等3个城镇圈。

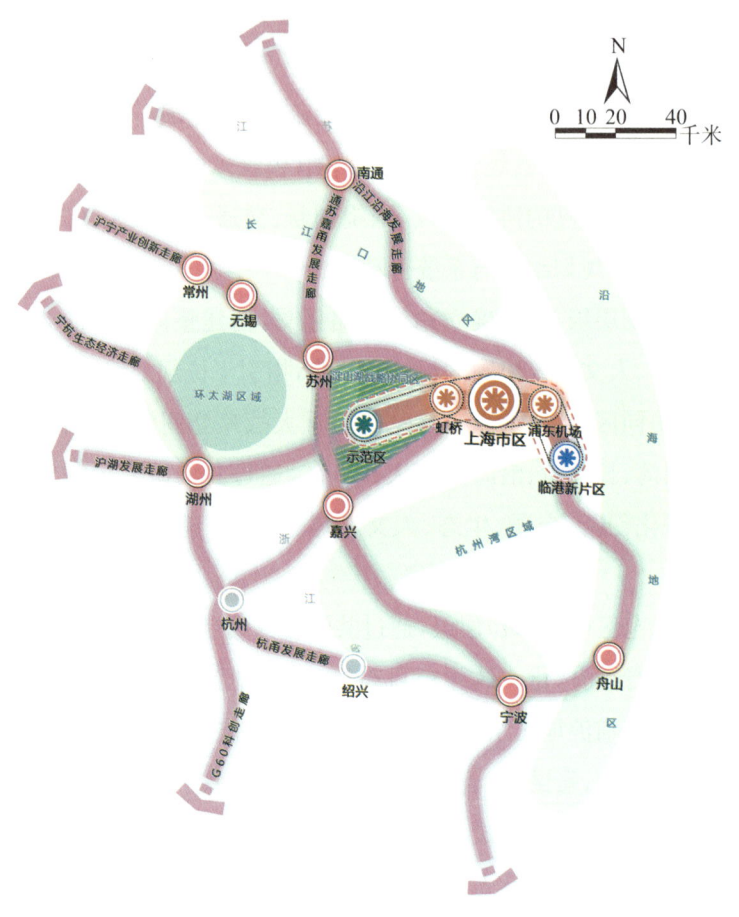

图8-1 上海大都市圈空间协同规划

B.9 长三角生态绿色一体化发展示范区的规划构想

郑德高[1]　朱碧瑶[1]　刘　迪[1]　闫　岩[1]　丁　宇[2]

(1.中国城市规划设计研究院上海分院；

2.上海市规划和自然资源局)

摘　要：建设长三角生态绿色一体化发展示范区是实施长三角一体化发展战略的先手棋和突破口，核心目的在于打造区域一体化高质量发展的"样板"实践区，在不打破行政区划的基础上探索跨界共商、共建、共管、共享、共赢的有效路径。作为国家战略与跨界治理投射在城乡空间范畴的一次融合实践，示范区国土空间总体规划从生态环境基底、城乡空间格局、经济产业基础、历史人文脉络、资源统筹诉求五个方面，识别了跨界地域的"一体性"与"异质性"；在坚持"和而不同"的基础上，面向时代趋势、国家战略，借鉴国际经验，确立统一的原则共识与"五共"愿景；并进一步搭建五方面重点策略引领的共同规划框架，通过"目标-标准-行动-项目"的传导，从生态、产业、空间、交通及设施支撑、公共服务等可操作的维度，提出了示范区两区一县乃至周边协调范围的行为准则和共同抓手。

关键词：跨界协同；一体性；异质性；"五共"愿景；规划传导框架

2019年5月底，党中央、国务院正式印发《长江三角洲区域一体化发展规划纲要》，提出以上海青浦、江苏吴江、浙江嘉善为长三角生态绿色一体化发展示范区(以下简称"示范区")并共同编制国土空间规划。同年10月，国家发改委统一印发《长三角生态绿色一体化发展示范区总体方案》，提出"生态优势转化新标杆、绿色创新发展新高地、一体化制度创新试验田、人与自然和谐宜居新典范"四大战略定位,为《长三角生态绿色一体化发展示范区国土空间总体规划(2021—2035年)》确立了基本导向。与雄安新区"一张白纸上绘蓝图"不同,示范区规划更多通过新功能、新空间与存量地区的嫁接融合,推动传统视野中处在江浙沪交界处的"洼地"转型成为后工业文明时期新理念下的"价值高地";因此,需要对所在地方的既有发展基础和特征予以足够的关注,在尊重跨界地区"异质性"的同时发掘"一体性",找准一体化发展的"最大公约数",以有限目标引领实际行动。

一、基于地域禀赋识别示范区的"一体性"与"异质性"

(一) 生态环境基底:湖荡水网圩田区

示范区地处太湖流域碟形洼地,地势相对低洼,水源涵养和生态保育功能突出,湖荡水网纵横,河湖水面率高达20.3%;而林地规模相对较小,多呈线状分布,起到水土保持、生态过渡的作用。历代居民为适应水体、湿地为主的生态平衡系统,将水利工事与城乡聚落及生产活动紧密关联,孕育出特有的"塘浦圩田"农业生产体系,构成了示范区在地理环境方面的"一体性"。这当中,不同的水网形态造就了多样化的自然基底格局,其中极具代表性的包括大湖区、溇港区、湖荡区、河网区等,在水安全保障、水生态建构、水景观塑造上存在"异质性"。

(二) 城乡空间格局:中小城镇集聚区

历史上苏、松、嘉三府势成三足,彼此通过水网紧密相连、往来频繁,城镇村落因地就势,形成了以中小城镇为主的格局;到工业化时期,作为特大城市地区的远郊腹地,借助较优的机动性,该地区与区域中心城市的经济社会活动联系更加活跃,城乡聚落网络化的"一体性"特征更加凸显。由于各省市对外围区县的资源投放与政策支持差别,示范区内部催生出苏南"镇区+园区"、浙江特色小镇、上海产业社区等多样发展模式,城镇拓展的重点载体呈现"异质性"。

(三）经济产业基础：乡镇经济发达区

依托乡镇企业和各类经济开发区的发展与转型提质，示范区的实体经济具备一定实力，产业基础上的"一体性"体现为外向型民营制造业较为发育、开放度较高，但目前所处的产业链环节及价值区段相对低端，自主创新能力与可持续竞争力有待提升。"异质性"则体现为两区一县在专业化产业集群建设上各具"长板"，如青浦区的特性材料、精密机械，吴江区的丝绸纺织、光电通信，嘉善县的电子信息等。

(四）历史人文脉络：江南文化魅力区

示范区所在的太湖流域自古便是物产丰饶的鱼米之乡，是江南水乡聚落文明发源地之一，处于世界文化遗产京杭大运河的重要区段，以淀山湖和元荡为圆心，构成了一衣带水的江南名镇"近邻圈"，在风貌特色与人文底蕴上具有"一体性"。另一方面，这里又从来不是一个封闭的地域，马家浜文化、崧泽文化、海派文化等多重文化的交融、"新"与"旧"的对话、本土特色与全球影响的碰撞，造就了示范区丰富可塑的"异质性"。

(五）资源统筹诉求：跨界共建探索区

示范区的跨界资源整合，表现出"一体性"与"异质性"共存的特点。一方面，需要流域治理、园区共建、服务互通等领域的自发合作。另一方面，各主体间标准统一不足、要素对流不畅。示范区及周边地区在交通、教育、医疗、产业、旅游等多方面的协同探索起步较早，近年共同编制了环淀山湖概念规划、一体化发展合作备忘录等，流域治理、园区共建、服务互通、设施衔接等自发合作事项也不断深入推进，在具备共同正向利益的具体事务上的"一体性"不断提升。与此同时，跨界地区仍然面临着生态治理、建设管控、设施配置标准不一致，土地、投资、人才要素对流不畅等矛盾，在涉及底线型、邻避型利益的协同事务上的"异质性"亟待调和。

二、共识引领下一体化发展"最大公约数"的国际参照

(一) 面向生态文明时代：打造生态友好型一体化样板

当前，新的发展语境正在形成，全球迎来资源环境友好、低碳可持续的生态文明时代。率先践行生态文明理念、打造高品质生态标杆是示范区未来发展的必然要求，同时应将生态保护、人文历史、产业发展有机融合，率先探索将生态优势转化为经济社会发展优势的新路径。

1. 美国五大湖地区：人类与自然和谐共处的国际范例

在宏观层面，示范区借鉴了 SOM 城市设计公司于 2009 年主持的《五大湖地区百年愿景规划》。该规划认为"人们如何应对水"将成为下一个发展时期全世界普遍面临的重大考验，水生态、水安全直接决定了流域人居的可持续发展。该规划为五大湖流域提出了"一个人类与自然和谐共处的国际范例"总体愿景，下设七项子目标包括活力的 21 世纪经济、水资源保护、恢复自然栖息地、多元的文化、应对气候变化、改造基础设施、健康的城市等。该规划在核心策略中特别强调了基于水生态的流域行动，诸如加强后碳经济相关科研、建立跨国界公园体系、重塑滨水地区价值、改善能源利用结构、高效绿色的交通网络等，乃至城市、街区和建筑尺度的具体绿色化措施，基于流域共同发展的区域合作机制也被提升到"一衣带水、生命共同体"的高度。

2. 新加坡碧山宏茂桥：更宽、更绿的河漫滩

在微观层面，示范区规划考察并汲取了自然滨水地区的先进做法，其中一个典例是新加坡国家水务署(PUB)于 2006 年发起的"活力(Active)、美丽(Beautiful)和清洁(Clean)的水资源计划"。作为一项长期计划，它提倡将新加坡的水体从单纯的排水供水功能转型成为充满活力的、新的社区纽带和娱乐空间。加冷河流域的碧山宏茂桥公园是其中一个重要示范工程，通过破除混凝土水道，恢复开阔蜿蜒的河漫滩，采取生态工法等手段复育生物多样性，在满足洪泛调蓄要求的前提下，引入滨河台地、河道踏步、戏水广场等亲水构筑物，拉近人们与河流的距离。

（二）立足创新经济前沿：引领长三角高质量动能升级

"互联网+"推动新技术革命，全球发展迈进创新驱动、知识经济引领的新阶段。示范区应率先探索创新链与产业链深度融合、三次产业有机融合的多元路径，立足"有好风景的地方就有新经济"的机遇，探索产业创新载体的多元形式与灵活组织模式，不断提升在全球价值链中的位势，为长三角的高质量一体化注入强劲动能。

1. 德国产业强镇："小镇大产"织就创新生态圈

德国的城乡均衡网络高度发育，一个不起眼的地方可能孕育着全球最有竞争优势的产业，许多全球顶尖企业的总部设置在人口10万左右的小镇，产业强镇吸聚了70%的就业人口与大量的年轻人才。这种发展模式为示范区延续乡镇企业基因、提高可持续竞争力提供了对标样本。考虑到小城镇的规模和环境容量，并不适合构建大而全的产业门类，但更容易在细分领域做到专精，因此德国的产业强镇采取一镇主攻一业、多镇抱团发展的策略，实现产业链和创新网络的区域整合。再加上联邦政府的支持与投入，德国形成了巴伐利亚州等以产业城镇集聚区为载体的传统产业转型发展集群和新兴尖端技术产业集群。

2. 美国硅谷圣克拉拉：彰显社区氛围的创新小镇

作为创新地区的早期标杆，美国硅谷在近年的发展中也不断应变，以跟进知识经济与创新人才集聚的新需求，其新近的空间规划趋向能够为示范区提供启示。例如位于硅谷中心地带的圣克拉拉，拥有众多高新技术企业和高等学府，以低密度建设为主的存量用地占比超过97%。十多年前，该地区空间品质、设施服务水平等相对老化，已经不能满足新一轮发展竞争中创新企业和人才集聚的需要。2008年启动的《圣克拉拉市总体规划（2010—2035年）》指出，要更深入地理解和尊重城市历史，从本地农业小镇的基因中提取城市特色，重塑小镇生活氛围以提升吸引力，进而提出以"打造宜居小镇"为愿景，保持城市的活跃氛围，并从九个方面谋划具体行动：保持城市的小城镇感（small-town feel），重点提升居住区的特色和品质；在交通节点提倡住宅与商业结合的混合用地；激活市中心地标（landmark）；改善城市商业走廊的视觉和物理空间特征；提高城市的可步行性和自行车线路可达性;通过提升公共交通系统来减少交通拥堵;提升工商业的多样性,增加就业密度;建设社区商业中心;提供优质的公共服务和设施,包括开放空间和公园。

(三) 融入城市区域网络:增进跨界对流互促与共建共享

长三角已跻身世界级城市群行列,城市间协同分工与网络关联日益加强,亟待推进破除行政壁垒的配套改革。示范区应着眼于产业创新协作、公共资源优化配置、生态环境联防联治等重要领域,率先建立责任共担、成果共享、利益共赢的区域合作长效机制,引导各类要素充分流动。

1. 欧洲之心(Centrope):"欧洲的庭院"

2004年欧盟吸纳了捷克、斯洛伐克、匈牙利等新成员国。区域格局的变化给原本处于欧盟边缘地带的中欧地区带来了全新发展机遇,随之而来的是协调不同政治、经济、文化冲突的诉求。于是,由奥地利维也纳联合捷克、斯洛伐克、匈牙利的相关地区共同提出了欧洲之心(Centrope)合作项目,旨在为"无边界的欧洲"提供机制与项目上的先行探索。这与示范区建设的背景和宗旨非常相似。《欧洲之心发展战略2013+》是该区域近年最为重要的纲领性文件,在知识区域、人力资本、空间一体化、文化旅游四大战略的框架之下,制订了一系列行动计划及区域重点项目,包括未来汽车产业集群建设、小型初创企业培育、能源产业发展、自主再生能源单元研究、未来中心、跨区域劳动市场监管、跨区域的NPO与NGO合作等。

2. 兰斯塔德地区:"尊重地方发展意愿的网络城市"

兰斯塔德地区是荷兰西部由阿姆斯特丹、海牙、鹿特丹和乌得勒支四大核心城市及众多小城市组成的多中心都市群。其中央约400平方千米的农业用地构成的"绿心"开放空间,赋予了它不同于其他国际大都市区的特质,也成为历版区域协同规划中讨论的焦点。从最初被"绿心"割裂的松散城市区域集合,到《兰斯塔德2040结构愿景规划》提出共建"一个可持续发展的具有竞争力的欧洲重要地区",在巩固节点城市专业职能引领性、保障地方发展意愿的前提下凝聚区域合力,兰斯塔德的探索历程为同样具备网络城市特点的示范区提供了借鉴。从严格控制开发、城乡边界明晰的一维形态规划,到"蓝绿结构"与"城镇结构"相互咬合的两维度图景,该规划具体内容紧扣目标愿景,围绕安全的"蓝绿三角洲"建设、住房与工作环境的改善、现有优势分工的强化、空间与交通的协同发展等议题,为地区的中远期发展明确了纲领性要求。

(四) 承载美好生活理想:营造品质人居环境典范

随着经济社会向后现代阶段过渡,人们对人居品质和精神人文的追求也在不断提升。示范区所在地域的人文积淀丰厚,人水共生的空间特色鲜明,在规划建设中应贯彻紧凑城镇、存量利用、生态低冲击开发、智慧区域等新的建设理念,运用新技术、彰显新江南气质,塑造适应未来生活方式的人居环境典范。

> **瑞典哈马碧湖城与皇家海港城:全球可持续发展生态城典范**
>
> 2010年,瑞典斯德哥尔摩成为欧盟认证的首座"欧洲绿色之都",哈马碧湖城与皇家海港城是其在不同时期的两大代表性生态城区。其中,哈马碧湖城以固体废弃物、能源、水和污水的生态循环为核心理念,将环境影响降低至一般城市标准的50%,综合采取公交导向开发、小街区、慢行基础设施、绿色建筑、废弃物管理、雨水分类循环等措施,开创了"哈马碧模式"。正在建设的皇家海港城则采用了更高的环境标准,以2030年全部建成时实现"无化石燃料"为目标,在"下一代、可持续的城市地区"愿景引领下,提出了活力城市、便捷可持续交通、资源利用高效、自然生态系统功能提升等核心策略。

三、聚焦落地示范搭建"目标—行动—项目"的规划传导框架

示范区规划提出"世界级水乡人居文明典范"的总体发展愿景,具体地分为五个维度:未来的示范区,将是一个人类与自然和谐共生、全域功能与风景共融、创新链与产业链共进、江南风和小镇味共鸣、公共服务和基础设施共享的地区。在规划逻辑建构上,示范区的重点不在于描绘一个绝对的蓝图,而是

通过"目标—行动—项目"的传导,从生态、产业、空间、交通及设施支撑、公共服务等可操作的维度,确立两省一市、两区一县的行为准则和共同抓手。

(一)重塑人类与自然和谐共生的生态格局

1. 处理好"人水关系"

以保障河湖的休养生息、引导人水共生为治水理念,示范区规划提出构建引排通畅、水城共融、蓝绿交织的水网空间布局体系,并给出了三个维度的关键行动。一是优化水空间,以恢复河湖水面率至历史稳定水平为目标,划定100条河道、76座湖荡、6条历史水路的结构蓝线,结合河网整治、湖荡连通、清淤疏浚、退渔还湖等措施,保护核心水空间;二是提升水环境,在统一管控标准、全面控源截污的同时,更加注重通过生态湿地建设、水岸联治等手段增进水体自净能力,以多层级"清水绿廊"为抓手,打造水生态保护与价值转化结合的样板,建设艺术性、实用性、安全性、景观性相融合的生态绿色示范河道;三是保障水安全,正确处理圩区排涝与区域泄洪的关系,构建流域、水利分区、圩(片)区三级防控体系,结合水面率不同的分区基底条件,实施分类管控。

2. 处理好"林田关系":尊重地域生态系统特征,提升生态服务功能

一方面,推广绿色生态农业,发挥农用地多种功能,促进现代农业与二三产业融合发展,形成结构合理、集中有序、功能复合的农业空间。另一方面,以规模适度、宜林则林、丰富多元为原则,以生态服务功能最优化为目标,取法历史上以湿地、农田为主体的系统平衡结构及自然景观格局,合理确定森林覆盖率,推广乡土化优良林种,围绕水体、农田周边及郊野、城镇公园,形成"高效益、看得见、进得去"的林地布局,提供优质生态公共产品,发展特色林业产业经济。

(二)构建全域功能与风景共融的城乡体系

1. 培育多中心、网络化、融合式的城镇网络

结合示范区镇村相间的空间本底,完善由活力城区、特色城镇和美丽村

庄构成的三级全域城乡体系,构建生产、生活、创新、服务的多中心组团式格局,强化小城镇关联网络的"粘合"作用,建立等级有序、功能复合、城乡融合的扁平化空间网络,链入全球城市功能网络。其中,活力城区包括青浦新城、吴江城区、嘉善城区和盛泽(吴江高新区),是未来承载主要城市功能的片区;特色城镇主要分为科创强镇、魅力古镇、创意名镇和宜居小镇四类,强调专业分工、营造社区氛围,控制新建地区的建筑高度和街区尺度;美丽村庄是承载未来新经济新业态、实现城乡融合发展的重要组成部分。

2. 营造河湖田镇村融合的水乡单元

以镇区(社区)为核心,结合周边的美丽村庄以及河湖农田林地等生态要素,建设示范区特有的基层水乡单元,作为"自然生态单元、行政治理单元、功能关联单元"三者有机衔接的空间载体,单元尺度控制在10—15平方千米。其中,镇区(社区)以步行为导向打造宜人的街区尺度和空间,以便利化、多样化、高品质为导向织补相应的社区服务设施,服务整个镇区和周边乡村;美丽村庄围绕镇区(社区)组团布局,延续村在田中、田在村中的错落格局,构建镇村之间、村村之间舒适便捷的交通联系网络,促进水乡单元内部服务设施共享。

3. 营造多样化的风景链接

构建由郊野公园、城市公园、小镇公园和口袋公园组成的四级公园体系,将400平方米以上绿地、广场等公共开放空间的5分钟步行可达覆盖率提高到90%以上。结合太湖、淀山湖、太浦河等主要河湖水系,以"绿心成环,向外发散"为原则,打造区域风景道系统,织补贯通蓝绿复合的多层次线性开敞空间,链接各类功能单元和风景文化资源。特别地,针对中小型塘浦湖荡密布的特色,结合西岑华为科创中心的选址思路,示范区创新性地提出"蓝色珠链",作为人与自然和谐共生的特色展示空间,通过加强湖荡连通、水质提升,在保障生态系统稳定与安全的前提下,适度植入生态休闲功能和新经济载体,通过优越的生态和风景资源吸引创新要素集聚。

(三) 培育创新链与产业链共进的产业空间

1. 建立动态管理的"正负面"准入标准

以低环境影响、高技术含量、高附加值、高创新能力为指向,重点辐射联动长三角区域,链接全球高端创新要素,规划提出培育具有全球竞争力和话语权的"五类经济",即融合型数字经济、前沿型创新经济、功能型总部经济、特色型服务经济、生态型湖区经济。结合当地存量转型的客观诉求,建议采取"两张清单管准入"的模式,以3—5年为期滚动编制形成接轨国际标准与技术前沿的正面清单、倒逼传统产能整改升级的负面清单,统筹考虑投资强度、产出绩效、开发强度、建设标准、能耗污染、技术水平等方面,建立与资源配置挂钩的综合考核体系,加强产业用地全生命周期管理。

2. 构建"产-学-研"联动分工的产业载体

在产业空间组织上,考虑到"创新融入风景"的新趋势与乡镇经济基因本身有一定相容性,提出适度集约、多元混合、弹性灵活的新型产业空间布局原则,以高新技术企业总部、高等院校、科研院所、创新孵化与中试基地等为极核,结合研创园区、服务业集聚区、产业社区、产业基地等,形成若干"研-学-产"板块有序组合的创新集聚片区,提倡研究型学院机构、公共实验室等创新平台共建,为构建多向互动、人才对流、信息互通、服务共享的创新网络提供支撑。

(四) 营造江南韵与小镇味共鸣的生活场景

1. 形成"小尺度、低高度、中密度"空间感觉

通过控制街坊尺度、街道宽度、建筑高度,塑造利于邻里交流和人群交往、符合江南水乡特征的城镇空间感觉。按照活力城区街坊200×400米、特色小镇街坊100×200米的规模分梯级进行控制街区尺度,提倡古镇及周边新建地块采用50—100米的小尺度街坊,并通过对生活性、商业性、交通性三类街道的高宽比进行分类控制,塑造尺度宜人、步行优先、界面多元的街区空间。构建城区50米、镇区30米、村庄12米的三级基准高度体系,并对历史城镇、滨水地区、临街界面三类特定地区的建筑高度控制作出细化引导。

2. 塑造江南韵、小镇味、现代风的生活场景

通过对传统城镇地区和新建地区的建筑风貌进行分类引导,塑造兼具传统建筑韵味和现代建筑技术的新建设形制,创造一种与旧空间和而不同、

能够满足新功用的"新江南水乡"范式。传统城镇地区延续历史风貌,强化江南水乡"一河一镇、水宅相倚、水陆双棋盘"的特色格局,在延续"粉墙黛瓦、小桥流水、古树人家、青石店幌、桨声灯影"的传统风貌的基础上,植入多样化建筑空间,形成古今有机融合的建筑风貌。新建城区在吸收传统建筑的要素特征的基础上,充分展现"简洁雅致、清新明亮、疏密有度、多元包容"的现代化建筑特征,营造现代化、多样化、有活力的城市空间环境。

(五) 巩固公共服务与基础设施共享的网络

1. 打造绿色、高效、多样的交通体系

以直连直通为原则,构建由干线铁路、城际铁路、市域(郊)铁路、城市轨道交通等构成的多层次轨道交通系统,建设集成转换的新一代枢纽服务区,强化中低运量公交辅助配套对片区内部的沟通作用;以"避让湖荡、有限连通"为原则,审慎增加道路设施,充分利用现有国省干线公路网,提升县道连通性、安全性和服务水平,除交通供给不足且无替代廊道的情况以外,原则上不再新建六车道及以上道路;以慢行友好为原则,提倡建立通勤与休闲兼顾的蓝绿道系统,鼓励绿色交通方式,优化出行环境、丰富出行体验。

2. 统筹公共服务设施与社区生活圈布局

坚持保障基本、重点带动,建立"布局上点面结合、质量上梯次提升"的公共服务体系。以城镇簇群和轨道交通布局统筹高等级公共服务,体现地域特色和国际水准,实现示范区内共建共享,在交通出行、旅游观光、文化体验等方面率先实现同城待遇;以社区生活圈促进基本公共服务均衡,提供覆盖全年龄段的公共服务保障,实现城乡公共服务一体化。

3. 完善协调一体的绿色智慧基础设施支撑

构建绿色、高效、智慧、安全的市政基础设施与防灾系统,支撑示范区可持续发展;以联通共享为原则,强化水源、能源、信息源的支撑,高标准建设共享型邻避设施;以智能互联为原则,建设面向未来的数字城镇;以安全共保为原则,构筑现代化城市安全体系。

四、小结与思考

在上海大都市圈,乃至长三角向全球城市区域不断进阶的过程中,如何在立足地域性的基础上谋求区域合力,融入区域城市网络、提升节点地位,是长三角许多地区面临的共同思考。作为实施长三角一体化发展战略的先手棋和突破口,示范区坚持"和而不同",试图引领两区一县及周边地区在不同的发展阶段和模式中达成共识,在传承本土基因、集成地方创新和吸纳外部动能之间找寻平衡,共同面向新形势做出创新路径探索与空间响应。

总体来看,示范区规划实践着重体现了以下四个方面的转变:一是从偏重经济要素转向社会公平、环境友好、文化融合等多重价值目标;二是从自上而下的指令性安排转向自下而上的"共识"和"契约";三是从面面俱到转向聚焦"有限目标"、针对关键问题的"战略破题";四是从理想终极蓝图转向适应市场不确定性的渐进式政策引导。

参考文献

[1] City of Santa Clara 2010 – 2035 General Plan [EB/OL]. https://www.santaclaraca.gov/our-city/departments-a-f/community-development/planning-division.

[2] Centrope Strategy 2013 + [EB/OL]. http://www.wiendenktzukunft.at/downloads//StrategyReport_de.pdf.

[3] City of Stockholm, Sustainable Urban Development Programme: Stockholm Royal Seaport is leading the way to a sustainable future [EB/OL]. https://international.stockholm.se.

[4] 孙斌栋,刘学良. 合作型的全球城市——德国城市体系研究及其对上海的启示[J]. 国际城市规划,2008(6):63 – 68.

[5] 王凯、闫岩、朱碧瑶. 新理念下的国家战略地区规划[J]. 城市规划学刊,2020,260(6):52 – 59.

[6] 吴唯佳,吴良镛,石晓冬,等. 人居与高质量发展[J]. 城市规划,2020(1):104 – 109.

[8] McGraw D J. The Great Lakes: Plans for the Next 100 Years [EB/OL]. https://beltmag.com/great-lakes-century.

[9] 马永欢,黄宝荣,陈静,等.荷兰兰斯塔德地区空间规划对中国国土规划的启示[J].世界地理研究,2015(1):46-51,67.

[10] 李强,汪辉.上海青西地区全域风貌规划方法探讨[J].小城镇建设,2018,36(11):84-93.

[10] 张勤.比区域规划更重要的是区域观念[J].国际城市规划,2000(2):2.

[11] 张衔春,龙迪,边防.兰斯塔德"绿心"保护:区域协调建构与空间规划创新[J].国际城市规划,2015,149(5):57-65.

B.10 上海跨界城镇圈协同规划的探索

陈 勇[1] 张 亢[1] 马晓明[1] 陈海涛[1] 张振广[1] 孔卫峰[2]

（1.中国城市规划设计研究院上海分院；
2.上海市规划和自然资源局）

摘 要：《上海市城市总体规划（2017—2035年）》提出的三大跨界城镇圈，既是临沪地区空间组织和资源配置的基本单元，也是上海面向区域协同的重要抓手。基于此，上海市联动相关地区针对各跨界城镇圈的禀赋特质，开展了差异化的规划协同探索。东平-海永-启隆城镇圈规划在世界级生态岛建设背景下，采取以共同价值为导向的有限规划的技术思路，重点明确生态底线、高度管控、建设强度区间、设施配置水平等。安亭-花桥-白鹤城镇圈是典型的城市型城镇圈，以同城化为核心目标，重在建立协同分工的产业体系、明晰同城化的空间结构、共建一体化的服务设施、完善同城化的交通体系等。枫泾-新浜-嘉善-新埭城镇圈是科创萌发的江南田园水乡地区，以"凝聚共识的倡议式规划、有限重点的协商式规划"为导向，提出生态环境共保、交通系统互联、服务设施共享、区域旅游共建、产业创新共育等协同重点。

关键词：跨界城镇圈；协同规划；行动计划；规划实施

一、上海跨界城镇圈协同规划的编制背景

城镇圈是上海推动郊区空间组织与资源配置的基本单元。针对空间资源紧约束、人口持续增长、环境品质下降等问题，为实现全域规划并推动城

乡一体化发展,《上海市城市总体规划(2017—2035年)》(简称"上海2035总规")在"主城区-新城-新市镇"的城乡体系基础上,进一步提出以24个城镇圈为基本单元,优化市域城乡空间体系,促进空间布局、产业经济、公共服务、生态保护、基础设施建设的城乡协调发展。其中,东平-海永-启隆城镇圈、安亭-花桥-白鹤城镇圈、枫泾-新浜-嘉善-新埭城镇圈为三个跨省城镇圈。

上海跨界城镇圈不仅是上海与邻近区县协同的重要抓手,也是上海大都市圈的重要组成部分。目前,上海与江浙两省跨界地区虽然地理邻近,但存在着规划建设理念不统一、发展目标导向不一致、空间发展布局不对接、土地开发缺管控、道路不衔接、设施未统筹配置等问题,亟待开展跨界城镇圈的规划协同,在规划编制与对接中开启协同发展的实践。在此背景下,上海三大跨省城镇圈先后开展了规划协同的探索。

二、《东平-海永-启隆城镇圈跨行政区空间协同规划》探索

崇明岛,是世界最大的河口冲积岛和中国第三大岛。在一般的印象中,崇明岛即为上海市辖区,但其实崇北地区还有一片隶属于南通的飞地,即海门市海永镇与启东市启隆镇。60多年间,这个地区经历了从围堤垦荒、争夺土地到边界明确、各自发展,再到顺应诉求、逐步协同的发展历程。2016年,上海在贯彻落实长江沿线"共抓大保护、不搞大开发"决策部署中,坚定提出建设"世界级生态岛"的总体目标,这个目标得到了南通市政府的积极响应,提出从全局、全流域的视角积极配合崇明生态岛建设,特别要做好留白、增绿的文章。经过上海、南通两地政府共同协商,确定以"上海2035总规"提出的东平-海永-启隆城镇圈作为协同规划开展的空间单元。即包括上海崇明的东平镇、南通海门市海永镇、南通启东市启隆镇,以及三镇之间、隶属崇明区其他乡镇的围垦飞地,总面积244.5平方千米。

(一)核心特征与问题

由于得天独厚的区位条件,加之围垦区域相对充裕的建设指标供给,海永、启隆两镇的居住与休闲功能开发受到市场高度关注。截至2017年,当

地常住人口达 1.08 万,而建设用地已经达到 6.7 平方千米,多为超过 50 米的高层住宅;另有超过 12 平方千米的建设用地在开发或即将开发。大规模、高强度的建设,对本就脆弱易损的生态环境造成严重威胁,欧式风格的高层建筑也完全忽略了崇明岛本土特色。经综合评估,跨界地区面临着生态欠缺、规模超限、建设失当、设施不足的突出问题。

(二)规划探索

其一,以共同价值为导向的有限规划。以生态理念为指引,提出"崇明世界级生态岛践行生态理念示范区"的总体目标,确立了后续协同的底线原则。同时,作为非法定规划,该城镇圈规划并非取代各镇国土空间规划的作用,而是将关注点聚焦在跨界地区的核心矛盾,并考虑到规划实施主体的诉求,划定"区县+街镇"两个协同层次。区县层次关注生态底线划定、产业协作、区域交通对接等方面的整体布局,是街镇发展的基础;街镇层次则围绕具体矛盾,形成规划对策,指引有序建设。

其二,以矛盾解决为目的的规划引导。在崇启海区县层次,规划提出统筹区域生态廊道、共商沿江产业负面清单和转型方向、推动轨道引领的区域交通建设等,确保在区域的层面上形成保护与发展的整体格局,为城镇圈协同提供有效支撑。在东海永城镇圈层次,基于"中国韵味、江南特色、海岛风貌"的生态岛建设要求,提出共同的行动原则、与分镇的落实指标。(1)在生态协同方面,以上海生态空间划定标准为依据,统一划定生态底线,按照一级、二级分解至各镇,同时提出森林覆盖率达到 30% 以上,水面率提高到 10.6%,以及"两横十二纵"河道两侧控制 100 米、滨江沿线控制 200 米的具体要求。(2)在风貌协同方面,规划依据《世界级生态岛建设导则》等相关技术标准,明确提出新增建设高度不超过 18 米,乡村地区不超过 10 米,不搞大都市化建筑、欧陆式建筑,规模上不大于 2×2km 基本组团等共同遵守的原则。(3)在规模协同与设施协同方面,以技术分析为基础,通过协同机制具体推进。首先,规划将三镇用地情况进行细化分类,明确现状建成、已批在建、已批未建、已征未批具体数据,作为基本的底图底数,解决了"现状"用地界定不一致的问题。其次,通过类似地区建设强度比较研究、崇明岛生态承载能力测算等方式,给出了相对合理的建设强度区间。最后,充分对接双方的现实诉求,提出了高中低三个情景方案。同时,对区域性交通设施、公共服务设施、及市政设施用地预留一定的弹性指标,确保全岛一致的设施配置水平。

其三,以"四个共同"为准则的联合决策。在工作开展之初,双方商议确立了四个共同的基本准则,即共同编制、共同审批、共同指导下位规划、共同监督实施管理;在工作推进过程中,逐步确立了由上海市+江苏省领导牵头召开联席会议,由双方推荐成立协同规划建设专家委员会,对协同重点进行决策的机制。联席会议机制对于共识的达成起到关键性的作用。

(三) 实施成效

本次规划是上海跨界地区协同发展的突破性尝试,一是有效解决了临界地区的主要矛盾,并支撑了《东平镇总体规划》《花博会地区专项规划》等后续规划的开展,助力世界级生态岛的高水平建设。二是为崇明与南通两地提供了深度交流与探讨的平台,推动了《跨行政区共建合作协议》的签订,一定程度上、促进了自下而上的协作。三是基于编制经验,形成了《城镇圈规划编制方法》,在后续启动的规划中加以应用,共同推动了城镇圈理念的落地实践。

三、《安亭-花桥-白鹤跨行政区城镇圈协同规划》探索

安亭-花桥-白鹤城镇圈总范围197.9平方千米,2017年建设用地面积119.3平方千米,常住人口约57.3万人,已达到中等城市规模水平。该城镇圈是上海和江苏地理最近、协作最早、经济社会相对发达的地区,三镇在城市建设、经济发展、公共服务等方面已经过多年的融合对接,未来率先实现一体化发展具备良好基础。在此背景下,上海市规划和自然资源局于2017年4月以"上海2035总规"提出的安亭-花桥-白鹤城镇圈作为协同规划开展的空间单元,牵头委托中规院上海分院编制规划,江苏省苏州市人民政府、上海市嘉定区人民政府、上海市青浦区人民政府共同配合开展规划的研究编制工作。

(一)核心特征与问题

安亭-花桥-白鹤城镇圈是典型的城市型城镇圈。体现为发达的城市型产业、连绵一体的城市空间形态、密切的内部互动联系。首先,该城镇圈主导产业特征为城市型的工业及服务业。该城镇圈三镇2019年规模以上工业总产值约1300亿元,安亭镇的汽车工业发达,花桥镇服务外包和总部经济发达,白鹤镇都市农业产业特色突出。其次,三镇已形成连绵的城市空间形态。安亭与花桥之间建设用地已经没有明显的界限,围绕嘉亭荟的墨玉路站点及周边地区成为辐射三镇的城市中心。最后,三镇民间及政府层面互动密切。在民间层面,沪苏两地就业、居住人口流动频繁,根据手机信令数据分析,三镇之间职住联系密切,在该城镇圈内的就业占总就业数的49%。在政府层面,安亭与花桥早在2007年便启动"双城共建",签署《文明共建协议》,在社会治安、人口计生等28个职能部门建立结对共建机制。2018年,两镇签署《安亭花桥"双城共建"战略合作框架协议》,并成立"安亭花桥共建长三角一体化先行区推进办公室"。

安亭-花桥-白鹤城镇圈主要存在整体城市功能的补足、存量用地结构的优化以及空间品质待提升等问题。一是产业缺协作。目前该城镇圈内的产业功能呈现出板块化集聚的特征,但缺乏宏观上的统筹整合,板块空间分布缺乏产业内容和货运物流上的联动考虑。二是空间待明晰。拼合三镇的总体规划,三镇在中心体系和空间板块上均存在冲突,现有规划缺乏从该城镇圈整体角度对中心体系的共识和板块功能的协调。三是交通欠衔接。该城镇圈对外区域性交通廊道有待梳理,三镇之间缺乏中运量交通线联系。三镇交界地区的道路建设方面也存在对接不畅情况,表现为级别不同、线型错位、红线宽度不一致等。四是设施缺配套。由于三镇行政边界分割,既有规划仅考虑了镇层面的设施布局,而忽视了高等级公共服务设施的配置。另外,三镇还存在交界地区服务设施重复配置、社区生活圈配套标准不统一等问题。五是生态弱管控。三镇的生态斑块结构断裂、蓝绿网络缺乏连续性,对于跨域水系生态廊道的管控要求不一致,亟待相互协调。例如,三镇对于跨域的吴淞江滨江建设风貌缺乏一致的管控要求,造成部分河段建设容积或高度过高、滨江岸线被侵蚀等现象。

(二) 规划探索

其一,规划以同城化为目标进行共识磋商。规划针对该城镇圈的发展特征,提出了"共建一个品质新城"的协同目标。在各方商议的基础上,确立了共同编制、共同认定、共同指导下位规划、共同监督实施管理的"四个共同的基本准则"。在工作推进过程中,项目组分别向三区(市)规土局及三镇主要领导进行多次汇报并听取意见,并于2019年初通过联席研讨会的形式组织各镇磋商,聚焦重点难点问题进行研讨,逐步达成共识,并通过会议纪要等形式予以确认。各方明确本次规划是协商共识性的规划,对未达成共识的部分,可进行搁置预控;对于达成一致共识的部分,可作为制定镇总规或其他规划的参考依据。2021年3月,上海市规划和自然资源局、江苏省苏州市人民政府、上海市嘉定区人民政府、上海市青浦区人民政府联合批准同意规划,四地将严格遵照本规划制定下位规划,组织开展各类开发建设活动。

其二,提出"六个协同+行动计划"的核心规划内容。本规划着眼长三角地区高质量一体化发展,衔接相关地区总体规划对安亭、花桥、白鹤三镇的发展目标定位,综合考虑三镇同城化发展趋势和产业、文化、生态、城市建设等方面的发展现状,将安亭-花桥-白鹤城镇圈发展目标定位为"长三角高质量一体化发展先行区、国际汽车产业基地与科创中心、绿色生态的品质新城"。规划提出了"六个协同"的规划策略,从产业协同、空间协同、设施协同、生态协同、交通协同、规模协同等六个方面提出了基本原则、重点任务和具体措施,并通过编制城镇圈分镇建设指引和城镇圈协同行动计划,对各镇的发展目标、人口及用地规模、"六个协同"的重点内容等提出了具体规划引导。

其三,规划提出建立有效实施的体制机制。为有序有效推进该城镇圈共建工作,规划对协同组织机制提出建议。目前三地已共同成立了"安亭、花桥、白鹤共同推进长三角一体化高质量发展办公室",并共同组建了"领导小组、联席委员会、推进办公室"三级推进体制。另外,为了保证跨界城镇圈规划的操发展空间以及区域协同内容的重点工作,针对产业推动、中心塑造、交通协同、操作实施性,规划进一步明确近期重点设施补足、滨江管控、生态共治等问题,提出了6大类、19项行动计划,通过项目库的形式将任务分解到三镇。

(三) 规划成效

本次规划的编制,一是有效解决了安花白三镇跨界地区的主要矛盾,并支撑了三镇相关规划的开展,助力长三角高质量一体化发展样板区建设。二是提供了城市型城镇圈协同规划的编制经验,丰富了城镇圈协同规划理论方法。三是为安亭、花桥和白鹤三地提供了深度交流的平台,推动了三镇一体化深度合作以及《"安亭-花桥-白鹤"城镇圈一体化高质量发展战略合作协议》《白鹤花桥"双城共建"战略合作框架协议》的签订。

四、《枫泾-新浜-嘉善-新埭城镇圈区域协同规划》探索

枫泾-新浜-嘉善-新埭城镇圈位于沪浙交界地区,范围上涉及金山区枫泾镇、松江区新浜镇、嘉善县城、嘉善县姚庄镇、嘉善县大云镇和平湖市新埭镇,总面积464平方千米,人口61万,近似于一个中等城市的规模。该城镇圈人缘相亲、文化相近,是江南水乡田园地区的重要代表,素有"吴根越角"之称。

(一) 核心特征与问题

这个地区是科创要素初现的创新城镇圈。作为G60科创走廊沿线地区,该城镇圈内各个镇对科技创新的重视和投入程度较高,已经建成一批高水平的科创平台。沪浙之间的创新协作也初步显现,由枫泾镇与新埭镇共建的张江长三角科技园是G60科创走廊沿线重要的科创平台之一。由枫泾科创小镇举办、嘉善合作参与的"农创"路演已经形成常态化。

该城镇圈也是典型的江南水乡田园小镇地区。自唐末以来,浸染吴越文化1000年。嘉善是历史上江浙地区重要的粮仓,枫泾古镇则是明末清初江南四大名镇之一。该城镇圈内现状耕地超过300平方千米,占全部用地的65%。凭借着丰富的农业资源和良好的生态本底,该城镇圈内形成了高

品质的农业观光休闲空间。

虽然该城镇圈内各镇之间已经自发开展联系与协作,但在创新协同发展、道路交通衔接、传统文化空间融合、生态廊道延续、体制机制对接等问题上还未能全面达成共识,需要通过跨界城镇圈规划进行进一步协同。

(二) 规划探索

基于各类跨界协同规划的经验以及本地的实际需求,规划确定以"凝聚共识的倡议式规划、有限重点的协商式规划"为导向的技术思路。作为沪浙两地共同组织、共同编制、共同审批、共同实施的协同规划,统一发展目标,寻找各个城镇的最大公约数是规划的首要任务。规划提出"智慧引领的科创城镇圈、水乡气质的魅力小镇群"作为发展定位,凝聚该城镇圈的发展共识。作为非法定的协商式规划,本次规划不为各镇做面面俱到的规划安排,而是以规划作为协商平台,聚焦各镇之间的核心矛盾和协同重点,在生态、设施、交通、旅游、创新等等方面提出协同策略。

其一,生态环境共保。一方面,共建城镇圈跨界生态绿心。以嘉善、枫泾、新埭核心生态绿地为基础,共同建设41平方千米的生态绿核,保证基本农田占比65%以上,形成生态共建共保的重要空间载体。另一方面,共保城镇圈跨界生态廊道。延续"上海2035总规"中明确的生态廊道,连接嘉善、平湖生态走廊,共形成5条跨区域生态廊道。严控生态廊道内的建设活动,在上海两镇内落实"建设用地占比11%以下,森林覆盖率50%以上"的要求,并向嘉善和新埭范围内推广。为保障生态廊道的贯通,在重点生态廊道内有序腾退工业用地。

其二,交通系统互联。一是衔接区域轨道交通。优化利用沪杭普铁,落实上海城际轨道南枫线,作为联系该城镇圈与上海的区域通道。预留嘉兴轨道交通接入枫泾站、平湖市域轨道接入金山北站的通道和条件。二是打通跨界断头路。连接该城镇圈内部道路,打通5条跨省界断头路,加强该城镇圈的南北向联系。提升3条道路等级,进一步加强东西向交通联系能力。三是链接沪杭跨界绿道。规划响应嘉兴的倡议,连接浙江省级绿道2号线和沪杭绿道。

其三,服务设施共享。打破行政界限,以中等城市标准配置公共服务设施。通过植入高等级服务设施和商业中心,重点提升枫泾镇和嘉善县城的服务能力。通过引入上海高等级教育机构,加强教育机构联合办学,推动教育设施的跨区域共享。在该城镇圈范围内按上海 15 分钟生活圈标准配置公共服务设施,构建统一化的社区服务配套标准。结合科创型地区的特点,增加小型文体设施和产业社区邻里中心。

其四,区域旅游共建。整合该城镇圈内跨行政区的人文和景观要素,在城镇圈内形成多个旅游观光簇群。结合交通线路,串联一快一慢两条游线。区域旅游快线重点串联新浜、枫泾和嘉善的核心旅游资源。该城镇圈旅游慢线串联各个镇的旅游资源,由各镇共建深度体验游线。

其五,产业创新共育。基于沪嘉杭 G60 科创走廊以及嘉兴全域科创的要求,该城镇圈未来产业发展以高新技术产业和创新型产业为主要方向,同时,低附加值的劳动密集型产业会从城镇圈内逐步退出。本次规划对该城镇圈的产业提出"疏解低附加值制造业、集聚高新技术产业、集聚科创空间"的协同建议。

(三) 实施成效

《枫泾-新浜-嘉善-新埭城镇圈区域协同规划》自上海市规划和自然资源局、浙江省嘉兴市人民政府、上海市松江区人民政府和金山区人民政府联合批准实施以来,对该城镇圈的协同发展起到了重要作用。一是传导了"上海 2035 总规"的要求,有效地指导即将开始的新一轮法定规划,同时也对其他城镇圈协同规划的编制提供了参考和借鉴。二是协同规划在编制过程中已成为各城镇间协同发展的平台,通过沪浙两地市级、区县级、镇级三级政府的三轮协同对话,协同双方共达成 27 项共识。规划实施以来该城镇圈内部已开展多次协同会议、论坛,初步形成合作协同的机制。三是该城镇圈内各项协同行动正在规划的指导下有序展开,重点跨界地区的规划由双方联合编制、联合审批;城镇圈内跨界断头路已开始动工修建;枫泾、嘉善已开展多次联合水网治污、联合执法拆违等行动。

五、总结与启示

上海三大跨界城镇圈是上海与邻界地区协同发展的率先探索,也是上海从城市走向区域的重要标志,在历经多年的规划协同探索中逐渐形成一套跨界城镇协同规划的框架要点。一是加强目标协同,明确提出具有前瞻性、兼顾各镇诉求的发展目标,强化规划的战略引领;二是加强生态协同,共同保护生态廊道,贯通蓝网绿道;三是加强规模协同,明确人口规模引导与用地规模管控;四是加强空间协同,结合重要区域空间发展交通轴线和功能轴带,明确城镇圈总体空间格局;五是加强公共服务设施协同,以补短板和提质量为导向,分级分类配置文化、教育、体育、养老等公共服务设施;六是加强交通对接,明确城镇圈内对外联系高快速路、主要道路的等级、线型和布局等;七是加强设施共商,协商垃圾处理、污水处理、变电站等市政基础设施选址。

同时,跨界城镇圈协同也需要构建与各城镇圈特征匹配的策略重点。如东平-海永-启隆城镇圈重点抓住世界级生态岛建设的相关要求,重点聚焦"生态欠缺、规模超限、建设失当、设施不足"的具体矛盾,提出了系列管控原则与方式。安亭-花桥-白鹤城镇圈抓住城市型城镇圈特征,基于空间连绵、产业发达、联动紧密等特征,提出"共建一个品质新城"的协同目标,以及产业协同分工、共筑核心板块、共配高等级设施等协同重点。枫泾-新浜-嘉善-新埭城镇圈重点抓住科创萌发、生态田园等基础优势,提出共建跨界生态绿心、打造多个旅游观光簇群、集聚高新技术产业、集聚科创空间等协同重点。

此外,行动落实与机制保障是推动跨界城镇圈协同规划发挥效用的重要保障。一方面,为保障跨界城镇圈规划的实施性,既可提出通过项目库的形式将任务分解到各个乡镇,也可进一步对跨乡镇重点项目统一规划方案、统一建设标准、统一实施落实。另一方面,为加强规划编制与实施,东平-海永-启隆城镇圈、枫泾-新浜-嘉善-新埭城镇圈构建了联席会议制度,通过充分沟通、开诚布公阐述各自诉求、聚焦重点难点协商并逐步达成共识,并最终通过会议纪要等形式予以明确;安亭-花桥-白鹤城镇圈则进一步成立"推进长三角一体化高质量发展办公室",并共同组建了"领导小组、联席委员会、推进办公室"三级推进体制。

参考文献

[1] 陈琳,黄珏,陈星,马玉荃.上海市城镇圈空间组织模式及规划实施模拟研究[J].上海城市规划,2017(04):57-64.

[2] 打造长三角高质量一体化发展样板区!"安亭-花桥-白鹤"12个领域实施共建合作[EB/OL].https://www.sohu.com/a/315369356_120081159.

[3] 全面对接!安亭花桥长三角一体化发展办公室正式启用[EB/OL].https://www.sohu.com/a/234243603_161207.

[4] 贾磊,胡涓,陈莹.崇明岛上的江苏飞地[EB/OL].http://roll.sohu.com/20151018/n423503455.shtml.

[5] 熊健,孙娟,王世营,马璇,张振广,刘晟.长三角区域规划协同的上海实践与思考[J].城市规划学刊,2019(1):50-59.

Ⅳ 上海大都市圈专项协同规划篇

B.11 上海大都市圈上下结合的创新协同发展策略研究

张　亢　马　璇

（中国城市规划设计研究院上海分院）

摘　要：在全球化受限的局势下，各国对本土创新的投入和高端制造业的关注不断升级，内生动力培育正在成为全球各国的共同焦点。长三角地区被赋予全国科创开路先锋的重要使命，科技创新成为长三角高质量一体化的关键内涵。作为长三角经济最发达的上海大都市圈，一方面创新要素持续集聚，创新关联日趋紧密，各城市基于自身优势的创新发展实践亮点频现。另一方面，城市之间的经济角逐、相互的壁垒因素，加之外资为主的先进制造业构成，也让上海大都市圈的创新转化明显受限。围绕上海大都市圈创新与产业发展的特征、矛盾与发展诉求，本研究提出共同培育知识集群，打造高端制造体系，以及构筑产业协作联盟的具体建议。

关键词：创新协同；核心策略；上下结合；上海大都市圈

一、上海大都市圈创新协同发展的基础条件及特点

（一）集聚长三角经济头部城市，基础科研要素实力不断累积

上海大都市圈经济发展迅速，2018年GDP为1.48万亿美元，在长三角地区，以1/6的陆域面积，承载了1/3的人口和约1/2的经济总量。根据2019年长三角各城市GDP、2019年长三角各市城镇人均可支配收入排名汇总，上海大都市圈的城市在TOP10城市中均占据6席，是长三角当之无

愧的核心区域。随着经济实力不断提升,上海大都市圈城市对于创新投入持续加强。2017年,上海大都市圈9个城市R&D投入占比为3%(全国平均水平为2.13%)。同时,上海大都市圈创新要素不断集聚。目前,上海大都市圈共有国家大科学装置6处、国家重点实验室45处、双一流学科61个、高等院校149所,各类科研机构7900余家,大幅领先于粤9市,在国内处于绝对的领先地位。

表 11-1　　上海大都市圈创新投入、创新产出情况统计(2017年)

上海大都市圈	高新技术产业产值(亿元)	专利授权量	研发占比(%)
上海	7 642	72 806	4.00
无锡	1 669	28 926	2.86
苏州	4 464	53 223	2.27
南通	1 045	19 057	2.69
宁波	2 357	36 993	2.46
嘉兴	889	3 786	2.75
湖州	969	12 025	2.65
舟山	101	1 920	1.03
常州	1 234	16 423	2.82
合计	19 136	245 159	3.00

资料来源:各城市统计年鉴、统计公报、国家高新技术统计数据。

(二)各城市加速创新发展,创新路径各具特色

上海大都市圈各城市围绕产业特征与各自优势,探索不同的创新路径。上海综合实力突出,以高校、科研院所为基础,在基础科学装置方面不断突破,引领前沿创新。在硬核创新方面,苏州以园区发展领先全国,尤其生物医药产业,历经10年培育,在人才、企业、新药批件等方面均超越张江。无锡借助太湖优势,引入30多家省部级研究机构,在超算、传感等方向不断迈进。"神威太湖之光"计算能力、绿色指标、科研成果均为世界第一。宁波依托92万家民营经济主体,发展出98家全国市场份额第一的企业,以及25家全球市场份额第一的企业,成为上海大都市圈人口吸引力最强城市。

2019年宁波新增人口34万,相当于上海2013—2019年新增人口的2倍。常州在200多个隐形冠军企业和100多个世界领先工业产品的支撑下,经济动力充足,新北区、经开区等GDP增速达8%(2019年)。嘉兴以乌镇为起点,数字经济影响世界。舟山、南通作为沿海战略要地,谋划自贸经济、海洋经济、港口经济发展。

(三) 各大市场主体基于价值最大化布局创新环节并开展分工合作

基于各城市差异化的要素优势,众多企业也开始谋划不同环节的区域布局,初步形成了以上海为创新孵化源头、江浙两地为转化-中试-生产的区域性产业布局模式,形成了创新链不同环节的分工。多市政府也在积极探索通过正反向飞地推进本地创新发展,以虹桥商务区、张江科学城等为代表的创新地区成为区域性创新服务的重要平台。

二、上海大都市圈创新协同发展面临的主要问题及原因

总体来看,无论是创新与产业的关联,抑或城市间的创新协作水平,上海大都市圈仍处在初级阶段,相比分工更为密切、产业链反应更加快速的珠三角城市群(粤9市地区),上海大都市圈差距较为明显。

(一) 创新要素的整体水平仍需提升,强化长板与补足短板均有待推进

相比于类似体量的全球城市区域,上海大都市圈的创新实力仍有差距。以QS世界大学的1000为例,英国、德国、韩国分别有64所、46所、30所,而上海大都市圈仅有8所。且从分布来看,上述地区多为均衡布局,而上海大都市圈内部,创新要素的空间分布则有着明显差异。上海、苏州两市领跑,两市拥有的国家重点实验室、大科学装置、高等院校等数量均占大都市圈的60%以上。而湖州、嘉兴、舟山等城市则相对缺乏。这在一定程度上影响了创新能级的提升。

（二）科研机构与制造产业关联不足，创新转化能力整体不强

上海大都市圈的创新转化能力总体偏低，在促进企业成为创新主体方面仍存在差距。2017年，上海大都市圈内授权专利仅24.5万件，高新技术企业仅1.9万家，均明显低于粤9市31.8万件、3.0万家的水平。从政府部门的调研及数据比对来看，上海大都市圈尽管制造业实力雄厚，但先进制造业的外企主导的特征极为显著。在上海、苏州、无锡等制造业强市中，高新园区、经开区等实力最强的产业板块均以外资企业为主导。2019年，上海市生物医药营业收入十亿元级企业有30家，外资企业占18家；苏州工业园区纳税贡献30强中，26家为外资企业。外企全球化的布局方式，决定了其相对封闭的管理模式，限制了制造环节向创新转化的路径。先进制造业的内生创新能力亟待提升。

（三）规模集群主导的产业发展，创新合作的程度较低

上海大都市圈的创新关联以横向联动为主，各城市内部产业与创新体系相对独立完整，彼此间关联有限。制造业方面，上海大都市圈的制造业总体呈现独立规模集群的特点，即规模总量大但城市之间的协作配合有限，这与粤9市纵向分工关联的协作集群有明显差异。如果仅从产业链发展来看，这也可以解释为上海大都市圈的多中心组合体的内在特点，但随着创新时代的来临，相互之间频繁而密切的沟通，是培育创新的必要条件。以跨市合作申请专利的数量来看，2019年，上海大都市圈内合作专利的数量为6.5万条，仅占全国专利授权总量的6%；而粤9市为11万条，占全国总量的11%。可见，跨市联动仍有必要加强，以激发更多的上海大都市圈创新机遇。

（四）行政管理壁垒制约了创新要素的流动，制约区域整体创新能力实现

调研显示的主要问题有：一是各城市缺乏充分交流，私下竞争为主，互挖墙脚。上海浦东新区、苏州工业园区是周边城市蹲守的重点地区。周边

城市用充足的土地和资金补贴,将一些孵化多年的企业整体"抱走",加剧了冲突关系。此外,上海一些地区也将周边优质企业进行排序,定向招商。二是合作园区和项目推进艰难,各方利益算盘多,流于形式。南通作为合作意愿最强烈的城市,主动与上海、苏州合作多个园区,但无论是政府签订的战略合作,或是国企主导的协作开发,都因投资收益的分配分歧、地方政策调整等进展缓慢,导致大片土地闲置或成为房地产开发,影响了后续积极性。三是人为设置审批障碍。为了限制本地优质企业外流,对于高新技术企业的认证、人才的相关政策、生物医药类企业临床试验的申请等,以上海为首的城市都出台了诸多限制性要求,造成创新企业反复申请、认证的负担。

三、上海大都市圈创新协同发展的路径与策略

协力提升上海大都市圈的自主创新力和先进制造业水平,共享共建创新源,共塑高端制造集群,促进产业链与创新链的深度融合,是全面提升上海大都市圈竞争力的核心保障。

(一)推进前沿与应用型创新要素的持续提升,实现创新集群的全面发展

创新要素集聚是创新发展的基础。从德国、日本等国家的创新发展经验来看,政府对于大科学装置、国家实验室以及知名高校等高度关注、持续投入,进而高水平的基础性研究,推动了应用型科技的发展,最终形成强大而活跃的知识集群。借鉴国际经验,建议在上海大都市圈构建四类创新源,主要包括:借助长三角一体化发展的战略契机,在国家新一轮重大科技基础设施建设中争取更多资源,加速前沿科学创新源在上海、苏州、宁波的集聚。全面推进应用型基础创新、技术应用型创新源在上海大都市圈各级全球城市及功能性节点城市重点加强。同时,紧跟国际科学前沿的发展走势,关注创新的趋势与方向,为更超前的创新预留好一定的战略空间,确保未来深度参与全球科技竞争与合作的可能性。

此外,应针对不同功能层级,设定差异化的目标及引导策略,实现强大

而多元的内生创新体系。(1)顶级全球城市应着力加强基础科研与人才集聚,实现全球卓越的创新能力、世界顶尖的科研水平。加强对优质高校建设、政府主导型基础科研的投入,加大对人才的服务支持,向东京、纽约看齐。(2)综合性全球城市提升创新短板,成为全球知名的创新中心。以双一流高校、学科、科研院所的建设为核心,通过联合办学、分部设置等方式,与国内外知名高校、院所加强合作,成为世界知名的创新影响力城市。(3)特殊功能性城市加强产业创新,成为全国产业创新示范地。围绕城市主导产业突出创新转化,加强应用技术型高等院校、职业学校的专业化建设,增加国内领先的应用研究中心等等科研机构,实现与产业高度匹配的创新能力。(4)全球功能性节点培育多元、自组织创新的更多机遇。以相对低成本为优势,培育形成1—2个具有国内领先优势的创新集群。同时,搭建中小企业公共创新平台,着力培育企业创新中心。(5)全球功能支撑性节点,关注细分领域的特色创新。培育隐形冠军企业,关注制造环节工艺改进,强化专业领域创新。

通过引导四类创新要素在上海大都市圈不同功能层级的合理配置,补足创新短板并强化创新特色,形成强大的内生创新体系和全球领先的多元知识集群。

(二)围绕关键制造领域,突破技术关卡,实现内生制造产业体系的全面提升

一是关注国际产业发展趋势,联合打造多个领域区域制造产业链。着力推进国家战略型产业有序发展、技术密集型产业的突破发展、传统优势产业稳步发展,形成多个世界顶级集群,即行业份额进入世界前列,拥有多个自主品牌企业以及关键技术的全部自主权,在国际、国内市场有关键影响力,从制造供应转向全面引领。

二是加速提升四大技术成长型产业集群体系。全力建设具有国际竞争力的技术型产业,包括生物医药、电子信息、智能装备和新能源四大领域,作为上海大都市圈产业的核心支撑。(1)大力发展生物医药产业,以张江、苏

州工业园区为核心,全力推进生物制品和高端医疗器械制造,探索临床研究与转化能力,实现国际影响力的研发外包,同时推行异地监管、VIC新药孵化模式等。(2)继续壮大电子信息产业,形成上海、苏州两大产业链体系,发挥无锡中端制造优势,集中力量做好芯片设计及高端生产,同时鼓励多地发展具有关键技术的中小企业集群。(3)加强智能制造的整体实力,力争突破5万亿元产值,使之成为上海大都市圈最大规模的制造之一。智能装备以常州、苏州为引领,加上上海、南通、无锡、宁波形成六大基地,围绕高端数控机床、工业机器人智能传感的核心技术及生产环节,在先进制造园区周边重点发展。(4)合理推进新能源产业,以上海、南通、湖州为核心,分别发展新能源汽车、风电氢能装备、储能产业集群,形成绿色循环产业的全面发展。

三是巩固强化两大现状优势型产业集群体系。(1)重视绿色化工产业,提高基础材料的研发和生产能力。以生态保护为前提,沿南沿江、杭州湾地区有序布局,发挥舟山区位优势,做好石化产品储运及炼化基地。(2)引导汽车制造产业附加值提升,布局优化。在环沪地区、沪杭走廊、杭州湾地区重点布局,形成在发动机、关键零部件等方面一批国际水准的企业。(3)提升重工装备的生产效率。以常州为基地,实现轨道交通从技术自主到生产自主,并形成出口优势产品;以南通、舟山为基地,在海工装备方面对标国际先进水平。

四是持续培育未来战略型产业集群体系。全面落实国家对未来战略型产业的部署,发挥上海大都市圈制造与科研并重的优势,做好国家长远发展的重要支撑。率先探索航空航天产业自主发展路径。践行海洋强国战略,引领东部海洋经济圈高质量发展。

(三)鼓励建设多元创新共同体,培育自组织的创新氛围

一是建设科技创新中央平台。以虹桥商务区和长三角绿色生态一体化发展示范区为核心空间,打造上海大都市圈科技创新中央平台。借助高效的枢纽组织,以及高品质的配套服务,满足都市圈内城市对于集中技术研发、规模化交易展示、国际化人才交流、快速信息互通等诉求,补足各地创新发展的关键环节,形成上海大都市圈对流共享、沟通世界的前沿窗口。

二是建设科技外溢转化平台。鼓励上海大都市圈内交通便利、空间资

源充足的市级重要发展板块,与张江国家科学中心、苏州工业园区、太湖新城等创新要素集聚地区,展开对接合作,作为创新转化的重要空间载体,形成一批潜力正向飞地。

三是建设技术合作与交易平台。以现有的产权交易、生产力促进中心等为基础,鼓励市场化的技术转移中心设立,关注共性技术研发、标注制定和产品市场化等方面,以上海大都市圈中小企业为主要服务对象,架设企研桥梁,提升创新转化与合作的能力。

同时,上海大都市圈应鼓励创新,宽容失败,形成包容氛围,使创新成为全社会共同的价值追求;应鼓励合作,减少壁垒,形成多元活跃的、自组织的、"草根型"创新生态;应鼓励实业,尊重企业家精神,形成以本土中小企业为依托的创新集群。其中,政府应改变角色,放水养鱼。通过减少规则制定,提供柔性支持;简化审批环节,支持创新合作;保留城市内低成本空间,而非直接运营各类创新载体,更好地孕育创新土壤,激发渴望生存、创造价值的企业生长。各类创新要素也应更积极面向合作。创新企业应持续关注研发,重视合作交流;科研机构应推进奖励机制调整,加快面向市场的科技研发;专业机构应为中小企业提供更多资源渠道与对接平台,共同创造上海大都市圈独有的创新文化。

参考文献

[1] 陆军,毛文峰,聂伟.都市圈协同创新的空间演化特征、发展机制与实施路径[J].经济体制改革,2020(6):43-49.

[2] 王淑玲,吴宁.德国弗朗霍夫协会系统与创新研究所运行特色初探[J].智库理论与实践,2020,5(1):82-87.

[3] 熊健,孙娟,王世营,马璇,张振广,刘晟.长三角区域规划协同的上海实践与思考[J].城市规划学刊,2019(1):50-59.

[4] 张学良,林永然.都市圈建设:新时代区域协调发展的战略选择[J].经济体制改革,2019(2).

[5] 郑德高,朱郁郁,陈阳,林辰辉.上海大都市圈的圈层结构与功能网络研究[J].城市规划学刊,2017(S2):63-71.

B.12 上海大都市圈多层次高效交通网络协同规划研究

訾海波　易伟忠　邹　伟　史钟一
（上海市城市规划设计研究院）

摘　要：从全球城市到全球城市区域，上海大都市圈将形成紧凑开放的空间新格局，交通协同规划应突破行政边界，转向适应交通特征和功能的空间范畴。本研究基于上海大都市圈交通基础设施网络基本格局，从枢纽功能协同、城际通道补齐及网络化水平再提升出发，紧扣区域枢纽格局重塑和城际交通联系由轴线走廊向网络化转变两个关键变革，立足"区域、大都市圈、跨界城镇圈"三个空间层次，围绕"模式转变、统筹协调、网络融合"的基本思路，提出区域综合交通系统布局和一体化交通协同发展策略。

关键词：大都市圈；交通协同；统筹协调；网络融合

本研究作为上海大都市圈空间协同规划五个专题之一，提出的枢纽协同、通道补强和网络完善的发展模式和规划策略，对都市圈及跨行政边界地区的交通协同规划具有借鉴意义。

一、上海大都市圈交通基础设施网络基本格局和发展特征

上海大都市圈城镇密集，社会经济发展水平较高，相互间产业、经济和社会联系紧密，跨城交往密切，客流廊道明显，且随着邻沪城镇规律化通勤需求的不断加强，城际需求已呈现出网络化、复合化和多元化的发展特征。

(一) 区域交通基础设施网络格局基本形成

区域交通基础设施建设与都市圈发展相互促进、密不可分,并呈现出不同的阶段特征和发展重点。目前上海大都市圈机场群密度为1.3个/万平方千米,远高于长三角的0.9个/万平方千米。上海大都市圈世界级机场群以上海为核心,且枢纽机场功能突出,客货运吞吐量分别占上海大都市圈机场的81%和94%。区域港口群一体化发展进程逐步加快,从2005年洋山港开通到2019年浙沪合作共建小洋山综合开发项目开工建设,逐步形成上海港及宁波舟山港以集装箱运输为核心,江苏以江海河联运为特色的沪浙苏港口群港口货运吞吐量"三分天下"的运输格局。2000年以后上海大都市圈基础设施进入高速发展阶段,区域高速公路网络"环+放射+廊道"格局基本形成,路网密度达到6.64千米/100平方千米,已经超过《长三角交通运输更高质量一体化发展规划》提出的5千米/100平方千米的发展要求。2010年以后高速铁路"Z"型走廊建成,区域铁路网络加速完善,线网密度已超过300千米/万平方千米,其中高速铁路线网密度120千米/万平方千米,已超过东京首都圈113千米/万平方千米的现状水平。

(二) 枢纽协作、通道层次及网络化水平有待改进

上海与大都市圈的交通联系占与长三角联系需求的75%左右,但枢纽间协作还不够紧密、城际网络发展还相对滞后,重要功能节点直连直通仍未显著改善。

第一,港口及机场群国际竞争力及区域协作有待提升。上海大都市圈航空运力结构远高于城市群的经济集中度,空铁联运体系尚未形成,国际枢纽机场与周边干线、支线机场协调联动不足,枢纽机场国际旅客比重和国际连接度远低于成田机场、戴高乐机场等。上海大都市圈港口资源丰富且吞吐量处于世界领先地位,但货运附加值和港口群内部协作水平不足,且随着长江深水航道建设,下游港口靠泊条件接近,相互间竞争存在进一步加剧的可能。

第二,轨道层级缺失已成为发展进程中的突出短板。上海大都市圈区

域干线走廊完善程度远超城际走廊,区域、城际、市域功能复合导致"超荷效应",系统稳定性和可靠性水平降低。上海大都市圈轨道交通网络呈现典型的"哑铃"型结构,市域(郊)铁路建设速度严重滞后于人口、产业等要素流动,铁路网密度仅为 0.03 千米/平方千米,远低于东京的 0.27 千米/平方千米、伦敦的 0.08 千米/平方千米,以"高铁+地铁"的组织模式导致服务深度和广度不足,也难以满足多样化的城际出行。

第三,铁路枢纽与城市空间耦合不足且重要节点地区缺少枢纽覆盖。上海大都市圈核心城市组织能级跨界已有突破,形成了以上海、南通、苏-锡、锡-常等多个 30—50 千米的通勤圈,但由于区域城际网络化发育程度严重不足,"圈域分割"导致同城化进程不协调,通勤比例还不足 1%。铁路 90 分钟服务范围已覆盖沪宁、沪杭走廊重点城市,但高铁及城际枢纽对重要节点地区的覆盖率仅 35% 左右,尤其是城际枢纽的不足带来服务的"深度缺失"。

二、基于要素变革和共同诉求的交通协同目标愿景

单纯从项目对接出发难以满足大都市圈现代综合交通运输体系构建的要求,需要重新认识综合交通结构性要素,发挥空间规划的引领作用,促进区域交通协同和一体化发展。

(一) 应对区域交通结构性要素的深刻变革

由于高速铁路等快速推进,城市间时空距离大大压缩,具备了建设更大范围都市圈的条件,与此同时交通协同需要更加关注承担国家责任并带动潜力地区的发展。

第一,区域枢纽格局面临结构性空间重塑。随着上海大都市圈经济和交通网络的演进,区域枢纽格局由核心城市集聚向协同联动发展成为必然过程。一是,航空运输呈现快速发展、空域能力紧张和市场竞争日益激烈的态势,需要机场群布局、航线优化等以提高国际竞争力。二是,主动适应国际经贸格局调整和全球产业链分工,需要优化提升港口国际供应链位势和价值链协作水平。三是,区域铁路网络正处于由传统的"Z"形通道向网络化

发展阶段的转变,在强化核心枢纽规模和辐射的能级的同时,更应关注城际枢纽服务的均衡性。

第二,城际交通走廊将由轴线联系向网络化格局转变。随着城市间产业分工协作的推进,城市空间功能格局将在更广的范围、甚至在城际进行组织。一是,随着规律化的城际客流快速增长,需要强化复合交通走廊建设,持续优化城际交通联系的紧密度和方式结构。二是,处于市域向心交通系统"末端"的新城,需要打破既有"单中心放射"的系统布局模式,完善城市级枢纽功能,扩展对外连接扇面,转变为区域发展廊道上的"节点"。三是,为参与更深层次的区域分工,中小城市及潜力发展地区更加需要新兴城际发展廊道的支撑,完善城际交通网络,改变区域交通可达性"蛙跳"的短板。

(二)建立通达全球、服务全域链接的高效对流网络

在以国内大循环为主体、国内国际双循环相互促进的新发展格局中,上海大都市圈需要努力构建面向通达全球、服务全域链接的多层次高效对流网络,支撑各级城市与节点之间的链接互动,推动多极网络化的发展模式。

第一,"通达全球"更加突出机场和港口群协同对提升国际竞争力的支撑。在全球城市区域枢纽能级不断强化、专业化水平持续提升的当下,上海大都市圈亟待构建分工明确、功能齐全、联通顺畅的世界级机场群和港口群,强化周边城市与上海机场联动,与上海港的战略合作,以协同发展促进都市圈交通竞争力的整体提升,重点破解大都市圈规模结构极化、分工协作不足以及国际化水平仍然偏低的问题。

第二,"全域链接"更加强调多层次交通网络完善对空间组织模式的引导。一是以交通走廊引导区域空间布局,重点培育次级发展走廊,支撑网络化格局。二是以大都市圈轨道交通网络为重点,完善覆盖多层次功能节点的区域交通支撑,构建融合都市圈"区域网"与城市群"骨干网"的高效"对流网络"。三是形成多方向、多方式紧密衔接的一体化交通系统,重点破解当前次级区域、次级城镇及节点地区交通链接不足的问题。

图 12-1 上海大都市圈交通网络规划研究视角及重点分析

三、融合设施、组织、功能的一体化交通协同发展策略

强化发展廊道作为促进区域要素集聚和紧凑发展的空间骨架，合力加快沿江、沿海沿湾、沪湖、通苏嘉甬等走廊建设，完善和提升沪宁、沪杭、宁杭甬等走廊服务功能，支撑区域空间新格局。发挥上海龙头带动作用，打造极具竞争力的世界级枢纽体系，构建高度融合的区域交通网络，强化分工合作、错位发展，提升区域交通协同发展水平和效率。

（一）共建"江海河联动"的世界级港口群

适应国际航运重心向亚太转移的态势，在"一体两翼"的总体布局框架下，推动市场主导下的港口间相互参股与资源整合模式，构建面向全球的航运资源和服务配置中心。支持和鼓励内河港口与沿海港口的联动发展，利用航运中心信息化手段，平衡运输需求和设施能力，力求资源配置效率的最大化。

第一，深化跨区域合作，完善"一体两翼"的世界级港口群布局结构。以上海为中心、苏浙为两翼，构建功能完善、服务领先、互利共赢的世界级港口群，巩固和提升上海国际航运中心的服务承载能力，支持和鼓励内河港口与沿海港口的联动发展。长江沿岸港口条件趋同，北翼港口群在明确内部分工的同时，应深化沪苏长江口港航合作，加强跨江联动发展。宁波舟山港与上海港经济腹地存在重叠,应加强江海联运合作和模式创新,推动形成上海国际航运中心、舟山江海联运服务中心联动发展的格局。

表 12-1　　　　　　　　上海大都市圈港口功能体系

港口群	构成	主导功能
中心	上海港	国际集装箱枢纽港
北翼	苏州港、南通港、无锡港、江阴港、常州港及沿江城市内河港区	苏州港、南通港作为江海联运中转枢纽,协同沿江港口群作为上海港远洋集装箱运输的喂给港,常州港打造江河联运综合货运枢纽
南翼	宁波-舟山港、嘉兴港、湖州港及内河港区	错位上海港,宁波舟山港重点发展大宗能源、原材料中转运输和集装箱干线运输,建设国际综合性枢纽港。嘉兴港作为海河联运发展引领区、湖州港作为上海港面向内陆地区的桥头堡,辐射皖南、浙西等区域

第二,打通区域港口物流基础设施网络,促进江海河、铁公水联运发展。围绕"强化通道、通江达海"的基本思路,协同推进长江干流、京杭大运河和浙北高等级航道网,加强码头技术改造和锚地建设,推动海江河联运体系发展,提高集装箱水水联运比重。围绕"网络联通、扩大辐射"的总体导向,推动疏港铁路串联沿线港区,优化港区货运结构,发挥干线铁路通道功能,拓展上海港区域腹地,强化苏州中欧班列枢纽节点功能,打造"一带一路"国际物流干线。

(二) 打造支撑全球城市功能体系的航空枢纽群

落实《长江三角洲区域一体化发展规划纲要》要求,合力构建分工明确、功能齐全、联通顺畅的世界级机场群,强化政府推动下的"空域运行、地面交通、机场管理"协同运营管理模式,提高区域航空国际竞争力。

第一,持续提升以上海为核心的大都市圈机场群服务能力。上海大都市圈机场群作为对内对外开放的门户,现状整体饱和度约86.9%,且航空客运需求处于快速发展阶段,预测2035年将达到3.0亿人次/年,未来仍有5000万人次/年的能力缺口。《新时代民航强国建设行动纲要》明确提出,着力推动京津冀、长三角、粤港澳大湾区、成渝等世界级机场群建设。未来上海大都市圈机场群重点是通过建设南通新机场、提升苏南硕放机场功能和建设嘉兴航空联运中心等来满足不断提升的航空客货运输需求。

第二，促进多机场专业化分工并疏解上海非国际枢纽功能。从全球领先机场群的结构来看，一般是有1—2个国际性枢纽，旅客吞吐量占本机场群的30%左右，并处于全球排名前列；有1—3个区域性枢纽，旅客吞吐量占本机场群的10%以上；另有若干个地区性枢纽和非枢纽作为机场群的"辅助机场"。国家民航局《关于进一步深化民航改革工作的意见》明确提出"疏解背景、上海、广州等机场非国际枢纽功能"。上海航空枢纽建设成效显著，亚太门户复合航空枢纽地位基本确立，未来将发力推动"互补模式"，完善区域性枢纽多机场体系，拓展国际客货运航线，降低低成本航空运行挤占主干机场时刻，强化衔接辐射带动作用。

第三，推动以空铁联程联运为核心的现代航空枢纽建设。构建面向上海大都市圈的航空资源优化配置体系，新建机场应与区域发展走廊和高速运输通道相结合，既有机场应积极引入区域城际铁路，扩大时空覆盖范围。结合上海东站与浦东国际机场形成浦东综合交通枢纽，引入沪苏通铁路、沪乍杭铁路，并完善两场之间的快速联系通道，构建空铁联运体系，重塑门户枢纽功能，扩大对长三角的服务能力。

（三）建立节点带动和网络互联的多层次城际轨道交通

打造"轨道上的都市圈"，将都市圈城际、市域（郊）铁路以及开行城际及市域通勤化列车的普速铁路均纳入都市圈轨道交通网络范畴，强化"复合走廊"+"分圈层布局"的系统结构，并以都市圈城际铁路强化区域交通一体化，以市域（郊）铁路实现通勤同城化。

第一，构建具备广泛承接能力和深度吸引力的都市圈客运枢纽体系。形成对广域空间高效覆盖的综合交通枢纽体系，与区域功能体系相契合，充分发挥中心城市辐射和引领作用，扩大对重要节点地区的覆盖，并促进枢纽与地区功能中心融合。将交通网络资源在关键节点集聚，强化虹桥、浦东枢纽与大都市圈轨道交通网络衔接，作为上海大都市圈的"门户枢纽"。推动南通新机场、无锡硕放机场等铁路通道的引入,扩大"空铁枢纽"的区域辐射能力。结合高速铁路干线规划建设,打造苏州北站、嘉兴南站等"高铁枢纽",建立"一体化、多功能、综合型"的立体开发模式,提升对节点城市的支撑和引导。实现从"高铁+地铁"向"直连直通"深入中心城区的高效组织模式转变,推动"城际枢纽"融入地区中心并激活功能,突出"站城一体"和无缝衔接。

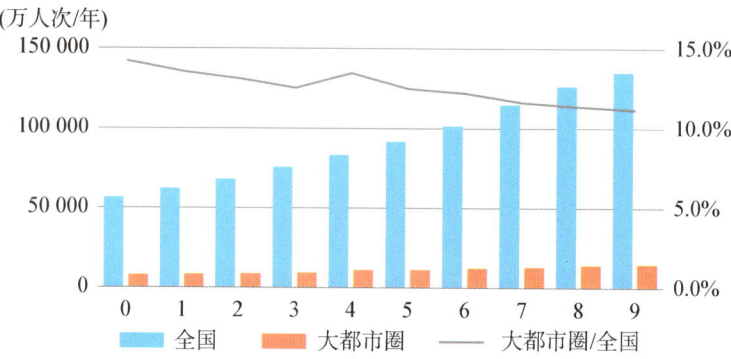

图 12‐2 全国及上海大都市圈航空旅客变化趋势

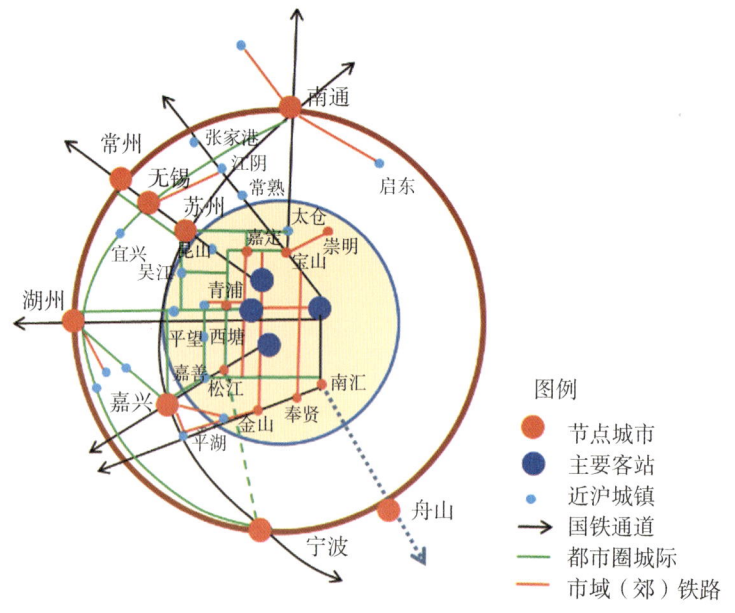

图 12‐3 上海大都市圈轨道交通网络圈层结构示意

第二,完善区域复合走廊并重构大都市圈时空格局。区域发展廊道是促进上海大都市圈紧凑发展的空间骨架,也是引导创新和功能要素集聚与流动的重要支撑,更是激发节点城市发展动能的核心载体。在以都市圈、城市群为主要形态的城镇化背景下,空间扩张、居住人口外溢趋势难以回避,跨圈层、不同目的的多样化出行特征日益显著。应在保证联系时效性的同时提高服务的覆盖性,实现由追求规模等级向提升网络完整度的转变。其中,国家高速通道主要承担区域对外及城市间的高速直达联系的功能,服务模式强调时效性,实现城市点到点直达,并辅以枢纽集散功能;区域城际通道主要承担长三角城际商务、通勤等周期性出行,服务模式强调可达性,实现重要空间功能节点间的直达;都市圈联系通道主要承担都市圈内部、特别是中心区与外围地区间的联系,服务模式强调覆盖性,支撑同城化出行。

表 12-2 基于大都市圈圈层布局的轨道交通系统分层

层次	功能	设计速度（千米/小时）	站距(千米)
干线铁路	国家铁路网络中具有重要地位的铁路线,以"八纵八横"为主	250—350 160—200	30—50 5—15
区域城际铁路	相邻城市间开行城际列车,运输城际旅客的客运专线	250—350	10—30
都市圈城际铁路	区域中心城市与重要城镇组团之间1小时交通圈	160—200	5—10
市域(郊)铁路	位于中心城区与组团间或具有同城化需求的城镇组团间,服务于通勤客流	100—160	3—5

第三,补齐都市圈城际铁路基本格局和系统骨架,形成都市圈发展的主动脉。都市圈城际铁路介于区域城际铁路和市域(郊)铁路之间,构成了都市圈发展的主动脉。为巩固和提升上海对区域的辐射和带动作用,综合利用既有铁路通道资源,强化"干线铁路＋都市圈城际铁路"复合通道功能,根据区域、市域空间结构及城际出行特征形成"三圈四廊"的基本格局。即链接五大新城的都市圈第一圈层、南通-苏州-嘉兴构成的第二圈层和依托宁启铁路-新长铁路-宣杭铁路-萧甬铁路的外围圈层,以及辐射常州、嘉兴、湖

州、宁波的四条廊道。系统整合市域（郊）铁路通道，完善都市圈城际铁路"两纵七联"系统骨架，实现分散、网络化的空间均衡布局，推动网络互联互通和一体化运营。

第四，完善大城市紧密圈层市域（郊）铁路一小时同城化通勤服务圈。

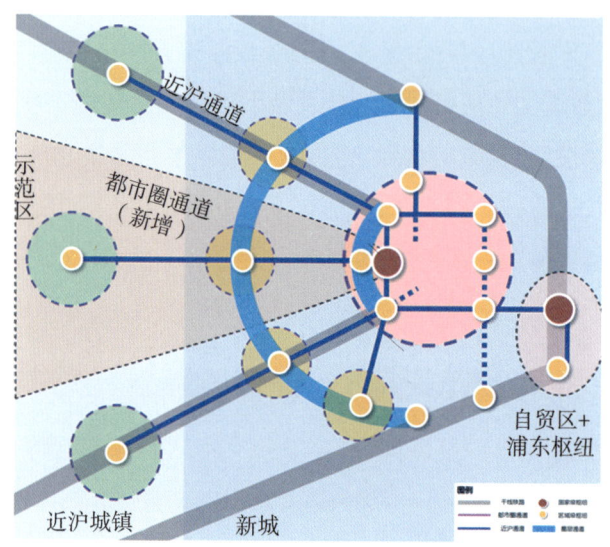

图 12‑4　近沪地区市域（郊）铁路衔接模式示意

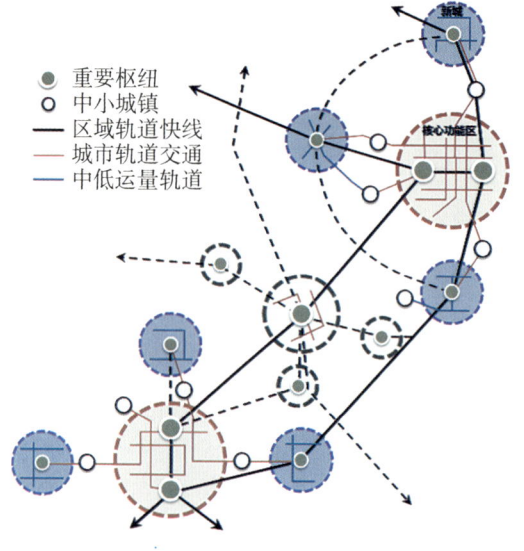

图 12‑5　多模式轨道交通与枢纽衔接示意

大城市周边的紧密圈层商务通勤类出行客流占比较大,并呈现高频次、规律性特征,而市域(郊)铁路是连接中心城市与外围功能组团之间通勤的发展轴线,例如伦敦市郊铁路承载了超过一半的英国铁路客运量,超六成为伦敦区域内通勤运量。上海大都市圈应在形成都市圈城际铁路基本格局和系统骨架的基础上,进一步补充完善"中心放射"的市域(效)铁路网络,通过互联互通实现都市圈城际铁路多路径引入中心城区;推动关键节点互联互通并强化运输连续性以提供规律性、"无差别化"的出行服务,实现以中心城市为核心的一小时同城化通勤服务圈,扩大线路服务的广度和深度。

(四)推动高速公路关键通道复合、城际走廊加密、瓶颈区段扩容

上海大都市圈国家高速公路基本建成,协同聚焦"通道复合、骨架完善、疏港便捷"的省际网络,服务中心城市、衔接运输枢纽,增强网络系统性和可靠性。

第一,着力推进多功能通道建设,推动跨长江及杭州湾融合发展。铁路、公路、城市交通等多种方式合并过江,形成布局合理、功能完善、保障充分、集约高效的过江通道系统。上海大都市圈范围内共规划17座长江干线过江通道,通道平均间距由现状的50千米缩小为15千米,规划新增通道多为公铁复合通道。为引领环杭州湾地区高质量发展,强化上海与甬舟方向交通网络一体化,提高杭州湾地区跨海通道的战略保障,在加快通苏嘉甬铁路通道建设的基础上,重点关注沪甬、沪舟跨海通道战略通道的战略预留。

第二,通过环线功能完善、省际高速加密、瓶颈区段扩容提升系统功能。协同优化各城市高速公路网络规划,形成以地级市为主节点,各区县(市)为次节点,地级市之间及与各区县(市)之间顺捷连接、便捷沟通的高速公路骨架网络。适应上海大都市圈交通一体化的发展需要,完善环线功能,将近沪城镇纳入上海高速公路网络的一体化组织体系。加密省际高速公路网络,推动关键通道扩容或复线,进一步消除高速公路瓶颈路段,突破行政边界实现区域交通网络一体化。

参考文献

[1] 陈小鸿,周翔,叶建红. SUMP 背景下的上海大都市圈交通协同规划新范式[J]. 创新驱动与智慧发展——2018 年中国城市交通规划年会论文集.

[2] 国家发展改革委. 关于培育发展现代化都市圈的指导意见(发改规划〔2019〕328号)[EB/OL]. http://www.gov.cn/xinwen/2019-02/21/content_5367465.htm, 2019-2-21.

[3] 中共中央、国务院. 长江三角洲区域一体化发展规划纲要[EB/OL]. http://www.gov.cn/zhengce/2019-12/01/content_5457442.htm, 2019-12-01.

[4] 中共中央、国务院. 交通强国建设纲要[EB/OL]. http://www.gov.cn/zhengce/2019-09/19/content_5431432.htm, 2019-09-19.

[5] 中国民用航空局. 新时代民航强国建设行动纲要[EB/OL]. https://m.souhu.com/a/281318220_120054677, 2018-12-12.

[6] 訾海波. 空间协同与移动均好性下的大都市圈轨道交通网络规划思考[J]. 交通与港航, 2021(1): 10-15.

B.13 上海大都市圈重大市政基础设施协同规划研究

杨 柳 王 威 徐国强 沈 阳 钱 昊

（上海市城市规划设计研究院）

摘 要：上海大都市圈是落实长三角一体化发展国家战略的重要先行区域，也是长三角城市群功能最聚集的引领区。根据长江经济带、长三角一体化发展国家战略发展要求，上海大都市圈内需要进一步提升市政基础设施互联互通水平，加强协同合作，提高发展水平。从现状情况看，上海大都市圈内重大市政基础设施要实现高水平的协同发展，仍存在流域矛盾、地缘壁垒等挑战。本研究以战略为导向、以问题为基础，提出打造上海大都市圈重大市政基础设施命运共同体的理念，从功能互补、要素流动、资源整合的跨域融合角度，从安全、绿色、高效多维度进行统筹，为全面打开上海大都市圈市政基础设施"合作共赢"的崭新局面提供策略思路。

关键词：大都市圈；市政基础设施；一体化

2019年10月，《上海大都市圈空间协同规划》编制工作正式启动。结合长江经济带发展、长三角一体化等国家战略的新要求，借鉴纽约、伦敦、东京等全球城市都通过划定都市圈腹地，协调区域发展，提升区域资源配置能力的新趋势，抓住上海、无锡、常州、苏州、南通、宁波、湖州、嘉兴及舟山等城市发展过程中共同应对重大市政基础设施瓶颈的新机遇，通过组织协商、调查研究、规划协同等一系列工作，上海大都市圈的九个城市共同提出了协作共进、积极应对的重大基础设施一体化发展的目标及路径，建立高效的合作及协调机制,共同应对流域、地缘等挑战,并结合长三角城市群总体发展目标,以更快更好地实现区域共赢,更好地为长三角城市群参与全球竞争提供支撑。

一、上海大都市圈重大市政基础设施协同发展的使命

(一)国家发展战略新要求

1. 长江经济带发展战略要求

2016年,《长江经济带发展规划纲要》发布,按照"生态优先、流域互动、集约发展"的思路,提出了大力保护长江生态环境、促进基础设施共建共享等多项任务。

2018年11月,中共中央、国务院明确要求充分发挥长江经济带横跨东中西三大板块的区位优势,以共抓大保护、不搞大开发为导向,以生态优先、绿色发展为引领,依托长江黄金水道,推动长江上中下游地区协调发展和沿江地区高质量发展。

2020年12月,《中华人民共和国长江保护法》颁布,国家建立长江流域协调机制,统一指导、统筹协调长江保护工作,审议长江保护重大政策、重大规划,协调跨地区跨部门重大事项。

2018年11月,长江三角洲区域一体化发展上升为国家战略,赋予了长三角一体化发展更高的定位、更深的内涵、更广的空间、更强的动力,长三角地区肩负着推进更高起点的深化改革、更高层次的对外开放等新使命。

2018年,《长三角地区一体化发展三年行动计划(2018—2020年)》发布,聚焦能源互济互保、信息网络高速泛在、环境整治联防联控等7个重点领域。2019年5月,《长江三角洲区域一体化发展规划纲要》印发,提出在基础设施、生态环境、公共服务等领域基本实现一体化发展,全面建成一体化发展的体制机制,共同打造数字长三角,协同推进跨区域能源基础设施建设,加强省际重大水利工程建设,强化生态环境共保联治。

《长江三角洲区域一体化发展规划纲要》印发后,沪苏浙共同组织开展了长三角生态绿色一体化发展示范区国土空间总体规划编制工作,明确了示范区把"世界级滨水人居文明典范"作为总体发展愿景,将构建高效、绿

色、智能、安全的基础设施网络。

(二) 上海大都市圈一体化发展新格局

2019年8月,上海市政府会同苏浙两省人民政府联合印发了《关于成立上海大都市圈空间规划协同工作领导小组的通知》和《上海大都市圈空间协同规划编制工作方案》,并于10月召开第一次领导小组会议,正式启动《上海大都市圈空间协同规划》编制工作。规划提出"一个兼具创新、对流、生态、人文的现代化都市圈,具有世界影响力的世界级城市群的核心区"的目标愿景,对优化区域水源的配置与布局、促进大都市圈内能源结构的优化与调整从供给侧减少用碳等方面提出了更高的要求。

上海在《上海市城市总体规划(2017—2035年)》中,亦提出要以都市圈承载国家战略和要求,完善区域功能网络,加强基础设施统筹,推动生态环境共建共治,形成多维度的区域协同治理模式。

(三) 上海大都市圈重大市政基础设施一体化发展的新机遇

1. 战略发展新要求带动新一轮区域合作需求

2020年2月,中央全面深化改革委员会第十二次会议指出,"基础设施是经济社会发展的重要支撑,要以整体优化、协同融合为导向,统筹存量和增量、传统和新型基础设施发展,打造集约高效、经济适用、智能绿色、安全可靠的现代化基础设施体系"。2020年3月,中共中央政治局常务委员会召开会议提出,加快5G网络、数据中心等新型基础建设进度。新基建是智慧经济时代贯彻新发展理念,实现生态化、数字化、智能化、高速化及经济结构对称态的基础设施,上海大都市圈想要打造一个创新引领的活力都会、一个畅达对流的高效地区、一个和谐共生的生态绿洲,必须以人工智能、5G、机器人和物联网为代表的新基建为依托,不断提升城市群的基础设施互联互通水平。

2020年9月,习近平主席在第75届联合国大会上,向世界宣布中国二氧化碳排放力争取于2030年前达峰,努力争取2060年前实现碳中和。上海大都市圈以长三角三省一市约 1/6 的陆域面积,承载了约 1/3 的人口和 1/2 的经济总量,经济社会的快速发展决定了其资源能源消耗总量仍将进一步增长,碳达峰、碳中和对每个城市而言都是一个巨大的挑战。能源结构优化转型是城市低碳发展中非常重要的组成部分,大都市圈区域内传统火电所占比重较大,传统能源系统发展模式已不能满足城市低碳化和提高区域能源网络效率的需求,城市之间需进一步加大合作力度,共同制定并实施碳达峰、碳中和行动方案,加快推动碳市场建设。

2. 全球气候变暖带来的挑战

1980—2017 年,东海海平面平均上升速率为 3.3 毫米/年,高于同期全球平均水平。由于海平面上升和大潮的叠加作用,长江口每年遭遇咸潮入侵次数增加,此外还会影响入海口区域的行洪。预测未来 30 年,长江三角洲将是受海平面上升影响主要脆弱区。

从现状情况看,流域骨干工程已基本建成,防洪除涝能力得到较大提高,但上海大都市圈经济社会持续快速的发展迫切需要更高标准、更有效的防洪安全保障,气候变化也进一步增加了防洪的艰巨性和复杂性。未来,需要进一步加强对流域、城市、区域各层次防洪除涝工作之间的协调,避免对流域、相邻地区产生不利影响,共同制定应对超标准洪水的防御对策。

二、上海大都市圈重大市政基础设施协同发展的现状与挑战

(一)流域性问题影响深远

上海大都市圈总体属于"长江大流域"范围,具体可分为三大片,分别是太湖流域片(含上海市陆域主体部分、无锡、常州、苏州、湖州、嘉兴等)、长江流域片(狭义,含上海市崇明区、南通市)、浙东诸河片(含宁波、舟山)。

1. 太湖流域片

随着城市经济社会的快速发展,城市对安全韧性的要求越来越高。太湖流域历来重视对重大水利工程的建设,在跨省防洪除涝、水环境保护等方面已有一定的协同基础。但与城市经济社会发展对水利的要求相比,太湖流域水利存在明显的不协调、不适应,主要表现在流域水质污染、防洪减灾能力、水资源供应等方面。

第一,流域整体水环境质量不稳定,饮用水水源地存在安全风险。一方面,从西太湖取水的无锡、常州等城市,在夏季时有蓝藻爆发。另一方面,以太湖下游的开放水系作为水源地的城市,如上海、嘉兴等城市,水源地水质受上游来水等因素影响,取水口水质不稳定。流域内城市化水平高、人口密集,有大量的废污水排放,相对排污出路较少,流域内水系相连犹如瓜藤相接,依存关系密切,形成了上游城市的发展诉求与下游城市水源保护需求的矛盾。

第二,流域防洪减灾压力大。经过多年建设,太湖流域防洪减灾能力得到较大提升。但面对气候变化导致的降雨量增多、海平面上升、平原河网流速缓慢,汛期区域防洪与城市内涝统筹难度较大,太湖流域防洪工程体系需要进一步协调和完善。

第三,流域水资源跨区协调能力不足,应急协调能力需进一步提升。从行政管辖角度来看,浙江省有濒湖岸线200千米水面的管理权,余下几乎全部划归江苏省管辖,由于行政边界限制,湖州的太湖水源地取水口只能设置在离岸不足百米处,易受到太湖蓝藻爆发的影响。

2. 长江流域片

上海崇明区、南通均位于长江河口海陆交汇处,该流域河海相接的特点决定了其具有易受到海潮倒灌和河口供水安全问题,对保障河口城市安全形成威胁。

2008年国务院批准《长江口综合整治开发规划》,其中对长江北支提出了整治方案,通过工程建设在一定程度上改善了北支的水动力条件、降低了海潮倒灌风险,减少了上海、南通等城市面临的风暴潮风险。

3. 浙东诸河片

宁波西南方向多山,东部临海且岸线复杂,城市防汛除涝面临山洪、海潮顶托等问题,夏、秋季台风影响期间尤为明显。

舟山群岛是一个由多个岛屿组成的海岛城市,降雨量大且集中,台风影响较为频繁,风暴潮多碰头风险较大。舟山的水库水源与其发展需求存在缺口,需从大陆引水,其大陆引水工程的取水口位于宁波市建成区内,水源水质的安全保障能力需进一步提升。

(二)资源跨区整合

1. 能源

上海大都市圈内的能源禀赋并不丰富,天然气、电力等高度依赖外部输入,在此背景下,上海大都市圈内高等级能源网络已基本实现了紧密衔接,但作为经济高度发达的能源集中消费区域,区域能源系统整体效益仍有待提高,且内部还存在供需不平衡等问题。

在天然气方面,上海大都市圈的天然气主要来自西气东输、川气东送,以及东海气、进口LNG等。西气东输一线、西气东输二线、川气东送分别由常州门站、嘉兴门站、湖州高禹门站进入上海大都市圈范围,省级以上干线基本形成互联互通。就不同城市而言,由于行政体系、城市级别不同,配给各城市的天然气总量不同,有些城市能源需求量大但配给有限、间接影响了其产业发展,相反有些城市却用不完、有剩余。城市之间的天然气环状多向保障网络结构未得以构建,区域天然气利用潜力需进一步挖掘。

在电力方面,上海大都市圈属于华东电网。区域骨干网架包括锦屏-吴江800千伏直流、淮南-上海1000千伏特高压交流及500千伏直流、三峡-上海500千伏直流等,城市之间500千伏以上的超、特高压电力骨干网络基本建成,特殊情况下可进行电能交换,系统安全性已达到较高水平。但随着区域产业结构及用电领域的需求变化,电力峰谷差矛盾日益凸显,对电网的安全运行造成不利影响。

2. 信息基础设施

上海大都市圈信息基础设施建设目前属于国内先进水平。上海大都市圈内的国家、区域两级光纤骨干网络已基本建成,包括上海-南京(串接苏州、无锡、常州)、上海-湖州、上海-嘉兴等。上海、苏州、宁波等作为5G试点城市,正在逐步推进5G基站建设。上海大都市圈内目前有19座长途枢纽通信机房、34座市域核心机房,且是全国(不含港澳台)三大海光缆登陆地之一。

上海大都市圈内各城市均提出了智慧城市建设愿景,并在政务、公安、交通等方面取得了一定成果,但智慧应用水平还需进一步提升,需加强面向服务更高水平对外开放、服务长三角一体化战略的相关设施建设,在跨行政区一体化上实施联动,有效整合资源。

3. 末端固废处置设施

在现行城市发展要求和管理条件下,目前上海大都市圈内各城市固废均由各市自行在各自城市边缘处理处置,易出现相邻地区的"邻避"问题。城市之间缺少统筹协调机制,比如上海金山垃圾焚烧厂与嘉兴平湖垃圾焚烧厂距离较近,不利于处置能力及土地资源的高效利用。如何加强循环经济静脉产业发展是上海大都市圈内各尘世值得探索的方向。

(三)各城市管理和机制存在差异

中国现行的行政管理体制是垂直科层结构,不同行政区域的管理权限和运作模式差异较大,行政管理权限不一、行政部门职能有一定差异。

受制于市政基础设施的现行管理机制,上海大都市圈内各城市市政系统基本由各自城市自行按照国家及省市标准建设且形成各自体系模式,建设标准和管理体系不一,运行运维差异较大。如何在区域中建立更高层面的区域一体化体制机制是值得研究探索的方向,如综合防灾区域协同、末端处置设施跨区合作机制等。

三、上海大都市圈重大市政基础设施协同发展策略与实施路径

(一)打造上海大都市圈市政基础设施的"命运共同体"

上海大都市圈内各城市市政基础设施发展建设需与国家战略发展新要求、新格局、新机遇相匹配,同时还必须解决区域整体安全与单一城市局部安全协调发展、打破行政壁垒加强跨区市政基础设施共建共享、建立区域一体化体制机制等基础问题。

上海大都市圈市政基础设施一体化发展要点是要形成功能互补、要素流动、

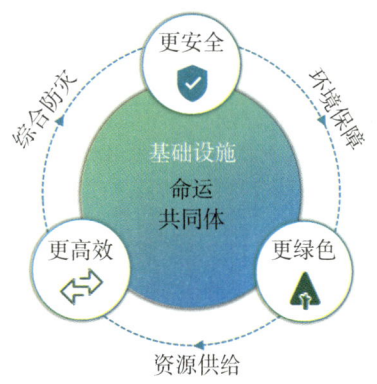

图 13-1 上海大都市圈市政基础设施"命运共同体"发展模式

资源整合的跨域融合的市政基础设施协同整体,即打造一个"更安全、更绿色、更高效"的命运共同体——全方位统一发展共识,打破行政壁垒,打开区域市政基础设施"合作共赢"的崭新局面。

(二)增强上海大都市圈的城市韧性

优先加强涉及区域安全的管理机制和重大市政基础设施协同建设,提高市政基础设施应对各种风险的能力。

1. 构建"洪涝兼治、蓄泄兼筹"的防洪减灾体系

太湖流域防洪减灾体系,以太湖洪水安全蓄泄为重点,统筹兼顾防洪与水资源利用、水环境保护及航运等各方面需求,妥善处理流域上下游、左右岸、干支流、点线面、水安全水资源水环境等各方面关系。在太湖调蓄能力提升工程基础上,进一步提升北、东、南三个方向排洪能力。在区域协调层面,加速推进尚未达标的城市防洪工程建设,避免对上、下游防洪除涝体系造成冲击;防洪工程规划设计需调整的,应加强区域性安全论证,确保与流域总体规划及相关城市防汛除涝工作有效衔接。同时,在区域一体化发展导向下,中部区域应联动开展河湖水系整治,确保水面率要求,提升区域调蓄能力。

长江流域片,需进一步加强南通、崇明海塘等防汛工程达标,区域协调重点考虑长江口北支排水能力下降和海水倒灌对沿岸地区排涝的影响。

浙东诸河片,重点考虑构建防洪防潮闭合圈,提升海塘工程防护能力;加强水库建设,优化水库与涵闸、泵站等工程的联合防洪排涝调度;此外加强堤防、河道、涵闸、泵站等工程建设,提升区域排涝能力。

2. 局部与整体、上游与下游水资源利用相协调

统筹流域水资源配置,协调城市间、上下游用水,保障供水安全,特别是水源地供水安全。落实国家长江大保护战略,协同长江水源地保护,研究推进长江水库链工作,共同抵御咸潮入侵。持续推进太湖水环境综合整治,改善太湖流域水源水质,协同推进太浦河清水绿廊建设,研究推进太湖-太浦河水库链工作,共同提高区域饮用水水源安全保障能力。

实现区域水资源协调净化,原水系统跨区联动,清水系统高效优质,为

本地及周边地区供水品质提供保障。推进杭州湾区域的上海（临港新片区）向大小洋山、宁波向舟山的原水供水系统建设，增加舟山优质原水供给总量。协调湖州太湖取水口的引水工程，增加东太湖优质水源向湖州供给。从流域统筹平衡角度，研究嘉兴从太湖引水的必要性和可行性。

以协调上下游、跨行政边界的水环境整治为核心，以统一治理标准、统

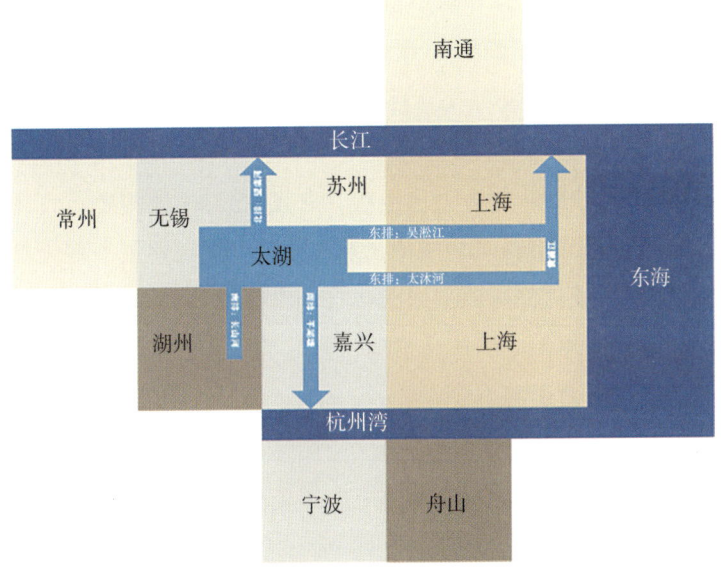

图13-2 流域泄洪格局示意

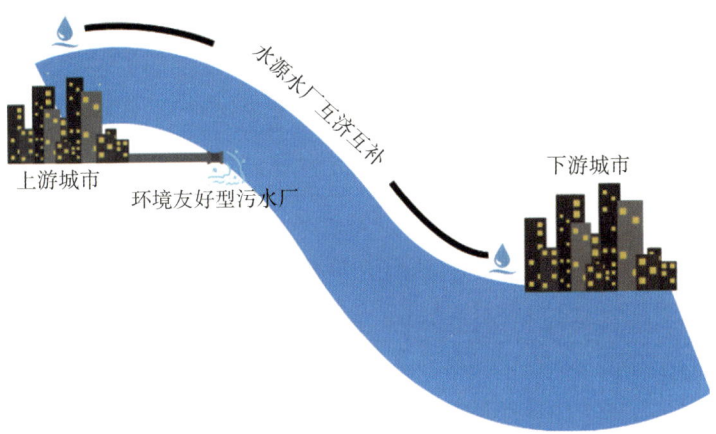

图13-3 上下游水资源利用与保护相协调

一执行标准为重点,系统化、常态化推进,全面提升全域水环境品质。海陆统筹,加强长江口和杭州湾区域的河口海洋水环境治理,加强船舶等移动源污染防控,协同制定应对突发海洋水环境污染的应急管理机制,提高应对突发性河口海域污染事件的能力。

(三) 推动上海大都市圈绿色协调的市政基础设施一体化发展道路

1. 大力发展低碳清洁能源,建立多能源互补的利用模式

支持跨省新能源领域的投资建设。在风电建设方面,探索创新沪苏浙两省一市跨海域海上风电开发机制,从项目竞争配置及项目审批流程上寻求突破,建设示范性的东海海上风电场。在光伏方面,重点依托工业建筑和公共建筑屋顶实施分布式光伏发电工程,完善太阳能利用。在天然气发电方面,建议探索通过优化协调沟通和联合调度机制,形成有利于促进区域天然气发展和能源保障供应的体系格局。研究建立华东电网抽水蓄能项目的市场化运行成本分摊机制。

依靠科技进步和创新推动,加强供应侧建设和需求侧管理同步,提高系统生产、输送、消费各环节管理,发挥电力市场配置资源的基础性作用,促进间歇式电源并网运行技术应用和源-网-荷-储体系协调发展,融合信息互联网技术打造能源互联服务系统,拓展电力在能源市场、管理和服务领域作用,以能源的安全高效利用促进可持续发展。

2. 加强区域协调,共商共建环境质量保障设施

统筹协调上下游、相邻城市之间环境质量保障设施建设。探索排污量统筹分配等方式,协调上游排水与下游水资源利用之间的关系;根据所在地区不同环境要求,执行分类分级污水处理厂排放标准。探索固废跨区域收运处置管理运营机制,毗邻区率先开展有关利用处置设施共享合作;整合信息资源,打造智慧管理系统,提升固废收运处理、城市保洁等作业监管和处置水平。健全固废分类体系,结合大都市圈绿色基础设施建设工作,推进区域间固体废物处理处置空间布局优化和结构调整。

加强区域合作,提高环境质量保障设施建设标准。建立与区域发展定位相协调的城乡污水系统,在现状分片处置的基础上,进一步完善污水收集

系统,鼓励建设高标准环境友好型污水处理厂。对标高标准,提高固废收运处置设施的建设运行水平,促进固体废物源头得到有效控制,资源化利用率持续提高,无害化处理处置水平全面提升平。

(四) 提升上海大都市圈市政基础设施的综合竞争力

1. 建成安全可靠、互联互通、运行灵活的能源体系

建立与上海大都市圈相适应的能源供给和消费体系,保障区域内的能源需求,全方位提高能源利用效率和效益,建成安全可靠、互联互通、运行灵活、管理科学、技术经济指标先进的能源体系。

优化电源供应结构,以骨干电网电源清洁输入为主,区域内电源发电燃料多元化,提高能源利用效率。完善区域电网主干网架结构,形成跨区域、远距离、大容量的绿色电力输送体系。区域内重点发展天然气、可再生能源等中小型电源,积极开展区域热电联产和分布式供能系统建设,增加自身供电应急保障能力。

完善天然气系统互联、互通,加强多源多向、气源联动。加快推进沪浙、沪苏等天然气管道联通。加强 LNG 接收站互联、互通、公平开放,加快上海崇明过江管道建设,实现江苏如东 LNG 与上海五号沟 LNG 的连通,并以此为起点,南北延伸并拓展至舟山 LNG 等,形成一张"海陆共济、协同高效"的天然气保障供应基础设施体系。

建立健全燃气市场化贸易机制。通过市场化贸易优化资源配置,解决供需平衡、调峰、事故应急等难题,提高天然气调度的灵活性,增强燃气系统的弹性和适应能力;减少管网、设施的大规模重复建设,集约节约利用资源,提高燃气基础设施的利用效率。

2. 共建长三角信息枢纽高端节点

构建城市群智慧大脑,从本地"一网通办"升级为长三角"一网通办"。布局实施完备的新型信息基础设施,推动长三角城市群智慧大脑中心(大数据中心)与分中心建设,提升长三角城市群统筹协调能力与精细化管理能力。依托国家政务服务平台,打破行政壁垒,率先在全国开启长三角区域政务一体化服务能力,将各城市的智慧城市应用平台和设施进行兼容化、一体

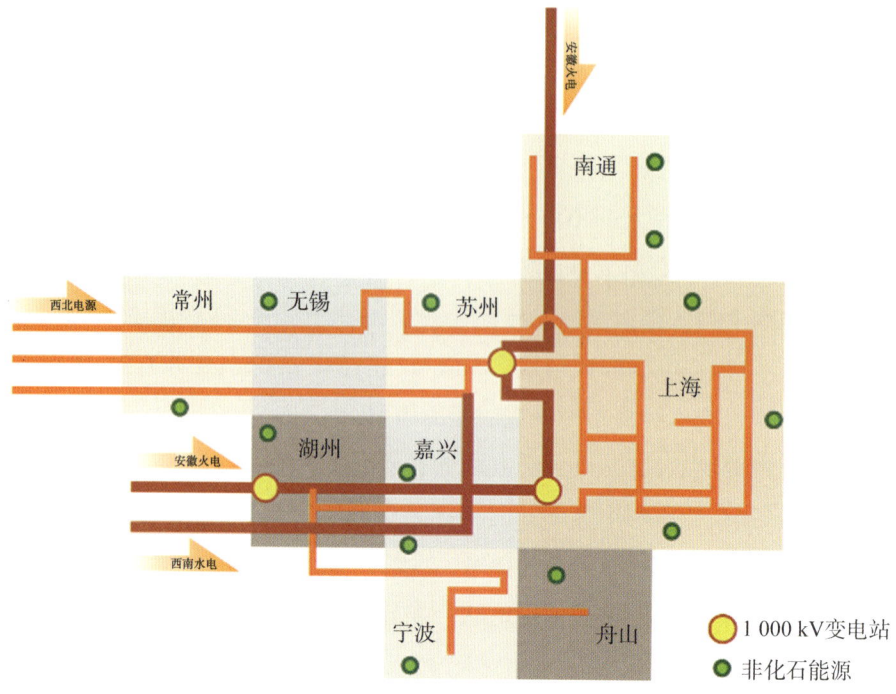

图13-4 区域电网主干网架结构示意

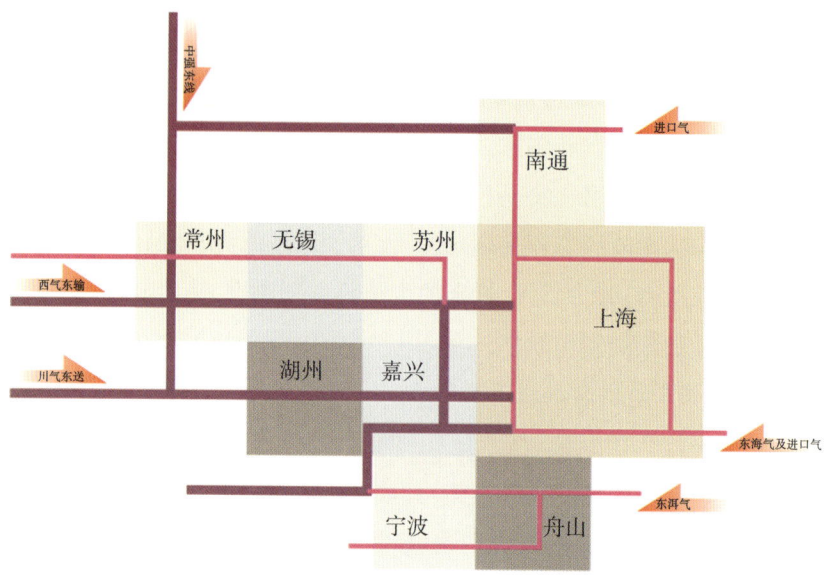

图13-5 区域天然气骨干管网格局

化、共享化,试点推进政府数据开放共享,创新驱动推动城市群治理体系和治理能力现代化。

对标国际竞争力最强的信息创新区域,打造全球高端信息资源要素配置的核心功能,试点开展数据跨境流动的安全评估,建立数据保护能力认证、数据流通备份审查、跨境数据流通和交易风险评估等数据安全管理机制,加快培育数据要素市场,探索数据产权保护和利用新机制,建立数据隐私保护制度,主动参与引领全球数字经济交流合作。

强化上海大都市圈面向国际国内"两个扇面"的集聚和辐射能力,打造立足国内、辐射亚太、联通全球的国际信息枢纽。对标国际竞争力最强的信息创新区域,打造全球高端信息资源要素配置的核心功能,研究在上海大都市圈范围内新增国际陆缆登陆点、国际通信关口局镜像站、卫星互联网空天一体化大型地面卫星关口局、量子通信卫星关口站、量子干线终端站等设施的可行性,构建上海大都市圈新一代国际信息网络新型基础设施布局。

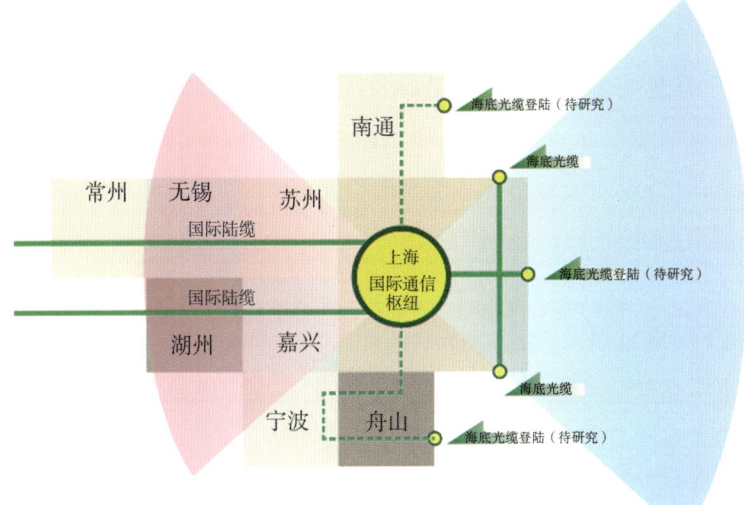

图 13-6　上海大都市圈新一代国际信息枢纽布局展望

四、跨域融合、多维统筹的政策机制探索

（一）建立统一、高效的协调机制

上海、无锡、常州、苏州、南通、宁波、湖州、嘉兴及舟山等城市各自之间都存在地缘、流域、资源甚至排污等环保方面的关系。由于每个城市的资源禀赋和发展诉求及特点不同，对同一市政基础设施系统的安排很容易具有不同的关注点，因此，改变同一重大市政基础设施在上海大都市圈内不同城市的规划及建设，在每个城市中需要协调的问题可能都有比较大的差异。为了顺利有效开展大都市圈市政基础设施协同发展，必须建立统一的强有力的高效协调机构。

（二）拥抱新技术，应对新发展，建立需求和数据共享平台

随着国家对城市治理水平的不断提升，新技术被广泛应用在各种管理平台，其中以数据的有效融合应用得到最多关注和广泛使用。市政基础设施包含很多系统专项，每个系统内部运行都积累了大量的数据，如何利用这些数据处理在同一问题上的不同诉求是上海大都市圈共享数据的根本目的。另外，在各城市托底需求的基础上，建立高效的市政跨区协商和项目协作平台如碳交易市场、能源合作、渣土跨域处理等，实现上海大都市圈内城市的资源共享，进而促进市政基础设施行业发展，发挥循环经济的价值也是上海大都市圈值得探究、探索的方向。

（三）建立区域安全应急保障调配平台

随着气候变化的趋势加剧，城市安全、韧性城市的概念深入人心。上海大都市圈内城市之间在城市防灾、环境安全等方面的合作日益频繁，如何在保证城市安全的底线问题上，确定目标，分工合作是上海大都市圈里每一个城市都应该研究探索的。区域综合防灾保障机制、环境安全合作机制、太湖流域水安全保障机制等的建立与研究都是未来应该着力推进的工作。

参考文献

[1] 陈宁.防洪防汛机制及面临的挑战[M]//上海资源环境发展报告(2012)——河口城市生态环境安全.社会科学文献出版社,2012.

[2] 陈世清.对称哲学证明科学起源于中国[EB/OL]. https://tieba.baidu.com/p/6837763190.2020-7-25.

[3] 生态环境部.中华人民共和国气候变化第三次国家信息通报[EB/OL]. http://www.mee.gov.cn/ywgz/ydqhbh/wsqtkz/201907/P020190701762678052438.pdf,2019-07.

[4] 中共中央、国务院.长江经济带发展规划纲要[EB/OL]. http://www.gov.cn/xinwen/2016-09/12/content_5107501.htm,2016-09-12.

[5] 中共中央、国务院.长江三角洲区域一体化发展规划纲要[EB/OL]. http://www.gov.cn/zhengce/2019-12/01/content_5457442.htm,2019-12-01.

B.14 上海大都市圈区域绿道协同规划研究

刘 博 周 翔 王 彬 张 逸 阎力婷

(上海市城市规划设计研究院)

摘 要： 在上海大都市圈构建开放协调空间格局的背景下，区域绿道作为上海大都市圈共享的生态产品，在规划理念、目标定位、建设标准等方面尚未形成共识。本研究旨在构建整体统一、互联共享的上海大都市圈区域绿道网络体系，在现状特征分析评价和发展趋势研究的基础上，以"打通、互联、提升、拓展"为主要思路，通过强化生态本底、链接核心资源，提出区域绿道建设目标愿景和规划布局思路，以及相应的体系完善、功能融合、标准协同等策略行动。

关键词： 上海大都市圈；区域绿道；生态廊道；网络布局；协同规划

区域绿道是实现上海大都市圈生态共保共治的发展理念的重要支撑，也是上海大都市圈市民共享生态空间的重要载体。本研究结合各城市特点提出具有生态化、特色化、人性化和多样化的绿道网络布局方案，冀望能给区域绿道规划研究和上海大都市圈生态协同实践提供参考和依据。

一、上海大都市圈区域绿道的内涵与特征

(一) 区域绿道的定义

绿道的概念最早起源于美国弗雷德里克·劳·奥姆斯特德(Frederick Law Olmsted)提出的"公园道"。从21世纪初浙江和珠三角地区最先开展绿道实践，到近年来全国广泛开展绿道建设，对绿道概念的理解不断加深。

根据2016年出台的《全国绿道规划设计导则》,绿道是指以自然要素为依托和构成基础,串联城乡游憩、休闲等绿色开敞空间,以游憩、健身为主,兼具市民绿色出行和生物迁徙等功能的廊道。本研究的对象为上海大都市圈区域绿道,主要由区域内的高等级绿道构成,依托区域生态廊道,连接各城市间重要的自然、人文和休闲资源,对区域层面的生态资源保育和历史文化保护具有重要意义,对构建区域风景旅游网络具有重要影响。

(二)区域绿道的发展基础

目前,上海大都市圈区域绿道的规划和建设尚在起步阶段。虽然未形成系统性和连通性,但部分地区已开启省市级绿道的建设。例如,上海市"一江一河"(黄浦江、苏州河)和外环绿道的贯通均取得了较好的建设成效,部分路段成为网红打卡圣地;浙江省级绿道建设已具雏形,宁波滨海绿道、舟山滨海绿道均已成为地方特色旅游IP;江苏省依托京杭运河、太湖建设省级风景道,建设了溧阳1号公路绿道等,获得良好的社会反响。整体来看,高等级绿道在各省市已具备一定的发展条件,为其在区域层面的整体贯通、网络构建奠定了基础。

(三)区域绿道面临的挑战与困境

区域绿道的规划和建设尚存在一系列问题,也是笔者研究的重点和集中破题的几个方面。

第一,对区域绿道的认知尚不统一,规划进展情况不同。本研究对上海大都市圈相关的各层面生态、绿道、风景道等相关规划情况进行了搜集分析,发现各省市的绿道规划基础有较大差异。上海市于2015年启动市级绿道专项规划,随后各区相继开展区级绿道专项规划,目前已形成稳定成果并逐年推进实施。浙江省于2013年完成省级绿道网络布局规划,各城市相继完成市级绿道网络规划,规划基础较好。江苏省尚未开展省级绿道规划,且市域层面的绿道规划资料相对较少。

第二,既有绿道在城际界面上尚未进行良好衔接。从部分已建绿道情况来看,在城市之间的交界面普遍缺乏衔接,突出表现为交界处绿道的环境景观、断面处理、标识系统等存在较多冲突或不协调之处,区域协同的规划、建设前期的协调较少。

第三,各地采用的标准各不相同,建设标准尚难统一。现行绿道建设标准主要有住建部《绿道规划设计导则》以及《上海市绿道建设技术标准》《浙江省绿道规划设计技术导则》等,各标准结合地方差异对绿道设计要求不同,在区域绿道建设标准统一方面存在一定难度。

第四,建设形式单一,地方特色不足。现场调研中发现,一条高等级绿道,往往单纯地进行标准化、模块化实施,却鲜有特色化设计,实现与地方自然景观、文化地标的结合,展现其特色风貌。

二、协同视角下区域绿道的发展目标与战略导向

(一)发展要求及规划导向

1. 促进区域协同下的生态环境共保共治

《长江三角洲区域一体化发展规划纲要》强调坚持生态保护优先,把保护和修复生态环境摆在重要位置,加强生态空间共保,推动环境协同治理,夯实绿色发展生态本底。为更好地应对全球气候变化和环境污染带来的挑战,区域绿道及其所依托的生态廊道可发挥增加区域森林碳汇、引导低碳环保生活方式等生态功能,为长三角区域早日实现碳达峰和碳中和目标做出积极贡献。区域绿道的构建需以大型生态廊道为主要依托,在区域一体化发展背景下,在上海大都市圈9个城市范围内率先跨省市共建区域绿道网络,共同保护治理区域生态环境,完善生态格局。需加强跨行政区绿道的共同治理,并通过区域绿道的建设确立共同的生态行动计划与保护机制。

2. 强化系统治理下的生态要素互联互通

党的十九大报告明确指出,像对待生命一样对待生态环境,统筹山水林田湖草系统治理。生态是统一的自然系统,是相互依存、紧密联系的有机链条和生命共同体。人的命脉在田,田的命脉在水,水的命脉在山,山的命脉在土,土的命脉在林和草。区域绿道网络的构建打通并串联了各类生态资源,包括滨海岸线、太湖流域、环杭州湾、江南水乡、山区景区等自然和人文

资源,应通过区域绿道的建设使各生态要素有机互联,促进山水林田湖草综合整治和系统修复。

3. 搭建人民城市中的生态产品共享空间

党的十九大吹响建设美丽中国的号角,提出要提供更多的优质生态产品,满足人民群众日益增长的优美生态环境需要,真正实现人与自然的和谐共生。在"人民城市人民建,人民城市为人民"的理念指引下,作为人民群众日常的休憩空间,区域绿道提供了绿色、优美、便捷的游憩环境,能提供足够的游览长度和丰富的景观节点,是人民群众共享上海大都市圈生态资源的重要空间载体。

4. 构建要素融合下的绿色经济创新共融

新发展理念强调推动高质量发展,创造高品质生活。一方面,从经济创新角度来看,在当今的城市经济竞合关系和发展趋势下,产业跟着人才走,人才跟着环境走。区域绿道网络的建设能够有效串联公共空间和生活、生产服务设施,优化地区生活和工作环境,创建"始终有温度"的环境,以此聚集人气和活力,支撑周边商业、旅游业、创意创新产业的发展,促进就业增长和产城融合,拉动当地经济增长。另一方面,从设计创新角度来看,不断创新绿道设计理念、建造形式,以智慧化手段建设绿道基础设施、平台及应用,以人的感知为核心,实现以智慧管理、智慧服务、智慧体验、智慧运营为主导,体现"人与自然、智慧、景观融合"的设计理念。

(二)区域绿道规划目标愿景

在确保区域生态安全格局的同时,满足城乡居民日益增长的亲近自然、休闲游憩的生活需求,形成区域人民共享品质生活的绿道网络体系,促进城乡人居环境和生活品质的全面提升,构建富有长三角特色的国际旅游目的地,显著增强都市圈的核心竞争力。

总体上,面向2050年,建设有国际影响力和示范价值的上海大都市圈区域生态廊道和区域绿道网络体系,真正体现区域"生态共治、环境共建、绿色共享、经济共融",彰显长三角一体化的绿色示范与引领作用,努力建设区域绿道城市群的全球样板,实现"跨越山海、梦回水乡,魅力河川、青山百里"

的规划愿景。

第一,从保障区域生态格局的角度,建设生态保育之道。以区域绿道建设为载体,外联内通共筑生态屏障,强化省际统筹,推动城市群内外生态建设联动。始终坚持人与自然和谐共生的价值取向和生态导向,维护生物多样性,注重对山体水体的保护,促进绿道景观与周边景色相协调,保持自然和文化遗产原真性和完整性。

第二,从传承江南文化特色的角度,建设文化魅力之道。区域绿道应保护自然和历史文化遗产资源,促进大都市圈文化建设。按照"景观化、可进入、可参与"的公园城市建设理念,契合"文化筑景"主题,融入地域文化特色,有效整合生态旅游资源。突出"高起点、高标准、高效应",抓特色品牌建设,将当地的人文、历史等元素融入绿道建设,使区域绿道及其周边环境,成为承载人文历史的有效载体,形成"上海大都市圈绿道"名片。

第三,从引领绿色生活方式的角度,建设健康生活之道。不断满足人民日益增长的美好生活需求,是上海大都市圈建设区域绿道的追求所在。绿道体育,先天具有广泛的大众参与基础。应以区域绿道建设,引领市民绿色生活方式,丰富多元自然休闲需求,提升人民生活品质,打造健康生活的风向标。

第四,从提升城乡一体发展的角度,建设城乡融合之道。区域绿道应优化城乡环境、促进城乡统筹发展。区域绿道集合城乡生态、文化、休闲、景观、通行等功能于一体,促进"生产、生活、生态"三生融合,拉动区域绿色新经济发展。需真正发挥城乡融合的区域"绿色动脉"作用,使之成为"治山、治水、治绿、建园"的城乡发展之路。

(三)区域绿道网络构建的总体思路

展望2050年,强化上海大都市圈各城市协同发展,区域绿道网络构建应整体策划、共商共谋,并实现区域共建共享。通过"打通廊道与绿道,互联资源与人文、提升功能与环境,拓展网络与服务"渐进式实现绿道从无到有、从线到面、从封闭到协作、从单一到多元的转变。

第一,打通廊道与绿道。通过推动绿道实施实现区域绿道网络的全域覆盖,加强省、市城际交界面绿道的衔接,部分难以通过传统绿道形式建设贯通的地区,应以林地、湿地、生态廊道等为空间载体保障绿道网络的完整性。

第二,互联资源与人文。通过绿道将各类生态要素、功能节点、景观资源有效串联,提供多样化的通达路径,以绿道网络带动全域旅游发展。

第三,提升功能与环境。从规划理念、建设标准、区域协作机制等方面全面提升功能与环境。在规划理念方面,应放眼全局,为实现全域生态要素贯通、战略资源互联而谋划布局;在建设标准方面,为保障良好的体验性和高标准的建设质量,统一并优化提升各省、市城际交界面绿道建设标准;在区域协作方面,绿道作为居民绿色出行的首要选择方式,有效拉动各城市旅游经济增长,促进城市交流发展,自下而上地加强城市间协作互动。

第四,拓展网络与服务。在区域协同发展背景下,结合国家重点战略地区、重要生态保护区域、红色旅游节点、乡村振兴地区以及各城市的功能核心,区域绿道不再仅局限于慢行交通、休闲健身等功能,而是具有宏观战略意义的区域核心要素。

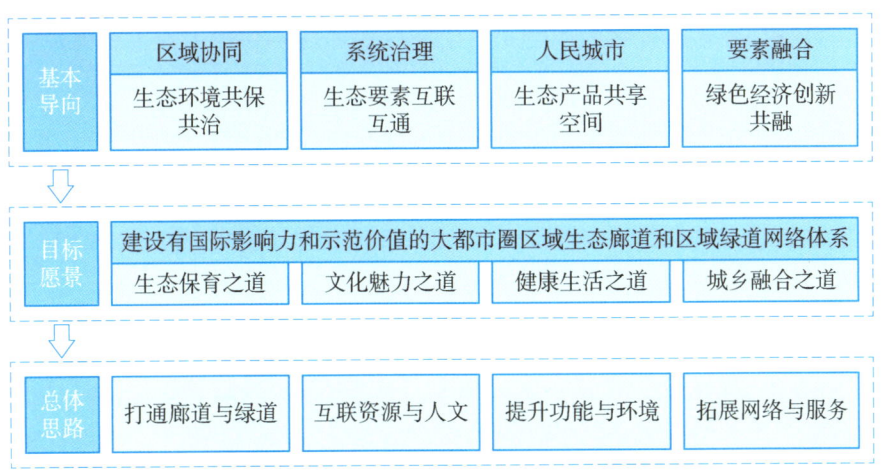

图14-1 上海大都市圈区域绿道规划目标导向

三、面向上海大都市圈协同发展的区域绿道规划策略

(一)构建覆盖全域的区域绿道网络

1. 优化重要生态廊道,强化生态本底

上海大都市圈河港湖塘纵横,物种丰富多样,城镇群一衣带水。在新时代的发展背景下,更需注重锚固生态本底、保障物种迁徙、构筑安全稳定的生态网络,共建上海大都市圈的生命共同体。区域绿道作为高等级的绿色慢行通道,与区域重要生态廊道不可分割,应充分将其与生态核心和山体、湿地、海洋等生态保护区相结合,充分体现生态优先、生态筑底的基本原则,统筹"山、水、林、田、湖、草"生命共同体的一体化发展。

2. 加强城际互联互通,链接核心资源

基于各城市重要的自然生态、历史人文等资源基底梳理,以区域绿道在全域贯通为契机,连通区域重要战略资源和核心景观节点。

在连通区域重要战略资源方面,为更好地服务于长三角一体化示范区、临港新片区等重大战略区域,并进一步加强各城市核心功能区的联动效应,区域绿道应贯通各类区域重要战略资源、核心功能节点,增强其对周边地区的辐射效应,并以绿道贯通为抓手实现生态优先、绿色互联。

在连通核心景观节点方面,以丰富的自然生态和历史人文资源为依托,契合区域城乡空间布局,有机串联城乡自然、人文景观,发挥长三角特有的水乡、湖荡、山峦自然与文化优势构建布局合理、设施完备、低碳节能、互联互通的区域绿道网络系统。一方面,凭借得天独厚的生态基底,绿道连通富有地域特色的自然景观资源,包含太湖、阳澄湖、天目山、九龙山、普陀山、九龙湖、东滩、龙游湖等;另一方面,根植于深厚的文化积淀,绿道将特色鲜明、类型丰富的文化和旅游资源进行串联,包含一大会址、淹城遗址、广富林遗址、沙家浜、菰城景区、象山石浦渔港等。通过对核心景观资源的互联互通,最大化发挥资源价值。

3. 形成多元复合结构,铺展绿道空间

基于多维度的空间要素,区域绿道的空间结构也应当是复合多元的。首先,围绕太湖生态核心形成区域绿道环线,并依托长江、东海,形成五条滨

B.14 上海大都市圈区域绿道协同规划研究 /269

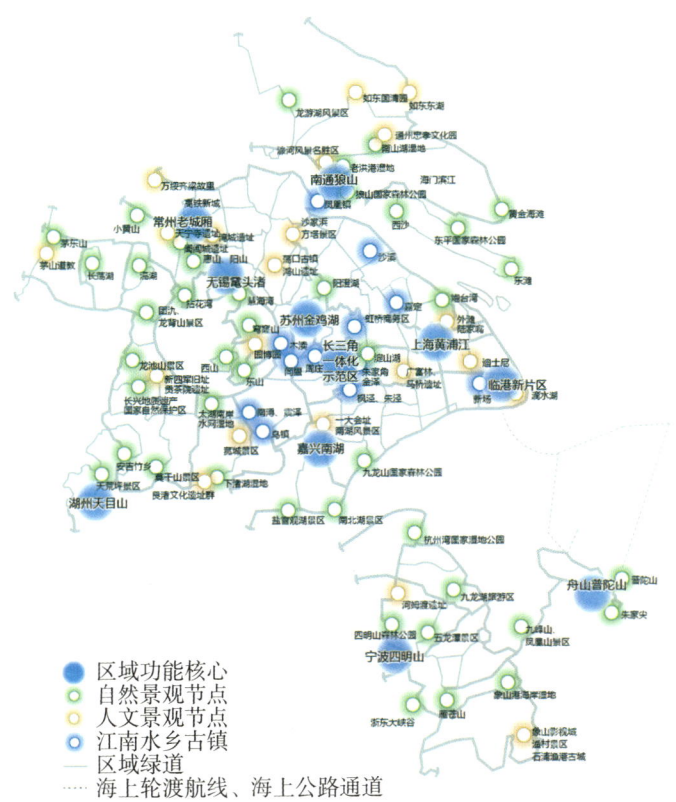

图14-2 上海大都市圈主要资源分布

海滨江绿道带。其次,沿京杭大运河文脉走廊形成运河绿道,沿龙池山-天目山、四明山等山麓形成山体景观绿道。再次,通过若干条绿道连通区域重要功能和生态核心,包括长三角一体化示范区、上海黄浦江、临港新片区、苏州金鸡湖、无锡鼋头渚、常州老城厢、嘉兴南湖、湖州天目山、南通狼山、海门滨江、龙游湖景区、宁波四明山、宁波普陀山等重要生态功能区,以及吴淞江、黄浦江、太浦河、望虞河、西苕溪、余姚江、甬江、奉化江等骨干河湖和清水绿廊。在此基础上,依托上海大都市圈生态廊道,结合区域核心资源,在区域绿道空间结构的基础上,形成覆盖全域的6 000千米左右区域绿道网络。

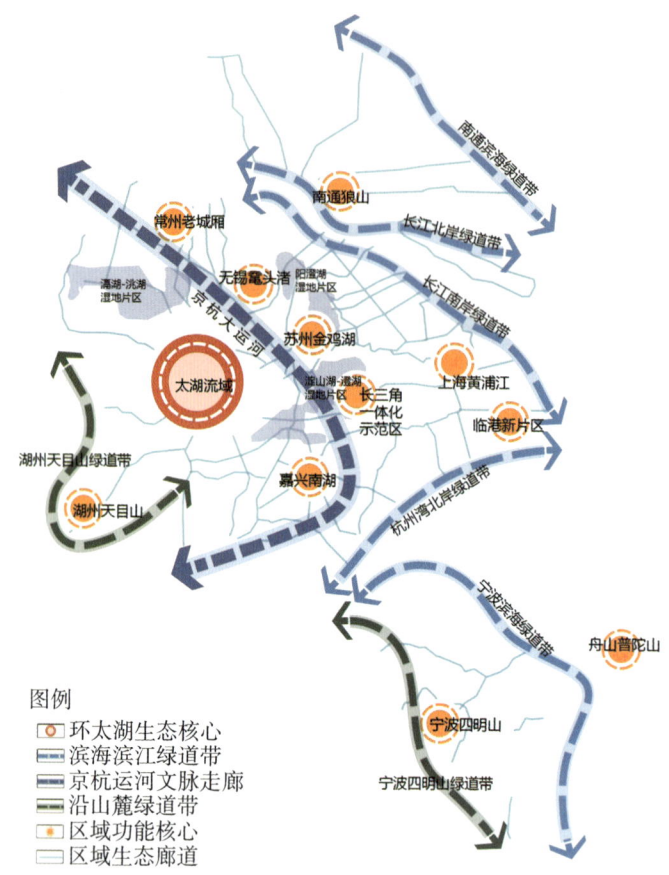

图 14-3　上海大都市圈区域绿道空间结构规划

（二）建立更系统融合的区域绿道体系

针对区域绿道的整体定位和功能导向，建立"两级四类"的绿道管控体系，并针对各跨界地区的城际交界面形成建设指引。

1. 建立分类分级体系

按照区域绿道在上海大都市圈生态系统中的重要程度，将区域绿道分为一级区域绿道和二级区域绿道等两个层级。两级绿道与城市级绿道充分衔接，形成完整统一的骨干绿道网络。结合绿道一般分类，根据区域绿道所处区域特征、周边环境景观风貌及其在上海大都市圈承担的作用，将区域绿

B.14 上海大都市圈区域绿道协同规划研究 /271

图例
━━━ 一级区域绿道
━━━ 二级区域绿道
┅┅┅ 海上轮渡航线、海上公路通道

图 14-4 上海大都市圈区域绿道规划布局

两级	一级区域绿道	连通区域重要生态资源，能够体现各省市重要特色的绿道
	二级区域绿道	作为一级绿道的补充，起到连接并完善整体绿道网络的作用
四类	城镇型绿道	位于城镇规划建设用地范围内，主要依托和串联城镇功能组团、公园绿地、广场、防护绿地等，供市民休闲、游憩、健身、出行的绿道
	郊野型绿道	在城镇规划建设用地范围外，连接风景名胜区、旅游度假区、农业观光区、历史文化名镇名村、特色乡村等，供市民休闲、游憩、健身和生物迁徙等的绿道
	山地型绿道	针对浙江省多山的特点而设立的特殊类型绿道，位于坡度较大的山地丘陵地区，主要沿自然河流溪谷、古道、登山径设立，不能满足普通自行车通行，仅供徒步及攀登的绿道
	保育型绿道	针对难以通过传统绿道形式建设贯通的地区，以林地、湿地、生态廊道等为空间载体，以生态保育为主要功能，在区域层面保障绿道网络完整性的绿道

图 14-5 上海大都市圈区域绿道分类分级体系示意

道分为城镇型绿道、郊野型绿道、山地型绿道、保育型绿道四类,为下层次的规划选线及沿线环境一体化设计提供指引。

2. 形成跨界建设指引

对区域绿道跨行政区形成的衔接面梳理表明,上海大都市圈区域绿道在9个城市之间的城际交界面共47处。需通过统筹规划,协调各城市绿道的走向和建设标准,将绿道通过公路、山区游径、河道、桥梁、轮渡等接驳方式有机贯通起来,确保绿道跨界贯通的可实施性,形成一体化的区域绿道网络体系。

(三) 创造更活力特色的区域绿道功能

1. 打造精品特色的主题地标游径

通过打造精品游线,最大限度挖掘各地生态特色,发挥景观资源价值。围绕太湖,打造以"名湖名景"为主题的绝美风景游览线;围绕京杭大运河,打造以"文脉运河"为主题的人文生态探索线;围绕黄浦江,打造以"魅力都市"为主题的浦江休闲观光线;围绕江南水乡古镇群,打造以"水乡古韵"为主题的江南水网休闲线;围绕杭州湾南岸和宁波滨海,打造以"山海风情"为主题的海陆风景体验线;围绕长江北岸和南通滨海,打造以"江海览胜"为主题的滨江沿海观光线;围绕天目山,打造以"山谷幽明"为主题的山地徒步健身线。

2. 引领运动健康的国际生活风尚

体育运动作为一种引领健康的生活方式,越来越被人民群众所重视。譬如风靡大众的各类跑团,近年来跑友数量成几何倍数增长,是男女老少皆宜的日常体育活动。区域绿道所提供的跑步、健走、自行车等体育功能,与人民群众的运动偏好和运动习惯极为契合。区域绿道承载全民健身活动的同时,更为国际赛事提供自然与文化承载地,引领越来越多依托绿道举行的体育赛事,不仅助推上海大都市圈成为国际体育赛事集聚地,提升城市国际影响力,也让市民的生活更加健康美好,能够享受"山地、森林、湖泊、河流、湿地、绿地、田园、绿道"多景融合的绿色福利。

区域绿道作为上海大都市圈"最大的露天运动场",除了满足市民们日常的生活锻炼需求之外,还能解锁更多的"IP赛事",通过策划与绿道相关的主题活动、大型高端赛事,吸引公众对绿道的保护、利用与热爱。这些赛事包括森林赛事、海洋赛事、湖荡赛事等。利用森林、山区、湖水等自然资源开展汽车拉力赛、越野跑、山地自行车、慢骑自行车等赛事;依托沿海环岛等海岛优势,引导海钓、游艇、帆船、帆板、滑翔、环岛自行车和沙滩运动等高端和大众运动休闲业;依托太湖、淀山湖江南水乡的有利生态条件,重点围绕健身养生、极限运动、休闲娱乐,鼓励兴办攀岩、皮划艇等健身运动。

(四)完善更协同一体的区域绿道标准

1. 协调区域绿道配套设施标准

各城市区域绿道存在多重建设标准,后期的维护管理也因地方政策存在差异。应在区域层面协调建设标准,在确保可实施性的前提下保持地方特色,推动各城市协同推进绿道的建设与管理。在区域绿道建设标准执行中,未建的绿道应参照统一的建设标准,已建成绿道可适当按照统一标准进行优化;城际交界面处绿道衔接由城市间商定,原则上采用高标准一方,并应逐渐过渡至本市绿道断面。

一是协调绿廊建设标准。绿廊是绿道系统的生态基底,包括绿带林带、街旁绿地、行道树、水体景观等有一定宽度的绿化生态区域,是绿道绿色开放空间的主要构成和支撑。城镇型绿道的绿廊总宽度不宜小于 5 米,对于绿化设施欠缺的地段可酌情降低标准,但不应小于 2 米;郊野型绿道的绿廊总宽度不宜小于 8 米。保育型绿道的绿廊宽度应能够满足生物迁徙和保护功能的基本宽度,不宜小于 60 米。山地型绿道的绿廊宽度因地制宜,不作特殊要求。

二是协同游径建设标准。区域绿道游径以兼具步行和骑行功能的综合道为主,不同类型绿道游径宽度应根据绿道使用频率,因地制宜、灵活控制。绿道游径宽度可根据不同的类别进行控制。城镇型和郊野型绿道建议设置为步行骑行综合道,游径宽度建议为 2—6 米;山地型绿道建议设置为步行道,以 2 米为宜,因地形受限可降低标准。

2. 加强区域绿道与公共交通衔接

区域绿道作为高等级绿道,其可达性是决定绿道使用效率的关键因素,规划应从轨道交通、高速公路、快速路等方面进行统筹考虑。区域绿道与公交站、铁路站应紧密结合,绿道选线尽量经过人流量较大的交通站点,方便人群的到达与疏散。除此之外,还应与高速公路的出入口进行紧密衔接,提高区域绿道的可达性与共享性。

3. 提升舒适美观的绿道环境设计

通过区域绿道的特色化、精细化设计,可有效提升市民的幸福感,可从几个方面进行考虑。

一是提升绿道环境适宜性。通过增加绿道两侧行道树、小型灌木等绿色植物,丰富花箱、文化墙等景观装饰,完善路灯、标识系统、宣传牌等配套设施,以精致的环境、温暖的细节,提升感受度。

二是优化绿道旁休憩设施,丰富配套服务内容。一方面,可增加休憩设施功能,如设置自行车租赁点、餐饮点、公厕、垃圾箱等设施。另一方面,进一步美化休憩设施,如通过增加绿植,提升可观赏性。

三是建设尺度适宜的慢行道。参照人性化尺度进行建设,具备骑行功能的慢行道尽量避开如电线杆等路面障碍物,以保障骑行安全。

四是营造丰富多彩的绿廊植被景观。倡导利用当地本土植物,体现地域植被特色,使用生态自然的植被景观,丰富植物种类,综合考虑绿廊植物的季节性、色彩性、主题性,营造丰富多彩的绿廊植物景观,打造色彩、层次、空间丰富的景观效果,同时提升城市生态环境的稳定性。

四、结语

在生态文明思想总体指引下,结合长三角高质量一体化发展的国家战略,加强生态空间共保、推动环境协同治理、夯实绿色发展生态本底,将成为上海大都市圈协同发展的重要策略。区域绿道网络构建及一体化建设,是促进大都市圈跨行政区生态环境共保共治和生态要素互联互通的有效途径,也是区域重要生态空间的"缝合剂"。以丰富的自然生态和历史人文资源为依托,契合区域城乡空间布局,有机串联城乡自然、人文景观,发挥上海大都市圈特有的水乡、湖荡、山峦自然与文化优势，构建布局合理、设施完备、低碳节能、互联互通的区域绿道网络系统，将成为上海大都市圈构建和谐共生的生态绿洲的重要支撑。

参考文献

［1］上海市城市规划设计研究院.上海大都市圈生态廊道和区域绿道一体化规划及行动策略[R].2021.

［2］赵珂,李享,袁南华.从美国"绿道"到欧洲绿道：城乡空间生态网络构建——以广州市增城区为例[J].园林生态,2017(8)：82-87.

Ⅴ 上海大都市圈跨界项目实践研究篇

B.15 生态绿色一体化理念下太浦河沿线区域发展路径探索

周方睿

（苏州规划设计研究院股份有限公司）

摘　要： 随着长三角区域一体化发展上升为国家战略，资源环境友好、人文关怀至上的生态文明时代新发展语境已然形成。在此背景下，太浦河这条联系上海和太湖的重要河流廊道和水源输送通道，承担了日益重要的生态保护责任。同时，它也是沪苏同城化的重要空间载体，是一条文化传承、产业升级、城乡共荣发展的廊道。在这里，保护和发展的矛盾长期存在。本研究旨在分析太浦河沿线地区发展的问题特征，在此基础上探索生态保护格局下高质量发展的新路径。

关键词： 上海大都市圈；生态绿色一体化；路径探索

一、上海大都市圈协同发展视野下的太浦河现状

太浦河是上海大都市圈中联系两省一市的重要跨界河流，全长57千米，西起太湖，向东流经吴江40千米、嘉善1.5千米、青浦15.5千米，最终流入黄浦江。它承担了太湖泄洪、水源输送、航运、生态、景观等多元功能，是沪苏关系的重要枢纽和空间载体。由于太浦河存在河流跨界及复合功能的特性，上下游的利益协调成为长期存在的难点问题。20世纪90年代，吴江将太浦河定位为泄洪通道，众多乡镇、村庄依水而兴，发展最盛的时期太浦河周边分布了上万家的纺织企业，是支撑吴江纺织产业的重要轴带，但在

产业发展和航运的共同作用下也造成了太浦河一定程度的污染。而青浦和嘉善境内太浦河沿线地区均以生态涵养和乡村为主,并在2000年左右都将太浦河定位为饮用水水源,进而导致了区域供水格局的较大变化,也对上游的吴江提出了水质提升、生态管控方面的更高要求。对太浦河沿线地区而言,处理好保护和发展的关系对上海大都市圈的生态绿色一体化发展至关重要。

二、太浦河沿线地区发展问题

(一)工程的污染防控方式对流域水安全产生影响

1. 关闭闸门阻止污水进入太浦河的方式将影响流域水安全

太浦河工程最早启动的目的是根治太湖水患,改善灌溉条件。后来随着数十年的治理和两岸发展,逐步兼具了航运和供水等综合性的功能。2016年年底太浦河下游的两处水源地正式投入使用,太浦河又成为重要的清水廊道,主要承担下游上海和浙江的饮用水输送功能。但是,太浦河流域自开发以来逐渐成为乡镇密集发展的江南水乡地区,生产和生活等各项活动在太浦河沿线聚集,一定程度影响了太浦河的水质。为了减轻沿线发展对太浦河的影响,近些年吴江地区对沿线造成污染的企业和建设行为进行了重点整治,其中包括关闭沿线闸口的应急性处理,以保证沿线地区支流内的污水不向太浦河排放。但是,以工程手段阻隔污染的进入对流域的水生态安全产生了影响。太浦河与流域的其他水系共同构成了完整的水生态系统,该系统需要保持良好的连通。采用工程手段阻碍水系统的平衡以保证供水安全,势必给整个流域水系带来较大扰动,给下游地区带来防洪压力甚至是洪涝的危害。

2. 沿线企业腾退的方式代价庞大但成效微弱

太浦河吴江段自2018年起开始对太浦河沿线50米范围内的企业及码头进行重点整治拆除,以排除沿线污染企业可能带来的潜在的突发性污染风险,并在拆除后进行留白增绿,投入巨大。例如,平望镇关停了太浦河沿线5个重点区块200多家"散乱污"企业(作坊),高标准、严要求率先开展整治。截至2018年底,太浦河沿线225家"散乱污"整治任务已完成207家,完成率达92%,拆除建筑11.05万平方米,平整地块17.32万平方米,拆解驱离住家船207只。其余板块也均以高标准、高投入进行整治,但太浦河的水质是一个流域问题,不可用解决点和解决线的方式来解决。拆除沿线50米、200米,甚至是1千米的方法虽然能够排除沿线污染企业带来的突发性污染风险,但无法实现系统性、根本性的改善,并且会对产业发展和老百姓生活带来很大冲击。

(二)太浦河水质受众多因素影响,管控难度较大

1. 太湖的水质对太浦河水质起着决定性的作用

太湖是太浦河的源头,其水质对太浦河水质起着决定性的作用。水质分析表明,太湖湖体高锰酸盐指数与氨氮指标均达到Ⅲ类水标准[①],总体优于太浦河平望大桥断面的水质。通过水动力模型模拟太湖水对太浦河的影响情况也可以看出,太湖来水对太浦河的水质起到正向有益影响。但是,太湖全年的水质随季节变化比较明显,4—6月和10—11月水质较好,可达到Ⅱ类,7—9月水质较差为Ⅳ类。这是由于太湖的湖流运动主要受风作用力的影响,不同的风向下,在地形的影响下形成不同的湖流环流运动[②]。当夏季盛行东南风以及秋季连续吹西风的时候,西太湖的污染物质比较容易进入东太湖,对太浦河造成影响,而且这个时间段太湖水位不高,南太湖的水也容易进入东太湖,进而影响到太浦河水质。因此,7—9月应进一步通过太湖流域的水治理保证太浦河源头的水质。

2. 大运河、频塘等主要支流对太浦河水质有着重要影响

从大运河汇入太浦河前(平望大桥监测站)和汇入后(黎里大桥监测站)两个监测点的水质数据来看,这两个监测站的水质基本符合Ⅲ类标准,并且高锰酸盐指数、氨氮和总磷三个指标比较接近,无明显变化。此外,通过水动力模拟分析可以看出,一年当中有近一半的时间,太浦河水位高于京杭大运河,太浦河的水流入大运河,大运河对太浦河水质没有明显影响。在其余

---

① 开晓莉.长江流域江苏段饮用水源地水环境安全研究[D].安徽理工大学硕士论文,2010.
② 李一平.太湖水体透明度影响因子实验及模型研究[D].河海大学博士论文,2006.

时间,京杭大运河水位高于太浦河,大运河的水流入太浦河。对两条河的水流量、流向进行模拟,从示踪剂浓度可以看到污染带形成的过程。由于太浦河水流流速较大,大运河来水进入太浦河后主要集中在沿岸地区,对主河道的水质没有明显影响。可见,从常规水质指标的分析来看,大运河对太浦河的水质影响是有限的。即便如此,仍要进一步做好大运河上游工业企业污水纳管、航运清洁化、农业面源污染控制这三项工作,避免对大运河自身以及太浦河造成污染。頔塘是太浦河上游的一条重要支流,其水质也对太浦河存在一定影响。因此,不仅应做好太浦河的上游吴江段区域的污染防治,进入太浦河的支流上游地区也应树立区域协同理念,共保共治以维护流域水环境。

3. 太浦河流域污水排放对水质有着长期影响

太浦河沿线的主要污染物是锑污染物,主要源于太浦河流域众多的纺织印染工业。在纺织印染的生产过程中,锑被作为催化剂大量使用,大多数印染企业缺乏相应的环保处理设施,导致污染物通过废水排出进而影响太浦河水质。在此背景下,应做好企业的污水接管,严格限制企业排污。针对吴江境内众多的纺织印染企业,可通过建立集中的印染示范区和个体工艺提升等方式降低污染物排放。同时,应积极推动流域内企业由高污染型向生态友好型企业的转变,促进企业提质增效,从根本上减少污染的产生。

(三)太浦河沿线产业现况与水源保护、高质量发展的要求不匹配

太浦河沿线的产业目前主要集聚在吴江段的乡镇中,产业类型以纺织、印染、化工等为主,缺乏能够融入上海大都市圈的创新型产业。同时,企业产生的污染排放对生态环境及水环境产生了一定的影响。吴江近年来也采取了区域联防联控的管制措施,一旦监测点的污染物浓度超标,便临时关停相应的企业。为进一步控制太浦河沿线生态安全,吴江拆除腾退了太浦河沿线50—200米的工业企业。吴江为此付出了巨大的经济代价,但沿线企业众多,污染控源难度较大,这样的方式难以为继。

(四)太浦河沿线缺乏协同串联,资源有待整合

太浦河沿线地区生态禀赋优越,水网密布、阡陌纵横,是非常有特色的江南水乡地区。同时,太浦河沿线文化底蕴深厚,有同里、黎里等中国历史文化名镇,也有众多特色田园乡村,拥有丰富的生态、人文、旅游等资源。但是在现状中,这些均为散点式分布,未能协同串联成体系,形成规模效应。太浦河沿线地区由于厂房及乡村邻水而建,两岸多处被隔断,道路体系、公交体系、慢行体系等尚未能将沿线区域贯通起来。

三、生态保护格局下的发展策略思考

(一)建立流域思维,系统改善流域水质

太浦河地处江南水网地区,与周边水系联系密切。通过相关的流域识别分析可以看出,太浦河流域不止太浦河本身及其两岸,而是一个不规则的带状区域,区域内的污水排放会影响到太浦河的水质。因此,并非简单治理了太浦河沿线就可以改善水质。只有从整个太浦河流域甚至拓展到太湖流域的视角出发,制定统一的生态评价标准,建立对整个太湖流域的生态联防联控机制,对流域内的水体及其周边地区进行系统管控,才能实现水环境系统性、根本性的改善。并且,污染的防治不应影响流域本身的生态系统,必须在保障流域水安全的前提下,通过对生态低影响的途径,开展建设、运输、取水等一系列活动。

(二)产业提质增效,培育生态绿色产业

应利用上海大都市圈的发展契机,从根源上做好产业转型。对于太浦河沿线地区来说,首先要做好现状产业的管控,严格限制污染排放,通过管网建设、工艺提升、加强管理等措施,减少污染排放。同时顺应新经济的发展趋势,在生态优势显著的太浦河周边地区布局适宜的新兴产业。这些产业应该符合以下三个主要标准:一是具有极强的区域分散化的业态,二是自然资源节约及生态环境友好的业态,三是具有上下游带动效应的业态。

1. 发展教育科研相结合的学镇集群

太浦河沿线地区文化底蕴深厚,有同里、黎里等中国历史文化名镇,也孕育了柳亚子、费孝通、沈善炯等名人志士。南怀瑾晚年定居吴江,创建了太湖大学堂,这也成为该地区学镇发展的起始。对于特大城市而言,周边地区需要教育学镇的支撑。如旧金山旁边的圣荷西、纽约旁边的纽黑文、伦敦旁边的牛津剑桥、东京旁边的千叶等,这些知名学镇的共同特点是位于距离特大城市30—60分钟车程的距离,并且交通基础设施完善、生态环境优美。在太浦河沿线区域发展蓝绿交织、功能复合、尺度宜人的花园学镇,有利于进一步传承历史文化、激发老镇活力、培养创新人才,使之成为长三角区域产业创新的重要人才支撑。

2. 发展具有国家战略意义的高科技工业

中国已明确了中国制造的十大重点领域和五项重大工程。这些重点高科技产业和普通工业有较大的区别:一是高科技产业通常需要一般大都市所无法提供的物业形态,且土地成本要相对较低;二是要接近人才集聚地或与人才集聚地具有便捷的交通联络;三是空间分散性较强,等级集聚。太浦河沿线区域适宜布局高科技产业,以成为中国制造的新空间载体。

3. 发展具有极强的"口红效应"的文化博览产业

文化发展具有极强的"口红效应",在经济不景气时,文化产业会迎来发展的高峰,进而为城市发展注入新的动能。日本两次经济危机期间,迎来了电视游戏产业和动漫文化产业的发展高峰。此外,文化博览具有非常强大的后续拉动效应,其作用不仅体现在文化层面,更体现在经济转型、城市品牌塑造方面,驱动城市更新和发展。未来在沪苏同城化的背景下,苏州南站的建设,以及苏沪浙三省之间全方位、多方式的交通互联,将为太浦河沿线文博业的培育提供充足的外部条件。

4. 发展适应上海大都市圈老龄人口需求的康养产业

康养产业是未来重要的新经济增长点,康养产业正从传统的公益性养老院向类型丰富多样的康养综合体转变,包括康养小镇、健康营地以及与医疗高科技相结合的医养综合体等。康养产业消费人群的类型也在不断丰富和壮大。与传统产业地产更加注重经济地理逻辑的选址相比,康养地产的选址遵循自然地理逻辑,更加关注生态环境等因素,因此在太浦河流域布局康养产业较为适宜。

(三)聚焦太浦河沿线,打造生态人文活力带

太浦河沿线拥有丰富的生态、人文、旅游等资源,但在现状中均为散点式分布,未能串成体系,形成规模效应。应以太浦河为纽带,整合区域资源,彰显太浦之美,将太浦河打造成多元风貌展示带、多样活动集聚带、人文休闲游憩带。

1. 将太浦河打造成多元风貌展示带

结合太浦河沿线地区的生态资源、空间形态和功能特征,可以将沿线地区分为乡村生态风貌、人文古镇风貌、现代城镇风貌三大风貌段并提出管控引导。乡村生态风貌区应以生态防护和文旅休闲为特征,保护区域水田相依的自然格局,体现田园栖居的意境,维持现有的村庄风貌,新建项目以环境友好型和低强度开发为主,对风貌、高度等进行严格限制;改变现有的较为单一且封闭的岸线模式,进而塑造开敞活力的生态游憩岸线。人文古镇风貌区应以古镇体验和文创活力为特征,打造文化与生态的双重标杆地。重点维护古镇的原真性,整合沿线历史人文资源和风貌特色,提供连续的文化体验。同时以文创街区为触媒,打造古今交融的新亮点。现代城镇风貌区应以水绿融城和现代活力为特征,控制滨水区域开发强度,布局低层高密新中式街区或高度渐次递进的现代商务中心区。清退落后产能,促进工厂提质增效,打造指引未来长三角的前沿地带,以卓越品质彰显城市活力,利用滨水空间提供丰富多彩的大型市民文化活动,增加亲水活动场所和设施,提高亲水的可达性,为城市居民提供现代公共休闲空间。

2. 将太浦河打造成多样活动集聚带

通过太浦河滨河区域的全线贯通对接黄浦滨江,依托滨水绿化带和生态斑块,建立滨河慢行通道,优化步行品质,提升骑行通达性。同时增加垂向的联系通道,加强滨水地区与腹地内公共空间、公共设施、社区服务等的连接,与滨水通道和空间形成网络化的公共空间布局。城镇片区更要注重

滨水公共空间打造,发展弱交流空间,激发地区创新活力,吸引高端人才。

3. 将太浦河打造成人文休闲游憩带

太浦河沿线有大运河、退思园等世界文化遗产,还有柳亚子旧居、耕乐园等8处全国重点文物保护单位,文化遗产资源丰富。上海正在建设世界级古镇带,太浦河沿线古镇则可以成为长三角世界级城市群的重要文化承载地和休闲地。因此原来单一的古镇景区需要向古镇旅游综合体进行转变,结合当地特色与旅游需求,提供灵活又精巧的空间。古镇的开发可以采取三种模式。第一种是"近而不进"的开发模式,选址应紧邻古镇,依托核心资源并与需保护的老街老建筑区相对隔离,同时新建片区的建筑风貌要与古镇保持一致。第二种是"和而不同"的开发策略,强化特色功能,培育名片化磁极。在这方面,安仁古镇是一个很好的例子。它依托独特历史建筑风貌资源,强化其展示、教育特色,新增现代化博物馆聚落,发展相关产业,打造了"世界级博物馆小镇、国际旅游目的地"。第三种是"新而不异"的开发路径,通过产业蓄力,以旅游人气带动相关产业发展。

(四)建立区域生态补偿机制

跨界河流的保护与发展既需要以生态绿色一体化发展为导向,做好空间上的文章,也需要寻求更为灵活的政策突破,建立起生态补偿机制,调节好跨区域的生态利益冲突,实现上海大都市圈生态的"共治共保"。生态补偿机制的指标体系主要包括补偿依据、补偿要素、补偿范围、补偿标准、补偿支付模式等内容。其中补偿标准(即补偿计价)是生态补偿的重点。应从保护成本与发展代价、水环境质量有偿使用两个层面,构建不同水资源利用方式、不同经济地区对社会经济影响的定量分析模式,建立一套污染赔偿和生态补偿评估方法的技术规范和指标体系,进而形成完善的生态补偿机制。

四、结语

生态优先、绿色发展,将生态优势转化为经济社会发展优势,是上海大都市圈建设的核心要义。太浦河沿线地区在过去一段时间已经有了许多三省共保共治的实践并取得了良好的效果。未来,要以太浦河后续工程为基础,进一步加强生态保护,推进产业转型升级,形成区域协同的新型治理模式,走出一条跨区域共保共享共建、生态文明与经济社会发展相得益彰的新路径。

B.16 苏锡通园区打造沪苏跨江融合发展示范区构想与策略研究[*]

胡晓添[1,2]，邱旸民[3]，徐长乐[2,4]，李祖良[3]，黄建东[2]

(1. 南通大学；2. 南通区域发展研究会；
3. 南通市规划设计院有限公司；4. 华东师范大学)

摘　要：为策应国家长三角一体化发展战略，南通适时融合、着力推进苏锡通园区一体化建设，旨在全力打造"沪苏跨江融合发展示范区"。本研究基于苏锡通园区资源禀赋和发展基础，聚焦"跨江融合"和"共建园区"这两大跨域核心词，分别从创新试验、产业重构、空间优化这三个方面研析可行性的路径策略，以期为上海大都市圈实现协同发展予以有效的经验支撑。

关键词：苏锡通园区；跨江融合；共建园区；长三角一体化

为落实《长江三角洲区域一体化发展规划纲要》(以下简称"规划纲要")江苏实施方案的实际要求，为策应上海大都市圈协同发展的现实需求，南通市委、市政府通过整合苏通科技产业园(以下简称"苏通园区")与锡通科技产业园(以下简称"锡通园区")构建一体化的苏锡通科技产业园(以下简称"苏锡通园区")，以期通过"沪苏跨江融合发展示范区"的建设，有序推进南通乃至江苏局部地区加速跨江深度融合发展，有力支撑上海大都市圈协同发展，有效促进长三角一体化更高质量发展。

---

[*] 本文基于《新形势下苏锡通科技产业园发展战略研究》的相关成果，对南通区域发展研究会周威平副会长以及南通大学江苏长江经济带研究院陈为忠研究员、南通市委党校崔新进副教授等专家所给予的支持致以诚挚谢意。

B.16 苏锡通园区打造沪苏跨江融合发展示范区构想与策略研究

一、苏锡通园区发展沿革与时代变局

（一）苏锡通园区发展历程

（1）苏通园区的缘起——国家级开发区中的"区中园"。早在2008年苏通大桥落成通车之后，建设苏通园区的构思得到了新加坡政府的积极回应。2009年5月苏通园区正式奠基启动，由中新集团、南通经开区总公司、江苏农垦集团合资共建苏通科技产业园开发有限公司，其中中新集团主要负责品牌输出、软件转移和招商引资。2012年苏通园区升级为省级开发区，次年苏通园区成立党工委和管委会，但在行政职能、社会服务等诸多方面仍与南通开发区之间未完全脱离，成为了相对独立的"区中园"。

（2）锡通园区的起步——区级层面托管下的跨市合作共建园区。锡通园区作为无锡和南通的共建园区，成立于2011年10月，时隔三年成为"省级苏南苏中合作共建园区"与"江苏省科技产业园"。2015年，锡通园区在实现了区镇合一运行和公司实体化运作之后，成立了党工委和管委会，由通州区托管，并享有一级财政管理权限。

（3）苏锡通园区再启航——两园融合后的一体化园区。2020年3月南通市委决策推进苏通园区和锡通园区一体化运作，新成立的苏锡通园区位于南通主城区的东南部，包括原苏通园区及张芝山镇域，北至张芝山镇界，西靠苏通大桥、与开发区接壤，东侧与海门区接壤，南临长江，行政辖区面积约96.56平方千米。

（二）苏锡通园区发展现状

一体化融合而成的苏锡通园区，是南通市委、市政府实施"全方位融入苏南、全方位对接上海、全方位推进高质量发展"的重要战略部署，亦是建设沪苏跨江融合发展示范区的关键举措。2020年，尽管受到新冠疫情、国际贸易摩擦等外部大环境的影响，苏锡通园区仍然迎来了强势发展的新局面：在建设用地方面，现状城市建设用地2497.84公顷，以居住用地、产业用地为主，居住用地主要布置在张江路两侧以及苏通路两侧；工业用地集中布置

在三个位置,分别是 S336 南侧、沈海高速西侧以及江港路北侧;在经济发展方面,实现地区生产总值同比增长 8.7%,完成工业应税销售同比增长 11%,完成服务业营业收入同比增长 22%,一般公共预算收入同比增长 6.5%,新增规模以上企业 63 家,同比增长 20%,成功申报重大项目 14 个;在产业集聚方面,智能装备产业实现总产值同比增长 30%,电子信息产业实现总产值同比增长 74%,主导产业产值占全区规模以上工业总产值比重达到 60%;在科技创新方面,在通富微电等一批龙头企业的示范引领作用下,新认定高新技术企业 19 家,高企总数同比增长 50%,完成高新技术产业产值同比增长 15%。[1]

(三)苏锡通园区面临的不确定性

苏锡通园区不是一个新成立的科技园区,而是由两个具有开发历史且发展模式存在较大差异的园区经济体重组而成的共同体,内在固有问题与外在不确定性相互叠加,会对园区高质量发展产生一定的影响。

1. 周边新窗口、新机遇四起,跨江门户优势存在弱化的不确定性

早在苏通大桥通车之时,苏锡通园区所处区域位于南通连通苏南、贯通上海跨江大通道的门户位置。但随着 2020 年沪苏通公铁大桥的落成,涉及南通的多条过江通道规划建设,以及通州湾新出海口、南通新机场等国家级重大基础设施项目的加速推进,置身于南通新发展格局之中的苏锡通园区将有可能偏离南通未来的经济地理横轴而面临着"被边缘化"的风险与危机。

2. 南北分隔分异明显,空间建设要求、协调发展存在不确定性

鉴于建园历史、行政隶属、功能定位等诸多原因,苏锡通园区下辖的苏通片区和锡通片区在空间形态上存在着鲜明的分隔性和分异性,同时受南通老洪港省级森林公园、1000 千伏特高压现有线路以及中俄东线天然气管道规划线路、南通开发区和通州区行政边界等方面的限制,致使园区形成了"南城北镇、南新北旧、南融北散"的空间格局。

---

[1] 1+1>2,苏锡通园区融合发展跑出加速度[EB/OL]. http://www.ntfabu.com/detailArticle/15941192_10325_ntfb.html?source=1.

3. 落实职能转变新要求，园区主体功能转换时期存在不确定性

为落实国发〔2019〕11号等国家政策要求，苏锡通园区承接区域经济社会管理职能项目由30项增加至635项，可实现园区内部全链、闭环运行。行政审批赋权有利于推进苏锡通园区内涉企投资审批工作的扁平化、标准化、便利化，但也给原来以招商为主的园区队伍带来了大量行政社会事务，导致人员编制趋紧与考核压力加大，在一定程度上影响到园区招商引资的重点工作。

二、跨江融合与共建园区的实践探索

苏锡通园区以建设"国家级沪苏跨江融合发展示范区"为己任，其本质属性和未来发展成败与否的核心内涵都离不开跨界跨域的两大关键词：一是"跨江融合"，二是"共建园区"。

（一）跨江融合的路径导向

"跨江融合"需要突破"长江天堑"的自然地理阻隔，与隔江相望的上海、苏南地区形成紧密的产业经济联系。需通过系统判别上海、苏南的重点产业发展导向以及苏锡通园区与上海、苏南产业发展的契合关系，深度嵌入上海、苏南产业链供应链，促使苏锡通园区走上一条"依托上海（苏南）、错位发展"的又快又好产业发展路径。

1. 接轨上海

苏锡通园区应紧紧瞄准上海在长三角、全国乃至全球的产业定位及未来发展趋向，聚焦上海以现代服务业为主体、先进制造业为支撑的产业体系，重点围绕"四大战略性基础制造业（集成电路、新汽车制造、航空装备制造、美丽健康产业）与六大新兴数字赋能产业（中国芯、创新药、蓝天梦、未来车、数据港、智能造）"，通过全方位"接轨上海、错位发展"，找准苏锡通园区有效"嵌入"上海产业链供应链的关键环节和细分行业，进而依托上海产业链融入区域产业链和全球产业链。

2. 融入苏南

苏州业已成为中国经济总量以及工业总产值第一大的地级市，其强大的制造业基础是苏锡通园区跨江融合的另一个重点产业区域,园区应重点衔接苏州的集成电路和软件、高端装备制造、新材料等千亿级别的新兴产业领域。与此同时,无锡是仅次于苏州经济总量的全国第二大地级市,苏锡通园区应积极与无锡高新技术产业开发区等国家级高端产业载体平台联动,对接新一代信息技术、高端装备制造、节能环保、生物医药、新能源和新能源机车、新材料产业、高端纺织及服装以及生产性服务业等。

(二) 共建园区的经验启示

"共建园区"则需要突破行政区划阻隔,与不同行政隶属关系的周边园区和跨市、跨省乃至跨国园区形成紧密的产业经济联系,旨在通过"联合共建、优势互补、互利共赢",实现彼此"共同利益"最大化、资源配置最优化的战略目的,促使苏锡通园区走上一条又快又好的产业发展捷径。

1. 共建园区双方的产业梯度至关重要

在苏南与苏北共建园区中,以苏州宿迁工业园为代表的两地产业发展梯度差较大的共建园区实践表明,此类共建园区总体上发展较为顺利。其共同特征是两地的产业互补性较强、合作意愿较强。共建园区管理一般由苏南方主导,双方诉求通过协商进行解决。

2. 共建园区的运营模式创新至关重要

习近平总书记视察前海时充分肯定了"前海模式是可行的"。与全国大多数共建园区采取政府主导的"政区合一"模式不同的是,深圳前海深港服务业合作区成功引入了海外"法定机构"模式,前海管理局实行企业化管理、市场化运作,不纳入"强区扩权"的范围,同时人事和工资制度企业化改革取得较大进展。

3. 政府作用方式和支持力度至关重要

广东、浙江等地区成功经验一再表明,共建园区发展的好坏与成败,在很大程度上取决于所在地的省市两级政府的战略重视程度、顶层设计高度与政策扶持力度。唯有互利共赢的制度设计、强有力的资金投入和全方位的政策支持,才能确保园区的高标准建设、高水平运作和超常规发展跃升。

4. 历史渊源对共建双赢合作至关重要

在异地联合建园的实践中,两地历史上长期形成的紧密联系及文化资源积淀也是推进园区合作共建的重要无形资产和软实力。沪苏大丰产业联动集聚区就是依托双方长期形成的社会经济紧密联系的历史渊源,进一步升华为两地共同的人文情怀,正是这种共同培育、格外珍惜的纽带,有力促成了共建园区的建设。

三、苏锡通园区跨越式发展的战略定位

(一)指导思想

新时期,苏锡通园区要全面贯彻落实党的十九大和十九届二中、三中、四中、五中全会精神,认真贯彻落实习近平总书记在扎实推进长三角一体化发展座谈会上的重要讲话精神和中央、江苏省委、南通市委战略部署,遵循"四个全面"战略布局,牢牢把握"双循环"新发展格局背景下的多重国家战略交汇叠加优势,紧紧围绕《长江三角洲区域一体化发展规划纲要》所确立的"推动省际毗邻区域协同发展""共建省际产业合作园区"的战略任务以及中共南通市委十二届九次全体会议提出的打造高水平"沪苏跨江融合试验区"的建设目标,强化跨江融合的一体化责任担当,打造南通跨江融合"新平台"、产城融合"新地标"和高质量协同发展"新样板"。

(二)战略定位

"双循环"新发展格局下推动思想再解放、改革新突破、发展高质量,应是新时期苏锡通园区的奋斗主旋律,也是园区战略定位的基本遵循。"十四五"期间,苏锡通园区分别从长三角区域、江苏省和南通市这三个层面突出3个"1",即"1个国家级功能平台""1个开放形象城市门户""1个现代化新城区"。

1. 国家级沪苏跨江融合发展功能平台

作为南通全方位融入苏南、接轨上海的"桥头堡",苏锡通园区肩负着打造"沪苏跨江融合示范区"并使之升格为国家级园区的光荣使命。应积极融

入长三角区域一体化国家战略,深入贯彻落实江苏省委、省政府"支持南通沪苏跨江融合试验区建设"和南通市委、市政府"三个全方位"的战略部署,贯彻落实《规划纲要》江苏实施方案,放大跨国共建、跨江共建园区的基因优势,全方位对接上海、苏南,率先打造高质量一体化发展样板区,最大限度地激发沪苏各方"跨江融合、分工协作、优势互补、互利共赢"的积极性,积极打造以"跨江融合、共建园区"为特色的区域新型产业载体和高端功能平台。

2. 跨江联动与江海联动"双联动"交汇门户区

南通扼居长江口的北岸,与地处长江口南岸的上海以及苏州的太仓、常熟、张家港隔江相望,拥有物资集散、要素流动、内外贸易、港航物流、江海联运等重要口岸功能。苏锡通园区是彰显南通作为第一门户城市的跨江、江海"双联动"交汇门户的重要节点。其开放型城市门户形象和作用突出表现为:一是苏锡通园区地处南通中心城区连接上海及苏南地区的南部门户;二是苏锡通园区是南通"江出海、海进江"江海联动新格局的重要门户节点;三是苏锡通园区依托规划中的南通"江海快线"可与高铁西站、南通新机场和通州湾新出海口等未来南通的三大枢纽紧密相连和全面对接(见图16-1)。沪苏跨江联动与南通江海联动的"双联动"交汇门户特征,十分有利于

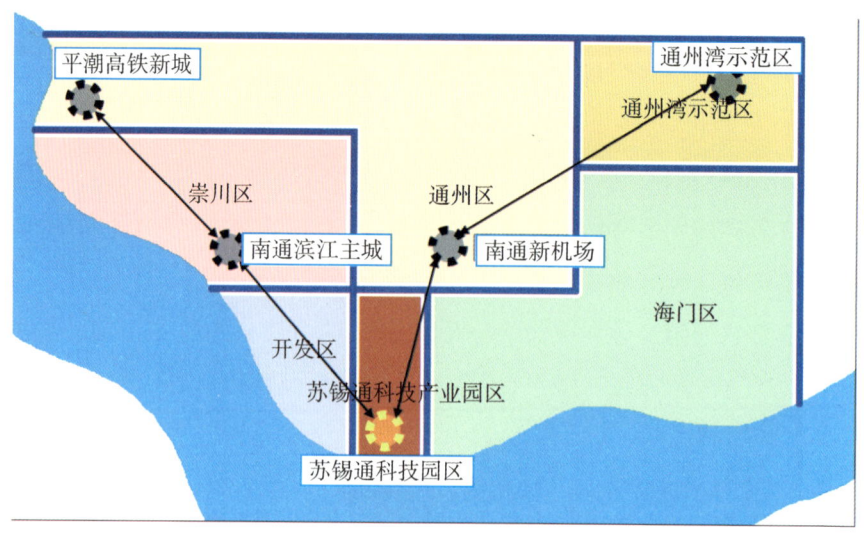

图16-1 苏锡通园区在南通未来新发展格局中的战略区位

苏锡通园区加速融入长三角区域市场大循环,并通过区域市场大循环高效融入国内国际双循环的双向互动。

3. 南通滨江主城南翼现代化新城区

按照"五位一体、四化融合、三生互动、二元统筹、一域贯通"的发展理念,依托苏锡通园区概念规划的战略导向,全力构建一轴一带、蓝绿交织的"十字轴带"基本空间格局,着力打造集生产、生活、商务、休闲、绿色于一体的产城融合"新地标",形成国际化、精品化、特色化,宜工、宜商、宜居、宜业的南通滨江主城南翼现代化新城区。该城区需突出五大营城理念:一是"拥抱江南",打造开放包容的南通滨江新形象;二是"融合发展",将南北、东西片区进行一体化规划;三是"塑造强心",以江海快线为重点,打造片区强力中心,联系南北;四是"生态融城",特色化利用好老洪港绿廊,成为生态地区开发典范;五是"活力混合",建设生产、生活、生态混合活力的新型园区。[①]

(三) 战略目标

新时期,苏锡通园区要以基本建成国家级沪苏跨江融合发展示范区为核心目标,高举"跨国合作、跨江融合、跨越发展"三面大旗,努力打造成为跨江融合高质量发展新的试验区、南通经济活跃新的增长极,以及产城融合、生态宜居新的承载区。依托园区税收返还政策特定优势,借助园区大部分入驻企业逐步进入产能大幅度释放的满产期和园区获批"中国江苏自贸区苏州片区苏锡通联动创新区"的新契机,全力招引特重大产业项目,补齐现代服务业和基础设施配套短板,推动园区超常规、跨越式发展,实现综合实力显著跃升。

四、新时期苏锡通园区跨越式发展的策略建议

作为跨江共建园区,苏锡通园区因跨江融合而诞生,伴跨国合作而成长。如今,凭借着长三角一体化上升为国家战略的发展契机,承载着积极探

---

① 中国城市规划设计研究院,苏州规划设计研究院股份有限公司,南通市规划编制研究中心.苏锡通科技产业园概念规划[Z],2020.

索沪苏跨江融合试验的光荣使命和任务,苏锡通园区再次因跨江融合而扬帆起航,将通过扎实推进沪苏跨江融合试验改革与模式创新,重塑发展模式、重组产业结构、重构国土空间,进而努力实现凤凰涅槃、乘势而上、再铸辉煌。

(一) 扎实推进沪苏跨江融合试验改革探求模式创新

苏锡通园区在推进沪苏跨江融合发展过程中需要进一步聚焦三个问题:一是园区合作共建模式。主要探索"飞地经济"模式下的政府投资方式、双方义务及利益分成、投资转股权等问题,以及由此衍生形成的园区主导权归属问题。二是园区运营管理模式。在强区扩权背景下,研究园区企业化运营、市场化运作模式创新,以规避大量行政社会事务下放园区,冲击园区招商引资、创新孵化、服务企业的主责主业。三是园区产业融合模式。紧扣上海、苏南地区主导产业及产业集群发展现状、"十四五"发展导向及跨江协同发展需求,引导园区招商部门和区内企业有的放矢、主动作为,实现"产业链、供应链、创新链、资金链、服务链"五链的跨江精准对接。

推动苏锡通园区功能平台的整体跃升,是新时期内园区需要倾力完成的重点任务,直接关系到园区未来的战略定位、产业赋能和核心竞争力的提升。这主要涉及以下三个方面任务:一是积极争取上海共同参与沪苏跨江融合试验区建设。要紧紧抓住长三角更高质量一体化发展国家战略的重大历史机遇,充分发挥沪通地缘相近、人缘相亲、"靠江靠海靠上海"的独特区位优势和人文优势,通过省市领导的关心支持和长三角区域合作办公室的沟通协调,主动与上海市及浦东新区、中国(上海)自贸区新片区等重点相关区块洽谈协商,积极争取上海方的支持和参与,携手共建苏锡通园区并成立相应的管理机构。二是积极争取更大力度的高位政策支持。积极争取园区扩大对内对外开放的政策支持,放大江苏自贸区苏州片区联动创新区品牌效应,与上海、苏南联手打造国家级改革开放平台,积极争取自贸区新片区落户苏锡通园区。三是积极打造沪苏现代服务业合作区。引入上海资本、上海品牌、上海文化,以高位的合作、高端的项目、高品质的规划,加快形成沪通联动、南(苏通)北(锡通)融合发展态势,打造营商环境优、绿色发展水平高、综合配套全的现代化产城融合发展的样板园区。

(二) 大力培育具有沪苏通共建特色的现代产业体系

"十四五"及今后更长一段时期,苏锡通园区产业定位及主导产业选择要兼顾四个方面:一是遵循全球产业科技革命的发展大势以及产业发展的一般规律,科学选取契合时代发展的产业行业;二是在双循环新发展格局的大背景下,紧紧瞄准那些消费前景广、市场需求旺、有效供给强的产业门类;三是作为跨江融合共建园区,主导产业选择应紧扣上海、苏南发达地区的产业战略定位乃至世界级产业集群建设目标,策应上海、苏南产业发展的大趋势;四是依托自身产业基础,注重与周边的南通开发区、南通高新区、海门开发区等国家级园区之间实现差异化发展。

基于产业选择依据和园区产业基础,建议苏锡通园区在未来一段时期内构建"(3＋N)×1"的现代产业体系:"3"为智能装备、电子信息和生命健康三大主导产业;"N"为"十四五"期间园区需要重点培育打造的若干个基础条件好且发展前景看好的新兴产业;"1"则表示园区未来每个主导产业和新兴产业都必须体现出来的上海(苏南)元素、上海(苏南)品牌和上海(苏南)特色,并作为沪苏跨江融合示范区的本质特征和园区建设成功与否的基本评判条件。

(三) 致力营造"三生融合、和谐共生"的园区发展新空间

按照全方面策应国家战略、全开放对接上海、全身位融入苏南、全方位引领南通在内的示范发展新要求,重新谋事、谋划、谋定苏锡通园区空间发展战略,坚持尊重生态基底、放大生产效能、提升生活品质的原则,全面统筹生态、生产、生活三大空间,积极营造"三生融合、和谐共生"的园区发展新空间,构建"一轴、一带、两心、三园、五片"的产城融合新格局(见图16-2)。[①]

(1) 一轴:南北相向的中心轴(江海通廊)。作为连通苏通与锡通两大片区的纽带,围绕贯穿南北的中心河,打造多层次滨水空间;依托江海快线

---

① 南通市规划设计院有限公司.苏锡通科技产业园控制性详细规划[Z],2020.

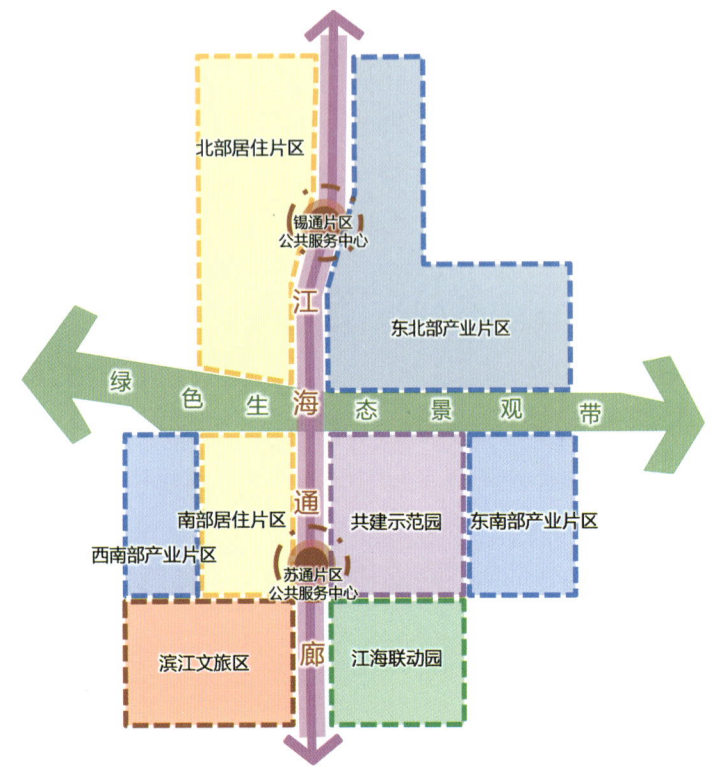

图 16-2　苏锡通园区国土空间结构指引

苏锡通园区中心站点,规划打造苏锡通园区城市生活起居、商业办公、文体服务以及相关配套服务功能的主要承载空间。

(2) 一带:绿色生态景观带。依托南通老洪港省级森林公园并不断向东延伸,以隔离与弱化园区内南北两大片区诸多重大基础设施建设等对环境生态带来的不利影响,形成苏锡通园区中部横贯东西的绿色生态景观带。

(3) 两心:南心与北心。南心为苏通片区公共服务中心,主要承担苏锡通园区行政办公、商务商贸、文体休闲等功能,重点结合南通江海快线苏锡通园区站,综合打造南通作为长三角北翼经济中心城市的南翼滨江门户中心形象。北心为锡通片区公共服务中心,充分利用南通江海快线苏锡通园区北站的规划建设,不断提升锡通片区的公共服务功能,西北向联动南通创新区,以充分承接其高端科创资源,带动锡通片区产业能级全面提升。

（4）三园：滨江文旅园、共建示范园与江海联动园。第一，滨江文旅园以滨江主题公园建设为契机，促进苏通大桥公园的提档升级，优化沿江地区功能布局，加强景观要素绿色组合，打造具有文旅游赏、休闲观光功能的滨江特定意图园。第二，共建示范园为沪苏跨江融合协同发展示范园，位于南通江海快线苏锡通园区站以东的产业片区，拟规划面积为10平方千米，旨在建设成为江苏（南通）积极承载上海要素、接轨上海产业链和供应链的协同发展示范区。第三，江海联动园为南通江海联动之江港产业园，依托南通通江达海的入江口门区位，充分利用通海港区及新江海河水水转运的特质资源，全面对接通州湾新出海口的港口物流和临港产业资源，构建"江出海、海进江"的江港产业园。

（5）五片：南、北居住片区和西南、东南、东北产业片区。第一，南部居住片区为南部居住组团，依托原苏通片区已有的居住组团，打造长三角国际生态社区。第二，北部居住片区为北部居住组团，以城市更新为主抓手，有力推进原锡通片区老旧小区组团的综合改造，打造现代都市宜居社区。第三，西南部产业片区为新一代信息技术产业组团，以通富微电项目落地为契机，全力发展以大规模集成电路封装测试为重点的新一代信息技术产业片区，着力招引上游关联产业项目。建议联动上海张江高新区和中国（江苏）自由贸易试验区苏州片区，率先启动联动区的开发建设。第四，东南部产业片区为高端装备制造产业组团，围绕恒大新能源汽车重大项目为触媒，打造以新能源汽车及汽车零部件为主导的高端装备制造产业片区。第五，东北部产业片区为智能制造产业组团，大力发展潜在的包括航空零部件在内的智能制造产业，作为苏锡通园区未来产业发展的战略预留片区。

苏锡通园区打造沪苏跨江融合发展示范区，其基本形式是共建园区，核心内涵是跨江融合，关键举措是试验改革，下一步更要全面依托"三国合作、三地共建"的独特优势，充分借鉴新加坡、奥地利以及苏州工业园区的成功经验，高举"跨国合作、跨江融合、跨越发展"三面旗帜，开启全面引领跨江融合发展的新征程。

B.17 杭州湾大湾区"一体化"网络特征与协同策略研究

张能恭　倪敏东　朱黎明　范　文　乐骏辉

（宁波市规划设计研究院）

摘　要： 在长三角一体化国家战略的背景下，长三角区域内城市之间的联系变得日益紧密，各种人流、信息流、交通流在区域内形成"流动的空间"。流空间成为研究城市与区域结构的新视角，利用"流"研究城市间的相互作用以及城市网络结构，能为城市发展方向与空间布局提供决策启示与支撑。大数据时代数据的快速更新与积累，为流空间理论的研究提供了重要的素材。本研究聚焦环杭州湾大湾区，从日常人口流动的网络空间出发，分析环杭州湾大湾区城市群内部的人口流动网络，通过人口现状、人口流动网络、人口流动的社会网络分析研究环杭州湾大湾区的人口流动的特征，针对大湾区建设发展提出相对应的空间策略。

关键词： 大湾区；杭州湾；"一体化"网络

湾区是由一个海湾或相连若干个海湾、港湾及邻近岛屿共同组成的区域。从世界湾区经济发展看，沿海湾区聚集的通常是最为发达和最具竞争力的城市群。世界著名湾区有东京湾区、纽约湾区和旧金山湾区等。湾区经济一般表现出宜居、开放、国际化和创新的共性。早在15年前习近平同志主政浙江期间，就明确提出"建设海洋经济强省"的目标和"规划建设环杭州湾产业带和城市群"的要求。2003年《浙江省环杭州湾地区城市群空间发展战略规划》设想，至2020年，形成杭州、宁波、嘉兴、绍兴、湖州和舟山6

大都市区，湖州、舟山均上升为大城市，另外再培育10个大城市以及一批中等城市与小城市。随着环杭州湾地区的规划建设持续推进，环杭州湾地区的城市群发展羽翼渐成。2019年12月，随着《长江三角洲区域一体化发展规划纲要》的公布，长三角一体化发展正式上升为国家战略，重点突出推进跨界区域共建共享，提出大力推进大湾区建设，整合提升一批集聚发展平台。本研究以环杭州湾大湾区为例，从日常人口流动的网络空间出发，分析环杭州湾大湾区城市群内部的人口流动网络，通过人口现状、人口流动网络、人口流动的社会网络分析研究环杭州湾大湾区的人口流动的特征，针对大湾区建设发展提出相对应的策略研究。

一、大湾区"一体化"视角下区域流动网络现状探索

（一）大湾区"一体化"与上海大都市圈联盟发展新态势

一是在长三角一体化国家战略视角下，城市发展转变为协同联动发展，形成一体化协同发展趋势。区域生态治理、区域协同发展、大湾区一体化合作等，逐步促成湾区城市群发展的新结构与新态势。

二是环杭州湾区域协同发展行动、沪浙合作示范与产业湾区协同对区域发展提出更高的要求。产业与空间协同是湾区未来区域协同发展的核心要素，针对湾区产业转型升级要求与品质提升诉求，需要从更宏观的湾区视角来看待产业与空间的协同。

三是浙江省四大建设对大湾区提出了高质量发展要求，通过区域协同、功能错位和共建共享来形成大湾区的竞合发展。应通过科技创新政策体系的顶层设计和战略布局，强化湾区创新能级的辐射效应，促进区域创新联动协同，提升大湾区创新体系的整体效能。

（二）长三角一体化战略下的大湾区流动网络现状探索

1. 湾区范围与区域概况

本研究的范围包括杭州湾大湾区区域的7大城市，包括上海、杭州、嘉兴、湖州、绍兴、宁波、舟山7个城市，其下辖区县和代管的县级市共61个，

区域国土面积5.25万平方千米,常住人口5525万人。

随着区域一体化的快速推进,中国城市群快速发展,"湾区经济"已成为带动全球经济发展的重要增长极和引领技术变革的领头羊。环杭州湾区大湾区是全国区域经济发展过程中重要的活力地区之一,2020年区域GDP达到8.34万亿元,以占全国0.55%国土面积的土地,承载了全国3.92%的人口,并创造了占全国8.21%的国内生产总值。

2. 湾区人口流动网络画像与热点区域分析

通过百度慧眼大数据分析,环杭州湾大湾区人口流动的活跃地带集聚在杭州湾沿岸的50千米岸线以内,湾区北岸地区人口聚居强于南湾城市。从环杭州湾大湾区居住人口和就业人口的空间分布来看,上海人口集聚度整体高于其他都市区,宁波市整体上形成中心城区和北部余慈地区两大人口集聚组团。

3. 湾区人口流动网络联系的分析

不同于对人口迁移的社会网络分析研究,本研究的对象是人口迁移的日常流动情况,体现出区域社会经济发展的紧密程度。研究发现,环杭州湾

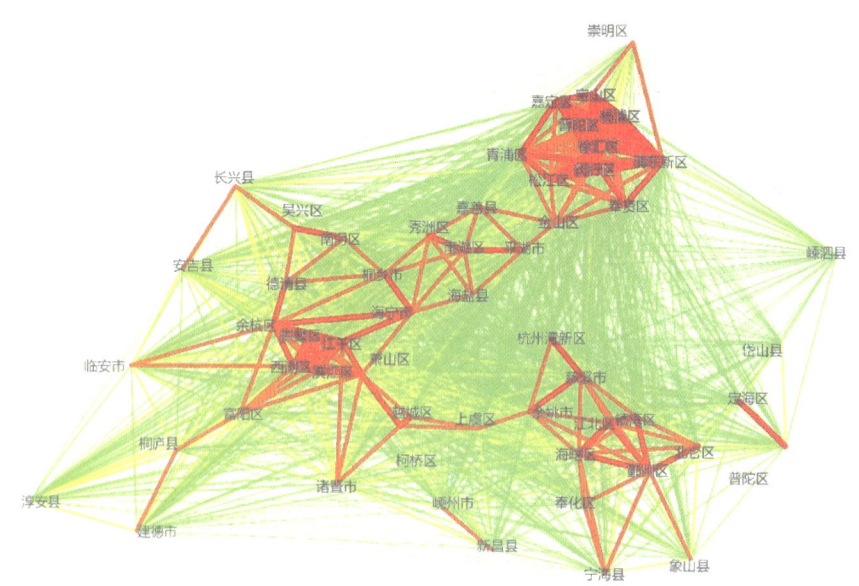

图17-1　环湾区县(市、区)级的跨区人口流动网络

南北两翼人口流动的网络形态存在明显差异,北翼具有更为复杂的网络体系,南翼则形成相对自成体系网络结构。以杭州为中心,向两翼辐散,北翼的结构体系更复杂,南翼宁波内部自成体系,与杭州连接较弱,上海对南翼的影响较小。

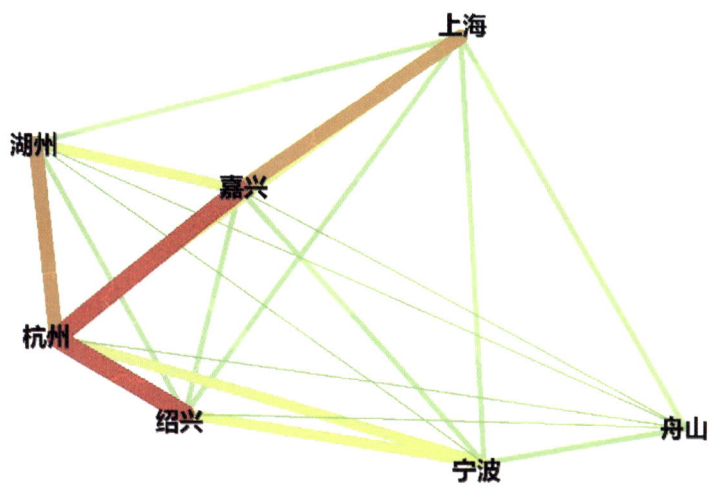

图 17-2　环湾区地级市的跨区人口流动网络

二、大湾区"一体化"流动网络空间的分析与研判

社会网络分析(Social Network Analysis,SNA)研究一组行动者的关系,是研究关系网络的常用方法。社会网络分析从关系数据的角度出发,可以减少属性数据的信息耗损,综合考察不同地区之间人口流向和流量以及相互之间的联系,从而描述出人口迁移中群体集聚和联络关系的动态变迁过程。

(一)人口流动网络的中心性分析

中心性是社会网络分析的重点之一。中心度是测量点中心性的重要指标,中心度越高,则在网络中越居于核心地位。点出度是该地区出发到其他地区发出的次数的量化,即共词矩阵中该节点所在行上所有数据之和。点入度是该地区接受其他地区的进来次数的量化,即共词矩阵中该节点所在列上所有数据之和。标准化点出度是该节点的点出度与该节点在网络中最大可能的关系数的比值。标准化点入度是该节点的点入度与该节点在网络中最大可能的关系数的比值。

1. 市际的中心性

从市际看,杭州市的点入度和点出度均处于较高位置,是环杭州湾大湾区最主要的人口流入与流出城市,也是网络的核心地区。其次为绍兴、嘉兴,上海市的位次较低。主要原因可能是就日常人口的流动来说,地理区位的重要性更大,杭州位于杭州湾的喇叭口位置,邻近的城市最多,而上海和宁波分别位于杭州湾的两翼末端。

表 17-1　　　　　　　　大湾区城市中心性排序

排序	地市	点出度	点入度	标准化点出度	标准化点入度
1	杭州	183 327	185 124	39.9	40.3
3	嘉兴	111 236	109 917	24.2	23.9
6	绍兴	90 500	91 780	19.7	20.0
5	上海	53 951	52 674	11.7	11.5
2	湖州	51 688	50 758	11.3	11.1
4	宁波	40 316	41 190	8.8	9.0
7	舟山	9 564	9 139	2.1	2.0

2. 县区际的中心性

区县际的人口流动动态,兼具了人群的日常通勤和城市间的人口流动动态。点入度和点出度最高的是上海浦东新区。位于前五位的均为上海的市辖区,包括闵行区、徐汇区和静安区。其次是杭州市的余杭区、江干区。最低的是舟山市的嵊泗县和岱山县。宁波市最高的是鄞州区,位居第 11 位,其次是江北区,位居第 20 位。上海的人口流动特征以城市内部为主,杭州承担着湾区的核心城市的功能,从总体来看湾区的区域一体化程度不高。

表17-2　　　　　　　　　　大湾区区县中心性排序

排序	县市区	标准化点出度	标准化点入度	排序	县市区	标准化点出度	标准化点入度
1	上海浦东新区	7.96	7.90	32	宁波慈溪市	1.01	1.05
2	上海闵行区	7.39	7.80	33	嘉兴桐乡市	0.95	0.95
3	上海徐汇区	5.81	5.60	34	宁波北仑区	0.91	0.88
4	上海静安区	4.96	4.98	35	宁波余姚市	0.77	0.77
5	杭州余杭区	4.79	4.94	36	上海金山区	0.72	0.72
6	杭州江干区	4.72	4.82	37	湖州吴兴区	0.65	0.66
7	上海宝山区	4.62	4.84	38	嘉兴平湖市	0.52	0.52
8	杭州西湖区	4.34	4.20	39	湖州南浔区	0.51	0.50
9	上海黄浦区	4.16	4.01	40	湖州德清县	0.51	0.49
10	上海普陀区	4.13	4.10	41	绍兴诸暨市	0.49	0.55
11	杭州拱墅区	3.43	3.41	42	宁波杭州湾新区	0.48	0.43
12	上海长宁区	3.38	3.31	43	杭州富阳区	0.48	0.47
13	上海嘉定区	3.35	3.33	44	宁波奉化区	0.44	0.44
14	上海杨浦区	3.24	3.26	45	嘉兴嘉善县	0.43	0.43
15	上海松江区	3.20	3.22	46	绍兴上虞	0.40	0.39
16	宁波鄞州区	3.19	3.12	47	舟山定海区	0.39	0.37
17	杭州萧山区	3.03	3.24	48	嘉兴海盐县	0.36	0.35
18	上海虹口区	2.97	2.89	49	舟山普陀区	0.36	0.37
19	杭州下城区	2.86	2.80	50	湖州长兴县	0.27	0.28
20	宁波海曙区	2.77	2.95	51	杭州临安区	0.26	0.25
21	上海青浦区	2.19	2.15	52	上海崇明区	0.24	0.23
22	杭州滨江区	2.13	1.99	53	绍兴嵊州市	0.23	0.23
23	杭州上城区	2.11	2.07	54	绍兴新昌县	0.18	0.19
24	绍兴柯桥区	1.81	1.75	55	湖州安吉县	0.18	0.17
25	嘉兴南湖区	1.76	1.76	56	杭州桐庐县	0.18	0.17
26	宁波江北区	1.65	1.62	57	宁波宁海县	0.15	0.14
27	嘉兴秀洲区	1.52	1.53	58	宁波象山县	0.11	0.12
28	上海奉贤区	1.42	1.37	59	杭州建德市	0.10	0.10
29	绍兴越城区	1.40	1.43	60	杭州淳安县	0.06	0.07
30	嘉兴海宁市	1.28	1.28	61	舟山嵊泗县	0.04	0.03
31	宁波镇海区	1.08	1.07	62	舟山岱山县	0.03	0.04

(二) 整体分析: 社会网络分析

研究发现,随着二值化阈值的升高,上海和宁波市区逐渐独立于网络存在。以杭州湾新区为南翼的起点,海宁市为北翼的终点,杭州湾新区-慈溪-余姚-上虞-越城区-柯桥区-萧山区-江汉区-海宁市是最稳定和最具活力的廊道,其关联网络却一直延续。同时,海宁市、萧山区、余杭区、上虞区和余姚市是重要的节点,在人口的跨区域流动中是重要的中介。舟山群岛、宁海县、象山县、淳安县和建德市则一直游离于体系之外,没有形成与外界较强的互动关系,属于边缘区域。

研究表明继续提高二值化的阈值至5000时,杭州湾南岸的人口联系显示出比北岸更强的连续性,日常的人群联系更加稳固。

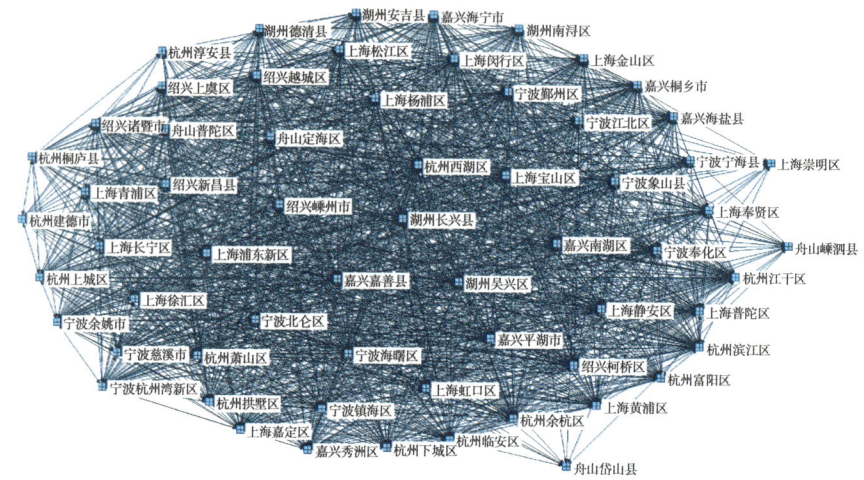

图 17-3 二值化的社会网络

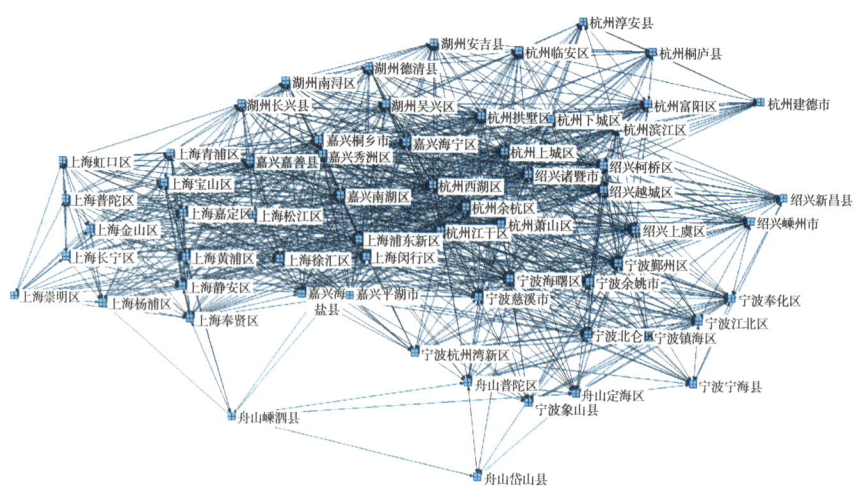

图 17-4 500位二值化的社会网络

(三) 微观结构：凝聚子群分析

从杭州湾大湾区的凝聚子群分布可以看出，有四个一级的子群，八个二级的子群，杭州已经形成了对绍兴和湖州大部分地区的紧密吸引。事实上，宁波对舟山、嘉兴、绍兴都有一定的影响，宁波的开放性相对较强，不仅对行政区内的区县具有较强控制力，还能辐射到紧邻的绍兴上虞、嵊州和新昌，舟山定海和普陀，甚至借杭州湾大桥之势，将嘉兴主城区纳入其边缘的凝聚子群。上海对于浙江杭州湾沿岸城市的控制力并不强，只有舟山的嵊泗县（洋山港所在地）具有归属于其边缘的凝聚子群下。嘉兴缺乏较强的控制力，成为大都市圈的边缘区。嘉善、平湖和金山则在夹缝中求生，由于至各大中心城市都十分便利，形成了独特的小凝聚子群。

(四) 湾区"一体化"网络的研判

人口流动的活跃地带集聚在杭州湾沿岸，环杭州湾南北两翼人口流动的网络形态存在明显差异。环杭州湾大湾区城市群一体化程度较高，但是城市联系的不平衡性较严重。在市际层面的人口流动，杭州占据着核心城市的作用。在区县际的层面，上海各市辖区的中心性更高。可以发现，目前湾区的人口日常流动是以杭州为核心的。空间规划在环杭州湾大湾区的形成中起着重要的作用。宁波应在长三角一体化的总体战略指引下以宁波前湾新区建设为重点，加快集聚高端要素和新兴产业，培育城市服务功能，加快融入以上海为龙头的长三角区域发展。

社会关系图的模拟显示，杭州湾新区-慈溪-余姚-上虞-越城区-柯桥区-萧山区-江干区-海宁市是最具活力的生长廊道，杭州湾跨湾的交通通道亟待解决，因此从宁波北部湾区看，应做强慈溪枢纽、增设前湾枢纽，实现新区核心区与上海和湾区城市的直联直通。同时，本研究也发现湾区内部城市群形成了四片大小不一的区域，与现行规划存在明显差异，杭州与周边地市均互相形成凝聚子群，上海与杭州湾大湾区其他城市的联系相对较弱，因此可以结合实际发展情况，针对性地提出规划引导策略。

三、大湾区"一体化"跨界融合协同策略

(一)创新机制协同

1. 城市功能错位与明确分工

应探索协同各个城市在实现湾区战略目标下的功能与分工,推动湾区都市圈与经济圈的建设。通过城市功能错位与明确分工,形成优势互补、高质量协同发展的区域布局,有利于优化产业链布局,形成湾区城市的层次感,增加城市韧性,推进湾区城市内涵的提升转变。

2. 城市发展方向的区域协同

不再以单个城市或单个城市群视角来研判城市未来的发展的方向,应从湾区视角审视区域发展的战略空间重点与发展方向,聚焦区域发展重点空间和核心问题。

(二)产业体系连接

1. 大湾区的产业分工与协同

应充分发挥各地区的优势与核心产业平台的龙头带动作用,聚焦湾区核心产业,巩固优势产业、培育未来产业、完善区域内产业分工与协同,构建全面的产业合作,打造全周期的产业链体系,建设全球高端产业集群。

2. 区域合作示范区产业协同

长三角生态一体化发展示范区公布了新的产业发展指导目录和产业准入标准,实现了全国首个产业发展导向、项目准入标准的跨区域统一,对于推进区域合适示范区的产业协同提出了新的发展方向与探索方式。

(三)区域枢纽联通

1. 构建互联互通的区域交通网络体系

落实区域城际通道枢纽,保障大湾区城市之间的快速通达,需要着眼于湾区发展,协同交通体系构建,求同、融合,支撑重要战略空间发展。应提升既有高铁服务能力,推进规划城际铁路建设。强化跨湾通道促进湾区联动

发展,梳理加密都市圈轨道交通体系,促进湾区战略协同与区域融合。贯通区域等级航道网络,促进港口间深度合作。

2. 打造共建共享的区域重大基础设施

推进区域重大基础设施的共建共享是落实科学发展观,建设湾区协同发展的实际需要与趋势,有利于促进资源节约,环境友好。应推进区域重大基础设施同步规划、有机衔接、有序建设。建立区域重大基础设施建设协调机制,形成城乡一体、区域协同、统筹发展的共建共享的格局。

参考文献

[1] 宁波市规划局,中国城市规划设计研究院.宁波2049城市发展战略[R],2018.

[2] 宁波市自然资源与规划局,中国城市规划设计研究院,宁波市规划设计研究院.宁波北部副城发展战略研究[R],2020.

[3] 上海大都市圈空间规划协同工作领导小组办公室.上海大都市圈空间协同规划[R],2021.

[4] 浙江省发展与改革委员会,浙江省发展规划研究院.浙江省大湾区空间规划(2018—2035年)[R],2018.

B.18 上海大都市圈的跨城通勤与规划策略研究

钮心毅　来佳莹　张竹君　赵一夫

(上海同济城市规划设计研究院有限公司、
同济大学建筑与城市规划学院)

摘　要：本研究利用大数据测算上海与长三角其他城市之间的跨城通勤，讨论了上海与周边各个城市跨城通勤特征、相应的上海大都市圈规划策略。在使用手机信令数据对上海与周边各城市跨城流入、流出通勤的特征进行测算和分析后，研究发现：首先，上海与周边城市之间已经形成紧密跨城通勤联系，部分上海市域外的城镇与上海中心城区的通勤联系紧密程度已超越一些市域内的新城。其次，上海大都市圈并不是简单圈层结构，相同交通条件下，各个近沪城市与上海跨城通勤联系存在极大的差异。上海大都市圈规划应该关注上海与周边城市间跨城通勤等跨城功能联系及其对都市圈空间结构的影响，需要将支持跨城功能联系的流动空间体系、交通体系等纳入规划内容，基于对各个城市与上海之间跨城通勤联系存在差异的认知，思考制定对应的规划策略。

关键词：上海大都市圈；跨城通勤；跨城功能联系；交通体系；手机信令数据

准确认识上海与大都市圈范围内其他城市的实际联系情况，是上海大都市圈相关政策、规划制定的基础，是规划实践的现实需求。其中，上海与周边城市间的跨城通勤联系是测度实际联系特征的一个重要维度。本研究使用手机信令数据测算长三角三省一市范围内各个城市手机用户的居住地、工作地，获取上海市与周边城市跨城通勤的时空特征，进而面向上海大都市圈更好协同发展的目标，提出都市圈的空间体系、交通体系等方面的相关规划策略与建议。

一、跨城通勤测算方法

跨城通勤是指居住地、工作地跨越地级市边界，每工作日往来于居住地、工作地的通勤现象，反映了不同城市间最紧密的一种功能联系。城市之间的跨城通勤往往被认为是都市圈形成的标志之一。上海与周边城市间的跨城通勤，能反映出上海与周边城市之间跨城功能联系的现状和趋势。由于中国没有跨地级市的交通出行调查，所以传统方法难以测算城市之间通勤。本研究从移动通信网络获取的手机信令数据，从手机上获取的定位信息被视为人活动的代理，使用这类时空大数据测算上海与周边城市之间跨城通勤状况。通过测算长三角三省一市范围内城市间的跨城通勤，分析上海与大都市圈范围内苏州、无锡、常州、南通、宁波、湖州、嘉兴、舟山间通勤联系的特征。基础数据采用长三角三省一市范围内中国联通匿名手机信令数据，数据时间为2019年12月全月，共22个工作日。

跨城通勤测算建立在通勤联系测算的基础上。通过测算用户在连续一个月每日夜间21:00—次日7:00的空间位置，以一个月内夜间驻留时间最长且驻留天数不低于16天的位置作为该用户的居住地。对上述识别出居住地的用户，再计算当月22个工作日内每日9:00—17:00的空间位置，以日间驻留时间最长且停留天数不低于11天的空间位置作为该用户的工作地。根据以上识别出的用户职住地，分离出职住地分别位于上海与周边城市的用户，获取上海与周边城市的跨城通勤联系，进而从通勤联系的流量、流向、空间分布等分析上海大都市圈内跨城通勤的特征。本研究中的人数均为识别出稳定居住地和工作地的联通用户，未经扩样，不是实际人数值，仅有相互比较意义。考虑到中国联通用户在常住人口中占比，实际对应人数应是本研究得出联通用户数的5—8倍之间。

对上海大都市圈内跨城通勤现象的描述与分析中主要运用3类测度指标：流入通勤、流出通勤、入出比。流入通勤指工作地在上海，居住地在上海之外其他长三角城市的跨城通勤行为。流出通勤指居住地在上海，工作地在上海之外其他长三角城市的跨城通勤行为。入出比指流入上海通勤者数量与上海流出通勤者数量的比值。该数值越大意味着某地居民跨城流入上海的通勤者数量越明显多于上海居民流出至该地的通勤者数量，也说明上海对该地的就业吸引越强。

二、地级市层面的上海跨城通勤特征

近沪城市与上海存在较为紧密的双向跨城通勤关系。根据手机信令数据测算出，与上海市域间的总体跨城通勤人数达到14 401人（测算得出的联通用户数，下同），与上海中心城区间的总体跨城通勤人数达到4 256人。但各地级市间存在明显差异，同为与上海市域陆域相邻的苏州和嘉兴在跨城通勤联系特征上截然不同，苏州方向与上海市域占到总量的近90%，而嘉兴方向仅占到9.2%。

（一）整体规模特征

上海周边的南通、苏州、嘉兴、无锡等地级市流入上海市域的跨城通勤总人数达到9 965人，流入上海中心城区的跨城通勤总人数达到3 570人。上海市域流出至周边地级市的跨城通勤总人数为4 436人，上海中心城区流出至周边地级市的跨城通勤总人数为686人。

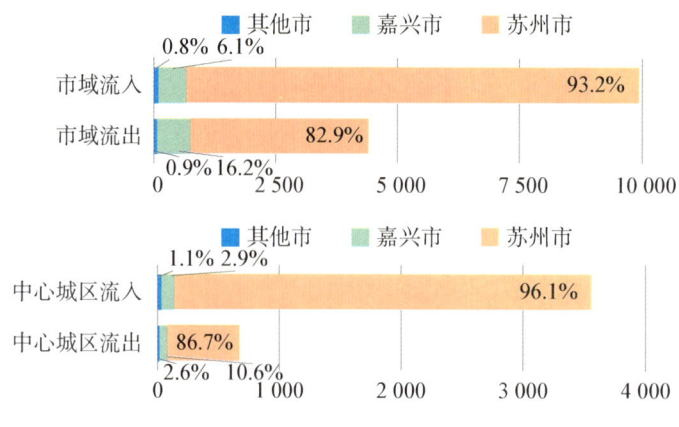

图18-1　各地级市流入流出通勤规模

(二)整体方向特征

上海市域的总体流入、流出通勤的入出比为 2.25,上海中心城区的总体入出比达到 5.20,体现了上海的就业吸引力。在上海周边地级市中,苏州市是流入上海市域及中心城区跨城通勤者的主要居住地,通勤规模分别占了总量的 93.17% 和 96.05%。苏州市与上海市域的入出比为 2.52,与上海中心城区的入出比为 5.76。嘉兴市与上海市域的入出比为 0.84,与上海中心城区的入出比为 1.41。

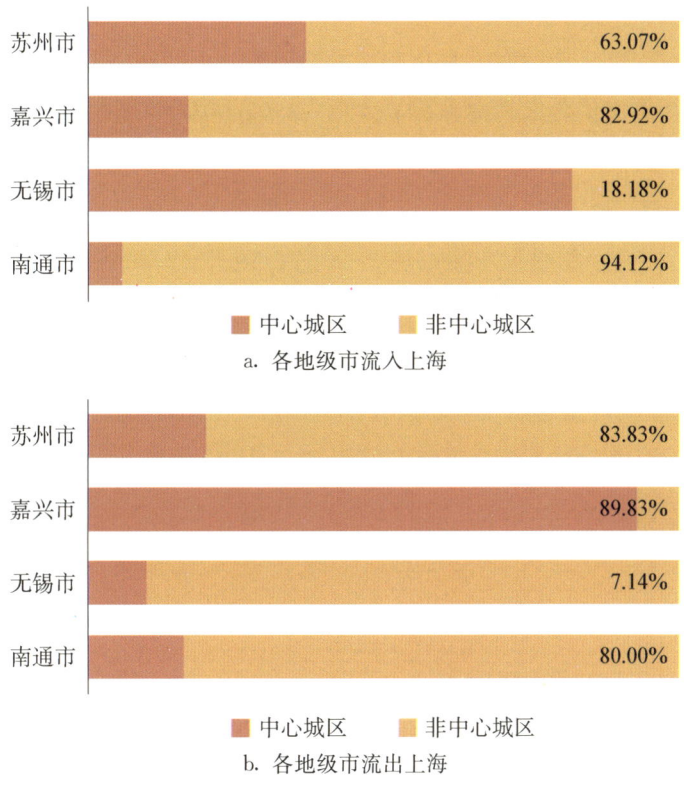

图 18-2　上海中心城区和非中心城区通勤者占比

三、区县层面的上海跨城通勤特征

长三角范围内各区县与上海跨城通勤差异同样显著。在与上海市域层面的跨城通勤联系中,苏州昆山市是最主要的跨城通勤联系方向,占到总量的70.5%;在与上海中心城区层面的跨城通勤联系中,苏州昆山市和苏州城区方向的联系最多,昆山方向占到总量的75.8%,苏州城区方向占到总量的9.8%。同时,上海中心城区对各区县就业单向吸引特征突出。对通勤联系最紧密的昆山来说,入出比已达到8.1。

(一)整体规模特征

以区县行政单位计算,上海周边的昆山市、太仓市和苏州城区为流入上海市域通勤者的主要来源,分别占流入上海市域总量的74.8%、12.7%和4.5%。昆山市、太仓市和平湖市为上海市域流出通勤者的主要目的地,其流出量分别占总量的60.7%、16.2%和9.3%。流入上海市域的通勤者在上海的主要工作地为嘉定区、青浦区和普陀区,分别占流入总量的44.0%、14.8%和5.8%。上海市域流出的通勤者在上海的主要居住地为嘉定区、青浦区和金山区,分别占流出总量的43.8%、25.2%和11.8%。

昆山市、苏州城区和太仓市为流入上海中心城区通勤者的主要来源,其流入量分别占总量的80.5%、9.0%和5.6%。昆山市、太仓市和苏州城区为上海中心城区流出通勤者的主要目的地,其流出量分别占总量的51.4%、17.1%和13.8%。流入上海中心城区的通勤者在上海主要工作地为普陀区、闵行区和长宁区,分别占流入总量的16.3%、13.6%和12.9%。

(二)整体方向特征

上海市各区县的跨城流入通勤者普遍多于跨城流出通勤者,上海市中心城区各区县的入出比普遍高于市郊各区。近沪城市区县中,流入上海市域的通勤量普遍高于上海市域流出通勤量。其中,无锡城区、苏州城区、昆山市与上海市域的流入、流出通勤的入出比最高,分别为3.6、2.9和2.8。昆山市、苏州城区和无锡城区与上海中心城区的流入、流出通勤的入出比最高,分别为8.1、3.4和3.2。

B.18 上海大都市圈的跨城通勤与规划策略研究 /315

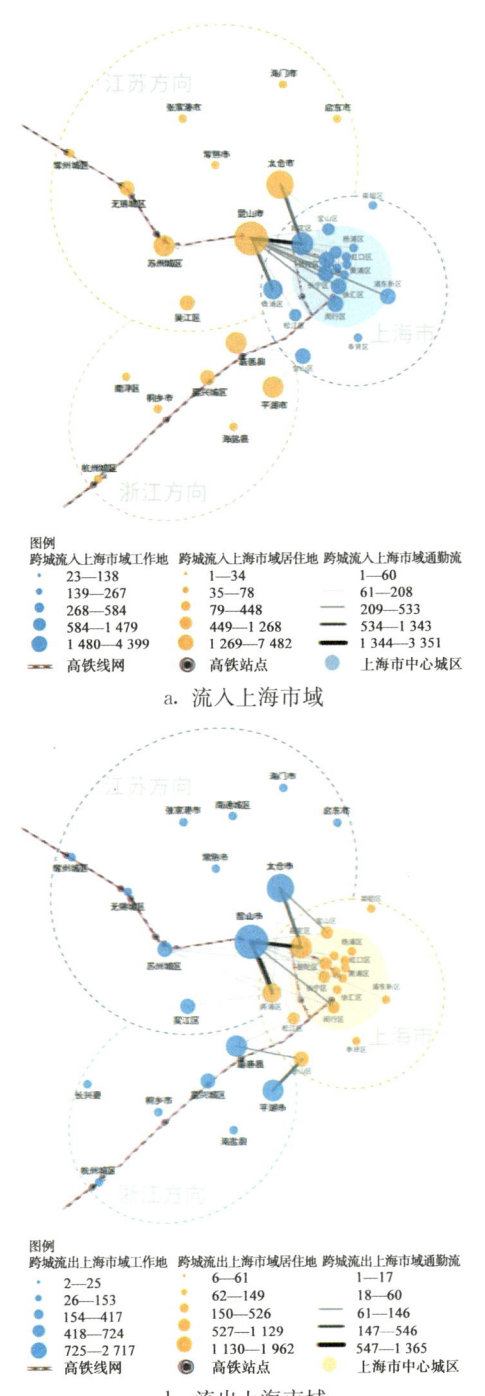

图18-3 上海市域跨城通勤者空间分布(区县层面)

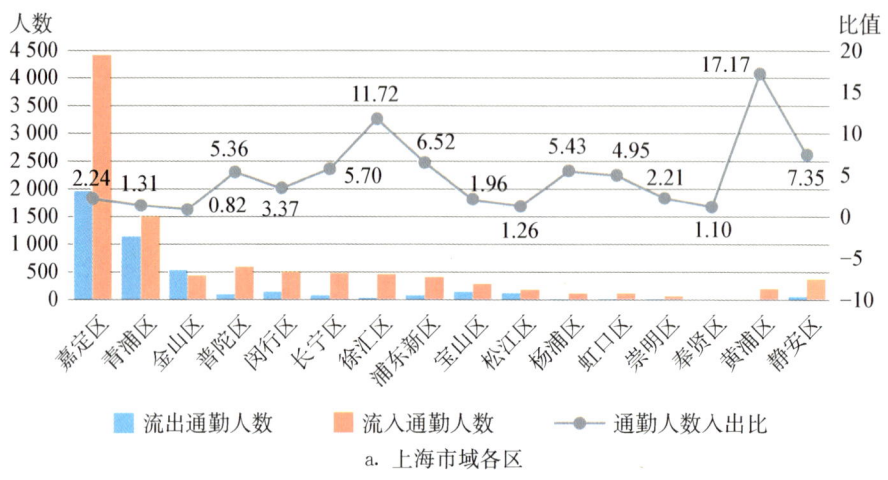

a. 上海市域各区

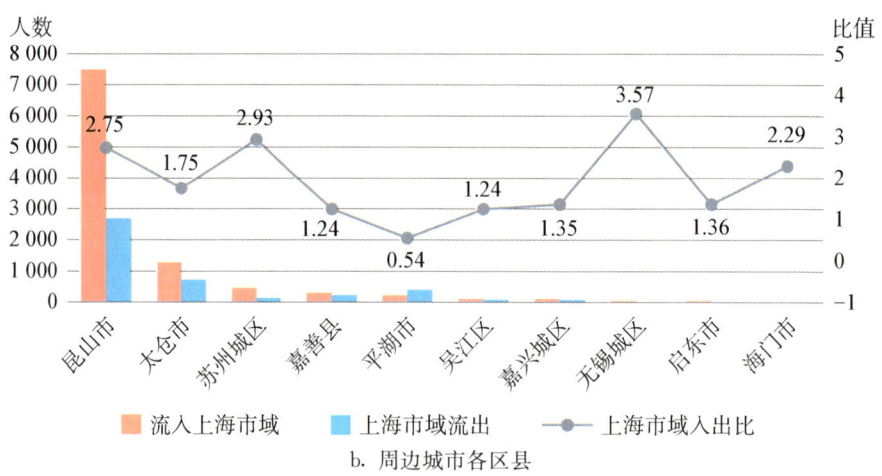

b. 周边城市各区县

图18-4 各区县跨上海市域通勤规模

B.18 上海大都市圈的跨城通勤与规划策略研究 /317

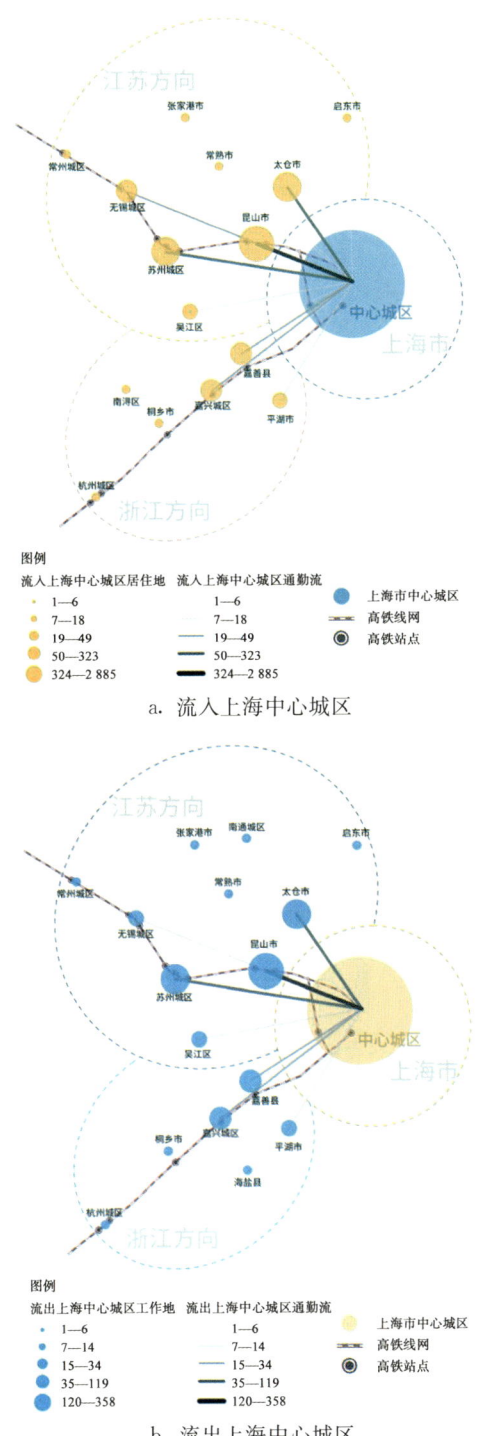

图 18-5 上海中心城区跨城通勤者空间分布(区县层面)

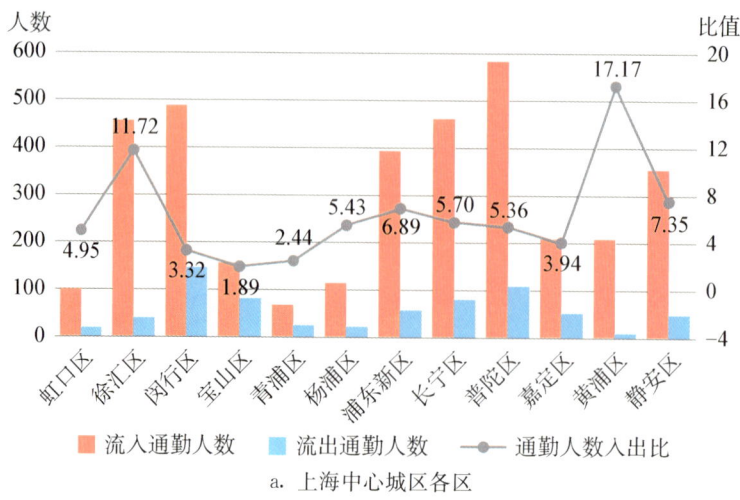

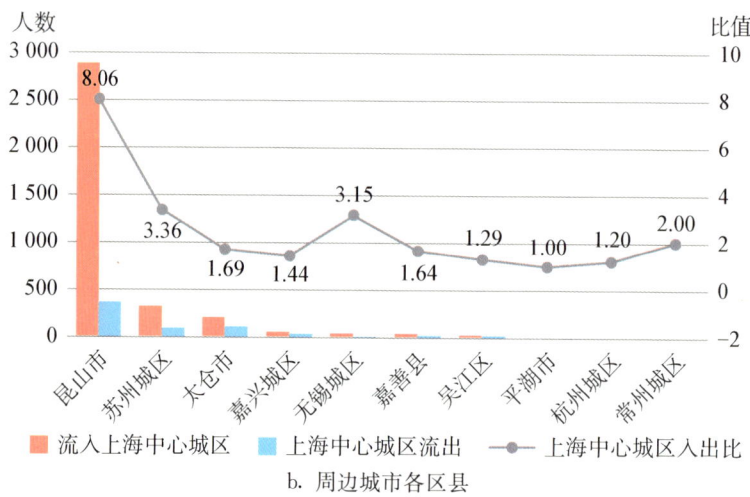

图 18-6 周边城市各区县跨上海中心城区通勤规模

（三）与苏州方向的联系

苏州与上海市域的跨城通勤在市域边界和中心城区呈现高值区。苏州与上海中心城区的通勤联系占全部通勤量的31.0%。其中,昆山市、苏州城区和太仓市与上海中心城区通勤联系最为紧密,其规模分别占总量的80.6%、10.4%和8.0%。

B.18 上海大都市圈的跨城通勤与规划策略研究 /319

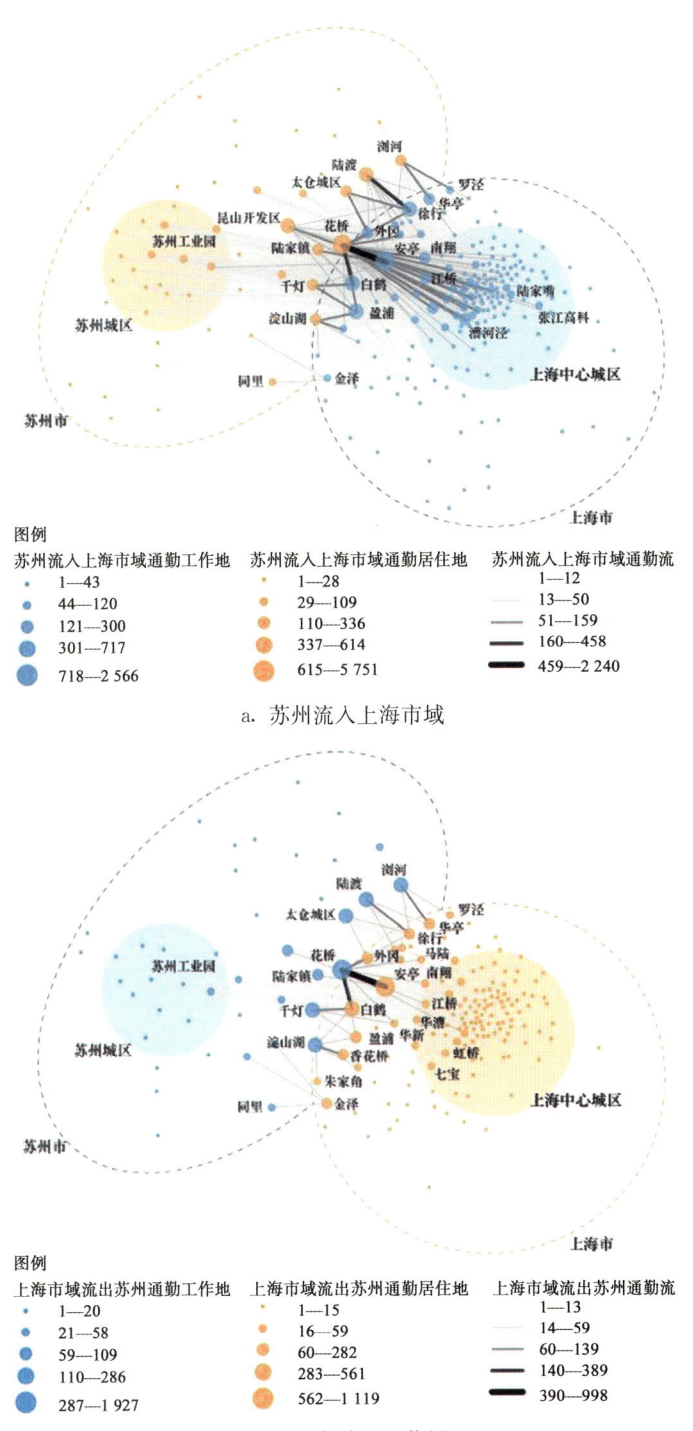

图 18-7 苏州和上海市域跨城通勤者的空间分布

苏州市流入上海中心城区的跨城通勤者的工作地主要分布于浦西；在苏州的居住地主要集中在花桥、昆山城区、苏州城区的高铁站点周边。上海中心城区流出至苏州市的通勤者数量较少，在上海的居住地主要分布在浦西，工作地较为集中在花桥。

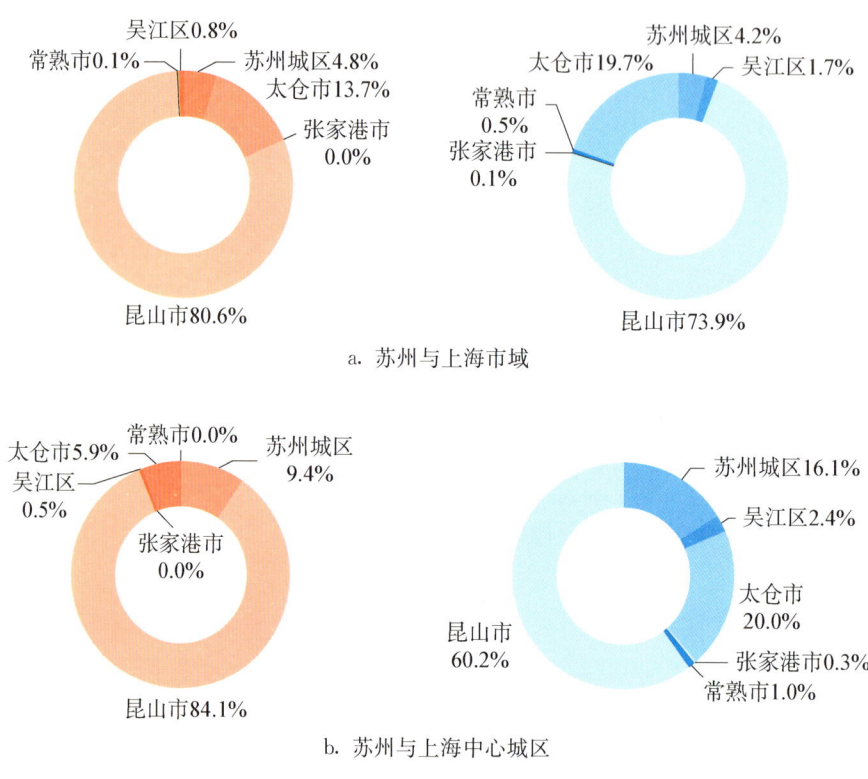

图18-8 苏州与上海跨城通勤者的居住地/工作地分布

（四）与嘉兴方向的联系

嘉兴与上海的跨城通勤总量显著小于苏州方向。嘉兴各区县中，平湖市、嘉善县与嘉兴城区与上海市域通勤联系最为紧密，其通勤规模分别约占总量的48.3%、40.2%和10.1%。嘉兴市与上海跨城通勤联系主要发生在上海郊区，与上海中心城区的通勤总量仅占与总量的13.4%。在空间分布上，嘉兴各区县与上海市域的跨城通勤均较集中于两市交界处。嘉兴流入

B.18 上海大都市圈的跨城通勤与规划策略研究 /321

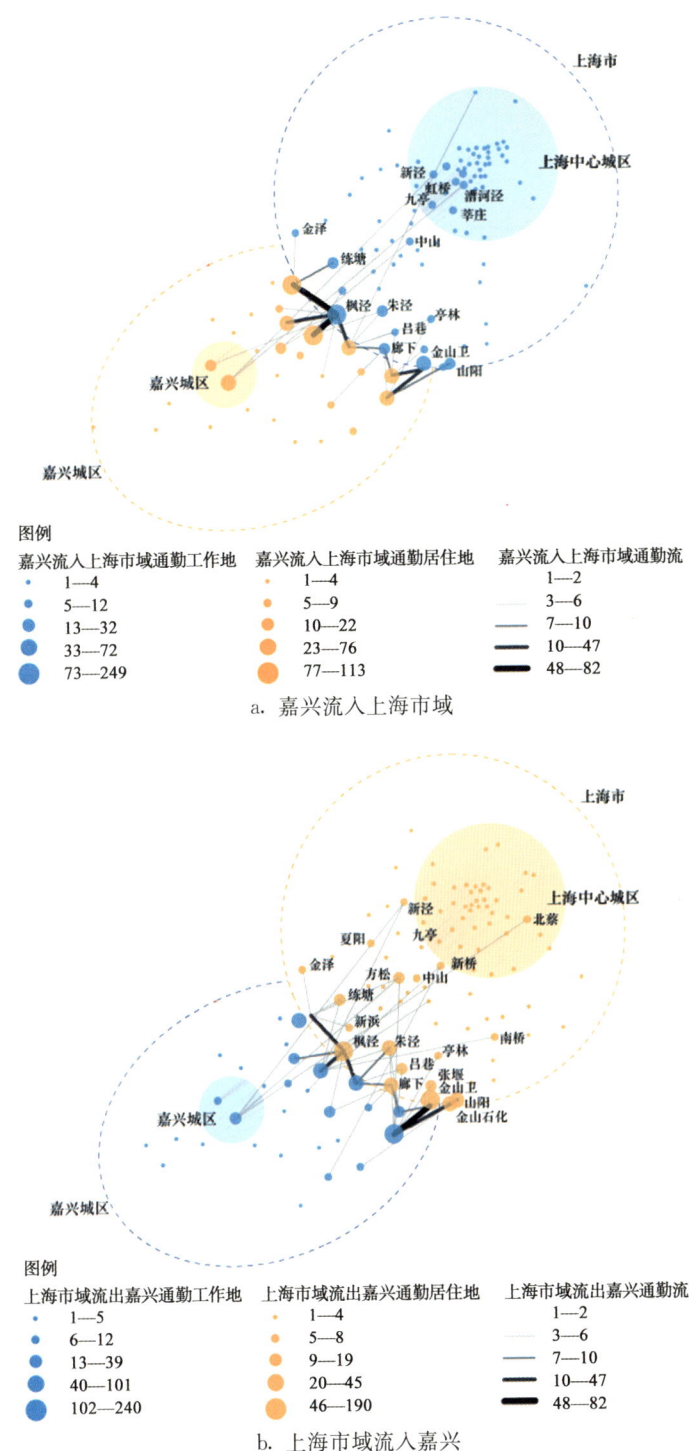

图 18-9 嘉兴和上海市域跨城通勤者的空间分布

上海通勤者的居住地在嘉兴城区、嘉善县分布较为集中。上海流出至嘉兴通勤者的居住地则较为集中在金山新城和枫泾镇。

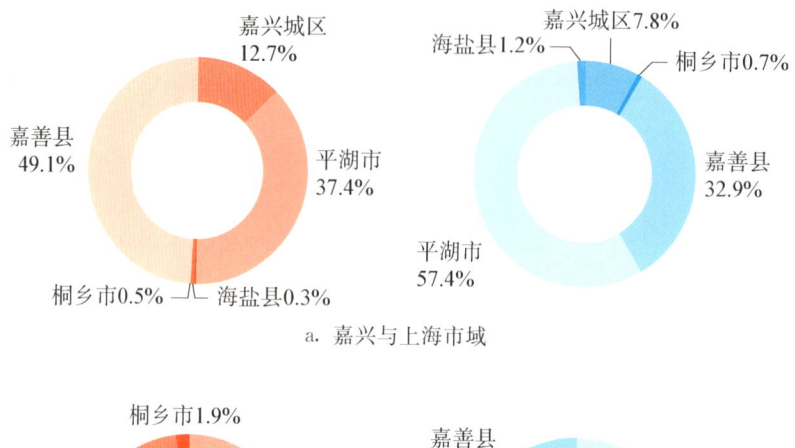

a. 嘉兴与上海市域

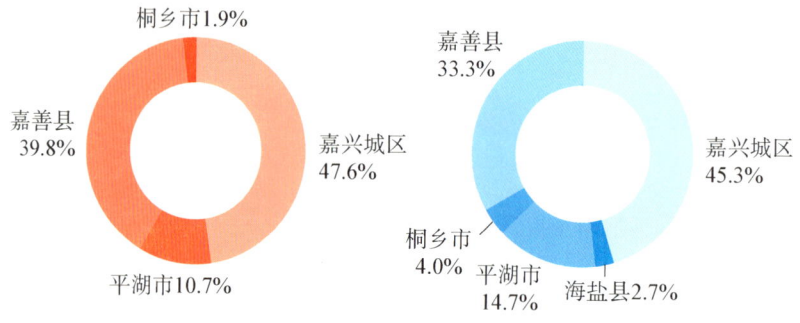

b. 嘉兴与上海中心城区

图18-10　嘉兴与上海跨城通勤者的居住地/工作地分布

四、热点地区与上海跨城通勤特征

在关注与上海存在紧密跨城通勤联系的热点地区时还会发现,个别上海市域外城镇(城区)就通勤联系而言,已经成为上海中心城区实质上的"新城"。花桥流入上海中心城区的通勤量已超越市域内的奉贤和南汇新城。同时,来自热点地区的跨城通勤者在上海中心城区的就业地大多集中在主要商务区内,浦西居多,如漕河泾产业园、人民广场、上海站周边等;这类就业地往往与高铁站点、轨道交通站点关系紧密。

(一)外围城镇与上海中心城区的通勤联系

本研究选取上海市域外的苏州工业园区、昆山、花桥、太仓、嘉善与上海市域内嘉定、青浦、松江、奉贤、南汇5个新城和崇明、金山2个核心镇进行比较。花桥是上海市域外流入上海中心城区的通勤人数最多的城镇,流入上海中心城区的通勤总量已有2 200人,可以排在上海市内郊区新城的第4位,流入中心城区通勤量超过了奉贤新城、南汇新城及崇明核心镇、金山核心镇。

市域外城镇与上海中心城区的流入、流出通勤入出比为6.44,高于上海郊区新城的2.30。其中,花桥、昆山的入出比较大,分别为9.48和7.74。相比于上海市内的新城,花桥等市域外城镇有着更为明显的上海中心城区"卧城"的特征。

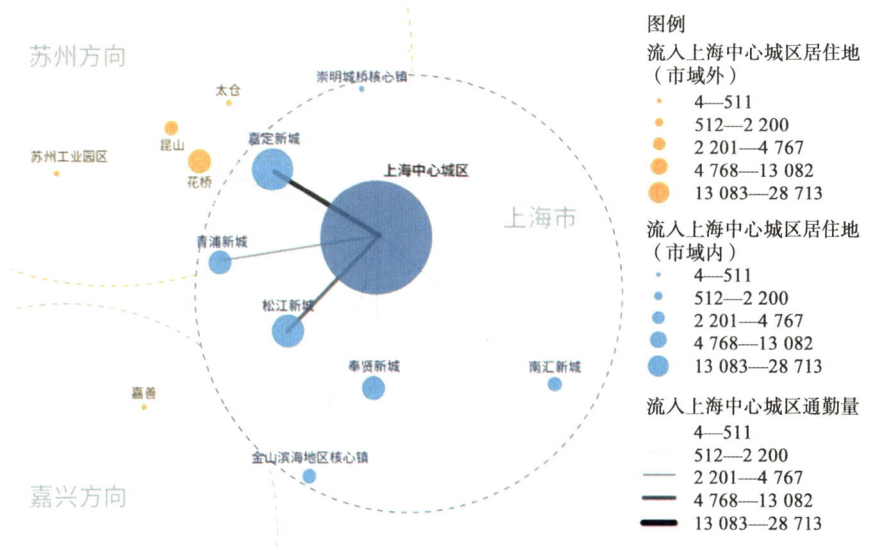

图18-11 外围城镇与上海中心城区的通勤规模

表18-1 外围城镇与上海中心城区的通勤情况

	流入上海中心城区	流出上海中心城区	通勤总量	入出比
嘉定新城	28 713	12 658	41 371	2.27
松江新城	13 082	4 838	17 920	2.70

续表

	流入上海中心城区	流出上海中心城区	通勤总量	入出比
青浦新城	4 767	2 175	6 942	2.19
花桥	2 200	232	2 432	9.48
奉贤新城	1 982	1 234	3 216	1.61
南汇新城	1 430	956	2 386	1.50
金山核心镇	929	247	1 176	3.76
昆山	511	66	577	7.74
苏州工业园区	139	73	212	1.90
太仓	127	75	202	1.69
嘉善	37	22	59	1.68
崇明核心镇	4	27	31	0.15
总计	53 921	22 603	76 524	2.39

(二) 苏州方向与上海跨城通勤就业地

苏州方向有花桥、昆山和苏州工业园区这三个与上海存在紧密通勤联系的热点地区。居住在花桥的通勤者在上海中心城区的工作地主要分布在浦西,其中漕河泾、人民广场、徐家汇、中山公园等是热点地区,平均直线通勤距离为 31.12 千米。居住在花桥的通勤者的工作地主要在嘉定区及青浦区,平均直线通勤距离为 7.58 千米。

居住在昆山城区的通勤者在中心城区的热点工作地为上海站、漕河泾、徐家汇等地区,平均直线通勤距离为 44.91 千米。嘉定工业区是其在上海郊区的热点工作地区,平均直线通勤距离为 20.15 千米。

居住在苏州工业园区的通勤者数量较少,在上海市内工作地主要集中在真北和漕河泾,在张江也有少量分布,平均直线通勤距离为 68.14 千米。

(三) 嘉兴方向与上海市域跨城通勤就业地

在嘉兴方向上,仅有嘉善与上海有较为紧密的跨城通勤。来自嘉善的跨城通勤者工作地主要分布在上海郊区金山区的枫泾镇,平均直线通勤距

B.18 上海大都市圈的跨城通勤与规划策略研究 /325

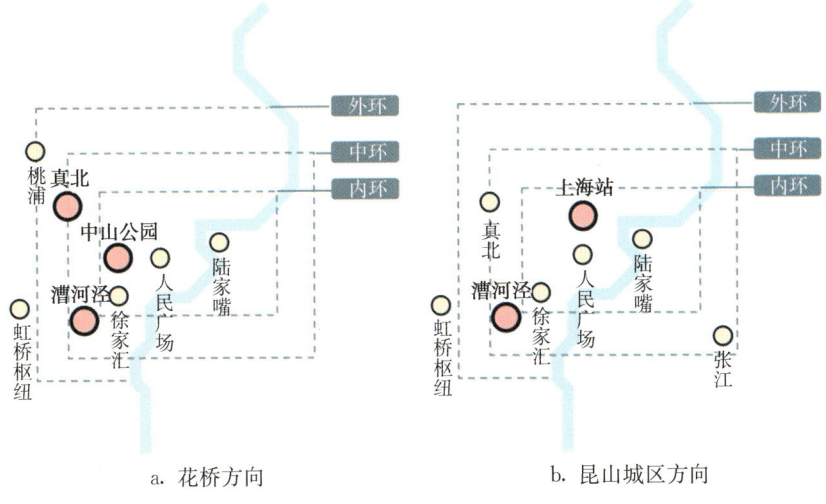

a. 花桥方向　　　　　　　　b. 昆山城区方向

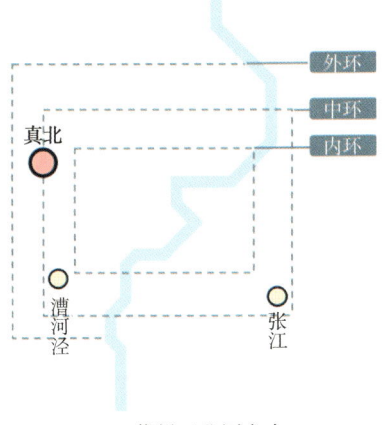

c. 苏州工业园方向

图 18-12　苏州方向三个热点地区居民跨城流入上海中心城区通勤主要工作地

离为8.94千米。中心城区内来自嘉善的跨城通勤者数量极少,工作地主要分布在徐家汇附近,平均直线通勤距离为59.71千米。

表 18-2　各热点地区跨市流入上海市的主要工作地

市内工作地		来源居住地	花桥	昆山	工业园区	嘉善
中心城区内	内环线内	陆家嘴	◐	◐	○	○
		人民广场	◐	◐	○	○
		徐家汇	◐	◐	○	◐
		中山公园	●	○	○	○
		上海站	○	●	○	○
	中环线内	真北	●	●	●	○
		漕河泾	◐	◐	◐	○
		张江	○	◐	◐	○
	外环线内	桃浦	◐	○	○	○
	外环线外	虹桥枢纽	◐	◐	○	○
中心城区外	远郊	安亭镇	●	●	○	○
		上海汽车城	○	○	◐	○
		枫泾镇	○	○	○	●

注：●主要流入地　◐次要流入地　○非流入地

五、应对跨城通勤的上海大都市圈策略

（一）上海大都市圈不是简单的圈层结构，规划必须以支持功能联系的空间体系为主导

通勤联系视角下，上海与上海大都市圈范围内周边城市之间的跨城功能联系的紧密程度不以空间距离为依据，也不与交通等时圈一致，上海大都市圈并不是简单的圈层结构。图 18-13 展示了上海中心城区边缘出发的交通等时圈范围，考虑了公路、高铁等多种交通方式综合。其中，上海与苏州、嘉兴两个城市交通联系通道数量类似，90 分钟等时圈空间范围在各自市域内覆盖比例都达到 100%，但实际与上海中心城区的跨城通勤联系程度却截然不同。以流入上海市域跨城通勤量为例，苏州方向的通勤者数量可占到总量的 93.2%，而嘉兴方向仅占到 6.1%。交通等时圈是一种交通网络的出行可能范围。可能出行范围与真实跨城通勤范围之间存在明显差异。上海大都市圈的圈层式的交通可达性不能代表都市圈内实际通勤联系

状态。

在上海大都市圈协同发展的趋势下,以跨城通勤为代表的上海与周边城市跨城功能联系会越来越紧密。由此带来了上海大都市圈高频跨城功能联系为主体的城际交流空间。为此,在规划内容上,不应简单停留在形态上的"点—轴"、"中心—边缘"上,也不能以简单的圈层划分上海大都市圈的功能。上海大都市圈的规划重点并不在形态上,而更应该在城际流动空间体系上。上海大都市圈规划不仅要关注生产要素的流动,还应该关注跨城功能联系以及相应城市之间交流的空间体系。上海大都市圈的规划内容应侧重支持城市之间功能联系交流空间,以及支撑这种交流空间的城际交通体系。

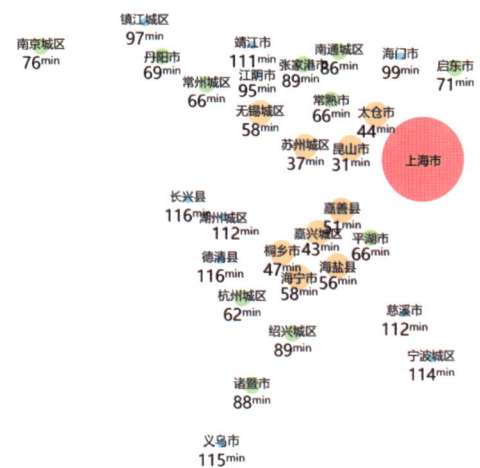

图18-13　上海中心城区的交通等时圈

(二) 依据上海与近沪城市之间跨城通勤差异,制定有差异性的规划策略

跨城功能联系会对都市圈产生重要影响。在上海大都市圈内城市"居住-工作"等基本功能带来的流动超过了传统的城际商务、生产联系带来的流动。

本研究使用手机信令数据测算上海与周边城市全模式城际出行联系,

将其与通勤联系进行比较。上海中心城区与苏州的通勤联系紧密,通勤者数量达4026人,上海与杭州、上海与嘉兴通勤联系相对较少。上海与杭州、嘉兴通勤者数量分别为17人、177人。以上均为手机信令测算的手机用户数。这表明上海与苏州之间城际出行联系中,跨城通勤联系已经非常显著。相比之下,上海与杭州、嘉兴的关系则处于以商务、生产联系为主的模式。

通过对近沪苏州、杭州、嘉兴的比较,可以发现区域交通体系并不是发生跨城功能联系充分条件,是地区发展特征差异造成了上海与各个近沪城市跨城功能联系的差异。因此,上海大都市圈内各个城市的产业、城市功能配置应该基于实际跨城通勤及其他功能联系的差异,制定有差异性的规划策略,推动上海与周边城市之间的功能联系。

(三)重视支持跨城通勤等都市圈内功能联系的城际快速交通体系

在交通支撑体系上,高铁明显改变了上海与周边城市功能联系。上海及周边近沪城市也在探讨延伸各自城市轨道交通线路,建立更多的跨城地铁线路。中国现有高速铁路系统是用于中长距离客运的干线铁路,不是为了通勤等城际高频出行而设计的。此外,城市地铁的运行速度、站距等设置也难以适应城际长距离客运。支撑都市圈内高频跨城功能联系,不能完全依靠当前高速铁路系统,也不能简单地依靠延长、衔接各个城市的轨道交通线路实现。在高速铁路、轨道交通线路之外,上海大都市圈规划要考虑高速城际铁路系统,综合形成支持跨城功能联系的城际快速交通体系。

六、结语

(一)上海中心城区的通勤紧密联系范围超出了上海市域

上海市域、中心城区与周边城市已形成较为紧密的通勤联系。在上海市域层面,已与周边城市形成一定规模的双向跨城通勤。仅以联通手机用户测算,2019年12月三省一市范围内与上海发生跨城通勤联系的人数已经达到14 401人。上海中心城区则呈现出对周边城市的单向吸引特征,仅以联通手机用户测算,流入上海中心城区跨城通勤的人数达到3 570人。

上海与各周边城市跨城通勤之间差异明显,特征各异。按地级市划分,苏州市方向的跨城通勤者数量最多,可分别占到流入上海市域跨城通勤和上海市域流出跨城通勤者总量的93.2%和82.9%,南通市和嘉兴市方向次之。按区县层面划分,苏州的昆山市方向的跨城通勤者数量最多,分别占到流入上海市域跨城通勤的74.8%和上海市域流出通勤的60.7%。在与上海中心城区的跨城通勤联系中,昆山市占到流入总量的80.5%。上海市域、上海中心城区的通勤紧密联系范围实际均已超出了上海市域。

(二)个别外围城镇与上海中心城区通勤联系紧密程度已经超过了部分上海市域内郊区新城

上海市域外的花桥与上海中心城区的通勤数量已经超过了上海市域内部分新城和核心镇。从通勤联系数量来看,上海中心城区与松江、嘉定、青浦、南汇、奉贤5个上海市域内新城和崇明城桥、金山滨海地区2个核心镇,以及昆山、太仓、嘉善、花桥、苏州工业园区等5个市域外城市(城区)都存在较为紧密的通勤联系。仅以联通手机用户测算,上海市域外的花桥流入中心城区的通勤量已达到2200人,大于奉贤新城的1982人和南汇新城的1430人。同时,花桥、昆山与上海中心城区跨城通勤联系的入出比已经分别达到9.48和7.74,远大于上海市域范围内新城和核心镇的2.30;与市域内新城相比,外围城市(城区)更明显承担了上海中心城区的居住功能。从通勤维度来看,在上海大都市圈中市域外的花桥等城镇(城区),已经属于实质上的上海新城。

(三)区域交通等时圈与上海市域的实际紧密通勤联系范围有显著差异

上海市域与周边城市之间的跨城通勤联系紧密程度不与区域交通等时圈一致,上海大都市圈并非简单的圈层结构。与上海市域陆域相邻的苏州、嘉兴两个城市,快速交通体系条件相近,但是与上海通勤联系紧密程度差异明显。区域交通体系并不是跨城通勤充分条件,地区发展特征差异造成了实际紧密通勤范围与交通等时圈之间差异。不能简单地将60分钟或90分钟交通等时圈的范围视作上海的紧密通勤范围。

（四）应对跨城通勤的上海大都市圈策略

上海大都市圈规划要重视城市基本功能跨城流动带来的流动空间体系。上海大都市圈规划不仅应关注经济联系、基础设施共享等传统议题，还应关注跨城功能联系及其对空间结构的影响，以构建功能多中心都市圈为规划目标。上海大都市圈规划在规划内容上应纳入支持跨城功能联系的空间体系；在上海大都市圈内各城市产业、功能配置上应考虑跨城功能联系差别，制定差异性规划策略；在交通支撑体系上应重视支持跨城功能联系的综合快速交通体系。

参考文献

[1] 钮心毅,李凯克.紧密一日交流圈视角下上海都市圈的跨城功能联系[J].上海城市规划,2019(3)：16-22.

[2] 钮心毅,王垚,刘嘉伟,等.基于跨城功能联系的上海都市圈空间结构研究[J].城市规划学刊,2018(5)：80-87.

[3] 同济大学建筑与城市规划学院.2020长三角城市跨城通勤年度报告[EB/OL].[2021-01-20].https://www.shplanning.com.cn/Uploads/attach/20210120/1611131436977149.pdf.

Ⅵ 都市圈国际比较篇

B.19 纽约都市圈规划实施特点及核心城市愿景协同的经验

程 鹏[1] 杜凤姣[2]

（1.上海社会科学院；2.上海市城市规划设计研究院）

摘 要：纽约都市圈2017年制定并实施第四次规划，聚焦"让该地区为我们所有人服务"，并基于"公平、繁荣、健康和可持续发展"四个核心价值观，提出"机构改革、气候变化、交通运输和可负担性住房"四个领域的行动措施。本文以介绍纽约都市圈第四次规划实施为主，辅以分析纽约都市圈规划和纽约市总体规划的愿景协同关系，提出对实施和推进长三角区域一体化建设和上海大都市圈规划的经验启示。

关键词：纽约都市圈；规划；人人享有；核心城市愿景

本文介绍了纽约都市圈第四次规划的编制背景、面临挑战、发展愿景和行动计划，以规划实施为重点，分析了纽约都市圈及其核心城市纽约市的愿景协同关系，为实施和推进长三角区域一体化建设和上海大都市圈的规划编制提供参考。

一、第四次纽约都市圈规划的编制背景

纽约-新泽西-康涅狄格都市圈又称为"纽约都市圈"，包括纽约州、新泽西州和康涅狄格州的部分区域，共31个县，约1600个城镇和乡村居民点，2018年有近2300万人口，面积近3.4万平方千米，空间尺度上约等于上海加上江苏四市（苏州、无锡、常州、南通，3.3万平方千米）的面积；作为"纽约

都市圈"核心的纽约市(简称 NYC),面积约 1 214 平方千米,其中陆地面积 784 平方千米,2018 年约有 840 万人口,空间尺度上小于上海主城区(1 160 平方千米)。在"纽约都市圈"之外还有一个共识度很高的美国东北部大西洋沿岸城市群,又称"波士华城市群",包括波士顿都市圈、纽约都市圈、德拉维尔河谷区(费城及周边)、巴尔的摩都市圈、华盛顿首都圈,延绵约 1 000 千米,面积 13.8 万平方千米,人口约 6 500 万(人口规模接近于上海+周边 8 市的 7 070 万人)。

2017 年 11 月,纽约区域规划协会(Regional Plan Association,简称 RPA)完成并发布了纽约-新泽西-康涅狄格都市圈(简称纽约都市圈)第四次规划,勾画了纽约都市圈至 2040 年的发展蓝图和实施路径。这是纽约都市圈继 1929 年、1968 年和 1996 年之后编制的第四次规划。该规划以"让该地区为我们所有人服务"为主题,基于"公平、繁荣、健康和可持续发展"四个核心价值观,提出"机构改革、气候变化、交通运输和可负担性住房"四个领域的行动措施,既聚焦当前区域内核心城市及区域整体共同面临的发展挑战,又充分体现了区域内核心城市纽约的发展愿景,与 2013 年、2015 年和 2019 年三版纽约市总体规划的"强大""韧性""公正""公平"等关键词具有极大的相关性。

二、纽约都市圈面临的主要挑战

纽约都市圈第四次规划于 2013 年 4 月启动,历时 4 年,于 2017 年 11 月公布实施。经过与社区、居民、商业和公共部门领导人等广泛的交流,该规划明确了当前以及未来纽约都市圈面临的主要挑战。

(一) 经济蓬勃发展,但增长并未惠及全体居民

2008—2009 年的金融危机之后,纽约-新泽西-康涅狄格纽约都市圈的经济发展反弹,公共卫生和生活质量得到改善,但经济增长并未使每个人受益。2000 年美国人口普查和 2016 年美国社区调查数据显示,纽约都市圈家庭收入最低的五分之三群体,自 2000 年以来收入一直停滞不前,而中间阶层则少有良好的就业和提高经济收入的机会,使得该地区的收入不平等

程度高于美国其他地区。住房、交通、教育等方面限制低收入居民和有色人种机会的歧视政策中的遗留问题,加剧了工资停滞和成本上升的双重危机,社会隔离越发严重。

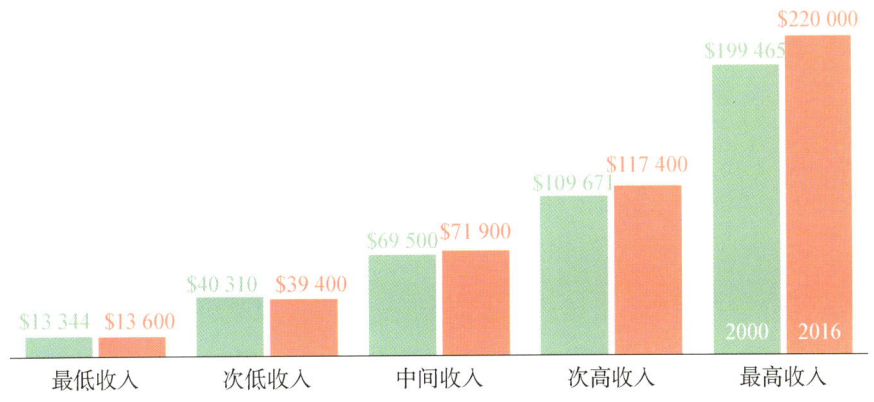

图19-1　2000—2016年纽约都市圈不同阶层收入变化

(二) 增长模式变化,城市与郊区面临不同挑战

20世纪下半叶,美国联邦和地方政策促进了中产阶级和富裕的城市居民向郊区迁移,郊区化带来内城失业、贫困和犯罪的增加。在过去的20年,

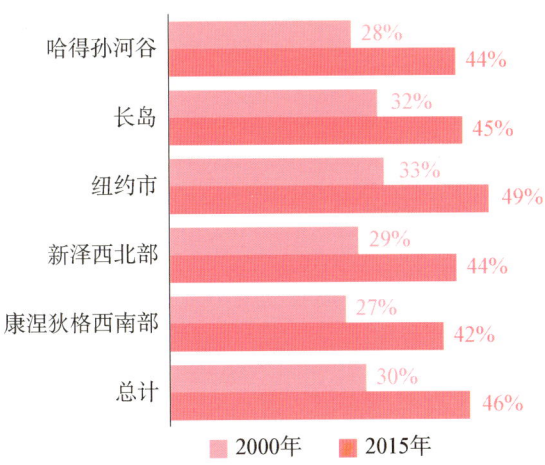

图19-2　2000—2015年纽约都市圈家庭在住房上的花费占收入的比重超过30%

随着居民和工作岗位重返纽约市以及泽西市、怀特普莱恩斯和斯坦福德这些地理位置优越的城市,许多城市地区重新焕发活力,这种转变给城市住房市场和郊区经济带来了新的压力。对于许多城镇和村庄,这种逆转导致当地就业机会减少、人口老龄化和税基减少;对于纽约市和其他发展中的城市来说,房地产价格和租金上涨,许多因住房条件差而流离失所的家庭失去归属感;地铁和道路等老化的基础设施也承受了巨大压力。

(三) 机构体制制约,缺少可持续发展解决方案

世界各都市圈通过投资建设现代化基础设施提高经济竞争力和抵御灾害能力,并创新解决方案保护沿海地区。但纽约都市圈尚未修订土地使用和建筑法规,以便建造更多房屋并鼓励容纳不同收入家庭;尚未改革管理模式,来降低基础设施建设成本和加快建设进度;尚未优化税收结构来促进生产力和多元化经济;尚未改善公共交通来确保人们更快找到工作和上学;尚未更新基础设施并缩小数字鸿沟;尚未在基础设施和自然系统上增加投资来增强灾难发生时的社会经济恢复力。典型的例子就是由于未能投资改善和建设新的基础设施,使得飓风"桑迪"和"艾琳"等灾难性事件造成了巨大的破坏,且不能提供韧性可靠的公共服务。

三、纽约都市圈的主要发展愿景

展望未来,纽约都市圈的第四次规划以"公平、繁荣、健康和可持续发展"四个核心价值观为导向,构成了解决跨领域问题的共同基础。

(一) 公平

规划提出的投资方向和政策将减少不平等现象,改善该地区最弱势居民的生活。到2040年,纽约都市圈将大幅度减少贫困,弥合种族、民族和性别方面存在的健康和财富差距,消除无家可归者,成为全美国隔离程度最低的地区之一。

具体包括:通过改善贫困社区和开放更多公共场所来创造负担得起的

公平住房;做出更具包容性的决策;扩大就业机会来减少不平等;在社区、产业和自然之间建立新的关系,以提供有尊严、有经济保障和可持续的生活。

(二) 繁荣

规划提出的行动将创造强劲动力和广泛的经济增长。到2040年,纽约都市圈将创造200万个就业岗位,大幅增加所有家庭的实际收入,尤其是改善较贫困居民的就业和收入。

具体包括:加大基础设施投资;创造更多可负担住房;支持多元化地方经济;鼓励种族和贫富融合的学校和社区。

(三) 健康

规划提供了一个路线图,以解决植根于建设环境中的健康不公平现象,为所有人创造更健康的未来。到2040年,每个人都可以更加长寿,为减少精神疾病或慢性疾病,如哮喘、糖尿病或心脏病等创造条件,最大限度改善低收入群体、黑人和西班牙裔居民健康状况。

具体包括:改革机构,将医疗卫生纳入决策;重建和扩大运输网络来服务所有人;创造更健康的环境来应对气候变化的挑战;创造可负担和健康的社区。

(四) 可持续发展

为应对气候变化,规划提出将建设环境与自然环境视为一个整体的新关系。到2040年,该地区将实现温室气体排放量减少80%,消除废水直接排入河流和海港,大大提高抵御气候变化引起的洪水和极端高温的能力。

具体包括:消耗更少的开放空间并减少温室气体排放;保护开放空间,维持自然资源;最大限度地发挥社区内部和周围自然系统的力量;减少气候变化的风险和影响。

四、纽约都市圈规划的行动计划

基于核心价值导向,纽约都市圈第四次规划提出并实施"机构改革、气候变化、交通运输和可负担性住房"4个领域共61项具体的行动计划。这些正是纽约都市圈当前面临的重大挑战和机遇的领域。其中,最紧迫和最具潜在变革性的行动计划共有15项。

(一)修复"失败"的机构

为解决基础设施恶化、住房政策、土地使用、税收结构和应对气候变化面临的巨大挑战,需要重塑公共机构。其中,改革纽约-新泽西港务局、减少温室气体排放、建立区域沿海委员会、设立气候适应信托基金、增加地方政府的公民参与度是当前重点推动的5项改革。

表 19-1　机构改革领域的15项行动计划

改变管理和支付运输的方式
1. 降低建设轨道交通的成本
2. 重组港务局为区域性基础设施银行
3. 创建一个地铁改造公益事业公司
4. 促进纽约市以外的交通系统现代化
5. 向进入曼哈顿的司机收费,高速公路收费,并过渡到按里程收费
创建新的机构和资金来应对气候变化
6. 减少温室气体排放
7. 建立区域沿海委员会
8. 创建三个州的气候适应信托基金
改变管理土地使用领域最根本的不公平现象
9. 减少对当地财产税的依赖
10. 建立区域性学区和服务
11. 使纽约市财产税公平
12. 使规划和开发过程更具包容性、可预测性和有效性
使技术政策成为政府业务的核心部分
13. 增加地方政府的公民参与度
14. 扩大整个地区的实惠互联网接入
15. 建立区域人口普查组织,以支持更好地将数据用于公共目的

第一,改变管理和支付运输的方式。减少建设新项目的成本对于改善

交通网络至关重要。更新决策、法规和劳动条例,以更快、更省地交付项目。应对机构进行重组,以优化责任制的优先级。通过向进入中央商务区曼哈顿以及高速公路收费,可以更加有效地管理交通拥堵。

第二,创建新的机构和资金来应对气候变化。人口稠密的沿海地区特别容易受到气候变化的影响。随着海平面上升和暴风雨加重,在未来25年中,面临洪灾风险的居民人数将翻番。城市的高温天数可能是原来的五倍。许多关键基础设施都位于环境敏感地区。应构建一个减少温室气体排放的多州联合的机构,发起减少区域温室气体倡议,扩大碳交易系统。建立一个具有专门资金的地区沿海委员会,领导气候灾害整个地区的沿海适应行动,制定和实施详细的战略,以提高气候灾害抵御能力。

第三,改变管理土地使用领域最根本的不公平现象。市政当局为了三方成员的最佳利益而做出决定,但通常不会带来最佳结果,导致开放空间缺失、住房短缺、政府服务昂贵以及不同收入的居民之间机会差距的扩大。因此,应该赋予地方政府权力和资源,以做出纯粹在当地产生影响的决策。各州应为地方政府创造条件,以解决区域性问题,包括:减少对地方财产税的依赖,改善计划和开发审批流程,降低成本来解决住房危机;创建区域学区以促进就学机会并减少种族隔离。

第四,使技术政策成为政府业务的核心部分。政府在努力整合技术,但一直很难利用技术来更好地与都市圈三方成员互动,或者通过收集、分析和共享相关数据来改善服务。所有政府机构应促进技术的使用,通过设定广泛的目标并鼓励开展试点项目以改善服务和与三方成员的沟通;提供更多的负担得起的互联网服务;建立一个区域人口普查组织,负责协调和共享基础数据。

(二)创建动态的、以客户为导向的运输网络

重新设计街道以适应步行、骑自行车和公共汽车;通过投资新的大型项目,以实现地铁和区域铁路网络的现代化和扩展,升级机场和海港。其中,征收通行费以管理车流量并产生收入、扩展纽约市地铁并促进其现代化、建立统一的综合区域铁路系统、创造更多适宜于人的街道公共空间、扩展并重

新设计肯尼迪和纽瓦克国际机场是当前重点推进的 5 项工作。

表 19-2　　　　　　　交通运输领域的 15 项行动计划

建立一个完全集成的区域交通系统
16. 在 Javits 会议中心下建立第二个巴士总站
17. 在哈得孙河和东河下建造新的铁路隧道
18. 扩展、大修和一体化宾州车站综合体
19. 将三个通勤铁路系统合并为一个网络
重建地铁系统
20. 采用新技术提供快速、可靠的地铁服务
21. 现代化和翻新纽约市的地铁站
22. 建设新的地铁线路到城市的服务欠缺地区
改造街道和高速公路适应技术驱动的未来
23. 在城市街道上,优先考虑行人
24. 改善巴士服务,引入新的轻轨和有轨电车线路
25. 通过负担得起的、按需服务的方式扩展郊区交通选择
26. 在不增加新车道的情况下减少公路拥堵
27. 移除、下地破坏社区的高速公路
创建世界级的机场和海港
28. 扩大并重新设计肯尼迪和纽瓦克机场
29. 在东北走廊建立快速和负担得起的铁路服务
30. 促进该地区的海港现代化并扩大铁路货运通道

第一,建立一个完全集成的区域交通系统。庞大的交通系统已经无法满足服务需求,特别是对于中心城到郊区、郊区到郊区的出行。例如,没有从布鲁克林通勤到长岛工作的便捷交通。行人不经过曼哈顿无法轻松地从新泽西州到达康涅狄格州。交通网络的许多部分,包括 Penn Station 和跨哈得孙河过境点,都超出了容量,可能会发生灾难性故障。尽管有密集的通勤铁路,纽约市外许多郊区都不能便捷通勤。最紧迫的需求是加大投资大幅改善哈得孙河上的铁路和公交服务。纽约都市圈应采取分阶段战略,将零散的通勤铁路网络统一为完全集成的铁路系统,即跨区域快车(T-REX)。项目将耗时数十年才能完成,耗资数十亿美元,但将极大地改变运

输服务和加大出行选择。

第二，重建地铁系统。纽约都市圈地铁面临危机，人满为患、延误和系统故障频频发生。新地铁的技术和维护未能跟上不断增长的乘车者，加剧了系统恶化，威胁到该地区的经济活力。创建现代地铁系统需要加快采用新技术，显著改善车站的外观和便利性，以及将线路延伸至服务不足的地区。为了完成这项艰巨的任务，应创新并重组地铁的运营方式并提供更多资金。这项投资将证明巨额的前期费用是合理的，纽约市将拥有一个可靠且高效的地铁系统，所有居民均可使用，并强化其作为全球城市服务的地位。

第三，改造街道和高速公路以适应技术驱动的未来。城市和市区主要街道应优先考虑人、自行车和公共交通的使用。郊区的道路设计也应适应各种用户。应重新优化和扩展公交系统，以更好地服务更多社区。应更好地管理高速公路，以减少拥堵并提高安全可靠性。在被交通分割和受污染影响的社区，应拆除高速公路。技术的进步提供了管理道路并提高机动性的新方法。应按需扩展公共交通网络的覆盖范围，覆盖密度较低的社区。新技术（例如车辆共享以及无人驾驶车辆）可以减少停车位，增加步行和骑车空间。增收通行费可以帮助减少交通拥堵，并创造收入来维护和改善基础设施。

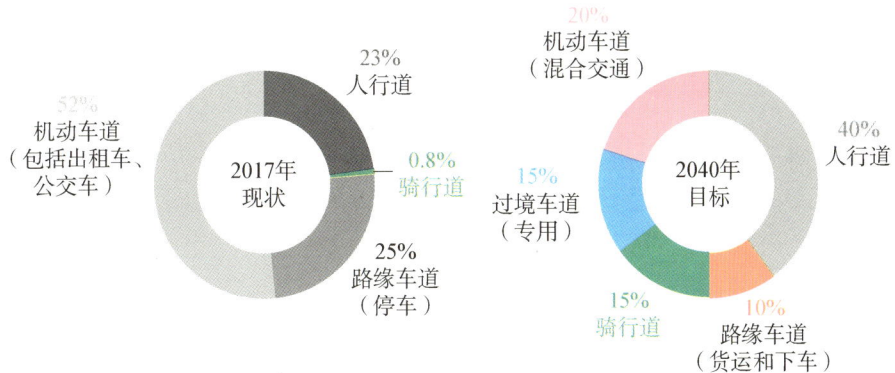

图 19-3　纽约市道路空间 2017 年现状与 2040 年目标对比

第四，创建世界级的机场和海港。要保持纽约作为贸易、商业和旅游枢纽的地位，必须现代化和扩展关键的交通基础设施。扩大肯尼迪和纽瓦克机场以增加运力并减少延误。投资东北走廊铁路以大幅缩短华盛顿特区至波士顿的时间。海港和货运分配系统现代化将提高效率,并对环境更加友好。

(三) 迎接气候变化的挑战

调整沿海地区发展,使近 200 万人和 100 万个工作岗位,以及发电厂、铁路站和水处理设施等关键基础设施免受威胁;投资绿色基础设施,以减轻城市热岛效应,减少雨水径流和下水道溢流,改善居民的健康和福祉。其中,在 Meadowlands 建立一个国家公园、建立一个区域步道网络、创建更环保智能的能源网络是当前重点推进的 3 项工作。

表 19-3　　　　应对气候变化领域的 15 项行动计划

适应不断变化的海岸线
31. 保护沿海地区人口稠密的社区免受风暴和洪水的侵袭
32. 从无法保护的地方迁移
33. 在 Meadowlands 建立一个国家公园
34. 确定区域性涌流屏障的成本和效益
将自然带入社区
35. 停止将未经处理的污水和污染物排入水道
36. 恢复该地区的港口和河口
37. 让社区变凉爽
改善维持自然和建成环境系统
38. 优先保护土地,以帮助适应不断变化的气候
39. 创建纽约都市圈步道网络
40. 将基础设施升级到高标准的韧性
41. 连接该地区的供水系统
创建更大容量的绿色能源系统
42. 使电网现代化
43. 扩大可再生能源
44. 用节能建筑和可变价格管理需求
45. 电气化建筑物和车辆

第一,适应不断变化的海岸线。沿海地区容易受到气候变化影响,许多

社区尤其是在洪泛区,到 2050 年将有超过 200 万人可能会由于海平面上升而受到影响,关键基础设施也将受到威胁。在人口稠密的地区,需要利用自然解决方案和工程解决方案,以确保社区安全和防洪。有一些创新的方法可以适应沿海地区和人口密集的城市中心,同时恢复自然系统。在新泽西州的梅多兰兹(Meadowlands),小型海滨公园和新的国家公园将承受海水冲击,将自然更好地融入社区。

第二,将自然带入社区。经过几十年的发展,道路和建筑物的建设成为优先考虑的问题,而对环境的关注却越来越少,许多溪流、森林都消失了。城市温室效应明显,受污染的雨水和未经处理的污水直接流入河道,居民很少有机会享受开放空间并与大自然建立健康联系。市区应该有更多的树木、雨水花园和绿色屋顶,防止下水道系统超载并杜绝将污染物排放到下水道中。这些改进将缓解气温上升,并有助于恢复该地区的港口和河口,同时创造一个更健康、更宜居的环境。

第三,改善维持自然和建成环境系统。保护未保护的开放空间,以吸收二氧化碳和热量,支持多种生境,帮助物种迁移,并且成为清洁水和食物的来源。将这些开放空间与步道系统连接起来,使其在适应气候和休闲功能方面的价值最大化。增强基础设施的韧性,以帮助社区应对暴风雨、洪水、干旱和高温,同时保护水源和供水系统免受多重风险的影响。通过更具战略性的方式使用和维护这些自然资源,增强环境与社区之间的共生关系。

第四,创建更大容量的绿色能源系统。尽管能源效率不断提高,但预计人口和就业机会的增长,以及电动汽车和数字经济的电力需求将增加电网压力,需要增加发电量。地方和州政府已采取措施减少温室气体排放,三州都承诺到 2050 年将区域温室气体排放量减少 80%。为达到该地区不断增长的减排水平,需要采取多管齐下的方法,大幅度扩大可再生能源,提高能源效率,以可变价格管理需求,并升级电网。

(四) 让每个人都能负担得起当地生活

在住房成本急剧上升的背景下,在具有良好公共交通服务的地方为所有收入水平的居民提供优质住房。其中,在所有社区保留并建造经济适用房、在整个地区创造高薪工作机会是当前重点推进的 2 项工作。

表 19-4　　　　　　可负担性住房领域的 15 项行动计划

为所有收入、年龄、种族和民族提供经济适用房
46. 保护低收入居民免受流离失所
47. 加强和执行公平住房法
48. 消除公交交通导向和混和用途开发的障碍
49. 在不建造新建筑的情况下增加住房供应
50. 在该地区所有社区建设负担得起的住房
51. 让所有住房都成为健康的住房
52. 改革住房补贴
提高高薪工作的可获得性
53. 维持一个具有全球竞争力的区域商业区
54. 恢复区域就业中心
55. 为下一代产业腾出空间
56. 促进主力机构与当地社区之间的伙伴关系
支持健康和宜居的社区
57. 重新利用未充分利用的自然景观
58. 将负有环境负担的社区变成健康的社区
59. 支持和扩大以社区为中心的艺术和文化
60. 扩大健康的、负担得起的食物可获得性
61. 扩大和改善城市核心区的公共空间

第一，为所有收入、年龄、种族和民族提供经济适用房。纽约都市圈陷入了一场严重的住房危机，部分原因是收入停滞和住房成本上升。这使得中等收入家庭受到挤压，而低收入家庭可能面临过度拥挤、流离失所和无家可归的问题。歧视和种族隔离限制了住房机会，特别是对有色人种社区而言。住房需求远远超过供应，每个社区都需要更多的多户型、舒适的住房，尤其是靠近公共交通的社区。一个稳定和合理的住房市场需要改革分区和融资规则，以促进更多的面向公共交通和混合用途的住房发展；允许更多的多户家庭住房，并为基础住宅而不是改善型住宅提供奖励。必须投资公共住房，并增加对无法购买住房的低收入者的补贴。通过要求每个社区实行包容性分区，扩大和执行公平住房法，保护人们不受不合理的租金上涨和流

离失所的影响,保持所有社区的多样化和混合性。

第二,提高高薪工作的可获得性。在过去的20年里,纽约都市圈的经济增长迅速,目前是世界上最大的经济体之一。然而,收入不平等和缺乏向上流动的现象依然存在。生活成本上涨,工资停滞不前。尽管纽约市的就业增长强劲,但在过去15年里,核心地区以外的就业岗位数量几乎没有增加。培育多样化的经济,为拥有各种技能的人提供良好的工作,需要投资于能够支持广泛机会的地方,包括市中心以及居民可以从事健康、教育、贸易和艺术等职业的社区。将这些工作机会集中在交通便利的地方,雇主可以获得更多的劳动力,居民也可以获得更多的就业机会。还必须扩大曼哈顿以外的多功能网络,以支持更广泛的就业机会,并提升贫困地区的经济水平。城市和州应该为基本工业活动保留空间,同时支持创新企业。城市应该与当地机构发展伙伴关系,如学校和医院,为社区居民创造就业机会。

第三,支持健康和宜居的社区。繁荣的社区不仅仅是住房和工作。居民也希望并理应拥有一个安全、舒适的社区,有机会享用美食、健康的环境,以及享受艺术、文化和娱乐的机会。然而,纽约都市圈许多居民生活在机场、工厂、固体废物转运设施和棕色地带污染严重的地方。在这些社区居住的很多都是有色人种。应将郊区未充分利用的商业和工业区改造成步行范围大小的完整社区,并减轻污染和化石燃料发电厂的影响。在市政府和州政府的支持下,社区可以推广健康的食物、当地艺术、文化和公共空间。

五、对推进中国都市圈规划与发展的启示

纽约都市圈及其规划的实施具有如下几个典型特点:一是区域范围跨纽约、新泽西和康涅狄格三个州,是典型的跨行政区域的功能型都市圈;二是区内核心城市纽约的发展愿景构成了纽约都市圈规划愿景的重要引领;三是为应对动态变化的挑战,聚焦核心议题,纽约市总体规划和纽约都市圈规划都经历了不断调整的过程。上述特点和应对措施对于当前中国区域一体化发展和都市圈新型成长模式具有重要的启示。

（一）以核心城市目标愿景为引领，推动都市圈的目标愿景和重大行动协同

2007年以来，作为纽约都市圈内核心城市的纽约市编制了4版总体规划，分别是2007年、2013年、2015年和2019年版，在强大（Strong）这个一以贯之的愿景下，各版规划的发展愿景和措施体现了城市面临的最重要的挑战。2007版规划为"PlaNYC2030"，关键词是更绿色（Greener），主要是为了应对经济和人口发展带来的一系列涉及基础设施等的挑战，引入了"可持续发展战略"，第一次将减少温室气体排放量作为承诺目标。2013版规划的关键词是韧性（Resilient），其背景是2012年飓风"桑迪"对纽约州和新泽西州等造成了巨大灾难。规划颁布了一系列政策以支持灾后重建，同时提

图19-4　2007年、2013年、2015年和2019年版纽约市总体规划

出一系列针对海平面上升和极端天气等气候变化影响的策略。2015版规划为"OneNYC",关键词是公正(Just),并针对增长、平等、可持续和韧性四个愿景提出了20多项具体的措施建议。2019版规划为"OneNYC 2050",关键词是公平(Fair),在2015版愿景基础上增加了多样性和包容性,提出城市要为所有人服务。纽约大都市规划的愿景和实施策略在很大程度上与核心城市的关切点相一致。区域认同是都市圈成立的必要条件,都市圈协同发展需要寻找到各主体之间的最大公约数。上海作为上海大都市圈发展的引领者,其发展愿景理应成为区域发展的核心导向,加上与其他城市的目标愿景相互协同,以形成共同发展愿景,并制订相应的重大行动计划。

(二)从经济繁荣到人人共享,统筹都市圈人口发展政策,把握多元群体诉求

回顾纽约都市圈前3版规划,1929年版为区域交通和开放空间网络谋划了蓝图,1968年版在郊区化背景下试图将无约束的蔓延集中到一个区域城市群中,1996年版在经济衰退背景下试图通过新的投资加速经济复苏,纽约都市圈2017年第四版规划主题聚焦"让该地区为我们所有人服务",呼应了2016年第三次联合国住房和城市可持续发展大会文件《新城市议程》提出的"人人享有"的核心理念。2019版纽约市总体规划"OneNYC 2050"同样提出要为所有人服务,也正是纽约市长的施政纲领和其对所有选民的承诺。在区域竞争愈发激烈的背景下,推动区域经济增长与人人共享发展成果应该成为一对相辅相成的关系。上海大都市圈的发展需要顺应人才争夺从城市竞争逐渐转为都市圈综合竞争的趋势,在解决不平衡不充分发展过程中把握多元社会群体诉求,将人口发展政策从核心城市人口总量控制目标向都市圈整体统筹、核心城市中心城区与郊区差异化的控制策略转变,并在这个过程中践行人人共享的发展理念。

表 19-5　　四版纽约都市圈规划对比

	第一次区域规划	第二次区域规划	第三次区域规划	第四次区域规划
时间	1929 年	1968 年	1996 年	2017 年
主题	《纽约及其周边地区的区域规划》(The Regional Plan of New York and Its Environs)	未明确提出	《危机挑战区域发展》(A Region at Risk)	《共同区域建设》(Making the Region Work for All of Us)
规划时限	至 1965 年	至 2000 年	至 2020 年	至 2040 年
规划范围	三州，22 县，1.43 万平方千米	三州，31 县，3.3 万平方千米	三州，31 县，3.3 万平方千米	三州，31 县，3.37 万平方千米
发展背景	第一次世界大战后，城市爆炸式增长	第二次世界大战后城市再度繁荣，城市向郊区蔓延	20 世纪末纽约国际金融中心地位受到威胁，社会出现分化，环境质量下降	气候变化、财政不确定性和经济机会下降
规划初衷	以更为广阔的、综合的视野来管理城市的土地利用	应对城市郊区化蔓延	为获得国际竞争力	愿景导向，应对发展问题与挑战
规划思路	十大策略：农业空间管控、交通体系、功能疏解、建筑限制、公共开放空间、机场建设、工业布局、卫星城建设	核心理念：再集聚 五大策略：建立新的城市中心、塑造多样化住宅、改善老城区服务设施、保护城市未开发地区生态景观、实施公共交通运输规划	三大理念：经济、环境、公平 五大策略：绿化、中心、机动性、劳动力、管理	四大愿景：公平、健康、繁荣、可持续 四类行动：管理、交通、气候变化、可负担性

（三）以战略性地区和项目为抓手，促进都市圈内区域性战略合作空间的发展

为有效落实区域规划制定的政策和项目，纽约都市圈第四次区域规划提出了 9 个战略性"旗舰地区"(Flagships places)，代表了不同类型的社区、地区和景观类型，突出反映了当前面临的挑战和机遇。其中，包括商业中心、国家公园、地区核心和东北走廊上的绿色健康城市等 4 处区域重要节点

地区;2条自治市镇和郊区的交通线路;3处工业发展与自然、社区和周边经济协调,或体现平等的可持续发展典范区域。落实长三角一体化纲要和上海大都市圈发展愿景同样需要一系列战略性地区和项目的支撑,推进战略性地区和项目之间的协同,是率先构筑新型成长模式的重要保障。加快推进长三角一体化发展示范区建设、促进长三角产业合作基地等"飞地经济"发展,打造更多类型的区域性战略合作空间,将有利于促进都市圈功能传导和要素流动,创新区域一体化发展体制机制。

(四)创新和多元化投资资金来源,确保都市圈规划目标愿景和重大行动有效落地

应对区域发展挑战需要大量投资,纽约都市圈第四次规划提出了改革基础设施项目设计和建造方式以降低成本、发展经济以增加税基等措施。另外具体地提出了定价温室气体排放、高速公路收费和拥堵收费、财产保险附加费和改革住房补贴等措施,以创造或充分利用更多的资金流。推进上海大都市圈一体化发展,同样需要创新和多元化投资资金来源,推动财政资金、产业资本、金融资本和社会资本等相结合,理顺跨区域投资和利益分配机制,共同确保都市圈规划目标愿景和重大行动能够有效落地。

参考文献

[1] RPA. Regional Plan of New York and Its Environs [R]. New York, 1929.

[2] RPA. The Second Regional Planning: A Draft for Discussion [R]. New York, 1968.

[3] RPA. A Region at Risk: The Third Regional Plan for the New York-New Jersey-Connecticut Metropolitan Area [R]. New York, 1996.

[4] RPA. The Fourth Regional Plan: Making the Region Work for All of Us [R]. New York, 2017.

[5] The City of New York. PlaNYC: A Greener, Greater New York [R]. New York, 2007.

[6] The City of New York. PlaNYC: A Greener, Greater New York (Update April

2011) [R]. New York, 2011.

[7] The City of New York. PlaNYC: A Stronger, More Resilient New York [R]. New York, 2013.

[8] The City of New York. One New York: The Plan for a Strong and Just City [R]. New York, 2015.

[9] The City of New York. OneNYC 2050: Building a Strong and Fair City [R]. New York, 2019.

B.20 加拿大大金马蹄地区未来30年增长规划特点

刘玉博 徐思源

（上海社会科学院）

摘 要：大金马蹄地区GDP占加拿大的四分之一，是名副其实的经济引擎。与此同时，人口增长、交通拥堵、环境压力上升、老龄化、亚健康、全球化等因素也使大金马蹄地区的持续发展面临挑战。基于对未来发展条件的分析，2020年8月大金马蹄地区开始正式实施《大金马蹄地区增长规划（2020）》，规划以界定集中增长区为基础，划定了25个城市增长中心，联合主要公交车站区域，以及棕地和灰地，构成实现未来经济增量的重要组成部分。在规划中，大金马蹄地区相应调整了与集中增长区相关的交通、公共设施、绿地等规划布局，以支撑未来30年的持续增长。大金马蹄地区在寻找未来增长空间、允许差异化住房开发、建设多功能混合社区、促进公共服务平衡、实现交通一体化延伸、加强就业区交通链接等方面的规划理念和实践，对中国城市区域未来健康发展具有较强的启示意义。

关键词：大金马蹄地区；未来增长空间；城市增长中心；增长规划

大金马蹄地区（Great Golden Horseshoe）是加拿大的经济引擎地区。该地区拥有930万人口（约占加拿大总人口的25%）和450万个工作岗位，其生产总值约占安大略省GDP的三分之二、加拿大GDP的四分之一。除了区位优势和自然生态禀赋，经济发展和社会构成的多元性，是大金马蹄地区保持竞争力的关键。未来几十年，人口增长、交通拥堵、环境压力上升等因素不可避免地使大金马蹄地区的持续发展面临挑战。为此,2019年大金马蹄地区联合办公室(Office Consolidation)综合分析了该地区的未来发展条件,制定了《大金马蹄地区增长规划》(*A Place to Grow — Growth Plan for The Greater Golden Horseshoe*)。该规划修正案于2020年1月通过评审,并于2020年8月起正式生效,规划时限至2051年。人口增长、交通拥堵、环境压力、老龄化等问题同样是中国部分城市区域特别是大都市圈未来发展面临的挑战,《大金马蹄地区增长规划》对以上问题的分析和应对,对推进中国城市与都市圈健康发展具有重要的参考意义。

一、大金马蹄地区未来发展风险评估与预测

大金马蹄地区位于安大略省,北至乔治亚湾,南至伊利湖,西至惠灵顿县和滑铁卢地区,东至彼得伯勒县和诺森伯兰郡,占地面积为3.2万平方千米,为加拿大领土面积的0.32%。2005年,安大略省的416/05法规《种植地点法》正式使用了"大金马蹄地区"作为具有法律意义的地理区域。尽管面积比重较小,但大金马蹄地区却是北美最具活力和经济增长最快的都市连绵带之一,包含多伦多都市圈(核心)、汉密尔顿都市圈、圣凯瑟琳斯-尼亚加拉都市圈等九个都市圈,占加拿大都市圈总量的26%。该地区未来发展面临以下主要挑战。

(1)基础设施。根据规划预测,2051年大金马蹄地区人口将达到1480万。由人口增长带来的对现有基础设施更新换代的诉求不断增加。然而,由于前期对基础设施建设投资不合理,引发当前相关财政赤字,加之整体财政资源紧缺,因此亟待优化存量资产,以基础设施全生命周期的成本管控,达到对当下资源合理利用的最大化。

(2)交通拥堵。交通拥堵加剧,整体减缓了大金马蹄地区人口和货物的流通速度,由此每年造成的GDP损失达数十亿美元。

(3)环境质量。不合理的城市蔓延降低了大金马蹄地区的空气质量和水环境,对诸如河流、湖泊、林地和湿地等自然资源,以及文化资产,也造成了损害。

(4)全球化。全球化正迅速改变区域经济增长模式,增加了长期就业

计划的不稳定性。

（5）亚健康。在大金马蹄地区，由于低密度发展模式，以及对小汽车通行方式的依赖，部分性地导致肥胖、糖尿病和心血管疾病的发病率不断上升。

（6）老龄化。据预测，至2041年大金马蹄地区60岁及以上人口的比重将超过25%。这将增加对老年友好型社区的需求，以满足老龄人口的特殊需求。老年友好型社区的建设包括形成适老化的住房方案，如医疗健康服务和其他便利设施的可达性较高、慢行环境的营造等。

（7）粮食安全。为实现农村地区蓬勃发展，并延续较为发达的农业经济，以保证子孙后代的粮食安全，必须保护大金马蹄地区的优质农地。

（8）气候变化。气候变化带来的影响已不容小觑。居住社区和基础设施的建设必须做出弹性调整，以减少各经济部门温室气体的排放量，同时加大保护水资源和自然区域。

为应对以上发展风险和挑战，《大金马蹄地区增长规划（2020修订版）》在上位规划《省级政策声明》（*Provincial Policy Statements*）基础上，做出积极回应[①]。目标是形成大金马蹄地区完整的土地利用规划框架，支撑社区建设，实现经济繁荣、环境优化和社会公平。

二、大金马蹄地区增长规划的主要内容

根据规划预测，2051年大金马蹄地区工作人口将达到700万人，常住人口达到1480万。为实现存量人口与增量人口就业与生活的平衡，《大金马蹄地区增长规划（2020修订版）》以界定集中增长区为基础，并相应调整了与集中增长区相关的交通、公共设施、绿地等规划布局，以支撑未来30年的持续增长。

（一）形成未来增长空间雏形

规划首先区分了大金马蹄地区鼓励开发的定居点和限制开发的定居

---

① 同时，《大金马蹄地区增长规划（2020修订版）》与现存的《绿带计划》（*Greenbelt Plan*）、《橡树岭冰碛区保护规划》（*Oak Ridges Moraine Conservation Plan*）、《尼亚加拉悬崖计划》（*Niagara Escarpment Plan*）等规划协同。

点,然后在鼓励开发的定居点,划定未来增长空间雏形。

(1) 鼓励开发的定居点(Settlements Areas)。规划文本将定居点定义为:行政区(城市、城镇和村庄)内的城区(Urban Area)和郊区居民区(Rural Settlements)中,经济活动较为集中的建成区,或规划中的集中增长区域。根据规划文本,鼓励开发的定居点往往具有以下特征:存在建设边界、拥有或正在规划市政供水和废水处理系统,且能够支撑建设功能混合社区。

(2) 限制开发的定居点。在缺乏或尚未规划市政供水和废水处理系统,或处于绿带地区的定居点,将被限制开发。

(3) 未来增长空间。在鼓励开发的定居点中,划定未来增长空间,包括:建成区、战略增长区、拥有或正在规划高阶交通①系统的区域,以及拥有或正在规划公共服务设施的区域。其中,战略增长区包括城市增长中心、主要公交车站区域,以及棕地和灰地,是实现未来经济增量的重要组成部分。

(二) 确定城市增长中心

根据未来增长空间,规划建设城市增长中心(Urban Growth Centers),并个性化设定不同城市增长中心的人口和就业密度。

根据规划,大金马蹄地区共包含25个城市增长中心。城市增长中心是未来大金马蹄地区布局商业、娱乐和文化等公共服务设施的重地,将持续强化城市增长中心作为区域内和区域间交通网络节点的功能。同时,城市增长中心将容纳未来大量的人口和就业增长,成为高密度就业中心,吸引国内国际人才汇聚。

根据各城市增长中心发展现状和未来发展条件,规划设定了不同的人口和就业密度阈值。其中多伦多市的城市增长中心最低人口和就业密度最高为400人/公顷。

---

① 高阶交通:以部分或完全专用的通行权运营的公交系统,比普通公交系统速度更快、更可靠。包括地铁、城际铁路、轻轨和具有专用通行权的公交车。

表 20-1　　　　　　大金马蹄地区城市增长中心最低人口和就业密度

城市增长中心	适用最低人口和就业密度
多伦多市的每个城市增长中心	400人/公顷
布朗普顿、伯灵顿、汉密尔顿、米尔顿、马克姆、密西西比索加、新市场、奥克维尔、奥沙瓦、皮克林、里士满山/兰斯塔夫、沃恩大都会、基奇纳的城市增长中心	200人/公顷
巴里、布兰特福德、剑桥、圭尔夫、彼得伯勒和圣凯瑟琳的城市增长中心	150人/公顷

（三）设定不同空间的住房开发强度

为解决可能存在的住房危机，大金马蹄地区根据不同城市的发展特征，制订了个性化的住房开发方案，以多样化的住房类型和差异化的居住密度，满足当前和未来不同人群的住房需求。

在部分城市和地区的建成区，规定每年至少达到50%的住房开发比例。这些城市和地区包括：巴里、布兰特福德、圭尔夫、汉密尔顿、奥里利亚和彼得伯勒，以及达勒姆、哈尔顿、尼亚加拉、皮尔、滑铁卢和约克地区。

在其余部分城市的建成区，根据上位规划和相关规划目标，分别确定每年的住房开发比例。

（四）划定优先发展的交通走廊和站区

增长规划中划定了大金马蹄地区的交通走廊。处于交通走廊上的主要交通站点覆盖的服务区域，被称为站区。大金马蹄地区增长规划限定了站区的服务密度。

表 20-2　　　　　　　　　站区的服务密度

站区种类	服务人口和就业密度（最低）
地铁站区	200人/公顷
轻轨或快速公交站区	160人/公顷
双层火车站区（GO Transit）	150人/公顷

(五)划定绿地

在巴里、布兰特福德、圭尔夫、汉密尔顿、奥里利亚和彼得伯勒等城市以及达勒姆、哈尔顿、尼亚加拉、皮尔、滑铁卢和约克等地区,绿地覆盖服务人群密度为50人/公顷。

在卡瓦瑟湖市和布兰特、达芬、哈尔迪曼德、诺森伯兰、彼得伯勒、辛科和惠灵顿等地,绿地覆盖服务人群密度为40人/公顷。

(六)促进就业增长

作为规划的重要内容,大金马蹄地区将通过以下措施促进就业增长:

(1)优化存量就业区、空置和未充分利用的就业区,提高就业密度。
(2)根据规划文本中所预测的就业增长空间,确保相应的土地供应。
(3)实现高密度就业区与交通走廊的无缝衔接。
(4)整合和调整土地利用规划和经济发展目标及策略,最大化吸引投资,促进就业。
(5)通过增加园区与交通走廊的连通性,为工作人群提供多样化服务设施和开放空间、加强就业规划、减少任何不必要的非就业用途功能的引入,以及减少非公共交通工具的使用,从而促进园区就业发展。

三、大金马蹄地区增长规划对中国都市区发展的启示

(一)寻找未来增长空间

大金马蹄地区划定未来增长空间的思路比较清晰,即首先选择主要的定居点,在择定的定居点中找到25个城市增长中心,将与此关联设定的交通走廊、站区,共同作为未来增长空间。借鉴大金马蹄地区经验,中国都市圈或城市群区域,可根据现状人口土地资源配置水平,结合生态足迹,划定最具增长潜力的发展空间,即以城市增长中心为主要构成的经济增长点,分别预测各城市增长中心的人口和就业规模,以增强连通度为目标,统筹规划区域内未来交通网络布局,增强区域发展的一致性。

(二)鼓励差异化住房开发

根据居住和就业人口条件不同,鼓励区域内存在差异化的住房开发密度,是大金马蹄地区增长规划的重要特征,对实现职居平衡、缓解交通拥堵,以及优化土地利用效率,起到了积极作用。中国都市圈或城市群区域,可以尝试借鉴大金马蹄地区差异化住房开发政策,适度允许部分人口和就业高密度地区增加住房开发密度,在人口和就业低密度地区则适度降低住房开发密度。优化土地利用结构,实现区域内整体人口配置和居住区的空间平衡。

(三)建设多功能混合社区

在大金马蹄地区增长规划中,多功能混合社区亦被称为"完整社区"(Complete Community),是指居住多样、生活便利、服务完善、交通便捷的混合型友好社区,以适应居住和就业需求,是未来社区建设的标杆。在中国,多功能混合社区并不是新概念,已出现在较为发达地区的政府文件中。如2018年宁波市印发了《混合社区开发建设三年行动计划(2018—2020年)》,力求建成宜人宜居、时尚现代、智慧低碳、功能复合的混合社区,以实现引才、聚才的目的。在实践中,中国多功能混合社区的建设仍远远滞后于市场需求,需大力提倡和推进多功能混合社区的开发建设,尽快形成"购娱一站、功能一体、人群多元、智能设计、公交缝接"的友好型居住社区。

(四)促进公共服务的平衡

大金马蹄地区增长规划强调"集体和公共"的价值理念,在规划文件中将"公共服务将广泛可及"作为重要愿景之一,推动公共设施在中心城市和外围城市之间的均等化。当然,公共服务的平衡,并不指公共服务在空间上的均匀分布,而是根据定居点人口密度和规模进行的均衡配置。在中国,随着人口大规模迁移,公共服务配置具有明显的滞后性,造成了"人口-公共服务"资源的空间不均衡现象。在区域一体化背景下,更加关注人均公共服务占有量、高品质和可及性,是未来中国都市圈和城市群优化发展的重要内容之一。可借鉴大金马蹄地区的规划理念,主要以社区为单位,考虑集约化发展,提高土地和基础设施以及公共服务的利用效率。

(五) 实现交通一体化延伸

大金马蹄地区非常重视跨区域交通系统的链接,将其称为"重大运输投资的重中之重"。在实践中,大金马蹄地区首先用通勤火车将各城市连接起来,增强都市连绵带范围内各城市之间的联通度,再以地铁和轻轨贯通郊区并串联起各商业中心(如"央街"和埃格林顿),以街车集中解决市区内部的交通问题。借鉴大金马蹄地区经验,中国都市圈或城市群建设中,应关注作为"城市增长中心"作为区域交通节点的功能的塑造,尤其关注跨行政区交通网络的布局,特别是城市增长中心之间的交通链接,以加深城市联系,提高区域一体化程度。

(六) 加强就业区交通链接

大金马蹄地区促进就业区与交通走廊的链接,呈现以人口和就业布局为导向的交通网络发展模式,以公共交通方式为主。加强既有就业区与交通走廊的链接,可以极大地提高交通效率,避免不必要的交通投资,也是促进住房平衡、增强区域韧性的重要手段。建议中国都市圈或城市群区域,优先打通区域内各就业集中区域之间的关键交通通道,促进就业中心或经济中心之间的要素流动,推进产业功能转移转换。

参考文献

[1] Office Consolidation. A Place to Grow — Growth Plan for The Greater Golden Horseshoe [EB/OL]. http://Ontario.ca/growplanning,2020,8.

B.21 马尼拉都市圈规划"以人为中心"的创新和发展思路

余全明[1]　陆仲明楠[2]

(1.上海社会科学院;2.悉尼大学)

摘　要: 本文以马尼拉都市圈《国家首都区域发展规划(2017—2022年)》为基础,探讨了都市圈创新和长期发展的趋势。该规划指出,大都市圈高密度经济生态环境集聚了大量人才及各种类型的企业,都市圈需要合理规划,最大限度地发挥都市圈经济的潜能,成为具有包容性、连通性和韧性的宜居有序的都市圈。

关键词: 都市圈;创新;连通;包容;韧性

2018年,马尼拉都市圈发布了《国家首都区域发展规划(2017—2022年)》(NCR[①] Regional Development Plan 2017—2022)。该规划指出马尼拉都市圈不仅是菲律宾的都市圈还是首都圈,需要发掘人口红利潜力,提升马尼拉都市圈的创新能力,加强马尼拉大都市圈内部、与周边新兴城市之间的无缝连接,与世界24小时不间断连接,引领菲律宾经济发展。该规划认为马尼拉都市圈不仅要改善经济发展的环境,吸引和维持有竞争力的产业和人才,逐渐成为包容和连通的大都市圈,还要保护生态环境,降低灾害对经济的影响,建设成为宜居有序且有韧性的都市圈。

---

① National Capital Region:国家首都区域。

一、发掘人口红利,推进科技创新的总体思路

作为世界排名第十八位的大都市圈,马尼拉都市圈由 17 个地方政府组成,拥有 1 280 万人口,人口密度为每平方千米 20 785 人。马尼拉都市圈在菲律宾经济活动中占据主导地位,是菲律宾的金融和商业中心。马尼拉都市圈的发展对国家的整体发展和增长至关重要,2014—2016 年的经济份额分别为 36.2%、36.5%和 36.6%。马尼拉都市圈吸引了来自菲律宾各地的移民。大量的移民不仅对都市圈内的土地使用模式产生重大影响,还影响了公共交通、教育、医疗卫生和住房等基本服务的质量和供应,对都市圈现有社会和经济体系造成了巨大的压力,同时加剧了环境问题,如空气和水污染、废物和环境卫生管理能力短缺、城市地区土地和水资源的不足。由于马尼拉都市圈高度集聚了大量的科技创新人力,而资金和设施有限,导致科技创新环境恶化,影响马尼拉都市圈创新发展并造成了人才外流问题。由于规模和密度,马尼拉都市圈拥有相当大的经济潜力和人才数量,如果充分发挥其潜力,可以推动经济快速发展,提供居民生活水平。马尼拉都市圈为保持并引领菲律宾经济发展,发挥首都圈的功能,必须解决人口快速增长和创新能力的问题。

(一)提高人力资本的质量,加快教育改革

一是加强人力资本投资。人力资本是影响经济发展的重要因素。该规划提出,人口转型需要大量受过良好教育和技术熟练的劳动力。改善医疗、卫生和教育条件,确保儿童能够健康成长和接受良好的教育。完善教育过程和结果,提升马尼拉都市圈地区居民的受教育程度。教育课程改革需要符合马尼拉都市圈的现实和未来发展需要,推动高等教育加强培养学生的智力能力、个人能力、公民能力和实践技能。二是加强人口与发展融合,建立人口信息系统。完善和建立人口发展数据系统,包括人口流动、人口空间分布、人口发展等信息在内的人口数据系统。加强各级机构在发展规划中建立与利用人口和社会经济数据库的能力和意识,在规划医疗、教育、就业、基础设施和经济发展等方面的政策时充分利用人口数据信息,发挥人口数

据的作用,完善马尼拉都市圈发展规划。优化人口红利需要提高马尼拉都市圈的承载能力,制定人口发展政策,协调马尼拉都市圈人口政策对毗连地区的影响,以便充分发挥人口红利。

(二)加快科技创新的推广和应用速度

一是推动新技术商业化应用,采取适当的标准和干预措施,提高工业生产能力和竞争能力,大力发展优势工业领域和工业集群,实施有效的生产和销售战略。二是加强对科学、技术和创新等初创企业和衍生品的投资力度。完善、简化中小微企业的政策和监管环境,鼓励投资初创企业和加强市场拓展力度。加强对中小微企业技术升级项目的实施和推广,鼓励中小微企业采用技术创新来升级产品、工艺和运营。提供技术商业化平台,如技术企业孵化器和创新中心、技术咨询服务、产品包装和标签服务平台。三是提高创造知识和科技的能力。首先,增加科技创新投资。为符合马尼拉都市圈发展规划的研发项目提供资金,支持科技创新的研究和发展。提高研发体系的奖励激励规模,通过科技奖学金和提供专业培训来实现人力资源的优化。其次,完善科学、技术和创新的基础设施,提升高等院校的科研能力,升级现有研发设施,建立与马尼拉都市圈产业发展相适应的研发中心。最后,提升高等教育机构的研究质量,弥合创新发展的差距。四是培育科学、技术和创新文化。将发明创新纳入中小学课程,改善儿童和青少年发明创造的文化氛围,培养儿童和青少年的创新意识。加大奖学金、科研资助和专业培训等支持力度,定期举办技术投资论坛、技术推介和其他推广活动,提高公众对科技创新的认知度。加强知识产权保护意识,提供知识产权保护方面的协助和咨询。五是强化科学、技术和创新生态系统各参与者的合作。加强政-学-产的连通性,构建大学和企业之间合作的渠道,协调政-学-产的合作,确保科技研发成果能够快速商业化应用,加快新技术的商业化推广。建设研发项目数据库,确保马尼拉都市圈政府能够准确制定政策方向,刺激创新驱动发展,推动经济发展方式转变。

二、"以人为中心"的马尼拉都市圈发展方向

当马尼拉都市圈蓬勃发展时,整个菲律宾将蓬勃发展。马尼拉都市圈经历了环境退化、交通拥堵和非正式社区激增、污水处理覆盖率低、交通恶化、居住环境恶劣,影响了城市居民生活质量,阻碍了产业发展,进而导致经济发展面临极大挑战。人口和产业高度集中的马尼拉都市圈还面临着自然灾害和气候变化的影响,例如台风、洪水、山体滑坡和地震。为了持续引领菲律宾经济增长,马尼拉都市圈需要制定完善的都市圈发展规划,解决最紧迫的城市问题,例如交通拥堵,医疗卫生、住房、教育资源短缺,环境恶化和抗震减灾等,提升各政府部门的协同能力,加强都市圈内部的紧密联系,最大限度推动经济发展,提供更高质量的生活环境,将马尼拉都市圈建设成为更具包容性、连通性和韧性的大都市。

(一)包容的马尼拉都市圈

鼓励居民、企业、非政府组织等各方积极参与马尼拉都市圈建设包容性社区。一是通过原地重建和基础设施建设,释放土地价值。在保持马尼拉都市圈现有土地发展模式的基础上,探索各节点和腹地不同土地用途和空间分布的多种可能性。推动低收入社区重建。确保低收入群体邻近工作和拥有更易获取就业机会的社区,而不是被迫搬迁到缺乏基本设施和工作机会的城郊地区。低收入社区重建不仅可以提高土地利用率和使用强度,还可以营造更有活力、更有城市气息、更有创造力的以人为本的街道环境,并且改善城市环境。通过优化土地利用规划,私营部门可以自由开发高层住宅,吸引中产阶级居民到新社区居住。二是推动马尼拉都市圈非正规社区升级,将临时性、项目性的规划转向全城性、计划性的规划。与单个社区和分散的试点项目相比,马尼拉都市圈范围内的升级改造可以更好地推动都市圈的发展转变,并对未来发展产生更广泛的影响。马尼拉都市圈规划需要鼓励政府、居民、企业、非政府组织等多方积极参与,鼓励多方建立伙伴关系,共同规划和解决问题。

(二)连通的马尼拉都市圈

一是推动马尼拉都市圈与世界不间断连接。首先,充分利用信息技术-业务流程外包(information technology — business process outsourcing,以下简称IT-BPO)的机会。马尼拉都市圈通过公私合作,加强IT-BPO人力资源开发,营造世界级的城市环境,提供全球领先的城市环境和基础设施,支持IT-BPO产业发展。其次,释放旅游潜力,吸引富邻。为游客提供丰富多彩的活动参与和旅游目的地,确保游客能享受到高质量的基础设施和高水平的便利服务,推动马尼拉都市圈成为东亚民众购物、文化旅游、参观古迹、会展、会议、娱乐的首选目的地。最后,高价值服务再生,推动高潜力产业集聚。挽回马尼拉都市圈在高等教育、医疗服务、旅游、文化经济等领域作为亚洲领先的高价值服务中心的地位,建设具有高潜力的产业集群,为低收入人群创造就业机会。提供训练有素且专业的劳动力,以满足关键行业日益增长的需求。建立特定行业的孵化器和平台,催化关键领域的发展和增长。二是加强马尼拉都市圈的无缝链接。加大对城市节点周围的快速交通系统的投资,并对现有交通系统进行扩容和延伸,为居民提供更安全、更便捷的节点交通。通过高效、安全和可靠的多式联运系统连接城市和城郊节点,将交通系统设计作为马尼拉都市圈地区空间发展的主要驱动力。提高现有大众快速交通系统的服务水平,包括整合支付系统和车辆运行时间表。加快投资和扩建大众捷运系统。重组公交线路和服务,补充铁路主干线,并连接没有铁路的节点。

(三)韧性的马尼拉都市圈

马尼拉都市圈地区极易受到台风和洪水的影响。自然灾害造成了大量财产损失、传染病等问题,不仅严重威胁了马尼拉都市圈地区城市居民的生命安全,还扰乱了都市圈的经济活动,影响了都市圈经济的增长和发展。为此,马尼拉都市圈采取全面的抗灾办法,加强减灾降险的基础设施投资,改善危险地区居民的生活条件。一是评估风险对马尼拉都市圈整体可持续性和竞争力的影响。马尼拉都市圈的GDP占菲律宾GDP的30%以上,是菲律宾首要的政治、经济和金融中心。评估马尼拉都市圈可能面临的风险,提高政府和投资者对长期减灾的意识,减少根本性风险源,降低灾害对基础设施破坏,有利于减弱灾难对经济活动的扰动,保障居民生活和企业生产经营的正常进行。二是鼓励对减少灾害风险计划的投资。马尼拉都市圈的脆弱性在很大程度上是由于其无序的城市化、环境退化和基础设施相关措施不足造成的。马尼拉都市圈需要通过结合结构性的规划来降低与自然灾害相关的脆弱性,特别是洪水和地震。增加防灾投资,降低未来灾害出现的可能性,避免灾害造成更大的破坏性。三是鼓励社区参与防灾减灾工作。引导社区积极参与减灾防灾工作,鼓励社区参与决策、实施和监测,确保投资方向和减灾防灾需求相一致,避免资源浪费和重复,提高减灾防灾工作的推进速度和质量,并确立问责制度,落实减灾防灾工作的负责单位,提升减灾防灾工作的透明度。四是制定风险地区土地使用准则,鼓励私营部门合作,共同开发风险地区的土地。加强各级部门、公私部门、社区等之间的协调,共同制定风险地区的土地使用指南和土地仲裁机制,避免土地用途冲突,减轻未来自然灾害造成的不利影响,并要求各政府部门严格执行。避免在高风险地区新建社区。制定抗震建筑规范,要求在马尼拉都市圈高风险地区的建筑必须遵守抗震建筑规范。五是加强城市关键基础设施网络冗余度,尤其是电力、能源、电信、交通、垃圾处理和供水。提高城市关键基础设施网络冗余度,确保关键基础设施网络拥有备份计划,在灾害期间,为居民提供服务,避免城市关键功能缺失。

三、马尼拉都市圈规划经验对中国都市圈规划的启示

都市圈经济是未来经济发展重中之重,逐渐成为全球经济的前沿竞争单位。都市圈的创新能力、人力资源质量、交通系统等都关系到都市圈的竞争力。因此,都市圈发展规划决定了未来都市圈的发展方向和经济水平。

(一)加强都市圈的连通性,提升创新能力

首先,合理布局都市圈内部的交通体系,完善都市圈内部的交通设施建设,提升都市圈内部交通的通达性。其次,整合都市圈内部的产业体系,合

理布局产业发展方向,加强圈内各节点的产业协同,化产业竞争为产业协同。最后,连通都市圈内的科研机构,打通科研机构的交流合作渠道,加强都市圈内的创新合作,提升都市圈创新实力。

(二) 空间规划合理布局,建设宜居都市圈

都市圈集聚大量的人口,一方面需要合理布局住宅、交通和产业的空间分布,缩短都市圈内的通勤时间,避免时间浪费在通勤方面,推动居住地点邻近工作机会,避免中低收入群体远离工作地点;另一方面需要推动生态环境保护嵌入都市圈规划,优化都市圈生态建设,完善生态保护的空间格局,建设宜居的都市圈。

(三) 加强韧性建设,提升关键功能的冗余度

频发的自然灾害和传染疫情要求都市圈发展必须注重韧性建设,提升都市圈应对突发事件的能力。首先,增强抗险降灾意识,加大对自然灾害等突发事件应急处理方法的宣传和培训。其次,增加抗险降灾投资,提升基础设施的抗险能力。最后,提升都市圈关键功能的冗余度,避免突发事件发生后,城市陷入混乱。

参考文献

[1] Bloom D, Canning D, Sevilla J. The Demographic Dividend: A New Perspective on the Economic Consequences of Population Change [R]. 2003.

[2] Corpuz, A. G. , et al. The Metro Manila Greenprint 2030: Building a Vision [EB/OL]. http://www.mmda.gov.ph,2015.

[3] Metropolitan Manila Development Authority. NCR Regional Development Plan 2017—2022 [EB/OL]. http:// www.mmda.gov.ph, 2018.

[4] World Economic Forum. The Global Competitiveness Report 2016 - 2017 [EB/OL]. http://www3.weforum.org, 2016.

B.22 孟买大都市区至2036年规划的问题导向思维

樊豪斌[1]　陆仲明楠[2]

（1. 上海社会科学院；2. 悉尼大学）

摘　要： 本文基于《孟买大都市区规划（2016—2036年）》，介绍该区域发展背景与现状，通过梳理该规划思路，阐明了该规划关注的重点问题及其原因、目标、总体战略与行动方案。该规划注重切合当地发展实践的规划方法与问题导向的规划落地思维，明确住房、交通、治理、环境等方面的问题并分析它们产生的原因，切合实际地制定了7个具体目标、9个总体战略以及11个行动方案，为未来的政策干预提供具体的落地指导。

关键词： 孟买大都市；区域规划；发展实践；规划落地

孟买是印度马哈拉施特拉邦的首府，作为港口城市和经济中心，为印度第二大城市。早在1970和1996年，孟买大都市区（Mumbai Metropolitan Region）分别制定了两轮规划，本文所讨论的是其第三轮区域规划。本轮《孟买大都市区规划2016—2036》首先介绍了孟买大都市区的规划需求、基本情况以及前两轮区域规划的内容；接着对孟买大都市区的现状进行了初步介绍，包含自然、人口、经济和就业、土地、交通、住房、基础设施、乡村和环境多方面的内容；随后针对以上情况进行分析，得到需要规划进行干预和解决的具体问题，并对需求进行预测；最后提出相应的建议以及在规划实施过程中需要注意的要点。在思路上，第三轮规划首先回顾分析了全球范围内不同都市区（空间）规划制定的思维逻辑，并寻找切合孟买大都市区历史背景与发展实践的规划制定方法；其次以孟买当下面临的实际问题及其原因为导向，通过此轮规划，制定针对性的目标、战略与行动方案，为未来政府政策的有效干预提供实操导向。

一、孟买大都市区的发展背景

21世纪第一个十年间，印度的城市人口从2.85亿上升到了3.8亿（2011年）。随着城市化进程的进一步加快，印度城市人口预计将在2050年达到8.5亿。城市人口增长主要依托于现有住宅密集化和城郊区域扩张，因此对印度而言，其城市化等同于大都市区化。与其他能够吸引农村和中小城镇人口的城市地区相比，全国大都市区的密集度是不均衡的，不受大都市区管辖、缺乏治理的城郊地区越来越受到全球资本的青睐，正经历着意想不到的迅速转变。因此更需要对大都市区进行合理的空间布局、提供良好的基础设施以应对未来的发展和变化，并满足其日益增长的需求。

早在20世纪60年代初，印度就已经认识到区域规划的重要性，并着手在几个主要城市建立相应的区域规划委员会。1970年印度出台了首个区域规划。从那以后，制定了大量的区域规划，但由于缺乏相应的立法机关，未能落到实处。孟买目前正在实施的规划是由孟买大都市区发展局于1996年修编，并于1999年获得批准的版本。目前，孟买大都市区的就业中心进一步分散，城镇周边地区迅猛发展。针对这一情况，孟买大都市区第三轮区域规划的总规划师Uma Adusumilli指出，第三轮区域规划的核心不是孟买大都市区核心区的发展，而是引导城市周边开发和资源保护。《孟买大都市区规划2016—2036（草案）》要利用好孟买市作为印度经济增长引擎的优势，解决城市化、就业分布不均、通勤时间长、缺乏可负担性住房和基础设施、环境退化和治理不力等一系列问题。

二、孟买大都市区发展的现状

（一）自然地理

孟买大都市区由完整的孟买市以及塔恩、雷加德和新设立的帕尔加尔部分区域组成。孟买市的地理面积为438平方千米，孟买大都市区的总面积达4 311.75平方千米,约为孟买市的十倍。孟买大都市区包含8个规模较大的城市、9个规模较小的城市、35个人口普查镇和994个村庄,隶属印度马哈拉施特拉邦。

孟买大都市区温暖潮湿,降水充沛,主要由低洼平地构成,属于典型的德干玄武岩地形,平顶山与低洼的沿海地区接壤,海岸线与河岸线广阔,自然资源丰富,区域内森林面积占比近1/4。

(二) 人口经济

几十年来,印度的城市人口稳步上升,马哈拉施特拉邦作为印度第三大城市化地区,城市化进程稳步推进。印度近45%的城市人口集中在孟买大都市区且占比持续增长,但从1991年开始,增速明显放缓。孟买大都市区人口分布不均,大城市集中了约87.62%的人口,其中已有三个大城市的人口突破百万。在所有的大城市中,孟买市的人口数量居于首位,占比达到54.56%,但相较于其1971年77%的水平呈现出了大幅的下跌;在孟买市内部,城郊地区的人口持续增长,占到整个孟买市人口的75%(2011年)。这表明无论是孟买大都市区还是孟买市内部,城市人口的分布都产生了一定的变化。孟买大都市区的平均总人口密度大幅增加,从每平方千米3 421人(1991年)增加到了每平方千米5 361人(2011年),城市地区的人口密度约为整体人口密度的三倍,农村地区人口减少,特别规划权所管辖地区的人口数量比预期的数量要低得多。孟买大都市区的城市地区的平均家庭规模为4.39人(2011年)低于印度或马哈拉施特拉邦的平均水平,持续下降的家庭平均规模意味着对住房空间需求的不断提升。大都市区内,25—29岁的工作人口和超过60岁的老人占比明显提高,整体识字率和工作参与率高于印度平均水平,城市女性的识字率、工作参与率要明显高于农村女性的平均水平。从历史上看,孟买的人口增长主要依靠移民,孟买大都市区的移民主要来自马哈拉施特拉邦内部,但该比例从41.6%(1961年)下降到37.4%(2001年),孟买市城郊地区以及孟买城市群的外围区域则出现了反向移民的情况。

(三) 交通住房

孟买是世界上最拥挤的城市之一。孟买大都市区的发展很大程度上依赖于交通运输,现有的城郊铁路运输网络和公共交通系统大幅提升了运输效率。2014年的经济普查显示,孟买大都市区内有近40万个工作岗位,其中68%位于孟买市,这种工作不平衡分布导致居住在孟买市郊和孟买大都市区其他地方的人需要忍受长时间、高密度的通勤。孟买大都市区的主要出行方式为步行、火车、其他公共交通和辅助客运系统等。迄今为止,孟买大都市区的公共交通占比在世界上一直位居前列,但这种情况在未来可能会有所改变。综合交通研究调查显示,在1991—2005年期间,汽车、两轮车、出租车分别增加了420%、306%和128%,造成了"致命的"交通拥堵,所以非正式员工倾向于具有步行上班条件的居住点,进一步对孟买大都市区的住房产生了一定的影响。

2011年印度人口普查的房屋数据显示,孟买市主要市镇地区可提供的房屋总数比孟买市的家庭数多出54%。在2001年至2011年期间,主要市镇地区增加了981 966个家庭,住房存量增加了2 075 336套,是新增家庭数量的两倍以上;市镇地区新增的普查房屋数量几乎是新增住户的两倍。然而,在这样的情况下,孟买仍然存在着严重的住房短缺问题。调查统计发现,这一方面是因为孟买活跃的房地产投机市场创造了大量的住房存量,导致了14%的空置住房;另一方面21%的房屋被用于住宅以外(如商店、办公室等)的用途。农村地区因缺乏足够的就业机会,部分家庭迁移到城市地区寻找工作,导致农村地区的房屋失修率较高,缺乏优质住房。2011年人口普查显示,65%的孟买家庭居住在"一个房间"或是"没有专用房间"的房子中,57.3%的家庭面临住房空间不足的问题;政府的身份从住房的主要提供者转为房屋市场引导者,私营部门的加入主要是为高收入群体提供住房;孟买的自有房比率(68%)高于租赁房的比例,由于可用的租房选择不多,因此人们或是前往远郊地区寻找可负担的住房并为此承担远距离的通勤,或是降低生活品质,选择居住在城市中的贫民窟或其他非法住房中。孟买大都市区近1/3的人口居住在贫民窟内,大都市区中旧建筑的比例很高。2011—2021年,孟买大都市区每年计划新建50 300套住房,其中8 630套是新房,剩余均为住房改造。

(四) 环境与基础设施

良好的基础设施是经济增长的源泉,大都市区的生活质量与城市基础设施的可得性及其质量息息相关。地下水是孟买大都市区的重要水源,当前整个大都市区的水源供应量为6 359百万升/日,缺水1 245百万升/日(2016年)。马哈拉施特拉邦工业发展公司(Maharashtra Industrial Development Corporation)、城市工业发展有限公司(City & Industrial and Development Corporation Limited)等机构都在进行不同类型的水源开发项目以增加水供给,但鉴于人口分布和项目最新出现的变化,需要对各区域的水资源进行重新评估和分配。城市的污水处理也是一个值得关注的问题。孟买大都市区的污水产生量约为4 587百万升/日,只有50%的污水得到了治理,而且污水处理系统的主要覆盖城市地区,农村地区甚至没有污水处理设施。在孟买大都市区,很大一部分人居住在缺乏污水处理系统的贫民窟中。贫民窟家庭主要依赖公共厕所,依靠化粪池进行污水收集,未经完全处理的污水会就近排放到附近的河流、小溪或是直接排入阿拉伯海。目前,孟买大都市区内的污水处理存在缺口,污水处理能力有待增强。

孟买大都市区的城市化进程不断加快,环境资源面临巨大压力。大都市区内的空气质量指数低,内含多个严重污染地区。污染地区内的化工公司数量巨大并且持续攀升,导致风险程度加剧;可吸入悬浮颗粒物指数偏高,引起当地呼吸道疾病增加;氮氧化合物浓度也处于较高水平,并缺乏完善的监管系统。许多作为饮用水源的重要河流正面临污染,主要是由于直接排放生活污水、动物粪便、农业和风暴径流造成的。孟买大都市区的农业需求远远超过了其生产能力,采石业盛行,且存在非法采石的情况,对空气质量产生负面影响。由于基础设施建设未能跟上城市化的步伐,导致水体污染,进一步影响到动植物。绿化通常是外来的、装饰性的、含有入侵性的,对生物多样性的发展也造成威胁。

(五) 土地利用和城市扩张

孟买大都市区内生态用地占比近1/3。区域内最大的建成区位于孟买市，建成区比例达到79%。在过去的十年里，建成区的增长主要发生在雷加德和塔恩地区。孟买郊区的工业用地占比最大，约为20%。孟买大都市区内农村地区的土地开发利用大都未经审批。

目前孟买大都市区的增长主要发生在除孟买市以外的地区，小城市、市域范围外的地区、交通廊道附近的地区发展迅猛。基于这种趋势，应拓宽现有的市域范围以便提供各类公共服务和基础设施，并提高税基，同时确定孟买大都市区内的生态敏感区、农业灌溉区，使其免受城市化的影响。

孟买大都市区保有足够量的、可应对未来人口增长需求的土地，但由于人们可以自由选择是住在高密度的城市中心，还是低密度的城市外围空间，抑或是两者的结合体，未来人口分布可能会与预想存在偏差。不同城市地区的发展由其相应的发展规划所控制，未来需要根据人口分布趋势对相应的规划进行调整。

三、孟买大都市区面临的主要问题及原因

第三轮区域规划是以现状和问题为导向，所以对于当下发展的问题进行明确定位显得非常关键。孟买大都市区发展局通过调查，明确区域内的结构缺陷和具体领域，并考虑采用土地使用提案或政策干预进行解决。具体的调查过程包括一系列的专题研究，和与世界各地的专家就土地利用、交通、环境、经济等多个方面的内容进行国际咨询，并在孟买大都市区发展局内部进行多次的商讨，多部门实施交叉分析。梳理分析出的主要问题有以下七个方面。

(一) 第二产业比重下降，工业发展形势严峻

自20世纪90年代以来，随着全球化和自由化的发展，孟买大都市区第二产业一直在下降。从纺织厂倒闭开始，制造业显露出外流迹象，技术性工作岗位越来越不容易找到。由于缺乏与该地区现有技术人力相匹配的工作

岗位,工作的非正式化程度不断提高。2000—2009年期间,第二产业对孟买制造业贡献的年均增长率降至4.56%,而在1999—2003年期间这个指标为6.27%。在制造业就业方面,总就业人数从1998年的878 325人下降到2005年的867 058人。同期,纺织制造业的就业人数从240 483人下降到159 001人;运输设备制造业的就业人数从45 965人急剧下降到7 583人;化工和化学产品制造业的就业人数从76 284人下降到52 280人;金属制品制造业(机械和设备除外)从124 597人下降到93 727人。此外,鼓励将工业用地转为住宅用地的政策加剧了第二产业的下降,并使房地产市场以牺牲制造业为代价获得增长。

(二) 住房短缺问题突出

贫民窟的扩散与现行政策的局限性是造成住房短缺问题的重要原因。大量人口由于负担不起正规住房和在非正规部门就业而无法获得住房融资,选择落脚贫民窟,造成贫民窟不断扩大。此外,孟买现有的贫民窟改造计划(Slum Rehabilitation Schemes)存在以下的局限性:(1)1995年之前的贫民窟家庭有资格获得免费住房,但居住在危险地区和为发展计划保留的土地上的家庭必须在其他地方进行重建,而且邦政府必须在沿海区域的重建中拥有51%的股份,种种限制使得该计划不可行;(2)在贫民窟部分实行的免费住房旨在为业主或租户提供无需支付任何费用即可进行重新开发的模式,但该计划吸引了非穷人和开发商,由于存在监管漏洞,非穷人也取得了免费住房的资格;(3)贫民窟改造计划是市场导向的,建筑容积率的提高导致了高密度的贫民窟,而且《发展管制条例》修改后,密度高更有利可图,这不利于居住区的生活质量;(4)低收入住房的高建筑容积率导致缺乏社会和物质基础设施的高密度区域,显著特征是基础设施非常差。

其他的原因有:(1)该地区近14%的房屋是空置的,且未进入市场,投机性买家在房屋上的投资对房地产市场造成了螺旋效应,当务之急是制定一项战略使得这些空置房屋可以重返市场进行出租或出售。(2)过去二十年来,被用于住宅以外的房屋比例大幅增加,从1991年的16%增至2011年的25%。应该研究这种现象的原因,并采取措施来纠正这种趋势。(3)虽然住在"无专属房间"和"一居室"公寓的家庭比例从1991年的69%降至2011年的57%,但居住空间不足的家庭比例仍然非常高。(4)2011年,在市辖区6 992 297栋普查房屋中,1 391 685栋(20%)为贫民窟房屋,239 276栋为违章建筑,28 116栋(1%)为破旧建筑。除此之外,11%的房屋是空置的(不包括贫民窟),另外14%的房屋被用作住宅以外的用途。这说明状况良好且用于居住的房屋只占现有存量的50%。(5)根据统计预测,孟买大都市区家庭数量将从2011年的5 194 614户增加到2036年的7 771 268户,这意味着2 726 532个单位的新增住房需求。再加上现有住房存量的替换需求,总共需要增加近一倍的存量(即5 018 585套)才能满足2036年的住房需求。(6)破旧建筑物和临时建筑物在农村地区的比例比市区要高,农村地区需要实施更有针对性的重建计划。

(三) 轨道交通负荷大

郊区轨道交通网络是孟买大都市区经济的基础。现今郊区铁路网已超过其所能承受的最大容量,高峰时段的乘客要忍受非人的拥挤程度,每节车厢的核定载客量是1 800人,但实际载客量达到该数字的两倍以上。之所以无法再增加现在正在全力运转的出行服务,主要原因是土地供应有限。

(四) 环境治理问题严峻

随着城市化进程的加快,环境污染导致生活质量低下,并直接影响到该地区的渔业和农业。造成区域内环境问题的重要因素有:车辆尾气排放、工业污染物、建筑开发活动、采石、家庭和工业源的污水排放未经处理或处理不当、固体废物处理能力和措施不足。地下水抽取量增加,盐水进入量增加,导致沿海地区地下水资源枯竭。城市中环卫网络的家庭覆盖率低,大量居住在贫民窟的居民没有安全的卫生设施。尤其是在农村地区,废水往往就近排入露天排水沟。为了保护水体不受污染并保护水资源,污水处理及再利用能力需进一步提升。

（五）城乡发展不均衡

在接入社会与物理的基础设施以及生计机会方面，孟买大都市区的城乡发展不均衡问题严峻。具体表现为市区拥有更多的基础设施，而农村地区则存在基础设施供应不足，特别是在东部带状区域的北部部落。

另外，就业机会集中在孟买大都市区的现象导致该地区不平衡发展。虽然越来越多人北上去往郊区，60%的正规工作岗位依旧集聚在孟买大都市区。自1996年都市区规划开始制定以来，孟买大都市区在班德拉-库拉、下帕雷尔、安得利和鲍威出现了新的中央商务区，表明孟买大都市区内部出现了多中心的增长模式。然而，除去纳维-孟买和比万迪，孟买大都市区外就业机会并不多，这些"睡城"的通勤时间普遍较长。

（六）缺乏统一的治理主体

孟买大都市区区域有17个城市，有两种行政管理模式，8个规模较大的城市采用地方联合机构（Municipal Corporation）模式，9个较小规模的城市采用市政议会（Municipal Council）模式。在这些市政主体，特别是在比宛迪、卡延多姆比弗利和新孟买的周围出现了大量的城郊。2011年人口普查显示，从2001至2011的十年间，城郊周围出现新的人口普查镇，且这些人口普查镇正在迅速城市化。但是，目前村委会是其治理机构，并不具备处理与城市化相关问题的能力。同时，由于这些人口普查镇位于城市周边地区，所以不在任何有效的治理框架之内。

（七）数据匮乏导致孟买大都市区治理困难

目前，由于孟买大都市区的边界与地区行政边界不一致，导致无法获得孟买大都市区规划所需的数据。此外，对于与孟买大都市区增长密切相关的行业，如媒体娱乐、办公空间等，也没有用于监测其经济增长贡献的具体数据。缺少地理、人口、经济、交通等方面的数据，数据获取困难、更新不及时，数据的质量和数量良莠不齐，数据共享及后续的动态跟踪管理等存在一定的问题，与地理信息系统数据库相结合的综合信息系统也没有建立，大幅提升了孟买大都市区治理难度。此外,一些关键领域存在数据缺口,比如与非正规就业、收入、环境或新发展有关的数据。这些问题导致区域规划工作不得不在缺乏最新数据集的情况下进行,执行和监测工作也因此受到影响。

四、孟买大都市区规划的目标与实施战略

(一)目标

孟买大都市区发展局采用区域规划实践的最佳传统制定了《孟买大都市区规划 2016—2036》,旨在为未来的城市化和区域层面的基础设施提供一个广泛的框架,同时满足未来增长人口的需求,并解决需要规划干预的问题。所以此轮规划的战略目标是通过整合孟买大都市区促进均衡发展。主要包括以下几个方面:(1)通过分散就业机会促进和推动区域均衡发展;(2)强调第二产业的重要性,加强现有技能组合与劳动力的适配性,促进和推动孟买大都市区的经济增长;(3)加强区域公共交通网络建设,提高区域连通性和一体化;(4)增强区域认同感,实现孟买大都市区一体化发展,发挥集体优势;(5)划定历史和自然保护区,并提出保护措施;(6)在现有的治理体制框架下提出区域未来城市化的方向和建议;(7)建立综合区域开放空间网络以及基础设施,提升生活质量。

(二)总体战略

《孟买大都市区规划 2016—2036》主要提出了 9 个总体战略:(1)促进区域均衡发展,将新的增长中心/就业中心分散在区域内部,建设作为农村中心的地方发展中心,促进旅游业并鼓励第一产业提供就业机会;(2)鼓励制造业发展,包括在孟买大都市区内划定新的工业区,在港口附近提供物流园区以及鼓励中小企业进驻;(3)增强区域内的公共交通连接,将郊区铁路扩展到孟买大都市区的周边地区,同时增加郊区车站的数量,建设多式联运走廊,利用交通推动欠发达区域发展;(4)建立区域规模的开放空间网络,连接历史遗迹及旅游点的蓝绿部署区域网络,在所有主要河流、水体和森林周围设置缓冲区,并在整个区域创建开放的空间网络,保护区域内所有地表水

体并沿多式联运走廊建立林荫道;(5)将治理框架拓展到城市周边地区,拓展目前的市政边界,将迅速城市化的城郊区域纳入其中,同时建立分散的孟买大都市区发展局次区域办事处;(6)建立解决住房问题的框架,推行市场能够满足需求的政策,建立政府可干预的土地储备,对孟买大都市区的住房问题进行监管和制度安排;(7)提供区域规模的基础设施,如区域公园、体育场馆、大型医院、教育机构、消防服务、垃圾填埋场等;(8)简化分区和区域管理制度并建立区域信息系统。

(三) 行动方案

依据目标和总体战略,孟买大都市区发展局拟定了11个行动方案:

1. 定位未来增长中心区域

依据人口、就业、空间发展、基础设施的现状分析,孟买大都市区从以孟买市区为主导转变成"三环结构",即以米拉-科德班达—潘韦尔-加瓦拉尔·尼赫鲁港为第一环,以瓦赛-加门-皮文迪-格利杨-马泰兰路—杰特为第二环,以维拉尔-西拉塞得-瓦伊雷什瓦里-安巴迪-帕达家-阿姆巴尔纳特-格尔杰德-里斯-杰特为第三环。位于环状结构上的节点城市定位为新的增长中心。

同时,根据2011年的人口普查,马哈拉施特拉邦10个人口超过50万的城市中,有一半在孟买大都市区。依照目前的空间与人口的发展趋势,至2031年,孟买大都市区会出现五个大型城市群:孟买、米拉-巴杨达-塔那、瓦赛、皮文迪-格利杨-乌拉斯讷格尔-阿姆巴尔纳特-伯德拉布尔、新孟买-潘韦尔。

2. 扩张市政主体管辖范围

在孟买大都市区特别规划局(Special Planning Authority)管辖的区域内,存在多个城市蔓延的情况,这对于这些地区的适时开发和基础设施规划提出了要求,也成为城市扩张的机会。为此,结合城市扩张、人口增长趋势、承诺的基础设施开发计划,第三轮区域规划拟将城市周边已密集开发的地区纳入市政区域,扩大其现有边界,便利于治理和提供各类市政服务。在第三轮区域规划编制过程中,政府已经采取了9项措施扩展孟买大都市区内城市的管辖范围,如将瓦塞-维拉地方联合机构的2个村庄纳入特别规划局区域,将27个村庄纳入格利杨、栋比夫利地方联合机构,成立卡拉普尔纳格潘楂岈等。

3. 对土地使用进行分区

在土地利用上,孟买大都市区1971年和1996年的两轮规划均遵循统一的原则,即明确广泛可开发区域和需保护区域,并通过《土地使用和开发控制条例》进一步划分土地使用区以及规定每个区域内的许可活动。第三轮区域规划遵循同样的原则,把土地分为两个类别,即保护区(为环境敏感和受法律保护的沿海湿地、水体和指定森林)与可城市化地区。人口预测数据显示,在2016至2036年间,孟买大都市区约有760万的新居民,比早前在交通综合调查(CTS)和概念规划中提到的数量减少近一半。现有的市政范围将吸纳超过400万的新人口,而市政区域外围则吸收剩余的大量新人口,因此需要对特别规划区进行重新审查。鉴于以上情况,第三轮区域规划的目标是将各类服务拓展到市政外围地区,同时将城市化限制在已有服务或是已有批复项目的区域。

土地分区的方法是首先利用GIS平台明确整个区域的面积为4 311.75平方千米,以此作为规划基准,为进一步的土地利用分区做准备。然后,将土地分为四类:(1)林区——林业部门根据指定林地划定的林区;(2)沿海湿地——基于2008年的卫星图像的土地使用图上划定,尚未包括带状区域,实际划定范围应基于当地沿海地区管理规划;(3)水体——根据2008年的卫星图像划定;具有批准的发展计划区域(市政区域,特别规划局区域及其周边)——包括森林带、沿海湿地、水体、批准的工业与仓储/仓储以及经济特区使用土地。

表22-1　　孟买大都市区规划土地使用分区说明

编号	规划使用分区	面积(平方千米)	百分比(%)
1	城市化区	991.92	23.01
2	工业区	214.97	4.99
3	机构区	91.25	2.12
4	机场	18.25	0.42

续表

编号	规划使用分区	面积(平方千米)	百分比(%)
5	港口	59.91	1.39
6	绿化区-1	1071.81	24.86
7	绿化区-2	470.84	10.92
8	森林	1070.54	24.83
9	水体	146.77	3.40
10	滨海湿地	173.35	4.02
11	埃勒凡塔岛上的遗址	2.16	0.05
	总计	4311.75	100.00

4. 控制土地开发

区域规划中的《土地使用和开发控制条例》直接适用于孟买大都市区内没有获得批准的开发计划和设计的地区。但在区域规划中，发展控制条例适用的区域随着市域范围和特殊规划地区的增多而急剧减少，面积从第一轮区域规划的77%下降到第二轮的56%，再到第三轮的38%。第三轮区域规划将对孟买大都市区52%的地区进行开发控制，包括1594.73平方千米的非市政和非特殊规划地区，以及630.84平方千米的特殊规划地区。

《土地使用和开发控制条例》的具体要求，共包括9个方面：(1)容积率要求标准：城市化区为0.4，工业区为0.4，机构区为0.2，绿化区1为0.2，绿化区2为0.1，高铁扩建计划和站区发展计划为1.0。(2)最小地块面积标准：除特殊区域以外的全部地区规定为500平方米；对于地块总面积超过10000平方米的细分地块，最小地块面积规定为200平方米。(3)可城市化地区的指定区域：如增长中心，后续会有详细的控制性规划。(4)高铁扩建计划(GES)：高铁的开发应被限制在现有边界的200米范围内。(5)站区发展计划(SADS)：距离现在正在投入使用的郊区和地铁站中心500米范围内的土地开发，应如土地使用规划所示，作站区发展计划；前100米的范围应被指定用作铁路运营和交通分散设施用地，该区域内不允许进行任何私人开发。(6)马泰兰周围的机构区需要2.5公顷土地来进行容积率为0.2、保有山麓特征的开发，机构区不允许进行要求更高容积率的开发，如建设特殊乡镇项目(STP)、教育和医疗机构。(7)工业开发可以在工业区以及面积在 10 公顷以上的可城市化区和绿化区-1 中进行。(8)不允许在坡度大于 22.5 度的土地进行开发。(9)在所有区域都允许开放空间、交通和公共设施的存在。

5. 打造增长中心与地方工业区

为促进第三产业创造就业机会,规划拟在铁路和公路网所服务的位置建设新的增长中心,具体包括 4 个增长中心:瓦塞(Vasai)增长中心、卡保(Kharbao)增长中心、尼尔吉(Nilje)增长中心、涉当(Shedung)增长中心。除此之外,还有七大块土地被规划为地方工业区,分别为:维拉尔地方工业区、安高(Angaon)地方工业区、赛普(Sape)地方工业区、塔洛杰潘奇纳德地方工业扩展区、卡拉普尔地方工业区、科布达(Khopta)地方工业区、安巴(Amba)地方工业区。第三轮区域规划希望通过打造新的增长中心和工业区来带动就业,促进经济发展,并在制造业和第三产业创造就业机会。

6. 建设地方发展中心

规划的地方发展中心可分为两类:集聚型地方发展中心和旅游村庄。采用基础设施的可达性作为潜在与自然边界,孟买大都市区农村地区被划分成 29 个缺乏基础设施的集群。在每个集群中推介一个地方发展中心来推动集群发展,共规划了 9 个地方发展中心。这些地方发展中心主要满足其周围村庄的社交与教育需求。

旅游村是指现在已经包含在旅游圈内或具有旅游潜力的村庄,规划确立的旅游村为:(1)马泰兰、卡纳拉(Karnala)和阿里巴格周边的徒步旅行基地村庄;(2)沿西海岸并可通往海滩的渔村;(3)文化遗址周边地区;(4)鸟类和海龟筑巢地周边、具有环境旅游潜力的村庄。

7. 提升交通网络

由于在交通综合调查(CTS)中关于人口就业的增长和分布的预测与实际情况有出入,因此必须孟买大都市区的交通规划进行相应的调整。2007 年由交通综合调查提出的"公交优先"是孟买大都市区交通建设的主要策略,目标是实现孟买大都市区交通网络的无缝与高效连接。为发挥交通作为区域发展的驱动力的作用,提升交通网络包括五个具体方案:(1)将孟买大都市区内所有具有专用轨道的铁路网络延伸到郊区;(2)规划建设两条新的铁路网络,从 Rasayani 到 Chowk,从 Dronagiri 到 Pen;(3)提升东西连接能力;(4)提升在 Virar 和 Alibag 之间的南北连接能力;(5)对到 Panvel 新国际机场的线路进行升级。

8. 满足住房需求

到 2036 年,孟买大都市区的住房总数为 4 442 730 套。第三轮区域规划的主要目标是在数量上满足未来住房需求并制定相应的政策框架。增加住房供给的方法主要为旧有房产的重建/重新开发与新建住房开发。规划拟将目前的旧房重新开发计划推广到整个孟买大都市区,并且持续到第三轮区域规划末期 2036 年。重新开发的具体规划包括 1 391 685 户贫民窟家庭、499 664 间需交税建筑与分间出租宿舍、110 828 间荒废或破旧的房子、50 000 间潜在破损的房子。新建住房主要在于土地规划,目前的规划的土地需求如表 22-2 所示。

表 22-2　　　　　孟买大都市区新房建设的土地规划需求

编码	新房建设所需土地	
1	新房所需数量	2 179 406 套
2	建成区面积(50 平方米/单元)	10 897 公顷
3	房屋净土地需求面积(容积率为 1)	10 897 公顷
4	土地需求总面积(100%额外面积用于道路、便利设施与公共空间)	21 794 公顷

政策框架分为总体框架与制度安排。总体框架包含以下措施:(1)通过修改《租金管制法》和保障合法住房无障碍出租来鼓励出租;(2)对空置房屋征收重税;(3)鼓励市场提供中等规模的房屋;(4)将补贴/免费房屋与有需要的人直接挂钩;(5)分解贫民窟问题到政策可干预和政府可行动的层面并加以解决;(6)将住房协会和规划当局的职责与住房功能转变挂钩;(7)通过公私合营的方式来增加公共住房;(8)实现信息互联互通;(9)充分考虑住房类型及收入群体,将免费住房的概念合理化;(10)从多方面定义低收入群体可负担住房;(11)遏制降低标准和规定的趋势,使生活质量、健康和安全

不受影响。二是制度安排,通过研究确定各住房组织在实现可负担住房这一目标方面的优势并进行合理安排。比如一个机构负责征集所有土地,一个机构负责住房开发,另一个机构负责提供基础设施,多机构合力以实现效率最大化。

9. 改善基础设施

改善基础设施主要聚焦在水资源供给、污水处理和固体废物处理三方面,旨在推进"灰色基础设施"向"绿色基础设施"转变。具体包括以下三个方面。

一是解决孟买大都市区面临的缺水问题。(1)通过实施品加(Pinjal)、加盖(Gargai)、巴尔维拓展区、苏里亚、苏萨里(Susari)、卡鲁(Kalu)、巴干格(Balganga)、安巴(Amba)的关键项目和在现有水区之间进行重新分配和共享来增加水源。(2)通过在所有城市地区建立城市级别的蓄水池和保护现有2500个池塘和水井,有效利用和储存地表水体,从而保护流域和蓄水层。(3)通过减少输送和分配过程中的水损失、引入更高的水税、制定强制性的集水措施、引入双管道系统隔离灰水和黑水并循环使用非饮用水、使用省水的冲水方式,减少用水需求。(4)建立负责规划、协调和分配域内水资源的区域水源开发机构。(5)在孟买大都市区的农村地区开展微型灌溉项目,将欠发达地区转变为可为大都市区提供必要的水果和蔬菜的高产园艺区。

二是提升污水厂的污水处理能力和增建污水厂来满足日益增长的污水处理需求。(1)提出系列规划,减少所有地方联合机构和主要市政议会之间的处理差距,分阶段增加污水处理装置并对管网进行分配。(2)将贫民窟地区的卫生设施和住房问题相结合,现阶段对公共厕所进行维护和管理。(3)在大型住宅区、商业体和新建筑中,污水和废水分流、原地处理和再利用都应成为强制性规定,对配合及不配合的个人和群体赏罚分明;州政府也应考虑对遵守回收废水的企业及机构采取宽松的退税机制,通过财政激励进行可持续的废水管理。(4)强调100%污水处理能力的开发并将处理过的污水用于浇灌城市地区的农作物。(5)在公寓或商业综合体内建设小型污水处理装置,并将其处理过后的污水用于湖泊供给或其他用途,实现废水最少化和建立分散地方系统;(6)采取其他处理污水的替代措施,如建造"绿色桥梁"等,并对其可行性和可拓展性进行研究。

三是提升处理固体废物的能力。未来固体废物的产生量将持续上涨,并且99%的固体废物将来自城市,针对这种情况,对固体废物的处理提出如下行动规划:(1)针对城市固体废物,需要在城市地区再增加四个各150公顷的区域垃圾填埋场。若垃圾处理效率能够提升到预想的最高水准,则只需建立两个75公顷的区域垃圾填埋场。(2)将现有的垃圾倾倒场用于分类和分离废物,并在城市区域现有城市固体垃圾场地建设地方和区域层面的综合废物处理厂和具有回收、建设和拆迁功能的废物处理厂。(3)强制源头分类和本地处理,通过减税来鼓励推进使用垃圾衍生燃料或生物反应器、建立社区级蚯蚓堆肥厂和生物甲烷化的项目。(4)就城市固体废物的机械隔离、开发处理厂和填埋场向城市地区提供财政支持。(5)在孟买大都市区北部建立三个区域性的建设和拆迁回收设施,并建立11个综合/垃圾衍生燃料厂来管理孟买大都市区的城市固体废物。(6)分别在城市工业发展有限公司所在地和孟买大都市区北部建一个生物医疗废物装置。(7)考虑在进行详细研究后在孟买大都市区建立三个电子废物管理的综合设施。(8)在孟买大都市区采取零废物政策,使4R(减少、再利用、再循环和回收)成为强制性措施,并将参与拾荒者、上门收集者等活动的非正规部门纳入系统。

10. 保护环境资源

由于城市化压力,孟买大都市区环境资源正在过度承压,所以行动方案主旨是保护现有环境资源,在大都市区打造开放空间网络,部署蓝绿相间的区域网络,帮助改造和增加现有自然系统的基础设施系统。具体的行动方案包括项目推进、土地分区、开发控制以及政策干预。

此轮规划拟采用五个行动策略来连接和打造水体和绿带网络:(1)定位大的和重要的河道走廊,规划河道土地延伸区作为河道走廊;(2)都市区内拥有很多的绿色区域,需要定位植物园与林地的连接地区;(3)沿路绿道连接重要绿区和河流是打造自行车道,用以连接休闲场所和具备旅游潜力的地区;(4)定位在走廊沿线的具有区域影响力的一些遗迹遗产地址;(5)规划一些村庄用以徒步和其他探险活动和旅游活动。开发控制和政策干预主要是利用分区方法(Zoning)划分保护区,使其免受城市化的侵蚀,将森林、湿地明确划为受保护区域。

11. 建设区域信息系统

孟买大都市区目前在多方面缺乏具体数据,涉及人口特征、就业、经济增长、空间发展、基础设施、住房供应和需求、房地产和环境等关键领域,造成的问题是不能进行有效地区域规划、发展及后续监控。目前,孟买大都市区当局正在积极考虑建设孟买大都市区域信息系统(RIS)的相关事宜,并与国家和国际的相似机构进行讨论。构建区域信息系统的首要任务是进行需求评估和机构安排,确认各机构职能,并制定信息收集、储存和传播的相关协议,具体提案将在提交区域规划后出台。

五、对中国都市圈的启示

孟买是印度最大的城市,也是印度最重要的港口城市和经济中心,无论是从城市的人口规模、空间规模,还是都市圈城市定位都与中国沿海都市圈十分相似,因此具有很强的可比性和参考价值。

(一)提升规划的可读性和可实施性

通过研究孟买大都市区的三轮区域规划,可以看出孟买大都市区的规划落到实处,旨在研究确认未来将会面临的实际问题。相比于强调总体发展远景的国内规划文本,孟买大都市区的规划文本可实操性更强。

(二)对历史和自然保护区的重视

孟买大都市区的建设用地、生态用地和农业用地一直保持着三分天下的局面,即便是人口密度最高的孟买市内也仍保有 1/4 的自然绿地。这样的绿地保有量与拥有相似发展水平和发展形态的上海等中国大城市有较大差异。孟买对于历史建筑和历史城区的保护意识与保护力度也大于中国部分城市。

(三)突破大都市区行政体制障碍

孟买大都市区的行政管理模式主要分为两类,规模较大的城市采用的是地方联合机构,规模较小的城市则采用市政议会模式。孟买大都市区内部的行政体系复杂,协调各级管理部门的难度较大,城市建设推进受阻明显。中国城市按照行政区划进行政府治理和各类指标统计,但中国的大都市区往往涉及多个行政区,碎片化的政府治理会造成资源配置扭曲,因此推进区域一体化和促进跨区发展,需要在行政体制上下功夫。

B.23 芝加哥大都市区迈向2050综合规划的经验与借鉴

樊豪斌[1]　屠启宇[1]　居晓婷[2]

(1.上海社会科学院　2.上海市城市规划设计研究院)

摘　要: 本文首先简要介绍了《芝加哥大都市区迈向2050综合规划》(以下简称"芝加哥大都市区2050规划")的主要内容。该规划通过大量调查研究,分析了芝加哥大都市区所面临的经济、社会、治理、服务、生态、人口等挑战;提出了包容性增长、弹性或适应力、优先投资三项指导原则,以及社区、繁荣、环境、治理、交通方式五大行动篇章,并利用数字化思维对规划实施进行持续跟进。其次,基于"芝加哥大都市区2050规划"在技术方法上的创新思维和编制方式上的公众参与,提出中国都市圈规划编制可参考的建议。

关键词: 芝加哥大都市区;规划;挑战;创新思维

本文介绍了"芝加哥大都市区2050规划"的主要内容,包括面临的挑战和应对挑战的策略,旨在总结芝加哥大都市区应对挑战的创新思维,为上海大都市圈及国内其他都市圈的相关规划编制提供参考。

一、"芝加哥2050"规划的编制背景与主要内容

芝加哥大都市区的范围包括芝加哥城及其周边城市,人口约990万,所辖面积28120平方千米。《芝加哥大都市区迈向2050综合规划》在"芝加哥大都市区迈向2040规划"的基础上,于2015年开始编制,由芝加哥大都市

区规划局主导,多个利益相关方共同合作,历时三年完成。编制过程高度透明,公众参与广泛多样。"芝加哥大都市区2050规划"于2018年10月发布并实施,用于指导芝加哥大都市区重大议题的决策,包括发展、环境、经济以及其他影响居民生活质量的领域。

"芝加哥大都市区2050规划"包含五个部分:指导原则、区域现状、行动篇章、资源评估和规划实施。包容性增长、弹性或适应力、优先投资三大指导原则为规划建议提供了依据。区域现状分析了实施该规划的重要性。行动篇章包括社区、繁荣、环境、治理和交通方式,列出了各自的目标、建议和相关案例。资源评估是追踪规划项目进展的一整套指标体系,也包括其他与规划相关的材料,并依照新数据和趋势定期更新。另外,该规划采用数据驱动模式,对于地区的人口、就业和其他重要的社会经济指标进行了预测。

二、芝加哥大都市区的发展现状与挑战

芝加哥大都市区拥有多元化的产业、受过良好教育的劳动力和世界一流的高等教育机构。该地区仍然是北美铁路、航空、水路和汽车运输的枢纽。在过去十年中,该地区在投资公共交通和道路网络、保护高质量开放空间和培育宜居社区方面取得了长足的进步。与此同时,也面临经济、社会、治理、服务、生态、人口等方面的诸多挑战。

(一) 相对较低的经济增长

十多年来芝加哥大都市区的人口增长陷入停滞,经济增长也落后于其他地区。但考虑到区域内所拥有的大量优质资产,如金融、健康和制造业等多元产业,来自全球、受过良好教育的多样劳动力,芝加哥大都市区规划局预测至2050年,区域仍将增加230万居民和92万个工作岗位。已有积极的迹象证明这一点——虽然区域的失业率在持续增长,但商品和服务产出仍在逐年增加。

B.23 芝加哥大都市区迈向2050综合规划的经验与借鉴 /387

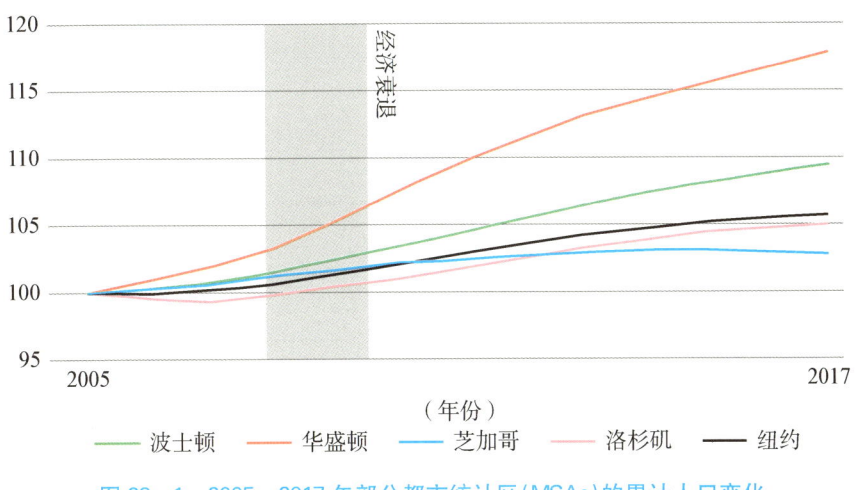

图23‑1 2005—2017年部分都市统计区(MSAs)的累计人口变化

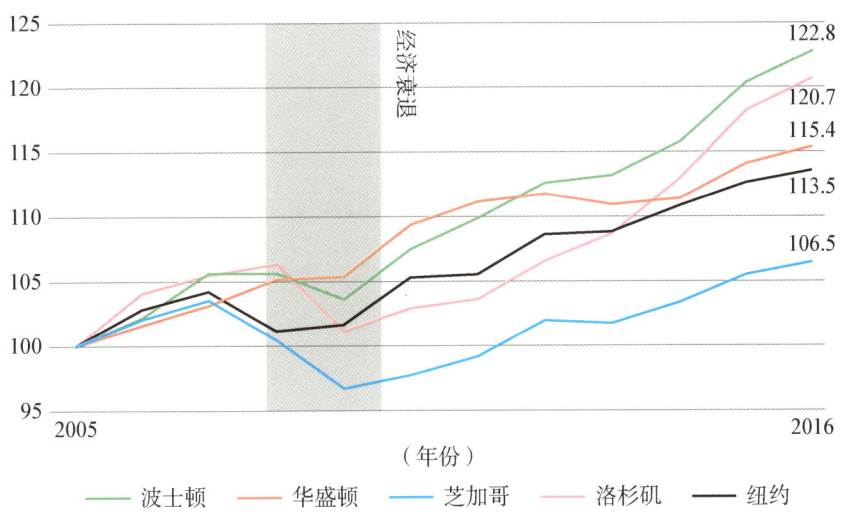

图23‑2 2005—2016年部分都市统计区(MSAs)累计实际地区生产总值增长率

(二)大范围的种族不平等

芝加哥大都市区的经济发展成效有着明显的界限特征。有色人种,特别是黑人居民,往往只能获得更低的收入并面临更高的失业率。一些社区陷入无法收回投资的恶性循环之中,无法推动社区基础设施建设和其他公共服务发展。大量研究表明,种族与经济的包容性能够促进区域经济实力提升,不平等减少10个百分点能够使区域经济增长50%。因此,芝加哥大都市区需要包容性的增长以消除不平等。

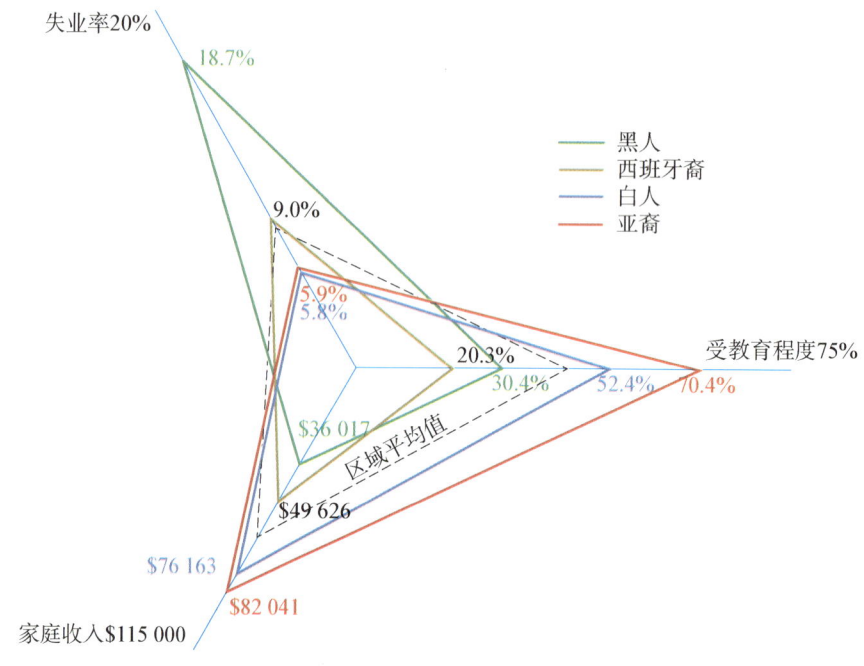

图23-3 2010—2014年芝加哥大都市区按种族/民族划分的不同结果

(三) 不断减少的财政收入

资金不足是提高生活质量与增强经济活力最重要的挑战。联邦与州政府的财政收入不断减少,导致当地政府甚至无法实施优先级别的政策项目。政策项目不得不遭到删减,或在与其他政府部门整合资源、裁减员工的情况下执行。因此,如果没有新增的财政收入进行基础设施投资,区域优先项目很有可能被搁置。

(四) 日趋老化的基础设施

由于缺乏足够、及时的基础设施投资,交通系统和水务系统不断老化,维修成本不断上升。高速公路的标准使用年限是50年,但芝加哥大都市区

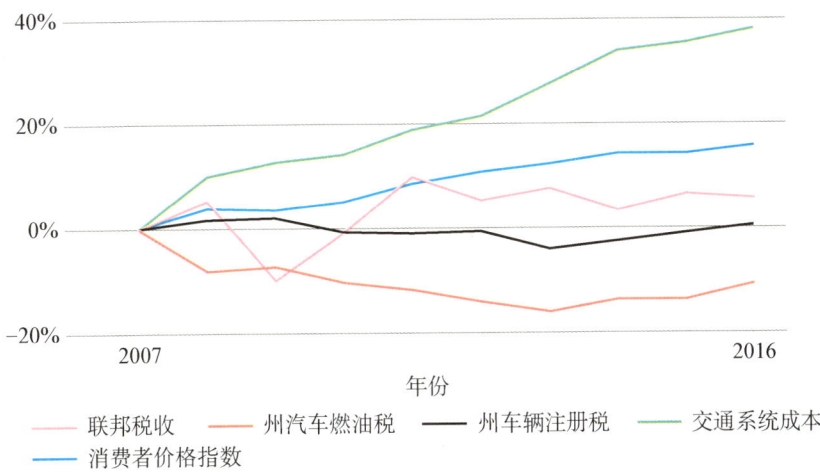

图 23-4　联邦与州交通税收收入（2007 年物价）

很多设施建于 20 世纪五六十年代。交通系统缺乏资金注入限制了地区交通提供高质量服务。芝加哥的水利基础设施也建于几十年前，很多主要管道和设备需要更换以减少水资源流失。雨水排水系统也难以满足现在的雨量需求，特别是在暴雨频发的季节。资产管理和其他绩效导向的投资方式能够有所帮助，但依照目前的财政收入水平仍难以起到补救效果。预计到 2050 年，仅维持、运营和管理目前的交通系统所需的财政收入缺口就高达 2400 亿美元。

（五）风险加剧的气候变化

全球范围的气候变化对芝加哥当地的建成环境、经济发展、生态系统和人民生活产生了重大影响。芝加哥大都市区的大量资源依靠连接密歇根湖的水系提供，优质的自然区域能够减少气候变化带来的影响。但要确保繁荣，就有必要重新规划设计道路、修建水利和能源基础设施、保护自然和农业空间。

（六）老龄化多样化的人口

芝加哥大都市区的人口结构正朝着老龄化和多样化发展。为了给不断增加的老年人口提供更高质量的生活,需要持续改进交通系统,利用新兴的交通与通信科技,建设更多易于到达的舒适休闲场地。同时,按照目前的趋势发展,下一个十年芝加哥大都市区的人口将主要由有色人种构成。这既是挑战,也是可以利用的经济与文化优势。

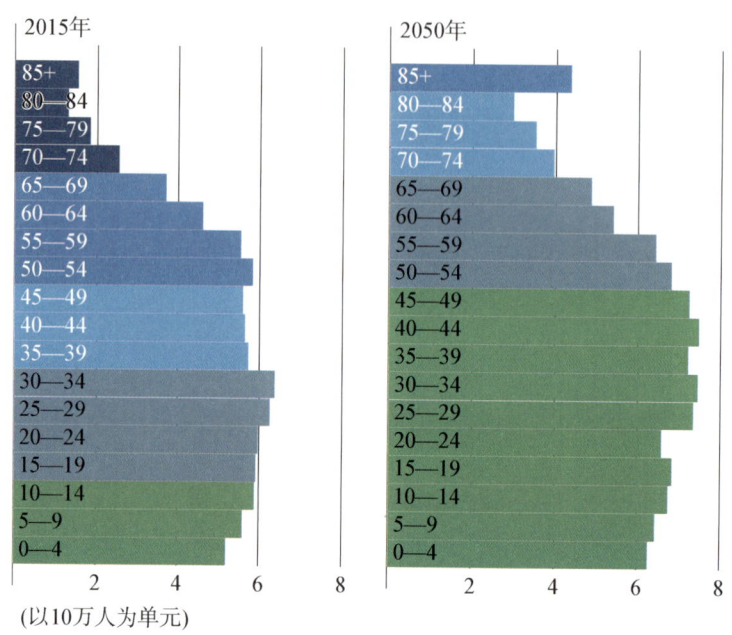

图 23-5 芝加哥大都市区按年龄划分的人口结构

三、"芝加哥大都市区 2050 规划"的指导原则

芝加哥大都市区基于现状存在问题和未来发展方向,将自身定位为"全球商务中心,一个为所有人提供机会的大都市区"。为保持优势和应对挑战,在规划中提出了三项指导原则,即包容性增长、弹性或适应力、优先投资。

(一)包容性增长:为所有人提供机会从而发展经济

包容性增长所阐述的要义是不论居民的种族、收入、背景,都能获得经济发展机会,区域从而能够享有和保持长期的繁荣。尽管芝加哥大都市区拥有众多资产,但如果很多居民和地区未能跟上发展的节奏,芝加哥大都市区也不会步入真正的繁荣。基于种族的调查研究显示,相较于其他地区,无法保证所有居民获得经济机会这个问题在芝加哥尤为突出。因此,为了实现一个更强大和更公平的未来,需要确保每一个居民和每一个社区有能力为经济做出贡献并从中获益。

(二)韧性或适应力:为已知和未知的快速变化做好准备

韧性或适应力所指的是面对未来经济、财政和环境的不确定性,芝加哥大都市区的社区、基础设施和各项系统仍能持续良好运转。要达到区域的韧性,需要社区为急性冲击和慢性压力做好准备并从中恢复,需要基础设施、自然系统和社会结构能够经久耐用。除了快速的恢复能力,外部的冲击实际上也能造就一个区域的韧性,例如极端高温导致路面弯曲,可以用更耐高温同时能泄洪的道路代替,从而形成能够抵御多种气候状况的可靠的道路系统。另外,韧性还指社区之间紧密协作,集中利用财政收入、专业人员、技术设备等资源,以有效实现公共服务、土地利用、提高生活品质的目标。

(三)优先投资:审慎地利用资源以达到收益最大化

优先投资意味着芝加哥大都市区需要智慧的公共收入管理能力,谨慎确定投资领域以最大化区域利益。特别是在联邦和州财政资金投入逐年减少的情况下,芝加哥大都市区需要确保基础设施建设和能够最大化本地收益的经济项目的优先投资。同时,优先投资还要覆盖到建筑环境、技术援助和其他公共资源。资金来源的渠道需要可持续与灵活性,从而能够维持道路交通和货运系统的先进性,尤其是新兴科技和经济现实的转变将会导致这些系统的不断变化。此外,广泛的合作投资是有效利用有限资源的必要手段,如通过联通房产开发与交通建设,或制定公共支出目标从而吸引私人投资。

四、"芝加哥大都市区2050规划"的主要行动

基于"包容性增长、弹性或适应力、优先投资"三项指导原则,"芝加哥大

都市区 2050 规划"提出五大行动篇章：社区、繁荣、环境、治理、交通方式。这五大行动篇章为该规划的实施提供了建议和路线图。

(一) 社区：重建活力社区，增强地区实力

创建与维持有活力的社区可以增强区域竞争力。通过确定目标、改善规划、鼓励在财政和经济问题上的合作、保护优质的开放空间和农业资产、增加住房选择，实现"芝加哥大都市区迈向 2050 规划"的社区目标：(1) 战略的、可持续的发展，(2) 对充满活力的社区进行再投资，(3) 增强区域经济实力。

规划强调对社区基础设施的再投资，同时为提高生活质量提供新的指导。地方政府将继续发挥关键作用，并需要其他参与者的支持性举措共同推动实现这些目标。

活力社区有助于经济发展，也可为居民和企业提供居住和就业地点的多元化选择。规划强调不断修正社区发展计划并使税收政策现代化以适应电子商务的发展，保持社区的活力，促进现有社区的不断成长。

规划还强调保护用于农业和开放空间的土地，实施可持续发展模式。投资应针对资源有限的社区，帮助其重建就业、住房选择和健康生活所需的基础设施和公共服务设施，以实现经济的持续增长和地区的整体繁荣。

图 23-6 充满活力的社区

(二)繁荣：消除各类不公平，储备战略人才

多年来，新兴技术的发展、货运物流的进步和消费者需求的变化在不断催生世界各地的发达经济体和新兴经济体的变革。这些趋势叠加气候变化将重塑全球商业格局。因此，"芝加哥大都市区迈向2050规划"提出的繁荣目标是：依托强劲的经济增长减少不平等，培养响应迅速的战略性劳动力。

为了适应不断变化的全球经济，芝加哥大都市区将解决现今的不平等问题，增加就业机会，打造强劲的经济产出，同时采取针对性的措施确保所有人的繁荣。

人力资本作为区域经济活力最重要的决定因素之一，可在区域内自由流动。由于芝加哥大都市区长期缓慢增长且落后于同水平地区，中低收入居民选择离开到别处寻求发展机会。经济与劳动力发展带来的挑战需要一种区域性的方法来资本化芝加哥的独特资产，这些方法需具有包容性、优先性和响应市场变化的特点。同时，在劳动力增长停滞的情况下，高等教育和研究机构有助于留住和发展该地区的创新人才。

(三)环境：应对气候变化，维护生态环境

多样的自然环境和生态系统是芝加哥大都市区最有价值与不可替代的资产。自然资产提供包括防洪、水净化和水补给、碳储存等"生态系统服务"，每年能够产生大约60亿美元的区域经济价值。规划肯定了这些自然资源对于保护芝加哥的空气、土地和水质的重要性。它们维持生态平衡，提供野生动物栖息地和休闲游憩空间，也有助于提高生活品质，支持充满活力的区域经济发展。在此背景下提出"芝加哥大都市区2050规划"的环境目标：一个更好地应对气候变化的地区、一种保护水资源的综合方法、一项保护自然资源的开发实践。

气候变化带来了更频繁和更严重的风暴、极端气候与干旱，严重影响了芝加哥大都市区的经济发展、生态系统、建筑环境和人民生活。然而，这些气候变化趋势并不会平等地影响所有居民。弱势群体可能遭受更高风险，

导致生活成本和负债的增加。因此需要加强新技术、新材料、新标准的应用,增强各类基础设施应对气候变化的能力。

在大都市区边缘地区开发,会增加供水、废水和雨水等基础设施的成本,同时消耗超出可持续水平的地下水。为此,从2001年到2015年,芝加哥大都市区永久保留了6万多英亩的自然和农业用地,同时开发了14万英亩的同类型土地,以限制城市的扩张和蔓延。

图23-7 芝加哥大都市区自然与农业用地

(四) 治理:加强政府合作,确保专注投资

为实现繁荣,需要跨界、跨部门合作,基于可衡量结果的高效投资,以及支持当地政府提升其实现繁荣的能力。实现芝加哥大都市区到2050年成为繁荣的、包容性强的区域这个愿景,要求更新合作模式并专注于投资,以应对当今的问题和适应未来的挑战。其治理目标是:各级政府通力合作,并且有能力确保高质量生活,用数据驱动进行透明的投资决策。

各级政府——从伊利诺伊州到市政当局——都能发挥作用,如共享与整合政府服务、提高服务效率等举措应扩大到更大区域,从而更好地为区域谋求发展。通过有效的跨境合作,地方政府可以延伸其有限的资源。州和地方政府与运输机构需要在财政、技术和行政能力等方面进行合作才能有效运作。利用适当的资金支持,伊利诺伊州和地方政府能够实施基于绩效的决策,改进资产管理并利用新技术从而提供更好的公共服务。

州政府的资金在供给基础设施和支持当地政府服务中扮演着至关重要但又非常不确定的角色。一个更加现代的税收系统,一个长期的偿付义务计划以及由数据驱动的透明的预算编制,能够改善地区的近期财政状况和长期前景,也可以支持那些公众服务能力受到资金限制的地方政府。

(五)交通方式:重塑交通系统,适应出行需求

交通方式正在不断改变,并被快速演进的科技潜在地转换,从而促成了一个未知但有希望的未来。芝加哥地区的交通网络已经发展到关键节点。出行模式受技术影响并可能持续被改变,这种改变带有不确定性和向好的可能性。因此亟待做出重塑交通系统的决定,寻求一种整合良好的多式联运系统,实现人员和货物在芝加哥大都市区7个城市间的无缝流动。为此芝加哥大都市区提出迈向2050年交通方式的目标:一个现代化的多式联运系统,能够适应不断变化的出行需求;一个可以进行变革性投资的、为每个人提供更好服务的系统。

将这个愿景转化为现实需要集体行动,克服现有资产和组织固有的障碍。有些策略可能需要州或联邦政府采取行动。同时,地方政府必须相互依赖以寻求本土解决方案,包括必要的政府财政投入,因为交通系统是保障经济繁荣和生活质量的引擎。

运输机构、市县政府需要加大协调力度,迅速采取行动,采用和管理新技术,提高公交系统的竞争力,杜绝致命车祸,促进包容性经济增长。至关重要的是,这些部门需要创造新的财政收入来源,以改善现有交通条件,并进行有限的、目标明确的扩张活动。

五、对中国都市圈规划编制的启示

(一)合理分析地区现实,提出适用性的指导原则

芝加哥大都市区规划局与各利益相关方通过大量的调查研究,合理利

用数据分析总结出该区域面临的主要挑战。这项工作是编织一个区域的综合发展规划非常重要的基础。得到合理的区域背景信息后，基于这些信息方可提出适用的指导原则。芝加哥大都市区面临种族与经济不平等和人口老龄化多样化的挑战，这些均与种族问题息息相关，所以提出"包容性增长"的原则；芝加哥所处的五大湖地区面临全球气候变化的冲击比内陆地区更加强烈，这种环境不确定性要求地区具有更强的适应力或韧性来维系社区、基础设施、水利系统和其他设施的良好运转，所以规划提出了"韧性或适应力"的原则；由于财政收入的减少和基础设施的老化，才有"优先投资"的原则，以着力解决最重要的基础设施投资问题。

（二）创新思维应对挑战，制定可实施的行动策略

芝加哥大都市区的行动原则涵盖五大主题篇章，即社区、繁荣、环境、治理和交通方式，从软件与硬件、具体与抽象的角度对一个区域进行思考。有别于其他规划，芝加哥从社区这个较为微观的角度探讨如何增强区域竞争力，并注重投资对于社区发展的作用。为铸就未来持续的繁荣，面对挑战需要具有金融思维，即用区域方法资本化芝加哥的独特资产。另外，芝加哥大都市区规划谈论的交通方式，并非其他规划中反复提及的交通基础设施或交通网络等概念，而是着重用科技思维思考能够适应出行需求变化的未来系统。此处的创新立意，值得中国都市圈在编制规划时思考借鉴。

（三）共同协作完成规划，开展更广泛的公众参与

"芝加哥大都市区2050规划"是经过三年的紧密合作制定目标和战略的结果。为了一个共同的目标，进行了大量研究分析，发布了二十多份报告，吸引了10万多名居民参与。同样的，为了实施这项规划，也有赖于各级政府以及公共和私营部门的合作。开展广泛的公众参与有助于协同式规划的编制与实施。

参考文献

[1] CMAP. Chicago Metropolitan Agency for Planning. ON TO 2050 Executive Summary [Z]. 2018

图书在版编目(CIP)数据

上海大都市圈蓝皮书.2020—2021 / 熊健主编 .—上海：上海社会科学院出版社，2021
ISBN 978-7-5520-3640-4

Ⅰ.①上… Ⅱ.①熊… Ⅲ.①区域经济发展—研究报告—上海—2020—2021 Ⅳ.①F127.51

中国版本图书馆 CIP 数据核字(2021)第 142436 号

上海大都市圈蓝皮书(2020—2021)

主　　编：熊　健
副 主 编：孙　娟　屠启宇
责任编辑：应韶荃
封面设计：黄婧昉
出版发行：上海社会科学院出版社
　　　　　上海顺昌路 622 号　邮编 200025
　　　　　电话总机 021-63315947　销售热线 021-53063735
　　　　　http://www.sassp.cn　E-mail：sassp@sassp.cn
照　　排：南京前锦排版服务有限公司
印　　刷：上海信老印刷厂
开　　本：720 毫米×1000 毫米　1/16
印　　张：25.25
字　　数：373 千
版　　次：2021 年 9 月第 1 版　2021 年 9 月第 1 次印刷

ISBN 978-7-5520-3640-4/F·671　　　　定价：198.00 元

版权所有　翻印必究